BIBLIOTHECA
SCRIPTORVM GRAECORVM ET ROMANORVM
TEVBNERIANA

1220

M. TVLLI CICERONIS
SCRIPTA QVAE MANSERVNT OMNIA

FASC. 44

TVSCVLANAE DISPVTATIONES

RECOGNOVIT

M. POHLENZ

EDITIO STEREOTYPA
EDITIONIS PRIORIS
(MCMXVIII)

BEROLINI ET NOVI EBORACI
WALTER DE GRUYTER MMVIII

∞ Gedruckt auf säurefreiem Papier,
das die US-ANSI-Norm über Haltbarkeit erfüllt.

ISBN 978-3-598-71220-3

Bibliografische Information der Deutschen Nationalbibliothek

Die Deutsche Nationalbibliothek verzeichnet diese Publikation in
der Deutschen Nationalbibliografie; detaillierte bibliografische Daten
sind im Internet über http://dnb.d-nb.de abrufbar.

© Copyright 2008 by Walter de Gruyter GmbH & Co. KG, D-10785 Berlin
Dieses Werk einschließlich aller seiner Teile ist urheberrechtlich geschützt. Jede Verwertung außerhalb der engen Grenzen des Urheberrechtsgesetzes ist ohne Zustimmung des Verlages unzulässig und strafbar. Das gilt insbesondere für Vervielfältigungen, Übersetzungen, Mikroverfilmungen und die Einspeicherung und Verarbeitung in elektronischen Systemen.

Printed in Germany
Druck und Bindung: AZ Druck und Datentechnik GmbH, Kempten

PRAEFATIO

Tusculanas disputationes a se confectas editasque esse Cicero ipse div. 2, 2 testatur. Ibi enim postquam quinque libros de finibus a se conscriptos esse commemoravit, sic pergit: *Totidem subsecuti libri Tusculanarum disputationum res ad beate vivendum maxime necessarias aperuerunt. primus enim est de contemnenda morte, secundus de tolerando dolore, de aegritudine lenienda tertius, quartus de reliquis animi perturbationibus, quintus eum locum conplexus est, qui totam philosophiam maxime inlustrat; docet enim ad beate vivendum virtutem se ipsa esse contentam. quibus rebus editis tres libri perfecti sunt de natura deorum eqs.* atque consilium quidem certe primae disputationis condendae eum a. 45 iam ante mensem Quintilem, quo libri de finibus Bruto missi sunt (Schiche praef. XII), cepisse apparet, si quidem iam in epistula a. d. IV. Kal. Iun. anni 45 Attico data (13, 32,2 cf. 31, 2 33, 2) ab eo petit ut Dicaearchi libri περὶ ψυχῆς sibi mittat, quibus sine dubio in disputatione de immortalitate animae uti volebat (p. 228, 2 256, 23). quo vero tempore opus ad umbilicum adduxerit, non constat. nam quod ineunte mense Sextili ab Attico libros petit ad quaestiones de natura deorum pertinentes (13, 39, 2), inde minime concludere licet Tusculanas disputationes iam tum absolutas fuisse. **perfectos** enim libros de natura deorum esse Tusculanis disputationibus editis cum div. 2,2 non sine certo consilio dicere videatur[1]), ultro eo deducimur ut coeptos eos iam antea esse putemus, neque quicquam impedit quominus

---

1) Hoc neglexit Schiche qui in prima editione et in annalibus qui dicuntur Jahresb. d. phil. Vereins zu Berlin XXIV p. 237 sqq. Tusc. disputationes ante Sextilem a. 45 compositas esse statuit. — quam incertum sit argumentum ex epistula illa petitum, etiam inde apparet quod eodem modo ex ep. 13, 8 qua ab Attico Παναιτίου περὶ προνοίας petit concludere liceret iam ineunte Iunio Tusculanas conscriptas fuisse.

Ciceronem in utroque opere condendo simul occupatum fuisse statuamus.¹) etsi autem mutationum rei publicae Caesaris morte factarum nusquam in Tusculanis ratio habetur, tamen casui tribui vix potest quod a. d. XV. Kal. Iun. a. 44 demum Cicero Attico scribit (15, 2, 4): '*quod prima disputatio Tusculana te confirmat, sane gaudeo*' paucisque diebus post (a. d. IX. Kal. Iun. epist. 15, 4, 2. 3) Atticum Tusculanas disputationes saepe usurpare commemorat. cum igitur tum demum Atticus eas cum otio ac studio legisse videatur, vix errabimus si non fere ante initium a. 44 eas absolutas esse concludemus.

Tusculanas disputationes cum et locis modo allatis (div. 2, 2 Att. 15, 2, 4; 4, 2. 3) et Tusc. V, 1 fat. 4 opus suum constanter nominet, dubium esse non potest quin sic illud inscribere voluerit. itaque brevitatis tantum studio tribuendum est quod veteres auctores in afferendis his libris plerumque verbum 'disputationes' omittunt,²) licet etiam archetypum X e quo codices nostri fluxerunt ad eorum consuetudinem inscriptum fuerit. recte vero corrector Vaticani qui nobis alterius memoriae testis est uno saltem loco illud verbum addidit (v. infra p. XIV)³).

Non autem Attico amico soli sed eruditissimo cuique Romanorum hi libri placuisse videntur. nam ut non dicam Valerium Maximum multa ex iis exempla hausisse³) Horatium Senecam Quintilianum Iuvenalem, fortasse etiam Ovidium et Tacitum eos legisse etiamnunc cognoscimus.⁴) proximis

---

1) Immo hoc suadet locus Tusculanarum (1, 28. 9) cum nat. deor. 2, 62 1, 119 comparatus cf. Comm. ad I, 28. 9 atque eiusdem pag. 24.

2) Plenam tamen inscriptionem exhibent Lact. Inst. 3, 13, 14 (qui tribus aliis locis 'disputationes' omittit), Hieronymus adv. Pelag. 1, Boethius in Cic. top. 372, 30.

3) Thormeyer, De Valerio Maximo et Cicerone, Gottingae 1902 p. 68 sqq.

4) Ex Horati carminibus cf. sat. 2, 3, 217 cum p. 322, 6, carm. 3, 1, 17 cum p. 431, 28 sqq. reliqua incerta nimisque audacter Zielinski, Cic. im Wand. d. Jahrh. p. 306. — de Quintiliano cf. adn. p. 219, 6. — Seneca cum Marciam consolaturus esset, Tusculanas adiit. qua re, etsi et pervulgatae ex parte sententiae sunt neque Seneca inter imitatorum servum pecus censendus est, non dubitabis, si haec comparaveris: Sen. 19, 3 ∼ Tusc. 1, 111; 19, 4. 5 ∼ 1, 10-13; 20, 4. 5 ∼ 1, 86. 84 (etiam 26, 2 ∼ 1, 85); 21, 1. 3. 7 ∼ 1, 94; 23, 2 ∼ 1, 74; 24, 5 ∼ 1, 42. 43; 7, 1 ∼ 3, 83 in.; 12, 5 ∼ 3, 60; 13, 1 ∼ 3, 63. — Iuven. 10, 258. 265. 283 ∼ Tusc. I, 85. 6. — remedia amoris quae Tusc. p. 398, 26 sqq. legimus Ovidium memoria te-

saeculis inprimis ab iis lectitati sunt qui ad Graecos philosophiae fontes ascendere non poterant aut nolebant. Christianis igitur velut Lactantio et Augustino haud pauca testimonia debentur. grammaticos vero, etsi multos locos propter sermonis proprietates afferunt, neque commentariis Tusculanas instruxisse neque operam dedisse ut verba Ciceronis fideliter traderentur consentaneum est. non tamen defuisse qui s. fere VI ea non tantum legeret distingueret emendaret sed compluribus exemplaribus usus secundum suum iudicium constitueret mox videbimus.

Proximis duobus saeculis cum omnes libri Ciceronis ad philosophiam spectantes magis magisque oblivione obruti essent, mirum non est quod initio saeculi IX in maximis bibliothecis nullum Tusculanarum exemplar extabat (cf. Beckeri Cat. bibl. ant. 1—24, Schwenke, Philol. Suppl. V p. 403). sed tum homines vere humani veterum scriptorum opera conquirere ac legere coeperunt. atque Tusculanas quidem iam Einhart legisse videtur[1]), aperte imitatus est Paschasius Radbertus (cf. ad 1, 1), describendas sibi curavit Servatus Lupus veterum librorum indagator curiosissimus[2]), inter multos alios Ciceronis libros excerpsit vir non magni ingenii sed multae lectionis Hadoardus presbyter, cuius excerpta amplissima, quae codicis instar nobis sunt, e codice Vaticano Reg. Suec. 1762 s. IX (H) Paulus Schwenke Narducci copiis usus in Philol. Suppl. V edidit.[3])

Eadem fere aetate quattuor codices exarati sunt qui nunc quoque extant:

G   Cod. bibl. Guelferbytanae Gudianus 294, post Halmium (in ed. altera Turicensi) a Mauricio Seyffert in editione sua

---

nuisse, cum suum θεραπευτικὸν componeret, in Progr. Gott. 1913 p. 20[3] conieci (cf. etiam Ovidi v. 119 sqq. cum p. 356, 5 sqq.), Tacito Agricolae cap. 46 scribenti Tusc. 1, 34-7 obversata esse Reitzenstein, Nachr. d. Gött. Ges. 1914 p. 190 statuit.

1) In praefatione vitae Caroli Tusc. p. 220, 1 sqq. adfert. quem locum num ipsius lectioni debeat, Schwenke sane dubitat.

2) Ep. 8 ad Adalgardum: *neque utrum liber Tusculanarum nobis esset scriptus . . expressisti.* sententiam tamen quam in epist. 1 ex p. 218, 29 adfert Augustino debet.

3) Quae modo scripsi, magna ex parte e programmate Gottingensi a. 1909 ('*Progr.*') transtuli quo de Ciceronis Tusculanis disputationibus inprimisque de codicibus fusius disputavi. erravisse Ricardum Mollweide, cum Stud. Vind. XXXIII sq. Hadoardum non s. IX sed V illa excerpta confecisse contenderet, vel ea declarant quae mox de cognatione codicis H cum reliquis libris exponam.

diligentissime descriptus et collatus, a me ipso gravioribus locis Gottingae denuo inspectus.

cod. membr. s. X ut videtur, 18:14,8 cm.; 136 foliis 20 versuum solas Tusculanas continet.

praeter ipsum librarium codicem emendavit corrector G², qui ut a librario diversus est (qua de re Sey. iniuria dubitavit), ita eiusdem aetatis fuit eodemque exemplari usus est. id quod cum multis locis tum p. 368, 14 apparet. ibi enim in fol. 82ᵛ verba '*laetitia-videatur*' in contextu propter homoioteleuton omissa sunt. in inferiore autem margine et haec verba et lemmata $\frac{Laetitia}{Metus}$ addita sunt, ita tamen ut lemmata a manu 1, ipsa verba a G² scripta sint, qui etiam omittendi signum in contextu verborum posuit. iam igitur in archetypo e quo G descriptus est verba illa in margine extitisse videntur; cum autem nescio quo casu factum esset, ut librarius ipse lemmata tantum describeret, G² ex eodem libro verba omissa transtulit. ¹) alio codice G³ usus non est neque suo arbitrio verba mutavit.

K Cameracensis (bibl. communale de Cambrai, Omont Cat. des dép. XVII n. 943) 842, a Conrado Roßbach primo in Phil. LXIII p. 94—101 descriptus, qui etiam benigno animo ut collatione sua uterer permisit, cum ipse a. 1911 Gottingae codicem conferrem.

cod. membr. s. IX, 22:19,3 cm., 48 fol. 34 versuum. continet Tusculanas solas. scriptus est a compluribus scribis ita inter se alternantibus ut nonnumquam alter alterum in medio versu excipiat. is solus qui post *amores* p. 397, 17 pergit paulo plus quam 3 versus in fine fol. 36ᵛ vacuos reliquit. prima pagina cum madore corrupta esset, litterae postea ab alio homine restitutae sunt.

librarii omnes nonnulla menda sustulerunt (K¹). praeterea codex a duobus viris tractatus est, Kᶜ (ap. Roßbachium Kᵃ), qui per totum librum haud pauca correxit supplevit, et K² (Roßb. Kᵇ), qui usque ad 4,38 persaepe compendia librariorum solvit (velut ᵒᶜ supra h̃, ʰˡ supra m̃, *autem* supra w scripsit), explicandi causa verba inter lineas vel in margine addidit (velut 252,2 *annalium* supra *fastorum*, 260,11 *ciceronis sunt verba* supra *domesticis*, 261,26 *adverbium* supra *prudentius*, 362,23 *nornis* supra *fidelibusque!*), sed ipse quoque haud pauca mutavit et supplevit. Kᶜ Roß-

---

1) p. 355, 21 *satis*, quod G¹ omiserat, ipse in mg., G² suo loco addidit. 397,8 *haec* exp.¹, *est*, quod reliqui omnes habent, suprascripsit m. 2.

PRAEFATIO VII

bachio s. XI, K² s. XII fuisse videtur; at Guilelmus Meyer collega nuper morte nobis ereptus, qui qua erat humanitate a me rogatus correctorum manus examinavit, quominus Kᶜ librariorum aequalem fuisse et ad eorum exemplar librum correxisse credamus — id quod lectionum natura suadet — nihil obstare statuit, alterum correctorem K², qui alio codice usus est, uno tantum duobusve saeculis recentiorem fuisse censuit.¹)

R Parisinus Regius 6332, iam anno 1623 ab anonymo quodam adhibitus, cuius collatio in bibliothecam universitatis Haunianae pervenit (Tregder in ed. p. VI), postea inprimis ab Halmio collatus. nuper codicem a me rogatus Iohannes Stroux examinavit et 2, 20-23 5, 1-65 contulit; reliqua secundum photographa ipse a Theodoro Francksen phil. stud. adiutus denuo excussi.

cod. membr. s. IX, binas columnas 28 versuum in pagina exhibens, fol. 1—75ᵛ Tusculanas disp., tum usque ad fol. 88ᵛ Catonem maiorem (desinit tamen in verbis § 78 *quin ex;* cf. Simbeckii praef.) continens. Chatelain Pal. des cl. Lat. 44, 1.

de correcturis Stroux haec: „Ich glaube, daß man die Korrekturen a) in die der ersten Hand selber, b) in die eines gleichzeitigen Korrektors zu zerlegen hat (Rᶜ), zu denen c) seltener und mehr partienweise eine jüngere Hand tritt (R²). Daneben gibt es überall gelegentlich eine neue Hand, die ein Scholion schreibt oder auch verbessert." quae photographis confirmantur, etsi singulae manus hic nonnumquam distingui non possunt. ne in codice quidem ipso hoc semper fieri posse Stroux affirmat. Rᶜ alio codice praeter exemplar ipsum usus esse non videtur²), eruditione autem etsi non plane carebat, siquidem in rebus ad rectam verborum scribendorum rationem pertinentibus nonnumquam suo iudicio usus est (qua de re postea), tamen perraro verba tradita suo arbitratu mutavit velut 344, 19. R² iam ex memoria interpolata hausit.

V Vaticanus lat. 3246 olim ex libris Antonii Beccadelli qui Panormita vocari solet, tum Fulvii Orsini (Nolhac la bibl. de Fulvio Orsini Paris 1887 p. 222). proximis saeculis iniuria neglectus ab Eduardo Stroebel feliciter in lucem

---

1) Velut in fol. 3 (p. 231, 4) Kᶜ aperta litterae *a* forma utitur, K² saepe y ita scribit ut hasta inferior non infra versum ducatur. certe K² post Kᶜ fuit; velut p. 317, 3 K¹ scr. *areius* (pro *ars eius*), Kᶜ *arseius;* quod cum non satis dilucidum esset, K² ss. *ei;*

2) Mirum tamen est quod 329, 4 *inventa* delet quod a Nonii libris abest.

protractus et in Philol. IL p. 49-64 diligenter descriptus est. qui mihi etiam liberaliter collationem suam diligentissimam adhibendam misit. praeterea codicem in usum meum duo viri Itali, Magnanelli (l. I. II) et Buzzi (inprimis III-V) contulerunt.

codex membr. s. IX, 28 : 21,5 cm., binas columnas 27 versuum in pag. exhibens 97 foliis solas Tusculanas continet. foliorum 96 et 97 cum et margines laesae essent et multae litterae evanuissent, s. XV haec pars (inde a p. 453,13 *aegritudinisque*) ex alio codice, qui nullius pretii erat, denuo descripta est (V^{b}).

praeter librarium duos veteres correctores codicem emendasse, praeterea etiam recentiores velut Panormitam ipsum nonnulla mutasse statim Stroebel vidit. Magnanelli autem haec scribit: 'Difficillimum profecto est manus codicis Vat. 3246 accurate distinguere; sed correctorum praeterquam quod librarius ipse semet nonnumquam correxit, tres manus discerni possunt, quas V^{c}V$^{\text{2}}$V$^{\text{3}}$ vocavi. scribas V^{c} et V$^{\text{2}}$ aetate librario ipsi aequales aut paulo recentiores fuisse litterarum formae docent (V$^{\text{2}}$ subsecutum esse non uno loco apparet)[1]) suntque non pauci loci ubi utrum V^{1} ipse an de duobus correctoribus alter correctionem fecerit discerni non possit; sed gravius est quod alter ab altero persaepe dinosci nequit. atramenti color et formae litterarum non semper sufficiunt ad comparandum et distinguendum. ... tertium correctorem longe recentiorem (s. XV) V^{3} vocavi, sed et de hac manu nonnumquam dubitavi utrum una an plures discernendae essent.' atque hae quidem recentes correcturae quae sane a compluribus hominibus factae esse videntur — Buzzi praeter Panormitae manum V^{3} tres fere alias discernit (V^{rec}) — facile a reliquis removentur. cui vero veteres debeantur, haud raro Stroebel Magnanelli Buzzi inter se discrepant; inprimis Buzzi multas correcturas quas Stroebel correctori V^{c} tribuit, ab ipso librario factas esse statuit. nec tamen haec res tanti momenti est quanti videtur. secundum enim naturam correcturarum dubitari vix potest quin ex eodem fonte V^{c} et V$^{\text{2}}$ hauserint eundemque iam librarius adire potuerit (cf. Progr. p. 29 et quae infra exponam). scilicet primo illae correcturae in margine exemplaris e quo V descriptus est adnotatae esse videntur; unde postquam iam V^{1} nonnulla excerpsit, duo homines eiusdem fortasse monasterii qui codicem retractandum susceperant, reliqua transtulerunt. cui opinioni favere videtur quod in fine codicis sub librarii subscriptio-

---

1) qua de re tamen dubito.

nem M. TVLLI CICERONIS TVSCVLANRVM LIB. V EXPLICIT
FELICITER a V² scriptum est non CONTVLI, quae sollemnis
in ea re formula est (cf. impr. Reifferscheid Ind. Vrat.
1872·3) sed CONTVLIMVS, sicut in codice Heilsbronniano s. XII
(Wattenbach, Schriftwesen d. Mitt.² p. 279) legimus: *hunc
librum contulerunt ... Lupus et Gerulfus* atque etiam in
Fredegari cod. Mettensi s. IX subscriptio *contulimus ut
potuimus voluntariae* communem operam indicare videtur
cum sequatur: *ora pro scriptoris.*[1])
Hos quattuor codices necnon Hadoardi exemplar ex
eodem archetypo non nimis antiquo fluxisse declarant
sescenta menda communia. plura etiam docet externa librorum species. qua de re ut iudices, primam codicis V
paginam inspice, cuius effigiem in p. X reddendam curavi.
plane eadem autem scribendi ratione Regii librarius usus est.
nam ut taceam in minutiis saepe eum cum V consentire [2]),
ipse quoque non continua scriptura utitur sed Ciceronis
verba secundum sensum in particulas distribuit isdemque
locis novae particulae initium nova linea maioreque littera[3])
significat; discrepat tantum eo quod iis locis, ubi in V nova
linea incipit maior vero littera non adhibetur[4]), puncto tantum verba distinguit, in eadem linea scribere pergit.[5]) easdem

[1] Subscriptio huius codicis fortasse ex exemplari translata
est, cum Krusch, Neues Archiv d. Ges. f. ält. deutsche Gesch.
VII p. 258 eam ab eodem librario qui totum codicem exaravit
additam esse affirmet.
in gestis synodi Chalcedonensis a Rustico editis post primam
cognitionem scriptum esse legimus (Sacr. conc. ampl. coll.
VII p. 707 cf. Jahn, SB. d. sächs. Ges. 1851 p. 370): *finivi-
mus emendantes et conferentes apud Kalchedonem...., Rusti-
cus ... contuli annotavi distinxi.* sed res nimis incerta.

[2] Velut in utroque (necnon in G) saepe non modo praepo-
sitio isdem locis cum sequente verbo coalescit *(exparte, adea,
abillis al.)*, sed etiam *etcum* similiaque coniuncta leguntur.
etiam compendia eadem inveniuntur etsi non isdem locis.
alio exemplo eandem codicum necessitudinem Progr. p. 25
ostendi. in paragrapho 1 I nona enim non modo tota externa
species eadem est, sed in utroque etiam codice *Ergo* et verbi
Malum prima littera omissa sunt spatio rubricatori relicto.

[3] quae in R semper, in V saepe extra versum scribitur.

[4] post *contineretur, posset, graecos, fides* (cf. etiam p. X³),
fuit (atque sic etiam G excepto ultimo loco)

[5] In primo enuntiato V post *aut omnino* externis tantum
rationibus (ut alibi quoque) commotus incidit, GR non incidunt,
post *liberatus, probitas, superabat* GRV interpungunt, post
temporibus et *meliora* GR.

M. TULLII · CICERONIS ·
TUSCULANARUM
INCIPIT LIBER
PRIMUS.[1])

Cum defensionum laboribus
senatoriisque muneribus
aut omnino
aut magna exparte essem ali
quando liberatus · r&ulime bru
te te hortante maxime adea
studia quę retenta animo re
missa temporibus longo inter
vallo intermissa revocavi.
Etcum omnium artium quę ad
rectam vivendi viam ptinerent
ratio &disciplina studio sapientię
quę philosophia dicitur contine
r&ur.
hoc mihi latinis litteris inlus
trandum putavi.
at libris Nonquia philosophia gręcis & lit
teris &doctoribus pcipi non poss&.
sed meum semp ʰ'iudicium fuit [2])
omnia nostros aut invenisse pse
sapientius quam gręcos.
aut accepta abillis fecisse me

liora quę quidem digna statuis
sent inquibus elaborarent.
Nammores & instituta vitae
resque domesticas acfamiliaris.
nos profecto & melius tuemur
& lautius,
Rem vero publicam n̄i maiores
certe melioribus temperaverī
& institutis & legibus.
quid loquar dere militari inqua
cum virtute nostri multum va
luerunt · tum plus &iam disci///
plina.
Iam illa quę natura non litteris
adsecuti sunt neq; cum gręcia
neque ulla cumgente sunt con
ferenda.
quę enim tanta gravitas. quę
tanta constantia magnitudo
animi · probitas · fides ·
quę tam excellens inomni gene
re virtus inullis fuit
ut sit cummaioribus nostris
comparanda.
Doctrina gręcia nos. &omni lit
terarum genere superabat.
inquo erat facile vincere non [3])

---

1) R¹ inscriptiones omisit. M. TULLII CICERONIS TVSCV-
LANARVM QVAESTIONVM LIBRI ·V· add. m. rec.

2) *at libris* V², h' V ³ᵃᵘᵗ ¹

3) Maiores litterae a parvis in hac pagina non tam facile
distinguuntur quam in aliis ubi extra versum extant, nec tamen
dubium quin *hoc mihi* parvam, *quid loquar* et *quę enim* magnam litteram initialem exhibeant; in *quę tam* res incerta.

particulas eadem ratione qua R discribit etiam G, nisi quod versus per totam paginam ducit, cum binas columnas non exhibeat. atque R V quidem toti sic scripti sunt, G vero in prima tantum pagina hac scribendi ratione utitur, tum in paginis 1ᵛ—4ᵛ (atque bis etiam in 5ᵛ) non iam novo versu sed maiore tantum intervalla novam particulam indicat, deinde etiam haec intervallo omittit et maiores tantum litteras retinet.¹) quod sine dubio, ut chartae parceret, fecit; eodemque studio explicandum est quod K inde ab initio continua scriptura utitur. nam ceteroqui codicis R plane gemellus est (velut in utroque libri I et II initia plena extant, at libri III et IV terna verba prima omissa sunt quae postea adpingerentur, libri V unum), nec desunt vestigia scripturae non continuae in exemplari adhibitae. scilicet is librarius qui fol. 14ᵛ *molliunt* (p. 293, 25) — 16ᵛ *quarum altera* (305, 16) et 17ᵛ *telorum* (310, 6) — 36ʳ *amores* (397, 17) scripsit, eadem ratione qua G in pagg. 2 sqq. usus orationis particulas maioribus intervallis diligenter distinguit²) ita ut singulae particulae cum R fere consentiant. Hadoardi denique exemplar eadem ratione scriptum fuisse inde concludas quod non semel iis locis ubi in codicibus nostris perperam orationis particula finitur H quoque subsistit. velut p. 235, 2 sine dubio cohaerent: *cernere naturae vim maxume*, sed *maxume*, a quo verbo in R nova particula incipit, ab H neglegitur (ecl. 14). sic etiam p. 315, 1, ubi *contemnamus*. *Licebit* in GKRV legimus quamquam *contemnamus* a verbo *licebit* pendet, H in *contemnamus* subsistit; 348, 22 verba *tum — perturbatio* ad sententiam necessaria ab H per errorem negleguntur, cum in R unum colon efficiant. in eadem vero paragrapho H excerptum 288 verbo *appellat* nullam aliam ob causam concludit nisi quod nostri quoque codices pro *appellatam putat* exhibent *appellat amputat* (348, 12).

Commemorat hanc scribendi rationem iam Hieronymus qui in praefatione ad Isaiae versionem scribit: ʻ*nemo cum prophetas versibus viderit esse descriptos, metro eos existimet apud Hebraeos ligari . . . . .; sed quod in Demosthene et Tullio solet fieri, ut per cola scribantur et commata, qui utique prosa et non versibus conscripse-*

---

1) Novus versus incipit post *putavi, elaborarent, legibus, Ennium* necnon post *revocavi* et *lautius*, quae verba tamen in fine lineae posita sunt.

de his rebus ex parte Carolus Gronau benigne certiorem me fecit.

2) Reliqui scribae raro aut numquam id faciunt.

XII   PRAEFATIO

runt, nos quoque utilitati legentium providentes interpretationem novam novo scribendi genere distinximus'. cum vero in profanis quidem libris Latinis tam raro adhibita sit ut e codicibus nunc extantibus praeter RVG vix unus alterve sic scriptus esse videatur [1]), nimis audaces non erimus, si hos Tusculanarum codices aetate fere aequales ex eadem officina prodisse statuemus. porro cum inter menda communia haud pauca e falsa verborum separatione nata sint (velut illud *appellat amputat* 348,12 [cf. *refert amputat* 335,6 G¹R¹V¹], *interitus ex* pro *interitu sex* 429,19, *carnifici. nam* pro *carnificinam* 440,8, *haec referre* pro *aegre ferre* 328,5, *oportet ea* pro *oportere a* 341,6, *atatam* pro *a tam* 304,21 al.), porro cum singulorum codicum errores non ita comparati sint ut commune archetypum difficile lectu fuisse sumendum sit, codices nostros hoc fere modo ortos esse verisimile est: Carolingorum aetate Tusculanae disputationes e libro per cola et commata scripto externa specie fideliter servata in novum exemplar translatae sunt e quo alii codices describerentur. atque hoc ex archetypo (X) etiam GKRVH originem duxerunt.

Ipsum autem librum e quo codex X descriptus est non ante saec. fere V exaratum esse cum alia menda suadent ut putemus [2]), tum falsa scribendi ratio declarat in formis

---

1) Wattenbach, Schriftw. im Mittelalter² S. 131 praeter cod. Colon. 92 inter annos 794 et 819 scriptum, qui epistulas Gregorii Magni continet, unum Leidensem 63 Gregorii Turonensis novit, cuius tamen praeter specimen ab Arndtio Schriftt. I,13 depictum vix duas tresve paginas consulto hac ratione conscriptas esse Sc. de Vries summa humanitate litteris photographisque missis me docuit. neque aliter in Coloniensi res se habere videtur, de quo Arndt ad II, 48 hoc dicit: 'Die von mir mitgeteilte Seite ist per cola et commata geschrieben.' totus autem hac ratione scriptus est, ut de Vries benigne me monuit, codex Monacensis 19408 saec. IX ineunte scriptus, qui Regulam Benedicti continet; (Traube, Abh. Münch. Ak. hist. Kl. XXI p. 654). scribendi ratio eius quae in RV cernitur simillima est (cf. tabulam III a Traubio additam).

denique haec scriptura adhibita est in duobus rescriptis imperatoriis de quibus Mommsen, Jahrb. d. gem. deutschen Rechts VI p. 404 egit — de tota re cf. Graux Rev. de phil. II p. 126, Dahl, Forhandl. i Vidensk.-Selskab. i Christiania 1886 n. 12, De Vries, Exercitationes palaeographicae 1889p. 5.

2) *conditio* 225,2 335,13 348,2 393,14 GKRV, 265,14 336,29 356,15 GKV, 347,12 G²KV. — 440,5 *delitiis* GKR (*delicis* V,

PRAEFATIO XIII

pronominis demonstrativi adhibita, de qua mox (p. XXI) nobis dicendum erit.

Codicum GKRVH nullus ex altero descriptus est, artiore autem vinculo KRH inter se conexos esse praeter ea quae p. XI de externa specie codicum KR exposui multa menda communia declarant velut: 373,20 *expetenda* (male repetitum ex antecedentibus; *fugienda* recte GV), 252,17 *laetificare* (pro *laetificae*) 374,1 *inhospitalis* pro - *litas*), 393,10 et 406,3 *virtus* (pro *virtutis*). e locis, ubi H deest KR consentiunt, unum commemoro, e quo archetypum eorum minusculis litteris scriptum fuisse certo apparet: 260,17 *seclusa* K¹, ex *sed usa* (sic recte GV) corr. R¹ ¹)

De codice X haec addo: inscriptiones habuisse videtur quales nunc GV¹ praebent²), initio M. TVLLII · CICERONIS ·

---

sed *cı̇* in r. V²), 410,7 *coitiuntur* GKR, 381,10 *pernitiosa* GRV (de K nihil notavi), 452,3 *provintiae* GKH, 453,1 *albutius* GKV, 262,18 *suspitio* KV¹ ac fortasse G¹, 282,24 *pertinatia* RVH — *tum* pro *cum* 248,27 (corr. Vᶜ) 311,20 (corr. R¹⁷) 366,16 405,23 423,19 GKRV.

232,14 *fit* pro *sit* X (corr. K²V²), 443,8 *pyrroni ferilli* GRV¹ (*s* ex *f* corr. V¹) *pyrroniserilli* K (· add. Kᶜ).

296,2 *intueris* pro *intuens*, 296,15 *audiens* pro *audieris*

367,6 *iniecta* pro *inlecta* X, 326,7 *lu//sisse* V sed *l* V²ʔ, *iusisse* R¹, *iussisse* GKR³H,

dolore et *dolere* confunduntur 296,1 302,5 308,5 323,6 338,9. 12 349,27 382,22.

quibus e mendis nonnulla fortasse in ipso X nata sunt, maior tamen pars iam in eius exemplari fuisse videtur.

hic etiam commemoro multa menda codicis X inde explicari quod in eius archetypo *a* apertum quod dicitur scriptum erat, velut 277,17 *alchidamus*, 386,15 *mundat* pro *mandat*, 252,8 *cultam* pro *cultum*, 445,20 *palpamentum* pro *pulp.*, 264,14 et 342,16 *animam* pro *animum*, 351,7 *ferant* 366,14 *ponant* 397,26 *edant* pro *-unt*, 323,4 *egrotassem* pro *aegrotus sim* (cf. adn. ad 231,4).

1) *empedodes* 227,4 K¹, *deantes* 311,20 K¹, *indusimus* 368,25 K, *hodoco* (pro *hoc loco*) 446,24 K¹. — cf. 312,19 *dari* V (*clari* corr. Vᶜ), 451,11 *heraditum* V 385,16 *dastidium* G.¹

2) KR eas omittunt spatio rubricatori relicto; in K tamen ante alterum librum olim fuit inscriptio a manu antiqua facta, cuius nunc erasae dispiciuntur litterae hae: (*i*) C RONIS
     VSC L   PIT (cf. Roßbach p. 95). In R titulum initio addidit manus recens (cf. p. X¹), post librum primum: *Explicit Liber Primus* rubro atramento scripsit m. ant.

PRAEFATIO

TVSCVLANARVM INCIPIT LIBER PRIMVS similiterque ante proximos libros nisi quod ibi LIBER SECVNDVS etc. ante INCIPIT legitur; ante ultimum denique librum extat M. TVLLII CICERONIS TVSCVLANARV LIB. IIII (QVARTI V) EXPLICIT. INCIPIT LIBER V. subscriptionem totius operis solus addit V (cf. p. IX) [1])

Personarum signa etsi per totum codicem X sine dubio non legebantur, tamen notae M et $\varDelta$, quibus s. VI primus Iunilius Africanus magistri et discipuli partes in libris dialogi forma compositis distinguere instituit, initio libri I et II nonnullis locis fortasse adspersae erant. ibi enim illae notae, quae alibi quoque in GKV hic illic adscriptae sunt, in GV certe non sine aliqua constantia adhibentur. quibus e notis postea in recentibus codicibus $M-\mathrm{D}(d)$ vel $M-A$ effectum est (cf. quae exposui Herm. LXVI p. 627 sqq.).[2])

---

[1]) In titulo libri II solo V^2 ante *Tusculanarum* add. DISPVTATIONV, cf. p. IV.

[2]) G^1 ipse in primo libro has notas adscripsit p. 221,8—223,12, omisit tamen 222,14—21 223,2.3; ante 222,19 *inepte* falso M addidit. in l. II recte signa ponit 286,18-21, falso praeterea ibi ante *agamus* v. 16 addit M, ante *Et* v. 21 M, ante *Magis* v. 23 $\varDelta$. plane autem isdem locis eadem ratione signa apponit V^2 — huic certe Buzzi ea tribuit, secundum photographon potius librario ipsi dederim —, nisi quod p. 286,16. 21. 23 signa in G per errorem addita omittit. atque G quidem praeterea notas non habet. in V p. 222,14. 15 omissas V^C supplevit, qui tum eas apposuit 223,29—226,20 (praeter 225,4, ubi Panormita demum M addidisse videtur), 229,12 — 230,32 (omittuntur 230,18—21; praeterea non ante *expone* 230,26 sed ante 29 *ego* $\varDelta$ positum est), 237,5.9 245,13. 15 256,6.9, tum in margine ad 256,12(!) $\varDelta$, 256,19 $\varDelta$, 20 M. deinde 257,4 $\varDelta$, 6 M ad l. al. manus, 259,3 A ante *Ego*, 5 M ante *Video*, 6 A ante *Spero*, 8 M ante *Mali* Panormita(?), 275,23 30 279,17 V^C, 276,3 M Panormita. in l. II praeter notas a V^2 adscriptas V^C addit 284,20—286,4 286,21 287,1-10, praeterea p. 293,7 M V^{rec}, 302,3 A et 5 M Panormita. in l. III tantum p. 322,18 D et 19 M a manu recenti, in IV 365,1.2 M et $\varDelta$ a $V^{2(1?)}$, 377,19 B(!) ante *prorsus* ab eodem adscriptum est. in libro quinto sigla non extant.

in K manus recentior quam K^C p. 221,8—226,6 (sc. usque ad finem fol. 2^r) notas M et $\varDelta$ recte apposuit (praeter 222,14; ibidem v. 15 $\varDelta$ ante *quis* erasum est, 223,23 M falso non ante *quid* sed ante *ita* positum est); quae notae ex parte cum spatia maiora a librario omissa non essent supra lineam adscripta sunt. bis nota loco lineolae quae antea iam extabat scripta est.

PRAEFATIO   XV

Varias lectiones vel notas marginales in X adscriptas fuisse declarant loci quales sunt 452,11: *carneades philo antiochus possidonius* $G^1R^1V^1$ sed post *carneades* adscribunt *panetius (paneatius* V^c*) clitomachus carneades* G^1 mg. V^c, *panetius clitomachus* R^c mg., *carneades panetius clitomachus philo antiochus possidonius* habent KH; 289,9 *expectens* in *expetens* corr. (rasura vel punctis) GKRV, 343,23 *insignum (in signum)* G^1K^1R, *in sinum* V et e corr. K^1G^2, 357,5 *aegritudinem* GKRV *m* del. $K^1R^cV^1$, 358,11 *tractum* GV^1 *tractatum* KR et e corr. V^1, 418,14 *contria* G^1R^1V *contraria* K et e corr. G^2R^c, 403,1 *aegritudinis* $G^1K^1V^1$ *aegritudini* R et e corr. G^1K^cV (*s* eras.) 348,3 *quohibet* in *cohibet* corr. K^1R^c *cohibet* GV (*prohibet* recte V^2), cf. 253,23 341,2 343,29 330,11 358,25 al.¹)

Lectiones codicis X cum e GKRV fere ubique ita recuperari possent ut nihil restaret dubii, necessarium non videbatur plures libros ex eodem ortos adhibere. itaque commemoro tantum Palatinum 1514 P, cuius vetustior pars quae finitur fol. 95ᵛ verbis: *Nom m̃ videtur oĩni animi perturbatione posse sapiens vacare* IV, 8) s. X exeunte, ut P. Ehrle et Stroux iudicant, scripta satis sincere Ciceronis verba servavit proximeque ad KR accedit²), porro Ambrosianum T. 56 sup M, qui in vetustiore parte s. XI exarata or. Philippicas, Tusculanas, 'Invectivam Salustii in

---

praeterea ante *haec* 222,7 et ante *nunc* 225,6 alia manus (quae sane librarii manui similis sed ab ea diversa est) falso notas addidit. denique p. 224,25 idem factum est cf. app. crit. p. 237,5. 9 notae non extant, ante *An* tamen m. 1 suprascripsit ᴿ (= rubrica). tum p. 245,13. 15 et 251,7. 8 (*Δ* ante prius *ubi,* *M* ante *an*), 256,19. 20 257,9 (*M* ante *id*, sed erasum est) 11. 20 (*Δ* ante *bene*, *M* ante *credamus*) 259,3. 5. 6 (*Δ* ante *spero*) 13 (*M* ante *ne*) 16 (*Δ* ante *ut*) 21 (*M* ante *vide*) 22 (*Δ* ante *quid*) 26 (*M* ante *fecimus*) K^c, praeterea 256,6. 9 257,6 alia manus (vix K^1) notas adscripsit. post librum I nullae iam extant.

desunt personarum signa in R necnon in codicibus PGr. B, de quibus statim dicam (*M* et *d* add. P^2).

1) Fieri igitur potuit ut unus codex solus verum servaret. velut K p. 260,15 solus *aut* habet (*at* rell.), p. 391,26sqq. haud pauca rectius praebet. quamquam ibi dubitari potest utrum illa codici X an correctoris ingenio debeantur.

2) cf. p. 345,17 351,14. Libri I et II lectiones Dougan adnotavit, qui tamen correcturas ab altera manu factas non recte segregat; libri III,1–IV,8 photographa ego mihi comparavi.

Ciceronem' continet[1]), et Bruxellensem 5351.2 B s. XII a Baitero collatum, quorum uterque praeter lectiones e X acceptas etiam correcturas praebet (raro M velut *expultrixque* 406,4, saepe B)[2]), denique codicem illum vetustum Gryphianum (Gr) nunc deperditum, cuius initio mutili lectiones inde ab I, 59 I. M. Brutus in editione quae ap. Gryphium Lugduni a. 1579 prodiit in universum satis fideliter ut videtur promulgavit. qui liber etsi sine dubio ipse quoque e X fluxit, tamen haud pauca habuisse dicitur quae a GKRV discreparent (velut 374,9 375,6 378,15 384,8 339,2); quae num omnia in ipso codice fuerint etsi dubitari potest, attuli, reliqua fere praetermisi.

Opportunissime vero accidit quod Carolingorum aetate etiam alius codex supererat qui ad Ciceronis verba constituenda adhiberi posset. correcturas enim codicis V memoriam exhibere ab X plane diversam Ströbel, ubi illum examinavit, statim recte dixit (Philol. IL). quas omnes iam in margine exemplaris e quo V descriptus est adscriptas fuisse supra suspicati sumus, ex alio vero codice illatas esse testantur p. 232,2, ubi *a* ante *nobis* inserit V^2, quod habent Lact. inst. 1, 15, 24 Aug. cons. evang. 1, 23, 32, p. 274,22 *si ita res feret* idem cum Lact. 7, 10, 9 *si ita refert* X, p. 309,17, ubi verbum obsoletum *lessus* in codicibus glossemate *fletus* expulsum est, solus V^c addit ł *pessus*.

atque ex hoc loco vel solo illud quoque apparet genuina Ciceronis verba hac via ad nos pervenisse. addi possunt multi velut p. 258,19: *similitudines* X ^{dis} initio recte suprascr. V^2, vel p. 338,21 ubi V^c solus addit verba *eas quae rebus percipiuntur venereis detrahens*, qualia Epicuro reddenda esse iam Usener fr. 67 cognovit.[3]) non pauciores vero sunt loci ubi Ciceronis verba audacissime mutata invenias. atque hic illic interpolamenta fortasse ipsis correctoribus debentur (velut p. 236,22 ad verba: *Platonem ferunt, ut Pythagoreos cognosceret, in Italiam venisse et didicisse Pythagorea* in P ϛ ex fin. 5, 87 haec adscripta sunt: *et in*

---

[1] Partes quasdam ipse contuli. correctus est M ab homine non multo recentiore, qui audacissima quoque interpolamenta infert.

[2] Vix sui pretii est cod. Musei Britannici reg. 15 C XI s. XI, de quo cf. Roßbach, Phil. LXIII p. 101 Dougan p. XXXVII.

[3] In Laur. Conv. suppr. 541 s. XV vir doctus ex Diog. Laertio X, 6 fragmentum ipsum Epicuri in quo res venereae commemorantur in Latinum sermonem conversum sibi adscripsit, sed sic additamentum in V natum esse nemo credet.

PRAEFATIO

ea cum alios multos tum archytam timeumque cognovit, quam notam **V**^{c} ipse quoque signo ᘒ addito in margine exhibet, sed ita cum Ciceronis verbis coniungit, ut post *ferunt* inserat *qui* ac postea scribat *venit* ᘒ *ed//dicisse)* [1]), in universum autem sine dubio ex eodem fonte atque genuinae illae lectiones fluxerunt. e recensione igitur liber ille e quo correcturae codicis V sumptae sunt (v) originem duxit facta a docto homine, qui praeter vulgatos libros aliis uteretur, sed etiam secundum suum iudicium Ciceronis verba constitueret. qui quam considerate egerit multi loci ostendunt. non enim modo formam orationis respexit, verba non iam intellecta aut delevit (302,1 *age sis* cf. Progr. 35) aut mutavit (324,12 *aliquando* pro *si quando,* 346,21 *liberorum* pro *liberum* al.), sed rerum etiam rationem habuit; velut 218,15, cum verba *qui fuit maior natu quam Plautus et Naevius* ut multi quoque e posterioribus non ad Livium sed ad Ennium referret, pro *maior* suspicatus est *minor;* 263,18 recte ei offensioni fuit *Latina,* sed cum emendationem *Litana* non invenisset, nescio qua doctrina ductus *hirpini* interpolavit; 349,12 cum versum *Qui miser in campis maerens errabat alienis* (Aleis Beroaldus) non recte procedere intellexisset, *errat* correxit.[2]) qua vero aetate fuerit, uno fortasse loco cognoscimus: 282,5 legitur: *nisi* (sc. *philosophia) doctissimorum contentionibus dissensionibusque viguisset;* ubi cur supra *viguisset,* quod verbum explicatione vix egebat, **V**^{2} scripserit ł *crevisset,* non facile per se intellegitur; itaque cum idem verbum legamus apud Boethium qui in comm. in Cic. Topica 372,31 libere locum affert, suspicio nascitur inde illud tamquam variam lectionem in Tusculanas assumptum esse.[3]) quod si probabile est, Mavortii saeculo (vix postea) recensionem illam factam esse concludas. sed certum hoc non esse minime ignoro.

Auctorem huius recensionis e libris qui memoriam ab X plane diversam (Y) exhibebant haurire potuisse vidimus. Quam maxime autem dolendum est quod huius familiae Y

---

1) Voluit ergo: *Platonem ferunt, qui, ut . . . cognosceret, in Italiam venit, edidicisse* cf. app. cr. **V**^{c}, non **V**^{2}, ut Progr. p. 30 dixi, ubi pluribus de hac re disserui, haec scripsisse Buzzi affirmat. — non tamen negaverim rem etiam sic explicari posse ut iam in exemplari quo **V**^{c} usus est similiter Ciceronis verba mutata fuerint.

2) Postea *errat maerens* vir doctus s. XV restituit.

3) Eodem loco **V**^{2} ut Boeth. habet *transferant,* X *praeferant.*

codex integer non iam extare videtur. etsi enim in recentibus codicibus haud raro lectiones inveniuntur quas ex Y fluxisse propter consensum cum V conicias nec tamen ex ipso V sumptas esse probabile sit, tamen cum non modo nulli codices plane ab X discrepent sed etiam omnes sescentos errores qui in X quoque inveniuntur habere videantur, res potius sic explicanda est ut omnes ς ex X fluxisse, ex uno autem alterove codice familiae Y in medium aevum servato viros doctos has illas lectiones arripuisse statuamus. quam diligenter vero medio aevo homines Tusculanas disputationes legerint, quanto studio ex aliis libris lectiones congesserint, quanta libidine Ciceronis verba mutaverint, ex Douganii apparatu, si tanti erit, videbis. nec tamen ullus e permultis codicibus quos Iohannes Stroux a me rogatus in Italia et Gallia inspexit genuinas illas lectiones *lessus* 309,17 vel *eas-detrahens* 338,21 quas v servavit exhibet. hoc vero sane tenendum est fieri posse ut etiam lectiones ς quae recensione v non confirmantur memoriae Y debeantur.

Duplex igitur, ut omnia comprehendam, memoria Tusculanarum est. altera servata est codice X e quo nostri codices omnes orti esse videntur, ex altera (Y), cuius exemplaria integra non iam extare videntur, lectiones haud paucae in recentiores codices receptae, plures correcturis Vaticani servatae sunt. ac tenendum quidem semper est has correcturas licet nullo alio codice confirmentur non minus quam consensum omnium reliquorum librorum vetustam atque genuinam lectionem continere posse; cum vero e recensione docti hominis fluxerint, non sine magna cautione adhibendae sunt.

Pauca addenda sunt de fragmento Bodleiano (F), de quo Clark Class. Rev. XX p. 122 haec refert: 'It is a single folio containing Tusc. V, 114–120 -*rent ille . . . iudicare,* written in a late ninth-century Carlovingian hand. It was bound up as a fly-leaf with Laud. Lat. 29. . . . There are three columns in the page . . . The margins have been cut so that two letters have frequently been lost.' quod fragmentum haud paucis in tantillo spatio locis memoriam X superat; utrum ad familiam Y pertineat necne, ob eam rem certo diiudicare non ausim, quia in illa parte veteres correcturae in V non leguntur; cum ς tamen compluries congruit.

Quae cum ita essent, dubium non erat quae leges in apparatu critico conficiendo observandae essent. scilicet codicis X lectiones quae e consensu librorum **GKRVH** recuperantur omnes erant afferendae, ex his vero libris ipsis

PRAEFATIO XIX

non nisi eas quae aut ad Ciceronis verba restituenda aut ad ipsorum codicum vel mutuam cognationem vel propriam naturam alicuius momenti essent adnotare intererat. itaque lectiones compluribus codicibus communes semper adscripsi, quae vero singulorum erant propriae, non recepi, nisi aut e variis codicis X lectionibus eas ortas esse credi poterat aut propter alias rationes memorabiles videbantur; leves errores a librariis commissos silentio obruere praestabat. correcturas in GKR extantes secundum easdem leges commemoravi, at Vaticani omnes minutiis tantum neglectis proposui. quibus addidi etiam ex ϛ lectiones quae aut ex Y fluxisse videbantur aut probabiles coniecturas continebant, etsi, cum eas praeter libros I II, ubi Dougani editio praesto erat, e veterum editionum farragine excerpere deberem, quam lubrico in solo versarer mihi conscius eram.

In scribendis verbis in universum quidem scripturam codicis X fideliter reddendam duxi, quam e consensu sive omnium sive plurium librorum ex eo natorum sine difficultate recuperare licebat. ubi vero ex altera parte GV ex altera KR(H) stabant, cum hos ut omnino cognatos sic aeque pronos ad scripturam suae aetatis adhibendam haud raro viderem,[1] GV sequi malui. binorum autem codicum scripturam si ab ea quae in X fuisse videbatur differebat, semper adnotavi, singulorum proprietates non nisi paulo graviores commemoravi.[2]

Inconstantiam quoque quam X praebet in formis *maxumus-maximus, optinere-obtinere, dis-diis* similibusque admittendis servandam putavi omninoque nonnisi certis in rebus ubi eum a scribendi ratione a Cicerone adhibita aberrare apertum erat ab eo recessi. e quibus nonnullas, ut et chartae parcam et legentium commodo inserviam, non per apparatum criticum dispergere sed hic in unum collatas tractare liceat.

Academia, Academici semper scripsi, etsi X nonnisi 284,15 364,4 (*achad.* V^c) hoc praebet, at 281,27 282,1 284,2 323,1 363,19

---

1) Velut in verborum compositorum praepositionibus contra archetypi scripturam haud raro formas assimilatas inferunt; quas non recepi, etsi nonnumquam Ciceronis usui magis accommodatas esse mihi persuaseram.

2) K solus saepe *aff-* vel *app-*. nonnumquam etiam *amm-* exhibet contra reliquorum *adf-*, *adp-*, *adm-*, itemque *quatuor* solus compluries praebet.

2*

PRAEFATIO

383,30 441,29 443,4 446,1 *achad.*; praeterea 319,17 *achad.* KRV
$^a cad.$ G (^{a} add. G²), 438,23 *achad.* KR, $a\overset{h}{c}ad.$ V¹, *acad.* G.
schola X uno loco servavit (276,3) alteroque unus saltem G
$s\overset{h}{c}olis$ prima manu scriptum exhibet (293,10), reliquis (220,19. 27
259,30 358,16. 19 363,23 416,5) omnes *scola* praebent.
 rethor semper fuit in X (220,12 275,28 277,18. 23 284,9 349,5. 7
384,14 389,9), sed in R semper a correctore correctum est
$(ret\overset{h}{\|}or)$, in K 220,12 277,18. 23 codicis X scripturam, semel (284,9)
rhetorum, reliquis locis rectam scripturam legimus, sine dubio
ex eodem fonte e quo R^c hausit restitutam.
 similiter in voce *sepulcrum* (de qua v. orat. 160) res se habet: *sepulchrum* 224,6 231,9 232,3 233,17 (ut Lact. inst. 1,15, 24
Aug. cons. evang. 1,23, 32) 273,1. 5 355,10 GKRV, sed *h* semper exc.
273,1 delevit R^c; 433,11. 14. 17 *sepulchrum* GR¹V *-crum* KR^c;
450,2 *sepulchro* GKV *-cro* R.
 Pythagorae (Pythagoreorum) nomen in X plerumque recte
scriptum fuisse videtur. recte enim legitur in GKRV 248,16
(pytag. H) 361,19 *(py*$\overset{h}{t}$*ag.* G¹) 362,2. 8. 11 *(phyth.* G¹) 12. 17. 18
363,8 388,25 408,2 *(py*$\overset{h}{t}$*ag.* K)* 21 434,11,' uno tantum loco (336,15)
pytagoras sciibitur (corr. R^c). in singulis autem codicibus nomen saepe corruptum esse non miraberis. rectam tamen scripturam servaverunt R praeter 366,11 418,11 *(pithag.)*, V praeter
383,1 *(pithag.)* 242,14 291,13 407,19 *(pitag.)*. G ubi ab X discrepat plerumque *pytag.* habet: 227,24 242,14 362,8 (alt. loco)
366,11 418,11 *(p*$\overset{h}{y}$*tag.)* 432,13 454,22 (= H), *phytag.* 383,1,
phitag. (= H) 407,19. K denique habet *phitag.* 227,24 236,14. 21.
22 237,2 242,14 291,13 454,22*(phit*$\overset{h}{a}$*g.)*, *pithag.* 366,11 (= R), *pitag.*
362, 13.
 contempno nonnumquam in X scriptum erat (303,14 336,22
GKRV, 346,13 453,20 GKV, 273,21 GKR), saepius in uno alterove codice legitur (394,10 in GV, saepius in GK, 451,6 in
GKH).
 intellego constanter in X legebatur una forma excepta. sc.
infinitivus praes. pass. *intelligi* scribitur in GKRV 241,8 251,2
263,5 448,17, in GKR 242,8 (etiam V²) 248,6 249,26 263,2; *intellegi* in GKRV 296,5 321,12 351,16 369,23 *(-igi* K²). denique
intelligi 235,23 in solo K extat, in quo etiam reliquae huius
verbi formae contra ceterorum codicum consensum saepe per *i*
scribuntur (velut 242,22—243,9 quinquies; sed 243,12 *intellegentia).* nonnumquam hae formae etiam in ceteros codices irrepserunt, velut *intelligo* 283,20 KR^c 303,12 GV^{vet}, *intelligere*
242,22 V^c.
 Saepe *e* et *ę (ae)* confundi consentaneum est. velut *quaeror*

pro *queror, mereo meror* pro *maereo maeror* haud raro scriptum legitur. *cenare cena cenula* recte praebent 269,28 GKR, 446,1. 4 GV 448,11 V, 449,8 GK, *caenare sim.* 269,28 V, 446,1. 4 KR, 448,11 GKR, 449,8 RV, 448,10 et 449,10 GKRV. — *taeter* plerumque recte in X scribitur; semel (383,5) in omnibus GKRV, saepius in singulis codicibus *teter* legitur; 267,6 in V *deterrimus* pro *taeterrimus* extat littera *d* in rasura a m. 1 scripta. — *paene* in R fere semper recte legitur (*pene* 303,16 KRV, 306,21 et 361,18 K et e corr. R), in reliquis codicibus haud raro *poene* vel *pene.— penitet* habent 401,5. 8 441,8 GKRV, 428,7. 14 GKV, 385,11 V, *poenitere* 451,10 GRV.

inquid pro *inquit* saepe GK, rarius V; itemque *at* et *ad* imprimis in GK confunduntur.

de scriptura *conditio* similibusque rebus vide p. XIII[1].

Ultimo loco agam de re quae paulo maioris momenti est. scilicet sescentis illis locis ubi ante pronomen relativum pronominis demonstrativi nom. dat. abl. pluralis numeri extant, summa constantia formae *hi his his* leguntur, *ei* semel invenitur (p. 232,11, ubi tamen *hi* in r. V[1] *illi* K[2]; de p. 458,3 cf. app.), *is* p. 251,9 (*iis* corr. R[17]V[rec] his K[2]); *iis* sive *is* fuit in X p. 285,17 (*ut iis* GKR *ut is* H *ut his* V[c] littera *h* ex *i* correcta, *s* in rasura scripta, *ut his* etiam K[2]R[c]); denique *eis*, sed non ante relativum p. 372,10. 23 390,26 legitur. non autem certum loquendi usum Tullianum sed falsam scribendi rationem posteriore aetate natam hic subesse vel inde apparet, quod eadem constantia reliquorum casuum formae *eae ea eorum eos eqs.* inveniuntur (nisi quod p. 417,20 *hos* pro *eos* per errorem scriptum est). qua de re quid iudicandum sit, secundum ea quae Hans Ziegel in dissertatione sua, De is et hic pronominibus quatenus confusa sint apud antiquos Marp. 1897, diligenter acuteque exposuit dubitari non potest. nimirum cum formae *hi* et *ii (ei, i)* in sermone prorsus confusae essent, saec. fere V perturbatio in his formis scribendis orta a viris doctis certa ratione sublata est. atque in libris quidem iuridicialibus et sacris quos Ziegel perquisivit nominativi formae nonnisi *hi* et *hae* adhiberi solent, in dativo et ablativo casu nonnisi *his* et *eis* admittuntur, ita tamen ut certa ratione distinguantur, *eis* raro neque ante relativum pronomen ponatur. a quibus X ea in re recedit quod *hae* pro *eae* non exhibet; quin vero eius scribendi ratio docto cuidam viro debeatur qui eadem fere aetate, id est fere saec. V—VII, secundum similem doctrinam sive ipsum codicem X sive eius exemplar correxerit, dubium non est.[1])

---

1) Quam rationem recensio Y secuta sit non constat, cum facile cogitari possit has res a correctoribus neglectas esse. non

Quam scribendi rationem in Ciceronis libris edendis admittendam non esse apparet, quae formae restituendae sint, quaeri potest. cum enim *eis* non modo p. 336,5 apud Nonium scribatur sed etiam p. 456,11 in fragm. Bodleiano F legatur, hanc formam in X expulsam esse facile quispiam sibi persuaserit. sed ut non dicam in F etiam *his* p. 457,21 et *iis* p. 458,6 inveniri, illud obstare videtur quod forma *eae* recte in X servata est neque umquam formae *hae* cessit. itaque aut formas *ii, iis* aut *i, is* per totum librum restituendas putavi; has autem ut praeferrem, duabus rebus commotus sum. primum enim bis codex H (252,27 318,14), semel K¹ *is* scriptum exhibet contra reliquorum *his*¹); deinde haud raro etiam nominativo sing. num. *is* vel in X vel in libris ex eo derivatis falso litteram *h* praefigi videbam; cf. 416,28 *hisne* G K R V¹ *isne* V²; praeterea *his* 220,28 G¹V¹H, 258,5 GKR (ʰ*is* R¹)V¹ (//is), 438,18 G¹KV¹, 343,10 GK¹, 218,21 241,14 (*h* erasum) 293,17 416,19 K, //is 247,8 G, 285,23 418,26 422,25 V (262,4 *his*). commemoro etiam p. 398,13, ubi X *dehis* pro *deis* exhibet (*de*//*is* V), 424,15 *integrumhisque* (G¹V¹) vel *integerumhisque* (KR) pro *integerrumisque*. denique p. 239,29 X *hisdem* (//*isdem* V *isdem* H? Schwenke nihil adnotat), 288,23 *eisdem* ex *hisdem* ut vid. K¹, //*isdem* V *eisdem* GR²).

Has igitur secutus rationes, quas non omnino certas esse vix est quod dicam, formas *i, is* per totum librum restituendas putavi semelque hic moneo, *ubicumque in pronominis demonstrativi nom. dat. abl. numeri pluralis hae formae legantur neque in apparatu critico quicquam adnotatum sit, in omnibus codicibus* GKRV(H) *hi his scriptum extare.*³)

Restat ut omnibus quorum opera in hac editione conficienda adiutus sum gratias agam, inprimis vero Conrado

neglegendum tamen est loco modo allato p. 285,17 Vᶜ *ut his* pro *ut iis* inferre. 254,21 *quo his* X *quod his* Vᶜ (pro *quod is* casu dat.).

1) p. 345,19 *non his* X *non is* G¹ *non in his* K²Rᶜ V¹ ᵃᵘᵗ ᶜ (leg. *non in is*). 268,16 *iudices hi qui* X *iudices si qui* V² (invenitne *iudicesiqui*?).

2) 314,13 *eidem* (nom. pl.) GR *Eiidem* K¹ *Eidem* V (exp. Vᵛᵉˡ) *idem* Charis.

ex mendo *naturalis* pro *natura is* (vel *iis eis*) 338,28 nihil certi concludi potest.

3) Singulorum codicum proprietates modo congestas fere omnes in apparatu quoquc commemoravi.

PRAEFATIO   XXIII

Roßbach et Eduardo Stroebel, qui liberalissime ut
collationibus suis uterer permiserunt, necnon Hermanno
Stroux, qui multos codices in Italia Galliaque servatos
mea causa evolvit.

SIGLA

CODICES

MEMORIA X:

G = Guelferbytanus Gud. 294
K = Cameracensis 842
R = Parisinus Regius 6332
V = Vaticanus 3246
H = Hadoardi excerpta quae leguntur in Vat. Reg. Suec. 1762

B   = Bruxellensis 5351. 2
Gr. = Gryphianus
M   = Ambrosianus T. 56 sup.   } raro allati
P   = Palatinus 1514

X = GKRV et (ubi excerpta extant) H

ALTERA MEMORIA (Y)
recuperatur e correcturis Vaticani ($V^1 V^c V^2$)
et e recentioribus codicibus (ς)

Ω = consensus omnium codicum

COMMENTATIONES

Ba. = Bake Scholia hypomnemata IV p. 68—114
Bentl. = Bentleii emendationes quas Davisii editioni adiunxit Rath 1805
Ha. = Halm
Li. = Lindemann
Mdv. = Madvig
Mur. = Muretus
Pl. = Plasberg
Progr. = Pohlenz, De Ciceronis Tusculanis disputationibus. Progr. Gotting. 1909
Ribb. = Ribbeck

Roßb. = Roßbach, De duobus Ciceronis disp. Tusc. codibus. Philol. 63 p. 93 sqq.
Schue. = Schuetz
Str. = Ströbel, Die Tusculanen im cod. Vaticanus 3246. Philol. 49 p. 49 sqq.
Turn. = Turnebus
Va. = Vahlen
We. = Wesenberg, Emendationes M. Tullii Ciceronis Tusculanarum disp. Viburgi 1841—4 (etiam in ed. Turicensi 1861)

EDITIONES

Amm. = Ammon² 1912
Bai. = Baiter 1861
Bouh. = Bouhier 1560
Crat. = Cratander 1528
Dav. = Davisius 1709 sqq.
Doug. = Dougan (libri I. II) Cambridge 1905
Er. = Erasmus 1525
Ern. = Ernesti 1776 sqq.
Hei. = Heine⁴ 1892
Kl. = Reinh. Klotz 1835 (cf. eiusdem Nachträge und Berichtigungen zu Ciceros Disputationibus Tusculanis 1843)
Küh. = Kühner⁶ 1874
Lb. = Lambinus 1566
Man. = Manutius 1540 sqq.

Mos. = Moser 1836
Mue. = C. F. W. Müller 1878 sqq.
Or. = Orelli 1828
Po. = Pohlenz (libri I. II) 1912 (nonnunquam siglo 'Comm.' indicatus)
Se. = Schiche² 1907 (cf. eundem in annalibus qui dic. Jahrb. d. phil. Vereins zu Berlin 24. 27. 29)
Sey. = M. Seyffert 1864
Ti.-So. = Tischeret (post eum) Sorof⁸ 1884
Tr. = Tregder 1841
Wo. = F. A. Wolf 1792 sqq. (cf. eiusdem scholarum excerpta in ed. Orelliana)

M. TULLI CICERONIS
TUSCULANARUM DISPUTATIONUM
LIBRI QUINQUE

LIBER PRIMUS

Cum defensionum laboribus senatoriisque muneribus aut omnino aut magna ex parte essem aliquando liberatus, rettuli me, Brute, te hortante maxime ad ea studia, quae retenta animo, remissa temporibus,
5 longo intervallo intermissa revocavi, et cum omnium artium, quae ad rectam vivendi viam pertinerent, ratio et disciplina studio sapientiae, quae philosophia dicitur, contineretur, hoc mihi Latinis litteris inlustrandum putavi, non quia philosophia Graecis et litteris et doc-
10 toribus percipi non posset, sed meum semper iudicium fuit omnia nostros aut invenisse per se sapientius quam Graecos aut accepta ab illis fecisse meliora, quae quidem digna statuissent, in quibus elaborarent. Nam mores et instituta vitae resque domesticas ac familiaris
15 nos profecto et melius tuemur et lautius, rem vero publicam nostri maiores certe melioribus temperaverunt et institutis et legibus. quid loquar de re mili-

---

1 Cum ... 219, 15 eruditum H (218, 29 honos ... 219, 2 improbantur *bis*)

§ *1 et 5 extr. imit. Paschasius Radb. Expos. in ps. 44 l. I praef. in.*   3 rettuli ⋜ retuli X *Pasch. cf. p. 344, 24*   8 *cf. Lact. inst. 3, 14, 13*   litteris] al libris V²   10 hoc *supra* semper *add.* V¹
15 latius R¹

tari? in qua cum virtute nostri multum valuerunt, tum plus etiam disciplina. iam illa, quae natura, non litteris adsecuti sunt, neque cum Graecia neque ulla cum gente sunt conferenda. quae enim tanta gravitas, quae tanta constantia, magnitudo animi, probitas, fides, quae tam excellens in omni genere virtus in ullis fuit, ut sit cum 3 maioribus nostris comparanda? Doctrina Graecia nos et omni litterarum genere superabat; in quo erat facile vincere non repugnantes. nam cum apud Graecos antiquissimum e doctis genus sit poëtarum, siquidem Homerus fuit et Hesiodus ante Romam conditam, Archilochus regnante Romulo, serius poëticam nos accepimus. annis fere cccccx post Romam conditam Livius fabulam dedit C. Claudio, Caeci filio, M. Tuditano cos. anno ante natum Ennium. qui fuit maior natu 2 quam Plautus et Naevius. sero igitur a nostris poëtae vel cogniti vel recepti. quamquam est in Originibus solitos esse in epulis canere convivas ad tibicinem de clarorum hominum virtutibus; honorem tamen huic generi non fuisse declarat oratio Catonis, in qua obiecit ut probrum M. Nobiliori, quod is in provinciam poëtas duxisset; duxerat autem consul ille in Aetoliam, ut scimus, Ennium. quo minus igitur honoris erat poëtis, eo minora studia fuerunt, nec tamen, si qui magnis 4 ingeniis in eo genere extiterunt, non satis Graecorum gloriae responderunt. an censemus, si Fabio, nobilissimo homini, laudi datum esset, quod pingeret, non multos etiam apud nos futuros Polyclitos et Parrhasios fuisse? honos alit artes, omnesque incenduntur

---

3 assec. KRH   cum ulla gente K   5 animi magnitudo K
7 nos Graecia K   11 archilocus G¹H archilogus V (g scr.ᶜ)
                                                        tis
13 enim *post* annis add. Vᶜ₅   CCCCX X (*etiam* K, CCCCX G¹
V²) ał quingentis *in mg.* Vᶜ   14 gaio X   marco G (R *laesus*)
    15 cōs. X (*in* K~ *add.*ᶜ)   qui] *sc. Livius cf. Vahlen Enn. p. V*
maior] ał minor Vᶜ   17 Cato *fr. 118 cf. Val. Max. 2, 1, 10*   21 marco X   24 eo] ał & Vᶜ   si ϛB¹e *corr.* sic X   26 cessemus KRH
    GFabio V¹   29 honos . . . 219, 2 improbantur *Aug. civ. 5,13*
(H *ecl. 212*) *et ex eo Serv. Lupus ep. 1*   acceduntur (*vel* ac-

ad studia gloria, iacentque ea semper, quae apud quosque improbantur. summam eruditionem Graeci sitam censebant in nervorum vocumque cantibus; igitur et Epaminondas, princeps meo iudicio Graeciae, fidibus praeclare cecinisse dicitur, Themistoclesque aliquot ante annos cum in epulis recusaret lyram, est habitus indoctior. ergo in Graecia musici floruerunt, discebantque id omnes, nec qui nesciebat satis excultus doctrina putabatur. in summo apud illos honore geometria fuit, itaque nihil mathematicis inlustrius; at nos metiendi ratiocinandique utilitate huius artis terminavimus modum.

At contra oratorem celeriter complexi sumus, nec eum primo eruditum, aptum tamen ad dicendum, post autem eruditum. nam Galbam Africanum Laelium doctos fuisse traditum est, studiosum autem eum, qui is aetate anteibat, Catonem, post vero Lepidum Carbonem Gracchos, inde ita magnos nostram ad aetatem, ut non multum aut nihil omnino Graecis cederetur. Philosophia iacuit usque ad hanc aetatem nec ullum habuit lumen litterarum Latinarum; quae inlustranda et excitanda nobis est, ut, si occupati profuimus aliquid civibus nostris, prosimus etiam, si possumus, otiosi. in quo eo magis nobis est elaborandum, quod multi iam esse libri Latini dicuntur scripti inconsiderate ab optimis illis quidem viris, sed non satis eruditis. fieri autem potest, ut recte quis sentiat et id

---

20 Philosophia ... 221, 7 narretur H (27 fieri ... 220, 5 litteris et 220,13 adulescentes ... 220, 18 dicere bis)

cenduntur) Aug. incenduntur ex acc. H¹ ecl. 212 gloriae H ibid. cum Aug. plerisque codd. (gloriᵉa L) Lup.
4 graecis X -ę pro -s V¹ᵃᵘᵗᶜ 6 annis edd. vett. recusasset V²ç liram X est...indoctior Quint. inst. 1,10,19 8 nesciebant V¹ 10 ad GR¹V¹ 15 etiam ante erud. add. Vᶜ mg. 17 his X hos Vᶜç carbonẽ Vᶜ catonem X 18 grac in r. Vᶜ (in mg. at etiam idem ante versum gracchos-magnos)
22 ut ... otiosi Non. 355, 2 23 possǐmus G¹

quod sentit polite eloqui non possit; sed mandare quemquam litteris cogitationes suas, qui eas nec disponere nec inlustrare possit nec delectatione aliqua allicere lectorem, hominis est intemperanter abutentis et otio et litteris. itaque suos libros ipsi legunt cum suis, nec quisquam attingit praeter eos, qui eandem licentiam scribendi sibi permitti volunt. quare si aliquid oratoriae laudis nostra attulimus industria, multo studiosius philosophiae fontis aperiemus, e quibus 4 etiam illa manabant.

7 Sed ut Aristoteles, vir summo ingenio, scientia, copia, cum motus esset Isocratis rhetoris gloria, dicere docere etiam coepit adulescentes et prudentiam cum eloquentia iungere, sic nobis placet nec pristinum dicendi studium deponere et in hac maiore et uberiore arte versari. hanc enim perfectam philosophiam semper iudicavi, quae de maximis quaestionibus copiose posset ornateque dicere; in quam exercitationem ita nos studiose [operam] dedimus, ut iam etiam scholas Graecorum more habere auderemus. ut nuper tuum post discessum in Tusculano cum essent complures mecum familiares, temptavi, quid in eo genere possem. ut enim antea declamitabam causas, quod nemo me diutius fecit, sic haec mihi nunc senilis est declamatio. ponere iubebam, de quo quis audire vellet; ad 8 id aut sedens aut ambulans disputabam. itaque dierum quinque scholas, ut Graeci appellant, in totidem libros contuli. fiebat autem ita ut, cum is qui au-

---

1 mandare ... 5 litteris *Einhart Vita Caroli praef.* 8 laudis] s *eras. sed a m. rec. iterum scriptum in* V 11 scientia] scientiae X -a *pro* -ae *in r.* V² 12 cum motus H commotus GKRV *sed cū supra com* V² Isocratis V²ϛ socratis X 13 docere ϛ *om.* X *post* adulescentes *add.* decere V² 16 haĕc R¹ 19 *del. Mur.* operam inpendimus *Dav.* 20 audeamus V (a *in r.*ᶜ) 21 cumplures G¹R¹ *(corr. ipsi)* 22 possem V²ϛ possim X *(cf.* auderemus *v. 20)* 25 at id X (at id sed. *ex* aut id aut sed. Kᶜ) 28 his G¹V¹H audiri X *(corr.* V² ł e *ss.* K²)

§ 6—10 TUSCULANAE DISPUTATIONES 221

dire vellet dixisset, quid sibi videretur, tum ego contra
dicerem. haec est enim, ut scis, vetus et Socratica ratio
contra alterius opinionem disserendi. nam ita facillime, quid veri simillimum esset, inveniri posse Socrates arbitrabatur. Sed quo commodius disputationes nostrae explicentur, sic eas exponam, quasi agatur
res, non quasi narretur. ergo ita nascetur exordium:
    Malum mihi videtur esse mors.
    Isne, qui mortui sunt, an is, quibus moriendum est?
    Utrisque.
    Est miserum igitur, quoniam malum.
    Certe.
    Ergo et i, quibus evenit iam ut morerentur, et i, quibus eventurum est, miseri.
    Mihi ita videtur.
    Nemo ergo non miser.
    Prorsus nemo.
    Et quidem, si tibi constare vis, omnes, quicumque
nati sunt eruntve, non solum miseri, sed etiam semper
miseri. nam si solos eos diceres miseros quibus moriendum esset, neminem tu quidem eorum qui viverent exciperes — moriendum est enim omnibus —,
esset tamen miseriae finis in morte. quoniam autem
etiam mortui miseri sunt, in miseriam nascimur sempiternam. necesse est enim miseros esse eos qui centum milibus annorum ante occiderunt, vel potius omnis, quicumque nati sunt.
    Ita prorsus existimo.
    Dic quaeso: num te illa terrent, triceps apud inferos
Cerberus, Cocyti fremitus, travectio Acherontis, 'mento
summam aquam attingens enectus siti' Tantalus? tum

---

1 quod K^1V^2 2 et om. V^1 add.² 7. 8 ergo *et primam litteram verbi* malum *om.* R^1V^1 *spatio rubicatori relicto;* ergo *add.*
$R^{al. m}$ ergo *et* m V^c ita nasce- *in r.* V^1 nascatur *corr.* V^c
13 morirentur K^1 23 tam V^1 ⁻ *add.*²   25 necesse enim est m.
K^1 *sed est erasum*   29 nunc *ex.* num K^1 30 coyçti R^1 traiectio *ex* trav. K^1 transv. V^c *mg.* ('at trans') ς *Trag. inc.* 111
31 summam... tantalus *Non.* 401,29 enectus ... Tantalus *Prisc. GL*

illud, quod 'Sisyphus versat saxum sudans nitendo neque proficit hilum?' fortasse etiam inexorabiles iudices, Minos et Rhadamanthus? apud quos nec te L. Crassus defendet nec M. Antonius nec, quoniam apud Graecos iudices res agetur, poteris adhibere Demosthenen; tibi ipsi pro te erit maxima corona causa dicenda. haec fortasse metuis et idcirco mortem censes esse sempiternum malum.

Adeone me delirare censes, ut ista esse credam?

6 An tu haec non credis?

Minime vero.

Male hercule narras.

Cur? quaeso.

Quia disertus esse possem, si contra ista dicerem.

Quis enim non in eius modi causa? aut quid negotii
11 est haec poëtarum et pictorum portenta convincere?

Atqui pleni libri sunt contra ista ipsa disserentium philosophorum.

Inepte sane. quis enim est tam excors, quem ista moveant?

Si ergo apud inferos miseri non sunt, ne sunt quidem apud inferos ulli.

Ita prorsus existimo.

Ubi sunt ergo i, quos miseros dicis, aut quem locum incolunt? si enim sunt, nusquam esse non possunt.

2, 470, 18   aquam *trisyll. cf. Lachm. ad Lucr.* 6, 552   quam *Nonii* L¹A⁴   amnem *Bue.* adtinget (*vel* -it) senextus *Nonii* L¹A⁴
tantulus X (*corr.* K²) *Nonii et Prisciani pars* tum . . . hlium *Non.* 121, 4; 353, 8.

1. *Ennii versus? cf. Marx ad Lucil.* 1375   1 sisyphius X (*sed 2.* 1 *eras. in* V. șịs. K¹ᵃᵘᵗᶜ) *Nonii pars*   4 defendet *om.* RK¹ (*add.²*)   5 demostenen K   7 dicenda causa K   10 an tu · an non (2. an *in r.*) V¹⁷   antẽ G¹   14 dissertus KR¹
15 aut . . . convincere *Non.* 375, 29   17 dissenentium G¹ (dissonantium *corr.* G¹ᵗ) RV¹ (*corr. ipse?*) diserentium K
19 est *om.* K¹, *add.*ᶜ   20 commoveant V²   23 prossus G
24 *Inde ab* ubi - 223, 24 iam sunt *multa in* K madore corrupta

Ego vero nusquam esse illos puto.

Igitur ne esse quidem?

Prorsus isto modo, et tamen miseros ob id ipsum quidem, quia nulli sint.

Iam mallem Cerberum metueres quam ista tam inconsiderate diceres.

Quid tandem?

Quem esse negas, eundem esse dicis. ubi est acumen tuum? cum enim miserum esse dicis, tum eum qui non sit dicis esse.

Non sum ita hebes, ut istud dicam.

Quid dicis igitur?

Miserum esse verbi causa M. Crassum, qui illas fortunas morte dimiserit, miserum Cn. Pompeium, qui tanta gloria sit orbatus, omnis denique miseros, qui hac luce careant.

Revolveris eodem. sint enim oportet, si miseri sunt; tu autem modo negabas eos esse, qui mortui essent. Si igitur non sunt, nihil possunt esse; ita ne miseri quidem sunt.

Non dico fortasse etiam, quod sentio; nam istuc ipsum, non esse, cum fueris, miserrimum puto.

Quid? miserius quam omnino numquam fuisse? ita, qui nondum nati sunt, miseri iam sunt, quia non sunt, et nos, si post mortem miseri futuri sumus, miseri fuimus ante quam nati. ego autem non commemini, ante quam sum natus, me miserum; tu si meliore memoria es, velim scire, ecquid de te recordere.

Ita iocaris, quasi ego dicam eos miseros, qui nati non sint, et non eos miseros, qui mortui sunt.

---

3 miseros *cf. Serv. Aen. 4, 20* 4 quidem *om.* K 7 qui We. 13 M. V³ς *om.* X 14 morti V¹ demiserit *ut v.* K CN. R Gn. *vel* gn. GV *(in* K *evanidum)* 15 tanta dignitate tanta gl. Vᶜ sit *om.* V¹, *unde* Vᶜ orbatus sit 19 ne] *longius verbum habuisse vid.* K 21 etiam *exp.* Vʳᵉᵗ 27 similiore K¹R¹ 28 ᵉᶜquid K *(add.*¹ᵃᵘᵗᶜ*)* recordere ς recordare X 29 miseros V *(exp.*²¹*)* 30 m. sint Vᶜ

Esse ergo eos dicis.

Immo, quia non sint, cum fuerint, eo miseros esse.

Pugnantia te loqui non vides? quid enim tam pugnat, quam non modo miserum, sed omnino quicquam esse, qui non sit? an tu egressus porta Capena cum Calatini Scipionum Serviliorum Metellorum sepulcra vides, miseros putas illos?

Quoniam me verbo premis, posthac non ita dicam, miseros esse, sed tantum miseros, ob id ipsum, quia non sint.

Non dicis igitur: 'miser est M. Crassus', sed tantum: 'miser M. Crassus'?

Ita plane.

14 Quasi non necesse sit, quicquid isto modo pronunties, id aut esse aut non esse! an tu dialecticis ne imbutus quidem es? in primis enim hoc traditur: omne pronuntiatum (sic enim mihi in praesentia occurrit ut appellarem ἀξίωμα, utar post alio, si invenero melius) — id ergo est pronuntiatum, quod est verum aut falsum. cum igitur dicis: 'miser M. Crassus', aut hoc dicis: 'miser est Crassus', ut possit iudicari, verum id falsumne sit, aut nihil dicis omnino.

Age, iam concedo non esse miseros, qui mortui sint, quoniam extorsisti, ut faterer, qui omnino non essent, eos ne miseros quidem esse posse. quid? qui vivimus, cum moriendum sit, nonne miseri sumus? quae enim potest in vita esse iucunditas, cum dies et noctes cogitandum sit iam iamque esse moriendum?

---

† ñ modo²
4 omĩ m̃ K 6 catilini G 7 putas] vocas K^rec 8 premis s. v. add. K^c 10 sĩ//nt V 11 misere mori crassus K m. rec. quae ductus evanidos restituit 15 ne ex non R^c 17 pronuntiatum eqs. Gell. 16, 8, 8 (Hier. adv. Rufin. 1, 486) sic ex si V^c
18 ἀllωmὰ R ἀξιωMΛ V, sed praeter 1. ὰ omnia i. r. V^c azioma K azi⍵/ma G¹ allio/sĩ///inv. V (dist.²⁷) alios et inv. GKR
23 eos s. non add. V³ sunt V 25 ne s. v. K¹ quid] ecce K ante ecce adscr. m (= magister) K², post esse d (disc.) K^rec

§ 13—16   TUSCULANAE DISPUTATIONES   225

Ecquid ergo intellegis, quantum mali de humana 8
condicione deieceris? 15
   Quonam modo?
   Quia, si mors etiam mortuis miserum esset, infini-
tum quoddam et sempiternum malum haberemus in
vita; nunc video calcem, ad quam cum sit decursum,
nihil sit praeterea extimescendum. sed tu mihi videris
Epicharmi, acuti nec insulsi hominis ut Siculi, sententiam sequi.
   Quam? non enim novi.
   Dicam, si potero, Latine. scis enim me Graece loqui
in Latino sermone non plus solere quam in Graeco
Latine.
   Et recte quidem. sed quae tandem est Epicharmi ista
sententia?
   'Émori noló, sed me esse mórtuum nihil aéstimo.'
   Iam adgnosco Graecum. sed quoniam coëgisti, ut
concederem, qui mortui essent, eos miseros non esse,
perfice, si potes, ut ne moriendum quidem esse miserum putem.
   Iam istuc quidem nihil negotii est, sed ego maiora 16
molior.
   Quo modo hoc nihil negotii est? aut quae sunt tandem ista maiora?
   Quia, quoniam post mortem mali nihil est, ne mors
quidem est malum, cui proxumum tempus est post
mortem, in quo mali nihil esse concedis: ita ne morien-
dum quidem esse malum est; id est enim perveniendum esse ad id, quod non esse malum confitemur.

---

1 ecqui X(Ω?)   4 mors V^c mori X^1(V^1)   5 in vita *del.
Bai., sed vita hic non opponitur mortis tempori.*   8 epicarmi
G^1(corr.^{1})K   insulsi] insul *in r.* V^c 14 epicarmi GRV^1 (corr.^{1})
16 *Epich. fr. 247*   nihili *edd. vett.*   17 adgnosco RV *(sed
d erasum)* ảdn. G^1 agn. K   graecŭ G^1 gradum *ex* graecum V$^{2?}$
sed *Man. et*   21 sed ego maiora molior *add.* V^c (sed maiora
molior *vel* sed etiam maiora molior ς) *om.* X   25 nihil est
add. K^{2}V^1 *om.* X   ne quidem mors K   26 proximum KV
27 nequidem moriendum K   28 id est K^{2}ς   idem R   idē GK^{1}V

Cic. 44   3

Uberius ista, quaeso. haec enim spinosiora, prius ut confitear me cogunt quam ut adsentiar. sed quae sunt ea, quae dicis te maiora moliri?

Ut doceam, si possim, non modo malum non esse, sed bonum etiam esse mortem.

Non postulo id quidem, aveo tamen audire. ut enim non efficias quod vis, tamen, mors ut malum non sit, efficies. sed nihil te interpellabo; continentem orationem audire malo.

17 Quid, si te rogavero aliquid? nonne respondebis?

Superbum id quidem est, sed, nisi quid necesse erit, malo non roges.

9 Geram tibi morem et ea quae vis, ut potero, explicabo, nec tamen quasi Pythius Apollo, certa ut sint et fixa, quae dixero, sed ut homunculus unus e multis probabilia coniectura sequens. ultra enim quo progrediar, quam ut veri similia videam, non habeo; certa dicent i, qui et percipi ea posse dicunt et se sapientis esse profitentur.

Tu, ut videtur; nos ad audiendum parati sumus.

18 Mors igitur ipsa, quae videtur notissima res esse, quid sit, primum est videndum. sunt enim qui discessum animi a corpore putent esse mortem; sunt qui nullum censeant fieri discessum, sed una animum et corpus occidere, animumque in corpore extingui. qui discedere animum censent, alii statim dissipari, alii diu permanere, alii semper. quid sit porro ipse animus aut ubi aut unde, magna dissensio est. aliis cor

---

27 quid igitur sit animus ... 28 est. nam animus ab anima dictus est (227, 12). aliis ... 227, 2 dicuntur H

6 quidem id K abeo V¹ habeo V²GKR aveo ς 10 sierogavero V¹ *(corr.*ᶜ*)* K¹ *hoc loco pauciora habuit, evanidas litteras m. rec. sic fere restituit:* īqiero 12 non//roges V 18 qui//et V et//se V sapientes V² 23 putent ς *(cf. censeant)* putant X *(varietatem modorum def. Gafflot, Le subjonctif de subordination Paris 1906 p. 52)* 26 cessent V¹ 28 aut ubi ... 227.1 animus *in mg.* G¹ aut unde ... dicuntur *Non. 66, 5*

ipsum animus videtur, ex quo excordes, vecordes concordesque dicuntur et Nasica ille prudens bis consul 'Corculum' et 'egregie cordatus homo, catus Aelius Sextus'. Empedocles animum esse censet cordi suffusum sanguinem; aliis pars quaedam cerebri visa est animi principatum tenere; aliis nec cor ipsum placet nec cerebri quandam partem esse animum, sed alii in corde, alii in cerebro dixerunt animi esse sedem et locum; animum autem alii animam, ut fere nostri — declarat nomen: nam et agere animam et efflare dicimus et animosos et bene animatos et ex animi sententia; ipse autem animus ab anima dictus est —; Zenoni Stoico animus ignis videtur. sed haec quidem quae dixi, cor, cerebrum, animam, ignem volgo, reliqua fere singuli. ut multo ante veteres, proxime autem Aristoxenus, musicus idemque philosophus, ipsius corporis intentionem quandam, velut in cantu et fidibus quae ἁρμονία dicitur: sic ex corporis totius natura et figura varios motus cieri tamquam in cantu sonos. hic ab artificio suo non recessit et tamen dixit aliquid, quod ipsum quale esset erat multo ante et dictum et explanatum a Platone. Xenocrates animi figuram et quasi corpus negavit esse ullum, numerum dixit esse, cuius vis, ut iam ante Pythagorae visum erat, in natura maxuma esset. eius doctor Plato triplicem finxit animum, cuius principatum, id est rationem, in capite sicut in arce posuit, et duas partes parere voluit, iram et

---

25 Plato ... 228, 2 locavit H

1 vecordes^{q.} excordes concordes H *signis transponendi non satis dilucidis additis* vec. HM vaec. VG¹(*sed* a¹)R¹ (*sed* ⁁¹ᵗ) *Nonii codd. pr.* F H vęc. K 3 *Ennius ann. 331* 5 animi *om.* K¹, *post* princip. *add.*ᶜ 9 ut fere nostri declarant nomen. nam Ω *corr. Dav.* declarant nomina *Sey.* 12 *Zeno fr. 134.* 15 multo *Bentl.* multi *cf. Lact. inst. 7, 13, 9 opif. 16, 13* 18 armonia Ω *cf. I 24. 41* 22 *Xen. fr. 67* 23 ull *in r.* Vᶜ ullum ς verum X *cf. ac. 2, 124* 25 animam X (*sed* ᵘ*supra* a V²ᵗ) 27 separare X *in* parere *corr.* Vᶜ (e *priore loco iterum ss.* V⁸)

cupiditatem, quas locis disclusit: iram in pectore, cupiditatem supter praecordia locavit. Dicaearchus autem in eo sermone, quem Corinthi habitum tribus libris exponit, doctorum hominum disputantium primo libro multos loquentes facit; duobus Pherecratem quendam Phthiotam senem, quem ait a Deucalione ortum, disserentem inducit nihil esse omnino animum, et hoc esse nomen totum inane, frustraque animalia et animantis appellari, neque in homine inesse animum vel animam nec in bestia, vimque omnem eam, qua vel agamus quid vel sentiamus, in omnibus corporibus vivis aequabiliter esse fusam nec separabilem a corpore esse, quippe quae nulla sit, nec sit quicquam nisi corpus unum et simplex, ita figuratum ut temperatione naturae vigeat et sentiat. Aristoteles, longe omnibus — Platonem semper excipio — praestans et ingenio et diligentia, cum quattuor nota illa genera principiorum esset complexus, e quibus omnia orerentur, quintam quandam naturam censet esse, e qua sit mens; cogitare enim et providere et discere et docere et invenire aliquid et tam multa [alia] meminisse, amare odisse, cupere timere, angi laetari, haec et similia eorum in horum quattuor generum inesse nullo putat; quintum genus adhibet vacans nomine et sic ip-

---

15 Aristoteles cum quattuor ... 229,3 de animo sentiae H

1 disclusit *om.* X *add.* V²R^{rec}ς (suis *add.* ς) *cf. I, 80 Pr. 32* quas-cupiditatem *om.* H   2 subter RHK¹ (t sup ss. K²) collocavit V² dice archus KRV   dicaearchus | arcus G¹   3 chorinthi GK 4 dictorum X, *corr. in* KV   5 pheracraten G pthiotam X (pth. G phlot. K)   7 animum omnino K   8 et *post* frustraque *add.* V¹⁷ *vix recte*   9 animantes V²   12 aequabiliter V *(exp. m. vet.)*   18 orirentur Hς   19 esse] esset GR¹ *e corr.* equa G¹ *(in mg.* de) K¹ (equae K² *ut v.*) R esse///qua V (quae V²) 21 alia X *exp.* V^{vet}, *cf. 247,14*   22 et *om.* H   23 nullo] numero H 24 genus *om.* H   sic *exp.* V^{vet}

sum animum ἐνδελέχειαν appellat novo nomine quasi quandam continuatam motionem et perennem.

Nisi quae me forte fugiunt, haec sunt fere de animo sententiae. Democritum enim, magnum illum quidem virum, sed levibus et rotundis corpusculis efficientem animum concursu quodam fortuito, omittamus; nihil est enim apud istos, quod non atomorum turba conficiat. Harum sententiarum quae vera sit, deus aliqui viderit; quae veri simillima, magna quaestio est. utrum igitur inter has sententias diiudicare malumus an ad propositum redire?

Cuperem equidem utrumque, si posset, sed est difficile confundere. quare si, ut ista non disserantur, liberari mortis metu possumus, id agamus; sin id non potest nisi hac quaestione animorum explicata, nunc, si videtur, hoc, illud alias.

Quod malle te intellego, id puto esse commodius; efficiet enim ratio ut, quaecumque vera sit earum sententiarum quas exposui, mors aut malum non sit aut sit bonum potius. nam si cor aut sanguis aut cerebrum est animus, certe, quoniam est corpus, interibit cum reliquo corpore; si anima est, fortasse dissipabitur; si ignis, extinguetur; si est Aristoxeni harmonia, dissolvetur. quid de Dicaearcho dicam, qui nihil omnino animum dicat esse? his sententiis omnibus nihil post mortem pertinere ad quemquam potest; pariter enim cum vita sensus amittitur; non sentientis

---

8 harum ... 9 quaestio est H   18 efficiet ... 25 dicit esse H

1 endelecheian GKVH, *sed in* R *inter* e *et* a *graecum compendium diphthongi* ει (ℐ) *scriptum est* appellant G¹V¹
3 fugiunt *(exp. m. vet.)* V   hae V^{rec} ς   omnium *post* fere *add.* V²   6 animũm $^{l\,mos}$ V *(ss.^{c})*   7 nihil ... eorum t. conficiat *Non.* 269, 12
8 harum ... viderit *Lact. inst.* 7, 8, 9 *(postquam breviter ad* § 18—22 *respexit)* aliquis V^{rec}ς   14 possimus K²   20 cor //// aut$^{(2)}$ s. G   22 corpore V^c ς tempore X   23 harmonia GKR //arm. V arm. H

autem nihil est ullam in partem quod intersit. reliquorum sententiae spem adferunt, si te hoc forte delectat, posse animos, cum e corporibus excesserint, in caelum quasi in domicilium suum pervenire.

Me vero delectat, idque primum ita esse velim, deinde, etiamsi non sit, mihi persuaderi tamen velim.

Quid tibi ergo opera nostra opus est? num eloquentia Platonem superare possumus? evolve diligenter eius eum librum, qui est de animo: amplius quod desideres nihil erit.

Feci mehercule, et quidem saepius; sed nescio quo modo, dum lego, adsentior, cum posui librum et mecum ipse de inmortalitate animorum coepi cogitare, adsensio omnis illa elabitur.

Quid? hoc dasne aut manere animos post mortem aut morte ipsa interire?

Do vero.

Quid, si maneant?

Beatos esse concedo.

Sin intereant?

Non esse miseros, quoniam ne sint quidem; iam istuc coacti a te paulo ante concessimus.

Quo modo igitur aut cur mortem malum tibi videri dicis? quae aut beatos nos efficiet animis manentibus aut non miseros sensu carentis.

Expone igitur, nisi molestum est, primum, si potes, animos remanere post mortem, tum, si minus id obtinebis — est enim arduum —, docebis carere omni malo mortem. ego enim istuc ipsum vereor ne malum sit non dico carere sensu, sed carendum esse.

Auctoribus quidem ad istam sententiam, quam vis obtineri, uti optimis possumus, quod in omnibus cau-

---

9 anima *ex* -o V$^{c?}$ 13 imm. GR   18 quod K^1(*corr.*^{2})R
19 beatas V   21 Iam *cf. p. 225, 21 ac. 2, 109 al. (Mue.)*   25 carentes V^2 27 potest G^1 28 obtenebis GR^{1}V   30 ne] me G
33 optineri V

sis et debet et solet valere plurimum, et primum quidem omni antiquitate, quae quo propius aberat ab ortu et divina progenie, hoc melius ea fortasse quae erant vera cernebant.

Itaque unum illud erat insitum priscis illis, quos cascos appellat Ennius, esse in morte sensum neque excessu vitae sic deleri hominem, ut funditus interiret; idque cum multis aliis rebus, tum e pontificio iure et e caerimoniis sepulcrorum intellegi licet, quas maxumis ingeniis praediti nec tanta cura coluissent nec violatas tam inexpiabili religione sanxissent, nisi haereret in eorum mentibus mortem non interitum esse omnia tollentem atque delentem, sed quandam quasi migrationem commutationemque vitae, quae in claris viris et feminis dux in caelum soleret esse, in ceteris humi retineretur et permaneret tamen. ex hoc et nostrorum opinione 'Romulus in caelo cum diis agit aevum', ut famae adsentiens dixit Ennius, et apud Graecos indeque perlapsus ad nos et usque ad Oceanum Hercules tantus et tam praesens habetur deus; hinc Liber Semela natus eademque famae celebritate Tyndaridae fratres, qui non modo adiutores in proeliis victoriae populi Romani, sed etiam nuntii fuisse perhibentur. quid? Ino Cadmi filia nonne Λευκοθέα nominata a Graecis Matuta habetur a nostris? quid? totum prope caelum, ne pluris persequar, nonne humano genere completum est? si vero scrutari vetera et ex is ea quae scriptores Graeciae prodiderunt eru-

---

2 propius] opius *in r.* V^c 4 vera *ss.* K^c veru (a *apertum!*) *in* vera *corr.* R   cercebant G^1 *(corr. ipse)* R cernebant K cerneba//t V (-bat ς)   6 cassos R cassus K^1 *ann. 24*   8 idquae G^{1}RV^1 9 caer. V cer. GKR   11 inexplabile X -i *in r.* V$^{1?}$ς   16 et *ante* retin. *add.* V^c et perm. . . . 20 hercules *fere omnia in r.* V^1 17 *ann. 115*   24 Quid?...nostris *Non. 66, 13* iuhoĉadmī G^1 ino *sed* o *in r.* V^1 nonne *ex* nomine K^z ΛΕΥΚΟΕ|ea R ΛΕΥΚΟΘΕΑ GKV (Θ *in r.*)   25 mutata K^{1}V^1 *(ut v.) Nonii* L^1 26 persequar pluris K   27 SI vero . . . 232, 5 intelleges *Lact. inst. 1, 15, 24 Aug. cons. euang. 1, 23, 32*   28 illis *Lact.*

ere coner, ipsi illi maiorum gentium dii qui habentur hinc nobis profecti in caelum reperientur. quaere, quorum demonstrentur sepulcra in Graecia; reminiscere, quoniam es initiatus, quae tradantur mysteriis: tum denique, quam hoc late pateat, intelleges. sed qui nondum ea quae multis post annis ⟨homines⟩ tractare coepissent physica didicissent, tantum sibi persuaserant, quantum natura admonente cognoverant, rationes et causas rerum non tenebant, visis quibusdam saepe movebantur, isque maxime nocturnis, ut viderentur ei, qui vita excesserant, vivere.

30 Ut porro firmissimum hoc adferri videtur cur deos esse credamus, quod nulla gens tam fera, nemo omnium tam sit inmanis, cuius mentem non imbuerit deorum opinio (multi de diis prava sentiunt — id enim vitioso more effici solet —, omnes tamen esse vim et naturam divinam arbitrantur, nec vero id conlocutio hominum aut consessus efficit, non institutis opinio est confirmata, non legibus; omni autem in re consensio omnium gentium lex naturae putanda est) — quis est igitur, qui suorum mortem primum non eo lugeat, quod eos orbatos vitae commodis arbitretur? tolle

---

12 Porro infirmissimum ... 20 putanda est H

1 ipsi maiorum gentium dii *Aug. civ. 8,5* qui habentur *om. Aug.* 2 a *ante* nobis *add.* V²ϛ *Lact. Aug. cf. Progr. 24* repperientur X *(sed 1. p del.* R¹?) *Aug.* quare quoniam demonstrantur *Lact.* 3 demonstrentur *Aug.* demonstrantur X, *sed a in e corr.* G¹ demonstran *in r.* V¹ 4 es initiatus] *hinc Lact. inst. 1,15 Atticum cum Cicerone colloqui conclusit, cf. Po. Herm. 46 p. 629* mist. K V 6 *add. Po.* tractari coepta sunt *Keil* 7 physica X dicissent R¹ 8 cognoverunt X *corr.* Vᶜ 9 visis eqs. *asyndeton suspectum* 11 ei] illi K² hi *in r.* V¹ 12 videretur Vᶜ 13 quod] quia K² hominum K ͳomnium² 14 sit K²V²ϛ fit X inmani//s R imm. K H 15 idem K¹ (id enim²) R H 17 deorum K divinā² div *in r.* V¹ nec ... opinio est *in r.* K¹ 18 consessus *Bouhier (cf. Legg. II, 13)* consensus effecit *Bouhier* 19 omniᵃ R omni// V 20 omnium] hominum R¹

hanc opinionem, luctum sustuleris. nemo enim maeret suo incommodo: dolent fortasse et anguntur, sed illa lugubris lamentatio fletusque maerens ex eo est, quod eum, quem dileximus, vitae commodis privatum arbitramur idque sentire. atque haec ita sentimus natura duce, nulla ratione nullaque doctrina. Maxumum vero argumentum est naturam ipsam de inmortalitate animorum tacitam iudicare, quod omnibus curae sunt, et maxumae quidem, quae post mortem futura sint. 'serit arbores, quae alteri saeclo prosint', ut ait ⟨Statius⟩ in Synephebis, quid spectans nisi etiam postera saecula ad se pertinere? ergo arbores seret diligens agricola, quarum aspiciet bacam ipse numquam; vir magnus leges instituta rem publicam non seret? quid procreatio liberorum, quid propagatio nominis, quid adoptationes filiorum, quid testamentorum diligentia, quid ipsa sepulcrorum monumenta elogia significant nisi nos futura etiam cogitare?

Quid? illud num dubitas, quin specimen naturae capi deceat ex optima quaque natura? quae est melior igitur in hominum genere natura quam eorum, qui se natos ad homines iuvandos tutandos conservandos arbitrantur? abiit ad deos Hercules: numquam abisset, nisi, cum inter homines esset, eam sibi viam munivisset. vetera iam ista et religione omnium consecrata: quid in hac re p. tot tantosque viros ob rem p. interfectos cogitasse arbitramur? isdemne ut finibus nomen suum quibus vita terminaretur? nemo umquam sine magna spe inmortalitatis se pro patria of-

---

2 suo⁽ᶜ⁾ alieno K   5 idque sentire *eras. in* V   6 maximum KR¹ (u *ss.*¹) maxumum vero argumentum V (*ss.*²)   9 maxume X (-ime K) sunt K² *Caecil. com. 210*   10 altero K¹ saeculo K¹V² *suppl.* ς (*cf. Cato m. 24*) ille 'cod. Aug.'   11 sinephebis KV sine phebis GR *(coni.*¹*)* expectans V   14 non seret Vᶜ *(1. n in r.)* ς   conseret GKR   15 propagatio] progatio R prorogatio V¹   19 illū K¹   24 viam *s. v. add.* K²   26 ob rem p.] b r *in r.* V¹ ob re p. K ob rē p. (*er.* ublică) G

33 ferret ad mortem. licuit esse otioso Themistocli, licuit
Epaminondae, licuit, ne et vetera et externa quaeram,
mihi; sed nescio quo modo inhaeret in mentibus quasi
saeclorum quoddam augurium futurorum, idque in
maximis ingeniis altissimisque animis et existit maxime et apparet facillime. quo quidem dempto quis
tam esset amens, qui semper in laboribus et periculis
34 viveret? loquor de principibus; quid? poëtae nonne
post mortem nobilitari volunt? unde ergo illud:
  'Aspicite, o cives, senis Enni imaginis formam:
  Hic vestrum panxit maxima facta patrum'?
mercedem gloriae flagitat ab is quorum patres adfecerat gloria, idemque:
  'Nemo me lacrimis ...
            Cur? volito vivos per ora virum.'
sed quid poëtas? opifices post mortem nobilitari volunt. quid enim Phidias sui similem speciem inclusit
in clupeo Minervae, cum inscribere ⟨nomen⟩ non liceret? quid? nostri philosophi nonne in is libris ipsis,
quos scribunt de contemnenda gloria, sua nomina inscribunt?
35 Quodsi omnium consensus naturae vox est, omnesque qui ubique sunt consentiunt esse aliquid, quod
ad eos pertineat qui vita cesserint, nobis quoque idem
existimandum est, et si, quorum aut ingenio aut virtute

---

22 quodsi ... 235,6 cognoscimus (*omissis* 235,2 maxume
... 235,4 habiturus) H *(libere)*

2 *1.* et *in r.* V¹ 3 in *s. v. add.* G¹ 5 exsistit GR 6 quod
X *sed* d *exp.* G¹ 8 quŏd G¹ 9 post] st *in r.* V^c 9. 16 nobilitare K¹ *corr.*² unde er//go *in* ut est de ennio *corr.* K^{c(?)}
10 senis//enni V (2. s V²) enni X ennii K² formam V¹ urnam
V^{rec} *in mg. Enn. var. 15* 11 panxit *edd.* pinxit 14 lacrimis
X, -et *pro* -ls *in r.* V^c. *de ratione versus afferendi cf. Va. Op.
II p. 135 Enn. var. 17* 15 vivus V^c 16 poetas ϛ putas X
poetę V^c (p *a m. 1,* oetę *in r.*) 18 *add. Ern.* 19 quid?
nostri eqs. *libere Hier. in Gal. p. 517* 22 omnesque] huiusque
H 24 cesserint GK, *sed prius* s *in* r G¹, *ex* n K^c

§ 33—37   TUSCULANAE DISPUTATIONES   235

animus excellit, eos arbitrabimur, quia natura optima
sint, cernere naturae vim maxume, veri simile est, cum
optumus quisque maxume posteritati serviat, esse aliquid, cuius is post mortem sensum sit habiturus.
5 Sed ut deos esse natura opinamur, qualesque sint,
ratione cognoscimus, sic permanere animos arbitramur consensu nationum omnium, qua in sede maneant
qualesque sint, ratione discendum est. cuius ignora-
tio finxit inferos easque formidines, quas tu contem-
10 nere non sine causa videbare. in terram enim cadentibus corporibus isque humo tectis, e quo dictum est
humari, sub terra censebant reliquam vitam agi mortuorum; quam eorum opinionem magni errores consecuti sunt, quos auxerunt poëtae. frequens enim con-
15 sessus theatri, in quo sunt mulierculae et pueri, movetur audiens tam grande carmen:
'Ádsum atque advenio Ácherunte vix via alta atque árdua
Pér speluncas sáxis structas ásperis pendéntibus
Máxumis, ubi rígida constat crássa caligo ínferum,'
20 tantumque valuit error — qui mihi quidem iam sublatus videtur —, ut, corpora cremata cum scirent,
tamen ea fieri apud inferos fingerent, quae sine corporibus nec fieri possent nec intellegi. animos enim
per se ipsos viventis non poterant mente complecti,
25 formam aliquam figuramque quaerebant. inde Homeri
tota νέκυια, inde ea quae meus amicus Appius νεκυομαντεῖα faciebat, inde in vicinia nostra Averni lacus,

16
36

37

---

1 excellet V'   arbitrabimur X arbitra///mur V We. al.
5 que del. Bai.   8 ingnoratio GV¹   11 aquo V¹ (aq in r.¹)
eqd̃ V² mg.   14 quos...con in r. K¹   consessus ş consensu
X, s in fine add. V¹   17 Trag. inc. 73   acherŭnte K (u ss.ᶜ)
19 ubi...inferum Non. 272,39   crassa s. v. add. Kᶜ   23 possunt V²   24 se s. v. add. Vᶜ   vigentis ex viventis V¹
26 ΝΕϹΥΙᾶ KRV (sed ἰᾶ in pᾶ corr. 1) necyia mai. litt. G
ΝΕpϹΥΟ mantia RK nepsyomantia mai. litt. G psichomantia,
sed psicho in r. V¹ᵃᵘᵗ² (ex div. 1, 132) corr. Dav.   27 -de in
om. K¹ add.ᶜ   vitia KRV¹ (vicinia corr.¹) vicia G

únde animae excitántur obscura úmbra opertae,
                                imágines
mórtuorum, alto óstio Acherúntis, salso sánguine.
has tamen imagines loqui volunt, quod fieri nec sine
lingua nec sine palato nec sine faucium laterum pul-
monum vi et figura potest. nihil enim animo videre
poterant, ad oculos omnia referebant.

8 Magni autem est ingenii sevocare mentem a sensibus et cogitationem ab consuetudine abducere. itaque credo equidem etiam alios tot saeculis, sed quod litteris exstet, Pherecydes Syrius primus dixit animos esse hominum sempiternos, antiquus sane; fuit enim meo regnante gentili. hanc opinionem discipulus eius Pythagoras maxime confirmavit, qui cum Superbo regnante in Italiam venisset, tenuit Magnam illam Graeciam cum [honore] disciplina, tum etiam auctoritate, multaque saecula postea sic viguit Pythagoreorum no-
7 men, ut nulli alii docti viderentur. sed redeo ad antiquos. rationem illi sententiae suae non fere reddebant, nisi quid erat numeris aut descriptionibus explican-
9 dum: Platonem ferunt, ut Pythagoreos cognosceret, in Italiam venisse et didicisse Pythagorea omnia pri-

---

6 Quidam enim nihil animo ... 9 abducere H

1 *Trag. inc. 76 cf. Leo Progr. Gott. 1910 p. 21.* apertae (*vel* ę, -e K¹) hostio alte (alte K¹) acheruntis (acherontis KV¹ *e corr.*) s. s. imagines mortuorum X opertę *corr.* V¹K² ostio ꜱ alto *corr.* K²V¹ᵃᵘᵗ² ꜱ. *locum rest. Leo. alii aut* imagines mortuorum *in fine relicta male Ciceroni ipsi tribuunt aut ibi* mort. imagines *scribunt (praeterea* aperto ex ostio *Mdv.* opertae ex ostio *Ribb.* altae *Klotz*) 8 magni..9 abducere *Aug. epist. 137,5* sevocare *Aug.* revocare Ω 9 a consuetudine V (*ult. e exo*) 10 quot G 11 extet K *cf. Lact. inst. 7, 8, 7 Aug. epist. 137,12* syrus X syrius ꜱ *Aug.* primum Ω primus *Bentl. atque hoc legisse videtur Aug.*: 'quod apud Graecos olim primus Pherecydes Syrius cum disputavisset', 12 antiquǒs K¹R¹ 16 honore *del.* Vᵛᵉˡ honore et disc. ꜱ 18 ẙ|dęrentur V 20 descriptionibus B ꜱ discriptionibus X (discretionibus V) 22 dedicisse GR *ad venisse adscr. in mg. et in ea (ita P) cum alios multos tum archy-*

mumque de animorum aeternitate non solum sensisse idem quod Pythagoram, sed rationem etiam attulisse. quam, nisi quid dicis, praetermittamus et hanc totam spem inmortalitatis relinquamus.

An tu cum me in summam exspectationem adduxeris, deseris? errare mehercule malo cum Platone, quem tu quanti facias scio et quem ex tuo ore admiror, quam cum istis vera sentire.

Macte virtute! ego enim ipse cum eodem ipso non invitus erraverim. num igitur dubitamus —? an sicut pleraque? quamquam hoc quidem minime; persuadent enim mathematici terram in medio mundo sitam ad universi caeli complexum quasi puncti instar optinere, quod κέντρον illi vocant; eam porro naturam esse quattuor omnia gignentium corporum, ut, quasi partita habeant inter se ac divisa momenta, terrena et umida suopte nutu et suo pondere ad paris angulos in terram et in mare ferantur, reliquae duae partes, una ignea altera animalis, ut illae superiores in medium locum mundi gravitate ferantur et pondere, sic hae rursum rectis lineis in caelestem locum subvolent, sive ipsa natura superiora adpetente sive quod a gravioribus leviora natura repellantur. quae cum constent, perspicuum debet esse animos, cum e corpore excesserint, sive illi sint animales, id est spirabiles,

---

tam (ut crithitā P) timeumque cognovit (et timęum invenisse R)V^{c}R$^{rec.}$P *al.*, *(cf. fin. 5, 87)*, *unde* V^c *post* ferunt (21) *add.* qui, *tum corr.* venit ed//dicisse *(voluit ut v.* edidicisse *pro et* dedicisse*) signo* ◡ *inter haec verba ut ante notam mg. addito*
2 rationes .. quas V^2? adtul. V 6 deseres V^2 s me errare hercule K mehercules V^2 8 cū] *i. r.* V^{rec} 9 Macte virtute *Non. 341, 37* mac *in r.* V^c ipso *cf. div. 2, 95* isto *We.* 14 centron X *(ante Vitr. praeterea ap. Rom. non invenitur)* 17 umida RG^{1}V^1 (^{h}*add.* G^{1}V^1) 18 mari X mare K^2 s 19 ille GKV superioris X 21 calestem GV^1 rursus V^2 22 sive quod ... constent *Non. 273, 7* 22 superiora ... 23 leviora *om.* R^1 *add. m. vet. in mg.* (superiora *ex* -re). *eadem verba usque ad* levio *fere omnia in r. scripsit* V^1 25 spirabiles KV^2 (⊦ sp.) spiritabiles RV^1 spiritales G

41 sive ignei, sublime ferri. si vero aut numerus quidam sit animus, quod subtiliter magis quam dilucide dicitur, aut quinta illa non nominata magis quam non intellecta natura, multo etiam integriora ac puriora sunt, ut a terra longissime se ecferant. Horum igitur aliquid... animus, ne tam vegeta mens aut in corde cerebrove aut in Empedocleo sanguine demersa iaceat.
18 Dicaearchum vero cum Aristoxeno aequali et condiscipulo suo, doctos sane homines, omittamus; quorum alter ne condoluisse quidem umquam videtur, qui animum se habere non sentiat, alter ita delectatur suis cantibus, ut eos etiam ad haec transferre conetur. harmonian autem ex intervallis sonorum nosse possumus, quorum varia compositio etiam harmonias efficit pluris; membrorum vero situs et figura corporis vacans animo quam possit harmoniam efficere, non video. sed hic quidem, quamvis eruditus sit, sicut est, haec magistro concedat Aristoteli, canere ipse doceat; bene enim illo Graecorum proverbio praecipitur:
42 'quam quisque norit artem, in hac se exerceat.' illam vero funditus eiciamus individuorum corporum levium et rutundorum concursionem fortuitam, quam tamen Democritus concalefactam et spirabilem, id est animalem, esse volt. is autem animus, qui, si est horum quattuor generum, ex quibus omnia constare

---

1 si vero ... 5 ecferant   13 armonian ... 17 video
20 illam ... 24 vult   239, 15 nulla vero est celeritas...240, 16
excitavit   240, 26 quod tandem ... 241, 17 pervenerit H

2 sit] est *Mdv. sed cf. comm.*   3 *cf. Aug. gen. ad litt.
7, 21*   5 se *om.* H   ecf. X (eff. *corr.* V^1 ^{h}ecf. K^c)   6 puteretur
vel cogitetur *fere potius supplendum quam* sit *(We.). est ante* animus *add.* Bς nec K   vegeta V^1 (veg *in r.*) K^2 veta GK^{1}R
10 nae R ne K   ne, sed e *in r.* V^1 quia nimium K^1
13. 14. 16 arm. *ter* H (*in* 13 V^1 *e corr., in* 14 K)   13 harmoniă K   15 vero situs *om.* K^1 *add.*^{c} 20 *cf. Arist. Ve. 1431 Cic.
Att. 5, 10, 3*   22 rotundorum KV (*sed fuit* rut.) H   23 tamen
add. K^2 spirabilem *eqs. cf. Aug. epist. 118, 4, 28*   24 animus ... 239, 1 dicuntur *Non. 272, 29*   si *add.* G^1 *s. l.*   25 quattuor horum *Non.*   ex quibus] unde V^2 *Non ft. recte*

§ 41—43   TUSCULANAE DISPUTATIONES   239

dicuntur, ex inflammata anima constat, ut potissimum videri video Panaetio, superiora capessat necesse est. nihil enim habent haec duo genera proni et supera semper petunt. ita, sive dissipantur, procul a terris
5 id evenit, sive permanent et conservant habitum suum, hoc etiam magis necesse est ferantur ad caelum et ab is perrumpatur et dividatur crassus hic et concretus aër, qui est terrae proximus. calidior est enim vel potius ardentior animus quam est hic aër, quem
10 modo dixi crassum atque concretum; quod ex eo sciri potest, quia corpora nostra terreno principiorum genere confecta ardore animi concalescunt. accedit ut eo facilius animus evadat ex hoc aëre, quem saepe iam appello, eumque perrumpat, quod nihil est animo
15 velocius, nulla est celeritas quae possit cum animi celeritate contendere. qui si permanet incorruptus suique similis, necesse est ita feratur, ut penetret et dividat omne caelum hoc, in quo nubes imbres ventique coguntur, quod et umidum et caliginosum est propter
20 exhalationes terrae.

Quam regionem cum superavit animus naturamque sui similem contigit et adgnovit, iunctis ex anima tenui et ex ardore solis temperato ignibus insistit et finem altius se ecferendi facit. cum enim sui similem et le-
25 vitatem et calorem adeptus ⟨est⟩, tamquam paribus examinatus ponderibus nullam in partem movetur, eaque ei demum naturalis est sedes, cum ad sui simile penetravit; in quo nulla re egens aletur et sustentabitur isdem rebus, quibus astra sustentantur et aluntur.

---

2 videri *om.* X (videt' *pro* video V *sed* t' V^c *in r.*) *add.* K²ς   9 ardentior *ex* -us V¹ est *exp.* V^c aer *in mg.* V^c   10 sciri] scribi K¹   12 accidit X accedit ςV^{rec}   18 caelum ... coguntur *Non.* 264,32   19 umidum G (ʰ *add. sed rursus eras.*) KR¹V¹ hum. H   20 exalationes GKV (exal//at., *in mg.* p humorem V²)H   22 agnovit H a//gn. V   iunctis R¹ iunctus GKVH   23 consistit V *e corr.*   24 ecf. *ut* 238,5 (eff. *hic* V^c)   25 *add.* ς   29 hisdem X (//isdem V isdem H?) sustentatur G¹ sustentur K¹ sustantur V¹

44 Cumque corporis facibus inflammari soleamus ad omnis fere cupiditates eoque magis incendi, quod is aemulemur, qui ea habeant quae nos habere cupiamus, profecto beati erimus, cum corporibus relictis et cupiditatum et aemulationum erimus expertes; quodque nunc facimus, cum laxati curis sumus, ut spectare aliquid velimus et visere, id multo tum faciemus liberius totosque nos in contemplandis rebus perspiciendisque ponemus, propterea quod et natura inest in mentibus nostris insatiabilis quaedam cupiditas veri videndi et orae ipsae locorum illorum, quo pervenerimus, quo faciliorem nobis cognitionem rerum caelestium, eo maiorem cognoscendi cupiditatem dabant.
45 haec enim pulchritudo etiam in terris 'patritam' illam et 'avitam', ut ait Theophrastus, philosophiam cognitionis cupiditate incensam excitavit. praecipue vero fruentur ea, qui tum etiam, cum has terras incolentes circumfusi erant caligine, tamen acie mentis dispicere cupiebant.

20 Etenim si nunc aliquid adsequi se putant, qui ostium Ponti viderunt et eas angustias, per quas penetravit ea quae est nominata

Argó, quia Argivi ín ea delectí viri
Vectí petebant péllem inauratam árietis,

aut i qui Oceani freta illa viderunt, 'Europam Libyamque rapax ubi dividit unda', quod tandem spectaculum fore putamus, cum totam terram contueri licebit eiusque cum situm, formam, circumscriptionem, tum et habitabiles regiones et rursum omni cultu prop-
46 ter vim frigoris aut caloris vacantis? nos enim ne

---

6 que *in r.* V^c 7 liberius///t. V   14 patritam ... 15 philosophiam *Non. 161,7*   patriam X patritam *Non. et multi codd. s. XV., ex Nonio ni fallor. certe in Vat. 1733 is qui a. 1479 codicem emit in mg. adscripsit:* patrita n. m.   cognitionis *add.* K^c 18 illa *post* disp. *add.* V^2 20 se *om.* G   23 *Enn. Med. 250* in ea *add.* K^c delecti KV^{2}B dilecti GRV^1 25 *Enn. ann. 302* lybiamque X (lyp. V^1)   29 rursus V^2

nunc quidem oculis cernimus ea quae videmus; neque est enim ullus sensus in corpore, sed, ut non physici solum docent verum etiam medici, qui ista aperta et patefacta viderunt, viae quasi quaedam sunt ad oculos, ad auris, ad naris a sede animi perforatae. itaque saepe aut cogitatione aut aliqua vi morbi impediti apertis atque integris et oculis et auribus nec videmus nec audimus, ut facile intellegi possit animum et videre et audire, non eas partis quae quasi fenestrae sint animi, quibus tamen sentire nihil queat mens, nisi id agat et adsit. quid, quod eadem mente res dissimillimas comprendimus, ut colorem, saporem, calorem, odorem, sonum? quae numquam quinque nuntiis animus cognosceret, nisi ad eum omnia referrentur et is omnium iudex solus esset. atque ea profecto tum multo puriora et dilucidiora cernentur, cum, quo natura fert, liber animus pervenerit. nam nunc quidem, 47 quamquam foramina illa, quae patent ad animum a corpore, callidissimo artificio natura fabricata est, tamen terrenis concretisque corporibus sunt intersaepta quodam modo: cum autem nihil erit praeter animum, nulla res obiecta impediet, quo minus percipiat, quale quidque sit.

Quamvis copiose haec diceremus, si res postularet, 21 quam multa, quam varia, quanta spectacula animus in locis caelestibus esset habiturus. quae quidem cogitans soleo saepe mirari non nullorum insolentiam 48 philosophorum, qui naturae cognitionem admirantur eiusque inventori et principi gratias exultantes agunt eumque venerantur ut deum; liberatos enim se per

---

2 enim est V^2B phisici KRH   5 aures ... nares *ex* -is $V^{1?}$ 8 ut] quo *ss.* V^2 9 non ... 10 sunt animi *Non. 36,12*   11 quid quod V (*sed* quod *corr. in* cū^1) qui quod GK^1 (*corr.*^{c}) R   12 cū (*ex* cō) prendimus V   13 animi *in* animis *corr.* V^1 17 fertur K^c nam ... 19 natura fabricatur *Non. 35,26*   18 animos *Non.*   19 callidissimo K^{1}RV   20 intersepta X   26 esse R^1 quidem] cuiidem R^1 27 solo R^1 29 insultantes K^1

eum dicunt gravissimis dominis, terrore sempiterno
et diurno ac nocturno metu. quo terrore? quo metu?
quae est anus tam delira quae timeat ista, quae vos
videlicet, si physica non didicissetis, timeretis, 'Acherunsia templa alta Orci, pallida leti, nubila tenebris
loca'? non pudet philosophum in eo gloriari, quod
haec non timeat et quod falsa esse cognoverit? e quo
intellegi potest, quam acuti natura sint, quoniam haec
sine doctrina creditura fuerunt. praeclarum autem nescio quid adepti sunt, quod didicerunt se, cum tempus
mortis venisset, totos esse perituros. quod ut ita sit
— nihil enim pugno —, quid habet ista res aut laetabile aut gloriosum? Nec tamen mihi sane quicquam
occurrit, cur non Pythagorae sit et Platonis vera sententia. ut enim rationem Plato nullam adferret — vide,
quid homini tribuam —, ipsa auctoritate me frange-
ret: tot autem rationes attulit, ut velle ceteris, sibi
certe persuasisse videatur.

Sed plurimi contra nituntur animosque quasi capite
damnatos morte multant, neque aliud est quicquam
cur incredibilis is animorum videatur aeternitas, nisi
quod nequeunt qualis animus sit vacans corpore intellegere et cogitatione comprehendere. quasi vero
intellegant, qualis sit in ipso corpore, quae confor-
matio, quae magnitudo, qui locus; ut, si iam possent
in homine vivo cerni omnia quae nunc tecta sunt,
casurusne in conspectum videatur animus, an tanta

---

20 neque aliud . . . 23 conpraehendere H

2 anoct. (*pro* ac noct.)R   4 phisica KR *Enn. Andr. aechm.
107* acheru//sia V   5 letio nubila GK¹ (b *post* o *add.* K^c)R
let//o nubila V (leto n. B)   10 quod *in* qui *mut.* V²   11 ut
om. K¹ *(add.²)* R   12 loetabile GKR   15 veram rat. G¹ af-
ferret K^c (*ex* affirmet) V^c 16 auctoritate// V *tum* m *in* r. V²
20 dampnatos GK   22 intellgere et cog. V *sed* igere *in* r.,
et *in* mg. V^c 23 conp. VH Quasi vero intellegant qualis
animus sit vacans corpore intellegere et cogitatione cōphendere
R *sed ipse haec delevit ac denuo scripsit*: Quasi eqs.   25 ut
cf. *p. 439, 6 div. 2, 129 aut Lb.*   26 vivo *Bentl.* uno

sit eius tenuitas, ut fugiat aciem? haec reputent isti 51
qui negant animum sine corpore se intellegere posse:
videbunt, quem in ipso corpore intellegant. mihi
quidem naturam animi intuenti multo difficilior oc-
5 currit cogitatio, multo obscurior, qualis animus in
corpore sit tamquam alienae domi, quam qualis, cum
exierit et in liberum caelum quasi domum suam venerit. si enim, quod numquam vidimus, id quale sit
intellegere non possumus, certe et deum ipsum et
10 divinum animum corpore liberatum cogitatione complecti possumus. Dicaearchus quidem et Aristoxenus,
quia difficilis erat animi quid aut qualis esset intellegentia, nullum omnino animum esse dixerunt. est 52
illud quidem vel maxumum animo ipso animum vi-
15 dere, et nimirum hanc habet vim praeceptum Apol-
linis, quo monet ut se quisque noscat. non enim credo
id praecipit, ut membra nostra aut staturam figuramve
noscamus; neque nos corpora sumus, nec ego tibi haec
dicens corpori tuo dico. cum igitur 'nosce te' dicit,
20 hoc dicit: 'nosce animum tuum.' nam corpus quidem
quasi vas est aut aliquod animi receptaculum; ab
animo tuo quicquid agitur, id agitur a te. hunc igitur
nosse nisi divinum esset, non esset hoc acrioris cuiusdam animi praeceptum tributum deo [sc. hoc se ip-
25 sum posse cognoscere].

Sed si, qualis sit animus, ipse animus nesciet, dic 53

---

3 mihi ... 16 noscat (om. 12 Decaearchus ... 14 dixerunt) H

6 domui Ω cf. *Wackernagel in comm. meo*   8 si *Po* nisi
Ω etsi *Kü.* si *etiam Sey., sed* nec—nec *pro* et—et *scripto.*
9 possumus et certe animum ipsum corp. H   10 cogitatione// R
11 dicearchus (dice archus) X   cf. *Lact. inst. 7, 13, 9 opif. 16, 13*
12 quid] *in* quae *corr.* V²   14 animum/// v. V   22 quidquid
hic GRV¹ *(corr.¹)*   23 non esset *add.* K^c   24 deo *We.* adeo
sit hoc se ipsum posse cognoscere X (esset hoc praeceptum
tributum a deo. sit hoc acrioris cuiusdam animi se ipsum posse
cognoscere V, *sed inde a* praeceptum *omnia in r.* V^c). *glos-
sema latere,* sit *ex* sc. natum esse cognovit͜ *We.*   26 ne-
scĭat K

quaeso, ne esse quidem se sciet, ne moveri quidem
se? ex quo illa ratio nata est Platonis, quae a Socrate
est in Phaedro explicata, a me autem posita est in
sexto libro de re p.: 'Quod semper movetur, aeternum est; quod autem motum adfert alicui quodque
ipsum agitatur aliunde, quando finem habet motus,
vivendi finem habeat necesse est. solum igitur, quod
se ipsum movet, quia numquam deseritur a se, numquam ne moveri quidem desinit; quin etiam ceteris
quae moventur hic fons, hoc principium est movendi.
principii autem nulla est origo; nam e principio oriuntur omnia, ipsum autem nulla ex re alia nasci potest;
nec enim esset id principium, quod gigneretur aliunde.
quod si numquam oritur, ne occidit quidem umquam;
nam principium extinctum nec ipsum ab alio renascetur nec ex se aliud creabit, siquidem necesse est a
principio oriri omnia. ita fit, ut motus principium
ex eo sit, quod ipsum a se movetur; id autem nec
nasci potest nec mori, vel concidat omne caelum omnisque natura ⟨et⟩ consistat necesse est nec vim ullam
nanciscatur, qua a primo inpulsa moveatur. cum
pateat igitur aeternum id esse, quod se ipsum moveat,
quis est qui hanc naturam animis esse tributam neget?
inanimum est enim omne, quod pulsu agitatur externo; quod autem est animal, id motu cietur interiore

---

4 semper enim movetur ... 245, 3 aeterna est (*sine* 19 vel ...
23 neget) H

1 ne esse *ex* non esse K^c 3 *Phaedr. 245 c, cf. Cic. rep.
6, 27. Ciceronem sequitur Lact. inst. 7, 8, 4 et Serv. Aen. 6, 727*
    phedro K R V   4 et aet. X (*sed et exp.* V^{vet} K^c) aet. *Somn.
Macr.*   6 aliunde (ὑπ' ἄλλου) H *e corr.* ς *Somn. pars Macr.*
alicunde X   8 quia ... a se *s. v. add.* V^2 10 hoc] o *in
r.* R^c 14 ne// G nec ς *Somn. Macr.*   16 ex V^{2}ς *Somn.
Macr. om.* X (οὔτε ἄλλο ἐξ ἐκείνης γενήσεται)   20 et *Somn.
Macr.* (consistat et P) *om.* Ω (πᾶσάν τε γένεσιν συμπεσοῦσαν
στῆναι καὶ μήποτε αὖθις ἔχειν ὅθεν κινηθέντα γενήσεται)
21 a V^{2}ς *Somn. Macr. om.* X imp. G R   25 cletur ς *Somn.
Macr.* citetur X *Macr.* P^1

et suo; nam haec est propria natura animi atque vis.
quae si est una ex omnibus quae se ipsa [semper]
moveat, neque nata certe est et aeterna est'. licet concurrant omnes plebei philosophi — sic enim i, qui a
Platone et Socrate et ab ea familia dissident, appellandi videntur —, non modo nihil umquam tam eleganter explicabunt, sed ne hoc quidem ipsum quam
subtiliter conclusum sit intellegent. sentit igitur animus se moveri; quod cum sentit, illud una sentit, se
vi sua, non aliena moveri, nec accidere posse ut ipse
umquam a se deseratur. ex quo efficitur aeternitas,
nisi quid habes ad haec.

Ego vero facile sim passus ne in mentem quidem
mihi aliquid contra venire; ita isti faveo sententiae.
Quid? illa tandem num leviora censes, quae declarant inesse in animis hominum divina quaedam? quae
si cernerem quem ad modum nasci possent, etiam
quem ad modum interirent viderem. nam sanguinem
bilem pituitam ossa nervos venas, omnem denique
membrorum et totius corporis figuram videor posse
dicere unde concreta et quo modo facta sint: animum
ipsum — si nihil esset in eo nisi id, ut per eum viveremus, tam natura putarem hominis vitam sustentari quam vitis, quam arboris; haec enim etiam dicimus vivere. item si nihil haberet animus hominis nisi
ut appeteret aut fugeret, id quoque esset ei commune
cum bestiis. Habet primum memoriam, et eam infini-

---

22 ipsum denique si nihil esse et ... 27 bestiis H

2 quae se ipsa moveat (τὸ αὐτὸ ἑαυτὸ κινοῦν) Macr. quae
se ipsam semper m. X sed semper del. V^{vet} quae sese m.
Somn. 6 eliganter K elḙg. R^1 8 supt. hic GR 9 illum X,
corr. K^{c}V^{2}ς 11 a⊄ R^1 12 dicere post haec add. V^2 13 sim
def. Plasb. ad ac. 2, 147 cl. Ter. Andr. 203 sum ς 16 quaedam]
quidem K^1 17 quem ad modum ... etiam bis in R, semel del.^{1}
22 esset] esse et X (corr. G^{1}V^c; in R & e corr.?) 23 naturam GKR natura eius p. V (eius V^c, exp. al. m.) natura putarem ex naturam putaremus H 24 etiam om. H 25 nil H

tam rerum innumerabilium. quam quidem Plato recordationem esse volt vitae superioris. nam in illo libro, qui inscribitur Menon, pusionem quendam Socrates interrogat quaedam geometrica de dimensione quadrati. ad ea sic ille respondet ut puer, et tamen ita faciles interrogationes sunt, ut gradatim respondens eodem perveniat, quo si geometrica didicisset. ex quo effici volt Socrates, ut discere nihil aliud sit nisi recordari. quem locum multo etiam accuratius explicat in eo sermone, quem habuit eo ipso die, quo excessit e vita; docet enim quemvis, qui omnium rerum rudis esse videatur, bene interroganti respondentem declarare se non tum illa discere, sed reminiscendo recognoscere, nec vero fieri ullo modo posse, ut a pueris tot rerum atque tantarum insitas et quasi consignatas in animis notiones, quas ἐννοίας vocant, haberemus, nisi animus, ante quam in corpus intravisset, in rerum cognitione viguisset. cumque nihil esset..., ut omnibus locis a Platone disseritur — nihil enim putat esse, quod oriatur et intereat, idque solum esse, quod semper tale sit quale est (ἰδέαν appellat ille, nos speciem) —, non potuit animus haec in corpore inclusus adgnoscere, cognita attulit; ex quo tam multarum rerum cognitionis admiratio tollitur. neque ea plane

---

1 Quam quidem Plato] *cf.* 247, 4 Ego autem *Men. 81 e sqq.*
2 in illo libro...11 vita *et* 14 aiunt enim nullo modo fieri posse ut ...247,3 reminiscendo (*om.* 18 cumque...24 tollitur) *libere reddit Boethius in Cic. top. 76 V p. 391, 7 Bai. (Stangl, Jahrb. 127 S. 290. 299)* 3 meñ K¹ (ñ *erasum*, non *in mg. add.²*) me non V¹ 5 respondet ϛ respondit X *Boeth.* 6 gradatum RV¹
7 quo si] quasi *Boeth.* K¹V¹ (*corr.* KᶜVᶜ) 10 *Phaed. 72 e sqq.*
12 interrogati V¹ respondem X (*corr.* K²Vᶜ) 13 *cf. Lact. inst. 7, 22, 19* 15 consignata V¹ (s *add.*ᶜ) cognitgnatas *primo* R
16 quas *add.* Kᶜ ennoias X (i *in* e *corr.* V¹) ЄNNOYAC *Boeth.* 18 *lac. ind. Po. (suppl. fere:* eorum quae sensibus perciperentur *cl. div. 2, 9 Tim. 28 A)* 19 ille *post* enim *hab.* VBPϛ
20 esse ϛ esset 21 quale ЄΙΔЄAN X *corr. Sey.* 22 cⁱⁿlusus V (ssᶜ.) 23 adñ. G¹ a//ǵn. V rerum *om.* V

videt animus, cum repente in tam insolitum tamque
perturbatum domicilium inmigravit, sed cum se collegit atque recreavit, tum adgnoscit illa reminiscendo.
ita nihil est aliud discere nisi recordari. Ego autem 59
5 maiore etiam quodam modo memoriam admiror. quid
est enim illud quo meminimus, aut quam habet vim
aut unde nat[ur]am? non quaero, quanta memoria Simonides fuisse dicatur, quanta Theodectes, quanta is,
qui a Pyrrho legatus ad senatum est missus, Cineas,
10 quanta nuper Charmadas, quanta, qui modo fuit, Scepsius Metrodorus, quanta noster Hortensius: de communi hominum memoria loquor, et eorum maxume
qui in aliquo maiore studio et arte versantur, quorum
quanta mens sit, difficile est existimare; ita multa 25
15 meminerunt. Quorsus igitur haec spectat oratio? quae 60
sit illa vis et unde sit, intellegendum puto. non est certe
nec cordis nec sanguinis nec cerebri nec atomorum;
animae sit ignisne nescio, nec me pudet ut istos fateri
nescire quod nesciam: illud, si ulla alia de re obscura
20 adfirmare possem, sive anima sive ignis sit animus,
eum iurarem esse divinum. quid enim, obsecro te,
terrane tibi hoc nebuloso et caliginoso caelo aut sata
aut concreta videtur tanta vis memoriae? si quid sit

---

11 De communi itaque omnium ... 19 nesciam (*om. verbis*
14 ita ... 15 meminerunt)

1 in *om. Boeth.*   2 collegit ς recollegit *Boeth.* colligit X
(col¹² V)   3 adn̂. R¹ agn. V *Boeth.*   4 discere *ex* scire K^c
5 maiore V¹ (˜ *add.*^c)   6 quo ς quod X   que R¹ quam R^c
7 natam *Lb.* ϹΙΜΩΝΙΔΗϹ X   8 quantᵃ̍s R¹   9 pyrro G
pirrʰo K¹ ceineas X   10 carmadas G scepsius V (*e corr.?*)
secpsius GKR (e scespius¹)   12 hominum ς omnium   16 in-
tellegundum K¹   18 animae *Bentl.* anima Ω (aer ss. V³) ignisne
ς(?) *Lb.* ignisve. 'certe tenuissimae materiae est vis memoriae; utrum animae an ignis, non diiudico, sed sive hoc sive
illud est animus illa vi praeditus, divinus est'   20 aff. V^c
21 iurarem V iurarem eum K   22 hocᵛ V   putaᵃ   autˣ

hoc non vides, at quale sit vides; si ne id quidem,
61 at quantum sit profecto vides. quid igitur? utrum capacitatem aliquam in animo putamus esse, quo tamquam in aliquod vas ea quae meminimus infundantur? absurdum id quidem; qui enim fundus aut quae
talis animi figura intellegi potest aut quae tanta omnino capacitas? an inprimi quasi ceram animum putamus, et esse memoriam signatarum rerum in mente
vestigia? quae possunt verborum, quae rerum ipsarum
esse vestigia, quae porro tam inmensa magnitudo,
quae illa tam multa possit effingere?
62 Quid? illa vis quae tandem est quae investigat occulta, quae inventio atque excogitatio dicitur? ex
hacne tibi terrena mortalique natura et caduca concreta ea videtur? aut qui primus, quod summae sapientiae Pythagorae visum est, omnibus rebus imposuit
nomina? aut qui dissipatos homines congregavit et
ad societatem vitae convocavit, aut qui sonos vocis,
qui infiniti videbantur, paucis litterarum notis terminavit, aut qui errantium stellarum cursus praegressiones insti[tu]tiones notavit? omnes magni; etiam superiores, qui fruges, qui vestitum, qui tecta, qui cultum vitae, qui praesidia contra feras invenerunt, a quibus mansuefacti et exculti a necessariis artificiis ad
elegantiora defluximus. nam et auribus oblectatio
magna parta est inventa et temperata varietate et
natura sonorum, et astra suspeximus cum ea quae
sunt infixa certis locis, tum illa non re sed vocabulo

---

2 quid igitur ... 15 videtur *et* quis igitur (*pro* aut qui) primus ... 250, 3 meminisse H

1 at quale ... 2 quantum sit *et* 2 vides *add.* K^c 2 capicitatem K^{1}V^1 3 in *add.* K^c in animo *om.* H   7 $^{\text{ita in}^{(2)}}_{\text{animum}}$ V
8 et esse, sed et *del.* V   9 quae possunt ... 10 vestigia *om.* K^1
(*add.*^{c}) H *Marb. (in* R *haec unam lineam efficiunt!)*   10 imm. R
14 concreta ea] concretus esse *Bentl.*   18 vocum V^3 21 institiones *Man.*   25 eligantiora K eléǵ. R^1 26 parata *ss.* K^2 que
post inventa *add.* V^2 27 cum V, *sed* c *in* r. scr, V^c tum X

errantia, quorum conversiones omnisque motus qui
animo vidit, is docuit similem animum suum eius esse,
qui ea fabricatus esset in caelo. nam cum Archimedes 63
lunae solis quinque errantium motus in sphaeram in-
ligavit, effecit idem quod ille, qui in Timaeo mundum
aedificavit, Platonis deus, ut tarditate et celeritate
dissimillimos motus una regeret conversio. quod si
in hoc mundo fieri sine deo non potest, ne in sphaera
quidem eosdem motus Archimedes sine divino ingenio potuisset imitari. Mihi vero ne haec quidem no- 26
tiora et inlustriora carere vi divina videntur, ut ego 64
aut poëtam grave plenumque carmen sine caelesti
aliquo mentis instinctu putem fundere, aut eloquentiam sine maiore quadam vi fluere abundantem so-
nantibus verbis uberibusque sententiis. philosophia
vero, omnium mater artium, quid est aliud nisi, ut
Plato, donum, ut ego, inventum deorum? haec nos
primum ad illorum cultum, deinde ad ius hominum,
quod situm est in generis humani societate, tum ad
modestiam magnitudinemque animi erudivit, eademque ab animo tamquam ab oculis caliginem dispulit,
ut omnia supera infera prima ultima media videremus. prorsus haec divina mihi videtur vis, quae tot res 65
efficiat et tantas. quid est enim memoria rerum et verborum? quid porro inventio? profecto id, quo ne in
deo quidem quicquam maius intellegi potest. non enim
ambrosia deos aut nectare aut Iuventate pocula mi-
nistrante laetari arbitror, nec Homerum audio, qui
Ganymeden ab dis raptum ait propter formam, ut Iovi
bibere ministraret; non iusta causa, cur Laomedonti

---

2 animo *Man.* ς animus   4. 8 spher. GRV sper. K   5 efficit K¹   timeo X   *Tim. p. 39*   9 sine// V   10 ne// V   11 ut] aut
Kᶜ   12 gravem H   16 *Tim. 47a cf. Lact. inst. 3, 14, 7*   20 erudiunt K¹V¹H   22 infera *s. v. add.* Kᶜ   24 enim *s. v. add.* G¹
26 quidem V²ς *om.* X   magis V¹ *(corr.ʳᵉᶜ)*   potest R¹ potes
G   27 iuventute Vʳᵉᶜ   28 laetare GR¹ *(corr.¹)* V¹ *(corr.²)*
Hom. Y 232   29 ganimeden V¹ *(corr.¹)* H   dis *ex his* R   ait
ex aut Kᶜ   //ut V   ut ... ministraret *Arus. GL. VII 458, 16*

tanta fieret iniuria. fingebat haec Homerus et humana
ad deos transferebat: divina mallem ad nos. quae
autem divina? vigere, sapere, invenire, meminisse.
ergo animus qui..., ut ego dico, divinus est, ut Euripides dicere audet, deus. Et quidem, si deus aut anima
aut ignis est, idem est animus hominis. nam ut illa
natura caelestis et terra vacat et umore, sic utriusque
harum rerum humanus animus est expers; sin autem
est quinta quaedam natura, ab Aristotele inducta primum, haec et deorum est et animorum. Hanc nos sententiam secuti his ipsis verbis in Consolatione hoc
expressimus: 'Animorum nulla in terris origo inveniri
potest; nihil enim est in animis mixtum atque concretum aut quod ex terra natum atque fictum esse videatur, nihil ne aut umidum quidem aut flabile aut ig-
neum. his enim in naturis nihil inest, quod vim memoriae mentis cogitationis habeat, quod et praeterita
teneat et futura provideat et complecti possit praesentia. quae sola divina sunt, nec invenietur umquam,
unde ad hominem venire possint nisi a deo. singularis
est igitur quaedam natura atque vis animi seiuncta
ab his usitatis notisque naturis. ita, quicquid est illud,
quod sentit quod sapit quod vivit quod viget, cae-
leste et divinum ob eamque rem aeternum sit necesse

---

8 sin ... 20 a deo H

1 tanta *add*. K^c *ex* tanti V^2 fieret V^{2}ς fierit X fingebat...
2 nos *Aug. civ. 4, 26 conf. 1, 16* et *add*. V^2 2 -ebat *in r*. V^c
transferret *ad* nos *ss*. K^2 4 animusq: K (^{ui}*ss*.^{2}) *lac. ind. Po.*
(*suppl. fere sec.* § *66 et rep. 6, 26*: viget invenit meminit) qui
del. Lb. quidem *Sey.   Eurip. fr. 1018*   5 et quidem *ex* equidem V^1 si *add*. K^c 7 humore X utrisque V^1 11 sicuti$^{↱secuti^2}$ K
hoc *del*. ς, *sed* hoc *ut p. 253, 27 de hoc ipso usurpatum est.
Cic. distinguit inter hoc argumentum quod suis verbis exprimit
et universam Aristotelis sententiam e qua illud ductum est.*
   12 Animorum ... 20 a deo *Lact. ira 10, 45 (inst. 7, 8, 6)*
   13 nihil] quid H   est enim *Lact.*   15 n̆e V *(ss. m. rec.)* hu-
midum G V^{2}H   16 vim memoriae *in r*. V^2 18 praevident V *Lact.*
B^2 19 nec enim *inv. Lact.*   20 inde G^{1}R^{1}V (^{v}m^2) unde K *Lact.*

est. nec vero deus ipse, qui intellegitur a nobis, alio modo intellegi potest nisi mens soluta quaedam et libera, segregata ab omni concretione mortali, omnia sentiens et movens ipsaque praedita motu sempi-
5 terno. hoc e genere atque eadem e natura est humana mens.'

Ubi igitur aut qualis est ista mens? — ubi tua aut qualis? potesne dicere? an, si omnia ad intellegendum non habeo quae habere vellem, ne is quidem quae
10 habeo mihi per te uti licebit? non valet tantum animus, ut se ipse videat, at ut oculus, sic animus se non videns alia cernit. non videt autem, quod minimum est, formam suam (quamquam fortasse id quoque, sed relinquamus); vim certe, sagacitatem, memoriam,
15 motum, celeritatem videt. haec magna, haec divina, haec sempiterna sunt; qua facie quidem sit aut ubi habitet, ne quaerendum quidem est.

Ut cum videmus speciem primum candoremque caeli, dein conversionis celeritatem tantam quantam
20 cogitare non possumus, tum vicissitudines dierum ac noctium commutationesque temporum quadrupertitas ad maturitatem frugum et ad temperationem corporum aptas eorumque omnium moderatorem et ducem

---

1 nec ... 4 sempiterno   10 non valet animus ... 253,22 tenebantur H

1 nec vero ... 4 movens *Lact. inst. 1,5,25 (7, 3, 4) Salv. gub. dei 1,1,14*   2 mens quaedam est soluta et libera, secreta ... 4 sempiterno *Aug. civ. 22, 20*   4 que V q; sed; in r. R

7 est ista ... 8 dicere *in r.* V^c (tu aut)   9 ne is GK^1 (¹*ante* is *add.*²) neis RV (¹R¹? V^{rec})   10 mihi *in r.* V² per te] certe V   11 se ipsum ipse X ipsum *exp.* V^{vet} at *om.* K¹ (*add.*²) H   13 quamquam fortasse *Wolf* fortasse quamquam X (fortasse quamqā id quōque V, ā *in r. et* ^{v}*et* forte²)   14 certe] quoque H   15 modum G¹ (*corr.*¹)   16 facile K¹   20 tunc K   21 commotionesque H   22 ~~temporum~~ frugum R   temperationum GR (*sed in* u *aliquid corr.*) V¹ (-em²)

solem, lunamque adcretione et deminutione luminis
quasi fastorum notantem et significantem dies, tum
in eodem orbe in duodecim partes distributo quinque
stellas ferri eosdem cursus constantissime servantis
disparibus inter se motibus, nocturnamque caeli formam undique sideribus ornatam, tum globum terrae
eminentem e mari, fixum in medio mundi universi loco,
duabus oris distantibus habitabilem et cultum, quarum altera, quam nos incolimus,

    Sub áxe posita ad stéllas septem, unde hórrifer,
    Aquilónis stridor gélidas molitúr nives,
altera australis, ignota nobis, quam vocant Graeci
ἀντίχθονα, ceteras partis incultas, quod aut frigore
rigeant aut urantur calore; hic autem, ubi habitamus,
non intermittit suo tempore
    Caelúm nitescere, árbores frondéscere,
    Vités laetificae pámpinis pubéscere,
    Rami bacarum ubértate incurvéscere,
    Segetés largiri frúges, florere ómnia,
    Fontés scatere, herbis práta convestírier,
tum multitudinem pecudum partim ad vescendum,
partim ad cultus agrorum, partim ad vehendum, partim ad corpora vestienda, hominemque ipsum quasi
contemplatorem caeli ac deorum cultorem atque hominis utilitati agros omnis et maria parentia —: haec
igitur et alia innumerabilia cum cernimus, possumusne
dubitare quin is praesit aliquis vel effector, si haec
nata sunt, ut Platoni videtur, vel, si semper fuerunt,

---

1 dim. *ex* dem. K¹   adcretionē et deminutionē V (˜ *postea add.*)   4 servatis V¹   5 nocturnaque G¹K¹ (˜ *add.*¹ᵃᵘᵗ²) H
8 horis V²   duabus *ex* duobus R¹   cultam X cultum ς
10 *Acc. Philoct.* 566   13 antiχoona V (⊦ antichona V² *mg.*)B
antixoona GRHK^C (ax͡ona K¹)   16 *Enn. Eum.* 151   17 laetificare RK (laet- *ex* loet.ᶜ) H   18 bacarum . . . incurviscere
Non. 122,18   20 scatescere K   24 aᶜdeorum (ᶜ*add.* Vᶜ)V
deorum eorum c. X (que *post* eorum *add.* K²V²) eorum *del.*
Bouhier ac del utilitatibusque hominis agros H   27 is H his
GKRV   28 sînt K¹

ut Aristoteli placet, moderator tanti operis et muneris?
sic mentem hominis, quamvis eam non videas, ut deum
non vides, tamen, ut deum adgnoscis ex operibus eius,
sic ex memoria rerum et inventione et celeritate motus omnique pulchritudine virtutis vim divinam mentis adgnoscito.

In quo igitur loco est? credo equidem in capite 29
et cur credam adferre possum. sed alias, ubi sit animus; certe quidem in te est. quae est eius natura? propria, puto, et sua. sed fac igneam, fac spirabilem: nihil ad id de quo agimus. illud modo videto, ut deum
noris, etsi eius ignores et locum et faciem, sic animum
tibi tuum notum esse oportere, etiamsi ignores et locum et formam. in animi autem cognitione dubitare 71
non possumus, nisi plane in physicis plumbei sumus,
quin nihil sit animis admixtum, nihil concretum, nihil
copulatum, nihil coagmentatum, nihil duplex: quod
cum ita sit, certe nec secerni nec dividi nec discerpi
nec distrahi potest, ne interire ⟨quidem⟩ igitur. est
enim interitus quasi discessus et secretio ac diremptus earum partium, quae ante interitum iunctione aliqua tenebantur.

His et talibus rationibus adductus Socrates nec
patronum quaesivit ad iudicium capitis nec iudicibus
supplex fuit adhibuitque liberam contumaciam a magnitudine animi ductam, non a superbia, et supremo
vitae die de hoc ipso multa disseruit et paucis ante
diebus, cum facile posset educi e custodia, noluit, et

---

1 numeris K^1 2 non videas ut deum *add.* G^1 *in mg.*
3. 6 adgn. G (3 ag̃n.) KR a//gn. V agn. H   5 omniaque
GK^1 (omni atque^c)R   omni//que V   8 nunc *ante* ubi *add.*
V^{rec} 9 quidem interest K^1 ei' (= eius) *in r.* V^c et X ei
ϛV^{rec} 10 spiritabilem V   12 faciem . . . 13 locum et *om.*
Hϛ faciem] aciem *in r.* V^1 14 autem *om.* H   18 ne] nec HK
(ç$^{2\,aut\,c}$) *add. Mdv. ad Fin. exc. III*   20 diremptus ϛV^{rec} di-
reptus X   23 aductus GR^1 (*corr.*^{c}) V^1 (*corr.*^{1})   25. 254,12
saep. q; *in r.* R$^{al.\,m.}$ (*ex* que *ut v.*)

tum, paene in manu iam mortiferum illud tenens poculum, locutus ita est, ut non ad mortem trudi, verum in caelum videretur escendere. Ita enim censebat itaque disseruit, duas esse vias duplicesque cursus animorum e corpore excedentium: nam qui se humanis vitiis contaminavissent et se totos libidinibus dedissent, quibus caecati vel domesticis vitiis atque flagitiis se inquinavissent vel re publica violanda fraudes inexpiabiles concepissent, is devium quoddam iter esse, seclusum a concilio deorum; qui autem se integros castosque servavissent, quibusque fuisset minima cum corporibus contagio seseque ab is semper sevocavissent essentque in corporibus humanis vitam imitati deorum, is ad illos a quibus essent profecti reditum facilem patere. Itaque commemorat, ut cygni, qui non sine causa Apollini dicati sint, sed quod ab eo divinationem habere videantur, qua providentes quid in morte boni sit cum cantu et voluptate moriantur, sic omnibus bonis et doctis esse faciendum. (nec vero de hoc quisquam dubitare posset, nisi idem nobis accideret diligenter de animo cogitantibus, quod is saepe usu venit, qui [cum] acriter oculis deficientem solem intuerentur, ut aspectum omnino amitterent; sic mentis acies se ipsa intuens non numquam hebescit, ob eamque causam contemplandi diligentiam amittimus. itaque dubitans circumspectans haesitans, multa adversa reverens tamquam in rate in mari inmenso

---

1 tum *ex* cum V^1 3 *Plato Phaedon 80 sqq.*   aescendere V asc. KBς 4 ut *ante* duas *eras. in* K   5 *cf. Lact. inst. 7, 10, 10*   6 toto GV^1 (°*add.*^{2}) R^1 *ut v.* (s *add. ipse, tum lib- ex bib-*)   7 velut X *(sed* ut *exp.* V^{vet})   8 rei publicae violandae V^2 9 concoepissent GR concep. K   12 contagiose seque V^1 sevocavissent V *(exp.*^{vet})   15 *Phaed. 85 b*   ut cygni ... 17 videantur *Serv. Aen. 1, 393*   16 sint V($^{V\,2}$) sunt *Serv.*   19 faciundum K^2 20 possit K^2 21 quo his X (quod his V^c)   22 *Phaed. 99 d*   *del. Man. aut* cum *aut* ut *v.* 23 *del. Bentl.* ut *in* vel *mut. Se. Jb. d. ph. V. 24 p. 247*   27 revertens X *(sed* t *exp. in* V)   in rate *cf.* ἐπὶ σχεδίας *Phaid. 85 d* ratis V^2 Se. imm. R

nostra vehitur oratio). sed haec et vetera et a Graecis; **74**
Cato autem sic abiit e vita, ut causam moriendi nactum se esse gauderet. vetat enim dominans ille in
nobis deus iniussu hinc nos suo demigrare; cum vero
causam iustam deus ipse dederit, ut tunc Socrati,
nunc Catoni, saepe multis, ne ille me Dius Fidius vir
sapiens laetus ex his tenebris in lucem illam excesserit, nec tamen ille vincla carceris ruperit — leges
enim vetant —, sed tamquam a magistratu aut ab aliqua potestate legitima, sic a deo evocatus atque emissus exierit. Tota enim philosophorum vita, ut ait idem, **31**
commentatio mortis est. nam quid aliud agimus, cum **75**
a voluptate, id est a corpore, cum a re familiari, quae
est ministra et famula corporis, cum a re publica,
cum a negotio omni sevocamus animum, quid, inquam, tum agimus nisi animum ad se ipsum advocamus, secum esse cogimus maximeque a corpore abducimus? secernere autem a corpore animum, nec quicquam aliud, est mori discere. quare hoc commentemur, mihi crede, disiungamusque nos a corporibus,
id est consuescamus mori. hoc, et dum erimus in terris, erit illi caelesti vitae simile, et cum illuc ex his
vinclis emissi feremur, minus tardabitur cursus ani-

---

11 Tota ... 23 animorum H

1 ratio *Camerar.* haec *add.* V[2] sunt *post* vetera *add.* K[2]
2 moriundi K[2]   3 in *om.* V   5 tum GV   8 ille *Lb.* illa
ens[(2)]
ruperit V   11 *Plato Phaedon 80 e*   12 nam quid] quid enim
V[2]   13 [a]vol. G[1] auuol. K[1]   13. 21 id (*pro* id est) V
15 omni///sev. (s *i. r.* V[c])V   omni sev. *ex* omnis ev. R   in
quantum GR[1]V[1]   16 advocamus ϛ avoc. X (voc. K[1] [a] *add.* K[c])
17 cogi[t]amus G[1]   18 *post* animum *add.* V[2]: id est se ipsum
ne[c]quicquam K ([c]K[c])   19 est mori *Bentl.* ēmori K emori GRVH
(*post* aliud *add.* quam R[al. m.] nisi V[rec]) *cf. Plato Phaed. 67d
Lact. epit. 41:* deum vere colere id est, nec quicquam aliud,
sapientia.   20 credidis iung. GR[1] (*corr.*[1?]) V[1] (*corr.*[2]) credi
di
disi. H   credisiung K[1]   22 illiç K   23 vinculis K[2]V[2]

morum. nam qui in compedibus corporis semper fuerunt, etiam cum soluti sunt, tardius ingrediuntur, ut i qui ferro vincti multos annos fuerunt. quo cum venerimus, tum denique vivemus. nam haec quidem vita mors est, quam lamentari possem, si liberet.

76 Satis tu quidem in Consolatione es lamentatus; quam cum lego, nihil malo quam has res relinquere, his vero modo auditis multo magis.

Veniet tempus, et quidem celeriter, sive retractabis sive properabis; volat enim aetas. tantum autem abest ab eo ut malum mors sit, quod tibi dudum videbatur, ut verear ne homini nihil sit non malum aliud certius, nihil bonum aliud potius, si quidem vel di ipsi vel cum dis futuri sumus....

Quid refert?

Adsunt enim, qui haec non probent. ego autem numquam ita te in hoc sermone dimittam, ulla uti ratione mors tibi videri malum possit.

Qui potest, cum ista cognoverim?

77 Qui possit, rogas? catervae veniunt contra dicentium, nec solum Epicureorum, quos equidem non despicio, sed nescio quo modo doctissimus quisque [contemnit], acerrume autem deliciae meae Dicaearchus contra hanc inmortalitatem disseruit. is enim tris libros scripsit, qui Lesbiaci vocantur quod Mytilenis sermo habetur, in quibus volt efficere animos esse mortalis. Stoici autem usuram nobis largiuntur tamquam

---

3 fuerint V¹ 4 nam haec...5 liberet *Aug. epist. 155, 4* vita *s. v. add.* K¹ 5 liberetur GKR¹ *(corr.¹)* V¹ (ur *eras.*) liberet *Aug.* 9 ᵉᵗquidem V¹ et sive X sed et *exp.* V¹ 12 verear ////////
Kᶜ certius *Jeep* certe sed X (sed *exp.* Vᵛᵉᵗ) aliud, certe sit *We.* 13 dii V² 14 *lac. ind. Po.* (*suppl. fere:* sed iam reliquorum philosophorum de hac re quaeramus sententias) *cf. comm. et p. 442,18* 15 refers Kᶜ 17 ratione//mors V ratione mors GKR 21 despatio K¹ 22 *del. Man.* 23 accerume X (ᶜ*add.* Vᶜ)
24 imm. GR 25 lesbaici K ᵗbiacii² mitilenis RV mityl. G mittil. K

cornicibus: diu mansuros aiunt animos, semper negant. num non vis igitur audire, cur, etiamsi ita sit, mors tamen non sit in malis?

Ut videtur, sed me nemo de inmortalitate depellet.

Laudo id quidem, etsi nihil nimis oportet confidere; movemur enim saepe aliquo acute concluso, labamus mutamusque sententiam clarioribus etiam in rebus; in his est enim aliqua obscuritas. id igitur si acciderit, simus armati.

Sane quidem, sed ne accidat, providebo.

Num quid igitur est causae, quin amicos nostros Stoicos dimittamus? eos dico, qui aiunt manere animos, cum e corpore excesserint, sed non semper.

Istos vero qui, quod tota in hac causa difficillimum est, suscipiant, posse animum manere corpore vacantem, illud autem, quod non modo facile ad credendum est, sed eo concesso, quod volunt, consequens, id vero non dant, ut, cum diu permanserit, ne intereat.

Bene reprehendis, et se isto modo res habet. credamus igitur Panaetio a Platone suo dissentienti? quem enim omnibus locis divinum, quem sapientissimum, quem sanctissimum, quem Homerum philosophorum appellat, huius hanc unam sententiam de inmortalitate animorum non probat. volt enim, quod nemo negat, quicquid natum sit interire; nasci autem animos, quod declaret eorum similitudo qui procreentur, quae etiam in ingeniis, non solum in corporibus appareat. alteram autem adfert rationem, nihil esse quod doleat, quin id aegrum esse quoque possit; quod autem in morbum cadat, id etiam interiturum; dolere au-

---

1 esse *post* mansuros *add.* V²   2 non] no V¹ ne Vᶜ N̄ (= non) *in r.* G¹ ita ϛ ista X *(unde postea* sint V^rec^)   6 animis X *(sed a del.* V²)   10 siminus GKR¹ *(corr.*¹?*)* V¹ *(corr.*²*)*
11 accidit K¹V¹   12 quin *ex* qui K²   14 excesserint *add.* K²   18 id vero *Kl.* idcirco (id non concedant *Mdv.*)   21 igitur] etiam K   29 affert *hic* X   31 dolore V¹

33 tem animos, ergo etiam interire. haec refelli possunt: sunt enim ignorantis, cum de aeternitate animorum dicatur, de mente dici, quae omni turbido motu semper vacet, non de partibus is, in quibus aegritudines irae libidinesque versentur, quas is, contra quem haec dicuntur, semotas a mente et disclusas putat. iam similitudo magis apparet in bestiis, quarum animi sunt rationis expertes; hominum autem similitudo in corporum figura magis exstat, et ipsi animi magni refert quali in corpore locati sint. multa enim e corpore existunt, quae acuant mentem, multa, quae obtundant. Aristoteles quidem ait omnis ingeniosos melancholicos esse, ut ego me tardiorem esse non moleste feram. enumerat multos, idque quasi constet, rationem cur ita fiat adfert. quod si tanta vis est ad habitum mentis in is quae gignuntur in corpore, ea sunt autem, quaecumque sunt, quae similitudinem faciant, nihil necessitatis adfert, cur nascantur animi, simili**81** tudo. omitto dissimilitudines. vellem adesse posset Panaetius — vixit cum Africano —, quaererem ex eo, cuius suorum similis fuisset Africani fratris nepos, facie vel patris, vita omnium perditorum ita similis, ut esset facile deterrimus; cuius etiam similis P. Crassi, et sapientis et eloquentis et primi hominis, nepos multorumque aliorum clarorum virorum, quos nihil attinet nominare, nepotes et filii.

Sed quid agimus? oblitine sumus **hoc nunc nobis esse propositum, cum satis de aeternitate**

---

3 dicatur ϛ dicantur X   4 is K¹ his GK²RV   5 qua K (ˢ *add.*ᶜ)   his GK is R *(sed* ʰ *add.*¹*)* //is V   6 dicantur X *corr.* V¹ᵃᵘᵗ²   8 rationes RV¹ *et e corr.* G¹   9 extat K   10 s//int V   12 *Arist. Probl.* 30, 1   14 quasi *add.* K¹ *s. v.*   17 faciunt *We. sed cf. Mue. praef. (non recte Kroll, Mus. Rh. 1914 p. 107)*   18 nascantur ϛ nascatur   19 ᵈⁱˢsimilitudines V (dis *add.*², *ult.* s *in r.*ᶜ) similitudines X   26 et *ante* nepotes *add.* V¹ᵃᵘᵗ²   27 sq. *cf. p.* 230, 27

dixissemus, ne si interirent quidem animi, quicquam mali esse in morte?

Ego vero memineram, sed te de aeternitate dicentem aberrare a proposito facile patiebar.

Video te alte spectare et velle in caelum migrare. spero fore ut contingat id nobis. sed fac, ut isti volunt, animos non remanere post mortem: video nos, si ita sit, privari spe beatioris vitae; mali vero quid adfert ista sententia? fac enim sic animum interire ut corpus: num igitur aliquis dolor aut omnino post mortem sensus in corpore est? nemo id quidem dicit, etsi Democritum insimulat Epicurus, Democritii negant. ne in animo quidem igitur sensus remanet; ipse enim nusquam est. ubi igitur malum est, quoniam nihil tertium est? an quod ipse animi discessus a corpore non fit sine dolore? ut credam ita esse, quam est id exiguum! sed falsum esse arbitror, et fit plerumque sine sensu, non numquam etiam cum voluptate, totumque hoc leve est, qualecumque est; fit enim ad punctum temporis. 'Illud angit vel potius excruciat, discessus ab omnibus is quae sunt bona in vita'. vide ne 'a malis' dici verius possit. quid ego nunc lugeam vitam hominum? vere et iure possum; sed quid necesse est, cum id agam ne post mortem miseros nos putemus fore, etiam vitam efficere deplorando miseriorem? fecimus hoc in eo libro, in quo nosmet ipsos, quantum potuimus, consolati sumus. a malis igitur mors abducit, non a bonis, verum si quaerimus. et quidem hoc a Cyrenaico Hegesia sic copiose disputatur, ut is a rege Ptolomaeo prohibitus esse dicatur illa in scholis dicere,

---

2 quiquam V¹ 6 forte K ut *add.* V^c 7 vide K¹
12 *Vors. 55 A 160 Diels Epic. fr. 17* democritii *Bentl.* democritici 15 quod] quoniam X quod V² *(postea iter.* quoniam *restitutum) del. Lb.* 17 sed *We. et* Ω at *Bouhier* 21 nea///malis K *(fuit* m *vel* ni) 28 *sqq. Val. Max 8, 9 ext. 3* ecquidem GRV hqdĕ (= haec quidem) K¹ (hoc quidem *ss.²*)
29 hegesia R¹ 30 ptolomeo K ptholomeo GV

quod multi is auditis mortem sibi ipsi consciscerent. Callimachi quidem epigramma in Ambraciotam Theombrotum est, quem ait, cum ei nihil accidisset adversi, e muro se in mare abiecisse lecto Platonis libro. eius autem, quem dixi, Hegesiae liber est Ἀποκαρτερῶν, quo a vita quidem per inediam discedens revocatur ab amicis; quibus respondens vitae humanae enumerat incommoda. possem idem facere, etsi minus quam ille, qui omnino vivere expedire nemini putat. mitto alios: etiamne nobis expedit? qui et domesticis et forensibus solaciis ornamentisque privati certe si ante occidissemus, mors nos a malis, non a bonis abstraxisset. Sit igitur aliquis, qui nihil mali habeat, nullum a fortuna volnus acceperit: Metellus ille honoratis quattuor filiis aut quinquaginta Priamus, e quibus septemdecim iusta uxore natis; in utroque eandem habuit fortuna potestatem, sed usa in altero est: Metellum enim multi filii filiae nepotes neptes in rogum inposuerunt, Priamum tanta progenie orbatum, cum in aram confugisset, hostilis manus interemit. hic si vivis filiis incolumi regno occidisset

    astánte ope bárbarica
    Tectis caelatis láqueatis,

utrum tandem a bonis an a malis discessisset? tum profecto videretur a bonis. at certe ei melius evenisset nec tam flebiliter illa canerentur:

---

1 quod V³ς quo X -scerent *in r.* Vᶜ 2 Cleombrotum *Callim. ep. 23 cf. p. Scauro § 4.* 3 accedisset GR¹ (e¹) K¹ *(corr.²)* V 4 *sc. Phaedone* 5 helesiae X *(sed 1 ex g V¹)* liber est add. K² αιτοχαρτεροv *fere* X *(πο pro ιτο voluisse vid.* V² aι̃ο G¹) quod Ω *(breviter pro* 'qui inscribitur ἀποκ. quod'*?)* quo *Sey.* ln quo *Bentl.* 8 idem *Ern.* id quam ille *s. v. add.* G¹
11 solatiis GK 12 amabilis K¹ 13 q̇///nihil K 14 honoratus X *corr.* V²ˀ 15 aut K at GRV e V² *om.* X 17 seclusa K¹ (sedusa²) R *(ex sed usa)* 18 imp. KR 22. 261, 1 *Enn. Androm. 94 sqq. cf. p. 340, 16 sqq.* 22 astante *hic* Ω 23 tectis caelatis lacuatis *Serv. Aen. 1, 726 (e Cic.)* 24 an a malis] animalis K aniᵃmalis V¹ 25 at//certe K

'Haec ómnia vidi inflámmari,
Priamó vi vitam evítari,
Iovis áram sanguine túrpari.'
quasi vero ista vi quicquam tum potuerit ei melius
accidere! quodsi ante occidisset, talem eventum omnino amisisset; hoc autem tempore sensum amisit malorum. Pompeio, nostro familiari, cum graviter aegrotaret Neapoli, melius est factum. coronati Neapolitani fuerunt, nimirum etiam Puteolani; volgo ex oppidis publice gratulabantur: ineptum sane negotium et Graeculum, sed tamen fortunatum. utrum igitur, si tum esset extinctus, a bonis rebus an a malis discessisset? certe a miseris. non enim cum socero bellum gessisset, non inparatus arma sumpsisset, non domum reliquisset, non ex Italia fugisset, non exercitu amisso nudus in servorum ferrum et manus incidisset, †non liberi defleti, non fortunae omnes a victoribus possiderentur. qui, si mortem tum obisset, in amplissimis fortunis occidisset, is propagatione vitae quot, quantas, quam incredibilis hausit calamitates! haec morte effugiuntur, etiamsi non evenerunt, tamen, quia possunt evenire; sed homines ea sibi accidere posse non cogitant: Metelli sperat sibi quisque fortunam, proinde quasi aut plures fortunati sint quam infelices aut certi quicquam sit in rebus humanis aut sperare sit prudentius quam timere.

---

1 inflamari GR   4 vi *Petrus Crassus e p.340, 24* vel *hic* Ω (*in* V el *a m. rec. in ras.; sed non fuit* vi)   poterat *ex* potuerit V¹ ᵃᵘᵗ ²   5 accidisset (occ. V² ?)   talem *Dav.* tamen   6 amisisset R
7 Pompeio *eqs. resp. Seneca Marc.* 20   gravitaret egrotaret K¹ (*corr.*ᶜ)   10 opidis KV¹   12 an malis GV¹ (*corr.*¹) animalis R
13 discessis// G¹   set ł a malis⁽²⁾ a miseris V   14 imp. KR   15 relinquisset GR¹ profugisset V³   17 defleti X (de//leti V)   non liberi defleti *del. Bai.*, non lib. . . . 18 possiderentur *Hei.* non ⟨essent ab omnibus bonis⟩ liberi defleti *fere exp. Po. cf. Phil. 13, 10 2, 64 dom. 96 al.* a victoribus K²V² auctoribus X
19 accidisset K¹   22 quia *exp.* Vʳᵉᶜ   24 ũt V¹ ut X   perinde V³   si//nt G   25 certi K²V² certe X

87 Sed hoc ipsum concedatur, bonis rebus homines morte privari: ergo etiam carere mortuos vitae commodis idque esse miserum? certe ita dicant necesse est. an potest is, qui non est, re ulla carere? triste enim est nomen ipsum carendi, quia subicitur haec vis: habuit, non habet; desiderat requirit indiget. haec, opinor, incommoda sunt carentis: caret oculis, odiosa caecitas; liberis, orbitas. valet hoc in vivis, mortuorum autem non modo vitae commodis, sed ne vita quidem ipsa quisquam caret. de mortuis loquor, qui nulli sunt: nos, qui sumus, num aut cornibus caremus aut pinnis? ecquis id dixerit? certe nemo. quid ita? quia, cum id non habeas quod tibi nec usu nec natura sit aptum, non careas, etiamsi sentias te non 88 habere. hoc premendum etiam atque etiam est et urguendum confirmato illo, de quo, si mortales animi sunt, dubitare non possumus, quin tantus interitus in morte sit, ut ne minima quidem suspicio sensus relinquatur — hoc igitur probe stabilito et fixo illud excutiendum est, ut sciatur, quid sit carere, ne relinquatur aliquid erroris in verbo. carere igitur hoc significat: egere eo quod habere velis; inest enim velle in carendo, nisi cum sic tamquam in febri dicitur alia quadam notione verbi. dicitur enim alio modo etiam carere, cum aliquid non habeas et non habere te sentias, etiamsi id facile patiare. ⟨ita⟩ carere in morte non dicitur; nec enim esset dolendum; dicitur illud:

---

11 aut si cornibus X si *exp.* V^vet aut sic c. *Sey.* 12 ^aut pinnis V (*m. rec.*) ecquis id *Dav.* sit qui id R sit quid G sit q̓ K (q̓ K¹ *alt.* i *add.*^c) sit q̓ⁱˢ id V (ⁱˢ V^c) q̓d (ⁱV^c) V 14 sentias V (n *in r.*^c) 15 arguendum X (*unde argumentum* ς) ^eturguendum (u *in r. et* ^et V²) V *cf. Verr.1,36 leg. agr.1,16 Phil. 4,12* (prem. *et* urg. *coni.*) *fin. 5,80* illud urgueam, non intellegere eum (*cf. nat. deor. 3, 76*) *Planc. 48* etiam atque etiam insto atque urgeo insector posco 17 qui V¹ 18 suspitio KV¹ -ici- *in r.* G¹ 20 q̓ᵈ sit V (^d *ss.* V^c) 26 *add. Sauppe*

'bono carere', quod est malum. sed ne vivus quidem bono caret, si eo non indiget; sed in vivo intellegi tamen potest regno te carere — dici autem hoc in te satis subtiliter non potest; posset in Tarquinio, cum
5 regno esset expulsus —: at in mortuo ne intellegi quidem. carere enim sentientis est; nec sensus in mortuo: ne carere quidem igitur in mortuo est.

Quamquam quid opus est in hoc philosophari, cum rem non magnopere philosophia egere videamus? 37 89
10 quotiens non modo ductores nostri, sed universi etiam exercitus ad non dubiam mortem concurrerunt! quae quidem si timeretur, non Lucius Brutus arcens eum reditu tyrannum, quem ipse expulerat, in proelio concidisset; non cum Latinis decertans pater Decius, cum
15 Etruscis filius, cum Pyrrho nepos se hostium telis obiecissent; non uno bello pro patria cadentis Scipiones Hispania vidisset, Paulum et Geminum Cannae, Venusia Marcellum, Litana Albinum, Lucani Gracchum. num quis horum miser hodie? ne tum quidem post
20 spiritum extremum; nec enim potest esse miser quisquam sensu perempto. 'At id ipsum odiosum est, 90 sine sensu esse.' odiosum, si id esset carere; cum vero perspicuum sit nihil posse in eo esse qui ipse non sit, quid potest esse in eo odiosum qui nec careat nec sen-
25 tiat? quamquam hoc quidem nimis saepe, sed eo quod in hoc inest omnis animi contractio ex metu mortis. qui enim satis viderit, id quod est luce clarius, animo et corpore consumpto totoque animante deleto et facto interitu universo illud animal, quod fuerit,
30 factum esse nihil, is plane perspiciet inter Hippocentaurum, qui numquam fuerit, et regem Agamemnonem

---

5 ne *add.* V²   6 est *post* nec V^(C aut 2)   7 necarere V nec car. GKR   11 concurrerunt V² concurrerint (con *ex* cu K¹)X   15 pirrho GVK (^h s. v.)   17 geminium X   18 Litana (*cf. Liv. 23, 24*) Li. latina GKR hirpini in r. V^c gracum G grachum V   19 ne//tum G   21 at KR *et ex* ad G¹V¹   25 nimis sepossedeo K   26 inest] est V   30 hyppoc. G

nihil interesse, nec pluris nunc facere M. Camillum hoc civile bellum, quam ego illo vivo fecerim Romam captam. Cur igitur et Camillus doleret, si haec post trecentos et quinquaginta fere annos eventura putaret, et ego doleam, si ad decem milia annorum gentem aliquam urbe nostra potituram putem? quia tanta caritas patriae est, ut eam non sensu nostro, sed salute ipsius metiamur. itaque non deterret sapientem mors, quae propter incertos casus cotidie imminet, propter brevitatem vitae numquam potest longe abesse, quo minus in omne tempus rei p. suisque consulat, cum posteritatem ipsam, cuius sensum habiturus non sit, ad se putet pertinere. quare licet etiam mortalem esse animum iudicantem aeterna moliri, non gloriae cupiditate, quam sensurus non sis, sed virtutis, quam necessario gloria, etiamsi tu id non agas, consequatur.

Natura vero ⟨si⟩ se sic habet, ut, quo modo initium nobis rerum omnium ortus noster adferat, sic exitum mors, ut nihil pertinuit ad nos ante ortum, sic nihil post mortem pertinebit. in quo quid potest esse mali, cum mors nec ad vivos pertineat nec ad mortuos? alteri nulli sunt, alteros non attinget. quam qui leviorem faciunt, somni simillimam volunt esse: quasi vero quisquam ita nonaginta annos velit vivere, ut, cum sexaginta confecerit, reliquos dormiat; ne sui quidem id velint, non modo ipse. Endymion vero, si fabulas

---

2 vivo illo GR   4 facere *in* fere *corr.* K¹   6 urbe nostra ⒮ urbe nostram (*sed* am *in r.* K¹ᵃᵘᵗᶜ) K (Potior illud *in mg.* K²) urbem nostram GRV   quiᵃ V (ᵃ*add.*ᶜ) quia tanta *ex* quanta (?) Kᶜ
7 caritatis K¹   8 non n̄ det. R non modo *ante* non *add.* K²V²
ł impendet⁽²⁾   uo non²
9 casus *add.* Vᶜ   10   imminet V   11 quominus K   reip. suisque GV   reip̄//sùsque *ex* reipsiusque K² reip̄ussuisque R (p̄ *al. m.*)   12 cum *Sey.* ut Ω aut *Mue.*   14 animum K²⒮ animam X
                                                                                      s
15 sit X sit V (*ss.*¹ᵃᵘᵗᶜ)   18 *add. Ba.*   23 adt. K   26 sui *Keil* 'Cantabr.' *sec. Doug.* (sui : ipse = Luna : Endymion) sues

audire volumus, ut nescio quando in Latmo obdormivit, qui est mons Cariae, nondum, opinor, est experrectus. num igitur eum curare censes, cum Luna laboret, a qua consopitus putatur, ut eum dormientem oscularetur? quid curet autem, qui ne sentit quidem? habes somnum imaginem mortis eamque cotidie induis: et dubitas quin sensus in morte nullus sit, cum in eius simulacro videas esse nullum sensum?

Pellantur ergo istae ineptiae paene aniles, ante tempus mori miserum esse. quod tandem tempus? naturaene? at ea quidem dedit usuram vitae tamquam pecuniae nulla praestituta die. quid est igitur quod querare, si repetit, cum volt? ea enim condicione acceperas. Idem, si puer parvus occidit, aequo animo ferendum putant, si vero in cunis, ne querendum quidem. atqui ab hoc acerbius exegit natura quod dederat. 'nondum gustaverat', inquit, 'vitae suavitatem; hic autem iam sperabat magna, quibus frui coeperat.' at id quidem in ceteris rebus melius putatur, aliquam partem quam nullam attingere: cur in vita secus? (quamquam non male ait Callimachus multo saepius lacrimasse Priamum quam Troilum). eorum autem, qui exacta aetate moriuntur, fortuna laudatur. cur? nam, reor, nullis, si vita longior daretur, posset esse iucundior; nihil enim est profecto homini prudentia dulcius, quam, ut cetera auferat, adfert certe senectus. Quae vero aetas longa est, aut quid omnino homini longum? nonne

---

8 in V²ς *om.* X 12 ad X at V^c ea// V (eam Gr.)
14 conditione GKV 16 quaerendum GRV 17 ab *extra v.* add. K¹ 20 at] ad GKR id ipsum q. V^{rec} ς ceteris] certis V (ert *in r.* V^c) 22 agit KV *Call. fr. 363* challimachus m̈ülti moriuntur K (∴ add.^c ° et ... *fort.*²) *in mg.* ∴ multo sepius ...
24 etate K^c 23 autem *add.* G¹ 24 ex acta V et acta GKR
26 hominis X 27 *cf. Menand. fr. 676* quam ut] quia utem K¹ 28 est *post* omnino *add.* V^{vet}

Módo pueros, modo ádulescentes ín cursu a tergo
ínsequens
Néc opinantis ádsecuta esí
senectus? sed quia ultra nihil habemus, hoc longum
dicimus. Omnia ista, perinde ut cuique data sunt pro
rata parte, ita aut longa aut brevia dicuntur. apud
Hypanim fluvium, qui ab Europae parte in Pontum
influit, Aristoteles ait bestiolas quasdam nasci, quae
unum diem vivant. ex his igitur hora VIII quae
mortua est, provecta aetate mortua est; quae vero
occidente sole, decrepita, eo magis, si etiam solstitiali
die. confer nostram longissimam aetatem cum aeternitate: in eadem propemodum brevitate qua illae bestiolae reperiemur.

Contemnamus igitur omnis ineptias — quod enim
levius huic levitati nomen inponam? — totamque vim
bene vivendi in animi robore ac magnitudine et in
omnium rerum humanarum contemptione ac despicientia et in omni virtute ponamus. nam nunc quidem cogitationibus mollissimis effeminamur, ut, si
ante mors adventet quam Chaldaeorum promissa consecuti sumus, spoliati magnis quibusdam bonis, inlusi
destitutique videamur. quodsi expectando et desiderando pendemus animis, cruciamur, angimur, pro di
inmortales, quam illud iter iucundum esse debet, quo
confecto nulla reliqua cura, nulla sollicitudo futura
sit! quam me delectat Theramenes! quam elato animo

---

1 *Com. pall. inc. 43* pueri (i *in r.* V¹) V actergo V¹ 5 ducimus K   6 parte avita longa GKR parte aucta l. *in* parte aut l. *corr.* V parte, ita aut *Man.*   8 *Arist. hist. an. 552b 18*   12 confert X (*corr.* KV¹)   14 reperiemus V¹   15 omnes *corr.* R¹   16 laevius RV imp. KR   17 in omnium ... 19 ponamus *Non. 203,14 (202, 2)*   18 contemtione *Non.*
19 et om. *Non.*   ponamus iussu tyrannorum (tyrr. K)GKR (*cf. p. 267,3*)   20 molestissimis X   21 caldeorum X (ʰ*add.* K¹V²)   24 animi V^{C?} *non male sed cf. comm.* an//gimur V
27 *Xen. Hell. 2, 3, 56 cf. Val. Max. 3, 2 ext. 6* qua GRV¹ (*corr.²*)

est! etsi enim flemus, cum legimus, tamen non miserabiliter vir clarus emoritur: qui cum coniectus in carcerem triginta iussu tyrannorum venenum ut sitiens obduxisset, reliquum sic e poculo eiecit, ut id
5 resonaret, quo sonitu reddito adridens 'propino' inquit 'hoc pulchro Critiae', qui in eum fuerat taeterrimus. Graeci enim ⟨in⟩ conviviis solent nominare, cui poculum traditori sint. lusit vir egregius extremo spiritu, cum iam praecordiis conceptam mortem conti-
10 neret, vereque ei, cui venenum praebiberat, mortem eam est auguratus, quae brevi consecuta est.

Quis hanc maximi animi aequitatem in ipsa morte 97 laudaret, si mortem malum iudicaret? vadit enim in eundem carcerem atque in eundem paucis post annis
15 scyphum Socrates, eodem scelere iudicum quo tyrannorum Theramenes. quae est igitur eius oratio, qua facit eum Plato usum apud iudices iam morte multatum? 'magna me' inquit 'spes tenet, iudices, be- 41 ne mihi evenire, quod mittar ad mortem. necesse est
20 enim sit alterum de duobus, ut aut sensus omnino omnes mors auferat aut in alium quendam locum ex his locis morte migretur. quam ob rem, sive sensus extinguitur morsque ei somno similis est, qui non numquam etiam sine visis somniorum placatissimam quie-
25 tem adfert, di boni, quid lucri est emori! aut quam multi dies reperiri possunt, qui tali nocti anteponantur! cui si similis est perpetuitas omnis consequentis temporis, quis me beatior? sin vera sunt quae di- 98 cuntur, migrationem esse mortem in eas oras, quas

---

1 ⸍legimus cum ⸍flemus K   5 quod X (d del. V^{vet})   6 hoc poculo² pulchro V   deterrimus (d in r.¹) V   7 in ϛ om. X   10 cui V e corr. Gr   qui X   praebuerat V^{rec}   11 meam GV¹   13 enim om. ϛ   16 ΘΗΡΑΜΕΝΗϹ X   Apol. 40c sqq. (libere reddita)

20 omnis K (acsîs = accusativus ss.²)   22 meretur K   25 dii GRV   26 repp. GR (corr.¹) V   27 si V²ϛ om. X   29 horas K¹V²

qui e vita excesserunt incolunt, id multo iam beatius est. tene, cum ab is, qui se iudicum numero haberi volunt, evaseris, ad eos venire, qui vere iudices appellentur, Minoem Rhadamanthum Aeacum Triptolemum, convenireque eos qui iuste ⟨et⟩ cum fide vixerint — haec peregrinatio mediocris vobis videri potest? ut vero conloqui cum Orpheo Musaeo Homero Hesiodo liceat, quanti tandem aestimatis? equidem saepe emori, si fieri posset, vellem, ut ea quae dico mihi liceret invisere. quanta delectatione autem adficerer, cum Palamedem, cum Aiacem, cum alios iudicio iniquo circumventos convenirem! temptarem etiam summi regis, qui maximas copias duxit ad Troiam, et Ulixi Sisyphique prudentiam, nec ob eam rem, cum haec exquirerem sicut hic faciebam, capite damnarer. — Ne vos quidem, iudices i qui me absolvistis, mortem timueritis. nec enim cuiquam bono mali quicquam evenire potest nec vivo nec mortuo, nec umquam eius res a dis inmortalibus neglegentur, nec mihi ipsi hoc accidit fortuito. nec vero ego is, a quibus accusatus aut a quibus condemnatus sum, habeo quod suscenseam, nisi quod mihi nocere se crediderunt.' et haec quidem hoc modo; nihil autem melius extremo: 'sed tempus est' inquit 'iam hinc abire, me, ut moriar, vos, ut vitam agatis. utrum autem sit melius, dii inmortales sciunt, hominem quidem scire arbitror neminem.'

42 Ne ego haud paulo hunc animum malim quam eorum omnium fortunas, qui de hoc iudicaverunt. etsi,

---

1 hic *in* id *corr.* K^c 2 numerū V^1 4 Aeacum ϛ Aiacem X   5 et ϛ *om.* X (δίκαιοι ἐγένοντο ἐν τῷ ἑαυτῶν βίῳ)   10 invisere V (ise *in r.* V^c) invenire *rell.*   11 iniquorum ventos GR preteritum^2
iniquorū˽ventos K iniquo//// (*eras. 3—4 litt., tum circum in fine versus* V^c) ventos V (εἴ τις ἄλλος διὰ κρίσιν ἄδικον τέθνηκεν)
13 ulixis V^2 16 hi X si V^2 17 nec] c *in r.* V^c 19 imm. KR   21 succenseam K^2 *in mg.* V^c 24 habire G^{1}R^1 25 utrum...
26 neminem *libere Lact. inst.* 7, 2, 10   imm. V^2 27 h' *supra* ego V^2 aut X haud V^2 mallim G (2. 1 *in r.*) K^{1}RV^1

quod praeter deos negat scire quemquam, id scit ipse utrum sit melius — nam dixit ante --, sed suum illud, nihil ut adfirmet, tenet ad extremum; nos autem 100 teneamus, ut nihil censeamus esse malum, quod sit a natura datum omnibus, intellegamusque, si mors malum sit, esse sempiternum malum. nam vitae miserae mors finis esse videtur; mors si est misera, finis esse nullus potest.

Sed quid ego Socratem aut Theramenem, praestantis viros virtutis et sapientiae gloria, commemoro, cum Lacedaemonius quidam, cuius ne nomen quidem proditum est, mortem tantopere contempserit, ut, cum ad eam duceretur damnatus ab ephoris et esset voltu hilari atque laeto dixissetque ei quidam inimicus: 'contemnisne leges Lycurgi?', responderit: 'ego vero illi maximam gratiam habeo, qui me ea poena multaverit, quam sine mutuatione et sine versura possem dissolvere.' o virum Sparta dignum! ut mihi quidem, qui tam magno animo fuerit, innocens damnatus esse videatur. talis innumerabilis nostra civitas tulit. sed 101 quid duces et principes nominem, cum legiones scribat Cato saepe alacris in eum locum profectas, unde redituras se non arbitrarentur? pari animo Lacedaemonii in Thermopylis occiderunt, in quos Simonides:

'Dic, hospes, Spartae nos te hic vidisse iacentis,
  Dum sanctis patriae legibus obsequimur.'
quid ille dux Leonidas dicit? 'pergite animo forti, Lacedaemonii, hodie apud inferos fortasse cenabimus.' fuit haec gens fortis, dum Lycurgi leges vige-

---

1 scit] sit V¹   5 intellegamus quae G¹RV¹   9 S. et aut X (et *eras. in* V) 11. 23. 28 lacedem. GK   11 lacẹdem. 23. 28 lacẹdem. V   15. 29 lygurgi X   17 mutatione K¹V   18 sparta// V   22 *Cato fr.* 83   †φcato R¹   24 thermopilis GRV (-las *m. rec.*) termopilis (*in mg.* ther) K   occiderint V¹ quos ς quo X Sim. fr. 92   27 quid ... 29 vigebant *del. Dav. sed cf. Comm. et Plasberg, Festschr. f. Vahlen 228 (cui obl. Se. Jb. d. ph. V. 29 p. 99). iam Cato l. l. Leonidam in comparationem vocavit; Sen. epist. 82, 21 Catonis verba et Leonidae dictum coni.* error (ἀϱιστᾶτε

bant. e quibus unus, cum Perses hostis in conloquio dixisset glorians: 'solem prae iaculorum multitudine et sagittarum non videbitis', 'in umbra igitur' inquit 'pugnabimus.' viros commemoro: qualis tandem Lacaena? quae cum filium in proelium misisset et interfectum audisset, 'idcirco' inquit 'genueram, ut esset, qui pro patria mortem non dubitaret occumbere'. Esto: fortes et duri Spartiatae; magnam habet vim rei p. disciplina. quid? Cyrenaeum Theodorum, philosophum non ignobilem, nonne miramur? cui cum Lysimachus rex crucem minaretur, 'istis, quaeso' inquit 'ista horribilia minitare purpuratis tuis: Theodori quidem nihil interest, humine an sublime putescat.'

Cuius hoc dicto admoneor, ut aliquid etiam de humatione et sepultura dicendum existimem, rem non dificilem, is praesertim cognitis, quae de nihil sentiendo paulo ante dicta sunt. de qua Socrates quidem quid senserit, apparet in eo libro in quo moritur, de quo iam tam multa diximus. cum enim de inmortalitate animorum disputavisset et iam moriendi tempus urgeret, rogatus a Critone, quem ad modum sepeliri vellet, 'multam vero' inquit 'operam, amici, frustra consumpsi; Critoni enim nostro non persuasi me hinc avolaturum neque mei quicquam relicturum. verum tamen, Crito, si me adsequi potueris aut sicubi nanctus eris, ut tibi videbitur, sepelito. sed, mihi crede,

---

ὡς ἐν ᾄδου δειπνήσοντες) *Ciceroni ipsi aut mendo Graeci libri tribui potest.* prandete *pro* pergite *Er.* leonidas ς semidam GKR semidam dicit V *(exp.*^{c}*)* di//cit GR dux ⟨dum hostem proditor per⟩ semitam ducit *Pl.*
6 et K^1 (ut^2)   7 mortemon V^1 morte non V *e corr.* GKR
9 cyreneum GKV   13 homine K^1 putrescat K^{27}V^{rec} *(Val. Max. 6, 2 ext. 3)*   15 dificilem G^{1}K^1 dificilem R   16 nihill K
19 tum K^1 imm. R   21 se sepeliri V   *Plato Phaed. 115 c—e (libere)*   22 multa V^1 23 hic K^1 24 mei *Bentl.* (ς?) me
25 nactus KR^1 *e corr.* V^{rec} nātus G^1 26 videtur X videtur ς ὅπως ἄν σοι φίλον ᾖ *(cf. We.)*

nemo me vestrum, cum hinc excessero, consequetur.'
praeclare is quidem, qui et amico permiserit et se
ostenderit de hoc toto genere nihil laborare. durior Dio- 104
genes, et is quidem eadem sentiens, sed ut Cynicus
asperius: proici se iussit inhumatum. tum amici: 'vo-
lucribusne et feris?' 'minime vero' inquit, 'sed bacillum propter me, quo abigam, ponitote.' 'qui poteris?'
illi, 'non enim senties.' 'quid igitur mihi ferarum la-
niatus oberit nihil sentienti?' praeclare Anaxagoras,
qui cum Lampsaci moreretur, quaerentibus amicis,
velletne Clazomenas in patriam, si quid accidisset,
auferri, 'nihil necesse est' inquit, 'undique enim ad
inferos tantundem viae est.' totaque de ratione huma-
tionis unum tenendum est, ad corpus illam pertinere,
sive occiderit animus sive vigeat. in corpore autem
perspicuum est vel extincto animo vel elapso nullum
residere sensum. Sed plena errorum sunt omnia. tra- 44
hit Hectorem ad currum religatum Achilles: lacerari 105
eum et sentire, credo, putat. ergo hic ulciscitur, ut
quidem sibi videtur; at illa sicut acerbissimam rem
maeret:

'Vidí, videre quód me passa aegérrume,
Hectórem curru quádriiugo raptárier.'

quem Hectorem, aut quam diu ille erit Hector? melius Accius et aliquando sapiens Achilles:

'Immo enimvero córpus Priamo réddidi, Hectora
ábstuli.'

non igitur Hectora traxisti, sed corpus quod fuerat

---

1 nemó vestrŭ G¹ *(tum iterum scripsit* nemo vestrŭ, *sed ipse delevit)* 2 is *Hei.* id *(Socrates opponitur Diogeni)*
4 eadem *om.* X *add.* V² *supra* id (idem *add. Wolf*) 5 humatum V¹ 7 enim *post* bac. V² quod ab K¹R qui p.] quid p. X *corr.* V^rec ς *(cf. We.)* 9 sentiendi R¹ 10 lamsaci X moretur GRV¹ *(corr.²)* 18 sqq. hęct. *semper* V *plerumque* KRG
19 se *ante* ulc. *add.* V² 21 meret GKR 22 *Ennius Andr. 100*
23 curro GK¹ (ᵛ ss. K^c) R *et fort.* V¹ (-u *in r.*) 25 *fr. inc.*
664 27 hectora *Nieberding Doug. Philol. 1905 p. 153 (necess. propter v. seq.)* hectorem 28 hectora sed a *in r.* V¹

106 Hectoris. ecce alius exoritur e terra, qui matrem dormire non sinat:
'Matér, te appello, tú, quae curam sómno suspensám levas,
Neque té mei miseret, súrge et sepeli nátum —!'
haec cum pressis et flebilibus modis, qui totis theatris maestitiam inferant, concinuntur, difficile est non eos qui inhumati sint miseros iudicare. 'prius quám ferae volucrésque —' metuit, ne laceratis membris minus bene utatur; ne combustis, non extimescit.
'Neu réliquias semésas sireis dénudatis óssibus
Per térram sanie délibutas foéde divexárier —'
non intellego, quid metuat, cum tam bonos septenarios fundat ad tibiam. Tenendum est igitur nihil curandum esse post mortem, cum multi inimicos etiam mortuos poeniuntur. exsecratur luculentis sane versibus apud Ennium Thyestes, primum ut naufragio pereat Atreus: durum hoc sane; talis enim interitus non est sine gravi sensu; illa inania:
'Ipse summis sáxis fixus ásperis, evísceratus,
Látere pendens, sáxa spargens tábo, sanie et sánguine atro —'
107 non ipsa saxa magis sensu omni vacabunt quam ille 'latere pendens', cui se hic cruciatum censet optare. quae essent dura, si sentiret, ⟨sunt⟩ nulla sine sensu. illud vero perquam inane:

1—12 *Pacuv. Iliona 197 sqq. cf. Va. Opp. I 92 II 490*   3 apello K¹V¹ suspensam ҁ *Porph. Hor. sat. 2, 3, 60* suspenso
6 praessisset fl. GRV (*corr.*ʳᵉᶜ) pressis//et K   8 ⁱⁿhumati V (ⁱⁿ *m²*)   11 semiassi reis X (regis Vʳᵉᶜ ҁ) ł semensas *in mg.* V² semiesas siris *Bentl.* (sireis *Haupt*) semustas *Va. sed cf. Apul. met. 8, 15: iacere semesa hominum corpora suisque visceribus nudatis ossibus cuncta candere*   12 delibutam Vʳᵉᶜ   14 tenendum ... 16 puniuntur *Non. 479, 27 et (inde a* cum*) 471, 27*
16 poeniuntur G¹K²V² *Non. in lemmate 479, 27 paen.* K¹R pen. V¹ pun. G¹ e *corr.* Vʳᵉᶜ *Non. praeter l. l.* execr. K
17 *Enn. Thy. 362*   23 omnia X a *exp.* V¹   25 quae V² quam X sentiret (*vel* sentirentur) ҁ sentirent X sunt *om.* X *ante* sine *vel post* sensu *add.* ҁ

§ 106—109   TUSCULANAE DISPUTATIONES   273

'Néque sepulcrum, quó recipiat, hábeat, portum córporis,
Úbi remissa humána vita córpus requiescát malis.'
vides, quanto haec in errore versentur: portum esse
corporis et requiescere in sepulcro putat mortuum;
magna culpa Pelopis, qui non erudierit filium nec
docuerit, quatenus esset quidque curandum. Sed
quid singulorum opiniones animadvertam, nationum
varios errores perspicere cum liceat? condiunt Aegyptii mortuos et eos servant domi; Persae etiam cera
circumlitos condunt, ut quam maxime permaneant
diuturna corpora. Magorum mos est non humare corpora suorum, nisi a feris sint ante laniata; in Hyrcania plebs publicos alit canes, optumates domesticos: nobile autem genus canum illud scimus esse,
sed pro sua quisque facultate parat a quibus lanietur, eamque optumam illi esse censent sepulturam.
permulta alia colligit Chrysippus, ut est in omni historia curiosus, sed ita taetra sunt quaedam, ut ea
fugiat et reformidet oratio. totus igitur hic locus
est contemnendus in nobis, non neglegendus in nostris,
ita tamen, ut mortuorum corpora nihil sentire vivi
sentiamus; quantum autem consuetudini famaeque
dandum sit, id curent vivi, sed ita, ut intellegant nihil id ad mortuos pertinere.

Sed profecto mors tum aequissimo animo oppetitur,
cum suis se laudibus vita occidens consolari potest.
nemo parum diu vixit, qui virtutis perfectae perfecto
functus est munere. multa mihi ipsi ad mortem tempestiva fuerunt. quam utinam potuissem obire! nihil

---

8 opinionis X   anim//advertam G   11 circum litos K¹ condiunt V²   13 hircania KRV   14 plebs publicos V (s publi in r. Vᶜ) plebs supplicos GKR   17 cessent V   18 crysippus X fr. eth. 322   21 in nobis V (exp.²)   22 ita ... 23 sentiamus del. We. non recte   23 famaeque V (ae in r. Vᶜ)   25 id ss. G¹   28 virtutis] -utis in r. Vᶜ perfecto exp. V²   30 quam Dav. quae (idem error p. 274, 16 saep.)

enim iam adquirebatur, cumulata erant officia vitae, cum fortuna bella restabant. quare si ipsa ratio minus perficiet, ut mortem neglegere possimus, at vita acta perficiat, ut satis superque vixisse videamur. quamquam enim sensus abierit, tamen suis et propriis bonis laudis et gloriae, quamvis non sentiant, mortui non carent. etsi enim nihil habet in se gloria cur expetatur, tamen virtutem tamquam umbra sequitur. verum multitudinis iudicium de bonis ⟨bonum⟩ si quando est, magis laudandum est quam illi ob eam rem beati. non possum autem dicere, quoquo modo hoc accipietur, Lycurgum Solonem legum et publicae disciplinae carere gloria, Themistoclem Epaminondam bellicae virtutis. ante enim Salamina ipsam Neptunus obruet quam Salaminii tropaei memoriam, priusque e Boeotia Leuctra tollentur quam pugnae Leuctricae gloria. multo autem tardius fama deseret Curium Fabricium Calatinum, duo Scipiones duo Africanos, Maximum Marcellum Paulum, Catonem Laelium, innumerabilis alios; quorum similitudinem aliquam qui arripuerit, non eam fama populari, sed vera bonorum laude metiens, fidenti animo, si ita res feret, gradietur ad mortem; in qua aut summum bonum aut nullum malum esse cognovimus. secundis vero suis

---

2 fortunae K²B   4 perficiet V²   videamus V¹   5 enim V (si et...²)   suis Lb. (cf.p.253,9) summis   7 habe//t G (eras. n)   8 expectatur X (c exp. in V) virtutē V (cū ss.²?)   sequatur V²?
9 suppl. Po. (obl. Bitschofsky, Berl. ph. Woch. 1913, 173) ante verum quod pro adi. habent add. et Bentl. igitur Sey   11 quo V¹ (quo add.ᶜ)   12 public̄e// V (-ce K publiᶜᵉ G¹)   13 et epam. V²   14 salamina Man. salaminam cf. We.   15 salamini GK¹ (i add.²) V   tropēi G¹K (ʰ add.²) tropēi /////m. V (ss.²)   16 e V² om. X   bootia X (boetia K²V²B)   leuctrae V² leuctrha K¹R¹   quam K quae GRV¹ (ᵃ supra ae add. Vʳᵉᶜ)
17 desseret GV¹   18. 275, 4 duos Vʳᵉᶜ   22 anima G   fidenti ...24 cognovimus Lact. inst. 7, 10, 9   res feret V²ς Lact. refert X

§ 109—112 TUSCULANAE DISPUTATIONES

rebus volet etiam mori; non enim tam cumulus bonorum iucundus esse potest quam molesta decessio. hanc sententiam significare videtur Laconis illa vox, 111 qui, cum Rhodius Diagoras, Olympionices nobilis, uno die duo suos filios victores Olympiae vidisset, accessit ad senem et gratulatus: 'morere, Diagora' inquit; 'non enim in caelum ascensurus es.' magna haec, et nimium fortasse, Graeci putant vel tum potius putabant, isque, qui hoc Diagorae dixit, permagnum existimans tris Olympionicas una e domo prodire cunctari illum diutius in vita fortunae obiectum inutile putabat ipsi.

Ego autem tibi quidem, quod satis esset, paucis verbis, ut mihi videbar, responderam — concesseras enim nullo in malo mortuos esse —; sed ob eam causam contendi ut plura dicerem, quod in desiderio et luctu haec est consolatio maxima. nostrum enim et nostra causa susceptum dolorem modice ferre debemus, ne nosmet ipsos amare videamur; illa suspicio intolerabili dolore cruciat, si opinamur eos quibus orbati sumus esse cum aliquo sensu in is malis quibus volgo opinantur. hanc excutere opinionem mihimet volui radicitus, eoque fui fortasse longior.

Tu longior? non mihi quidem. prior enim pars orationis tuae faciebat, ut mori cuperem, posterior, ut modo non nollem, modo non laborarem; omni autem oratione illud certe perfectum est, ut mortem non ducerem in malis.

Num igitur etiam rhetorum epilogum desideramus? an hanc iam artem plane relinquimus?

Tu vero istam ne reliqueris, quam semper ornasti, et quidem iure; illa enim te, verum si loqui volumus,

---

1 tam *add.* G¹   4 olimp. X (10 *solus* V)   6 more V¹ (ʳᵉ *add.*ᶜ)
10 tris K (r *e corr*¹) R(!)V($\overset{///}{\iota}$) tres G   11 ipse̯ K¹   13 videbatur V²   17 nostra// V   18 suspitio K   19 intollerabili KRV¹
22 *post* mihimet *add.* ⁱᵖˢⁱ V²   26 ratione GRV¹ (ᵒ *add.*²)
28 epilogum *cf. Lact. ira* 22, 2   29 iam *add.* G¹   relinqueris V
(*exp. m. rec.*)

ornaverat. sed quinam est iste epilogus? aveo enim audire, quicquid est.

113 Deorum inmortalium iudicia solent in scholis proferre de morte, nec vero ea fingere ipsi, sed Herodoto auctore aliisque pluribus. primum Argiae sacerdotis Cleobis et Bito filii praedicantur. nota fabula est. cum enim illam ad sollemne et statu[tu]m sacrificium curru vehi ius esset satis longe ab oppido ad fanum morarenturque iumenta, tum iuvenes i quos modo nominavi veste posita corpora oleo perunxerunt, ad iugum accesserunt. ita sacerdos advecta in fanum, cum currus esset ductus a filiis, precata a dea dicitur, ut id illis praemii daret pro pietate, quod maxumum homini dari posset a deo; post epulatos cum matre adulescentis somno se dedisse, mane inventos esse

114 mortuos. simili precatione Trophonius et Agamedes usi dicuntur; qui cum Apollini Delphis templum exaedificavissent, venerantes deum petiverunt mercedem non parvam quidem operis et laboris sui: nihil certi, sed quod esset optimum homini. quibus Apollo se id daturum ostendit post eius diei diem tertium; qui ut inluxit, mortui sunt reperti. iudicavisse deum dicunt, et eum quidem deum, cui reliqui dii concessis-

48 sent, ut praeter ceteros divinaret. adfertur etiam de Sileno fabella quaedam; qui cum a Mida captus esset, hoc ei muneris pro sua missione dedisse scribitur: docuisse regem non nasci homini longe opti-

---

1 habeo X aveo *ς*   3 sqq. *cf. [Plut.] Cons. Ap. 108 e sqq. 115 b* imm. G V   5 autore K¹   Argiae *Ω cf. nat. deor. 1, 82 Herod. 1, 31*   6 binoto X   7 solemne R¹ (l *add.*ᶜ) V   statum *ς cf. har. resp. 18 al.*   ⸆ opus²   8 ius V   9 tunc ... 11 accesserunt *om.* R¹ (*add. m. vet. in mg.*)   tunc K R   iuvenis G V   12. 16 praec. X (12 prec. V)   13 id *add.* V² *om.* X   15 adol. K¹   17 apolloni G apollinó K¹   exedificavissent R K (-et)   18 verantes V¹ quasi²
mercedem V   21 die die K¹

mum esse, proximum autem quam primum mori. qua 115
est sententia in Cresphonte usus Euripides:
'Nam nós decebat coétus celebrantís domum
Lugére, ubi esset áliquis in lucem éditus,
Humánae vitae vária reputantís mala;
At, quí labores mórte finissét gravis,
Hunc ómni amicos laúde et laetitia éxsequi.'
simile quiddam est in Consolatione Crantoris: ait enim
Terinaeum quendam Elysium, cum graviter filii mortem maereret, venisse in psychomantium quaerentem,
quae fuisset tantae calamitatis causa; huic in tabellis
tris huius modi versiculos datos:
'Ignaris homines in vita mentibus errant:
Euthynous potitur fatorum numine leto.
Sic fuit utilius finiri ipsique tibique.'
his et talibus auctoribus usi confirmant causam rebus 116
a diis inmortalibus iudicatam. Alcidamas quidem,
rhetor antiquus in primis nobilis, scripsit etiam laudationem mortis, quae constat ex enumeratione humanorum malorum; cui rationes eae quae exquisitius
a philosophis colliguntur defuerunt, ubertas orationis
non defuit. Clarae vero mortes pro patria oppetitae
non solum gloriosae rhetoribus, sed etiam beatae videri solent. repetunt ab Erechtheo, cuius etiam filiae
cupide mortem expetiverunt pro vita civium; ⟨commemorant⟩ Codrum, qui se in medios inmisit hostis
veste famulari, ne posset adgnosci, si esset ornatu

---

2 *fr. 449*   5 humana X *corr.* V¹   7 omni *Dav.* omnes exequi K   9 terinaneum GKR tireneum V (i *et prius* e *in r.* Vᶜ ę *ex* e *al. m.*) *cf. Ps. Plut. 109b* helysium GR¹ (ḧ) helisium V   10 maeret X *corr.* K²R²Vᶜ sichomantium X   14 laeto X (loeto K)   17 imm. GR iudicatis V² *Or. att. 2,155* alchidamus X (ᵃ *supra* u *add.* V²)   19 constat ϛ constet   20 rationes] s *in r.* Vᶜ   21 rationis X (o *add.* Vʳᵉᶜ)   22 mortis X (*corr.* Vʳᵉᶜ)   24 erectheo GV erėctheo R¹ er&theo K   25 cupidae GR¹ (ą) indutus² *add. Vahlen, Ges.ph.Schr. 1, 569*   27 famulari V familiari K (*supra* veste *ss.* ᵃᵈ ᵃᶜᶜⁱᵈᵉⁿᵈᵘᵐ K²) a//gn. V

regio, quod oraculum erat datum, si rex interfectus
esset, victrices Athenas fore; Menoeceus non praeter-
mittitur, qui item oraculo edito largitus est patriae
suum sanguinem; ⟨nam⟩ Iphigenia Aulide duci se
immolandam iubet, ut hostium eliciatur suo. veniunt inde ad propiora: Harmodius in ore ⟨est⟩ et Aristogiton; Lacedaemonius Leonidas, Thebanus Epaminondas viget. nostros non norunt, quos enumerare
magnum est: ita sunt multi, quibus videmus optabilis
mortes fuisse cum gloria.
   Quae cum ita sint, magna tamen eloquentia est
utendum atque ita velut superiore e loco contionan-
dum, ut homines mortem vel optare incipiant vel
certe timere desistant? nam si supremus ille dies
non extinctionem, sed commutationem adfert loci,
quid optabilius? sin autem perimit ac delet omnino,
quid melius quam in mediis vitae laboribus obdor-
miscere et ita coniventem somno consopiri sempiterno? quod si fiat, melior Enni quam Solonis oratio.
hic enim noster: 'nemo me lacrimis decoret' inquit
'nec funera fletu faxit!' at vero ille sapiens:
   'Mors mea ne careat lacrimis: linquamus amicis
   Maerorem, ut celebrent funera cum gemitu.'
nos vero, si quid tale acciderit, ut a deo denuntiatum
videatur ut exeamus e vita, laeti et agentes gratias
pareamus emittique nos e custodia et levari vinclis
arbitremur, ut aut in aeternam et plane in nostram

---

1 datum sic si V (c *in r.* V^c)   2 victricis X *ft. recte* me-
nęceus K   3 qui item V (item *in r.*^{c}) quidem GKRM quide P
   4 *add.* Vahlen *Opp. I,* 101   au//ide V   5 immolandum V^1
hostiūm$^{\text{sanguis}\,2}$ V ut eqs. *fort. hic Cicero ad locum poeticum allu-
dit (negat Vahlen l. l.)*   6 propriora X *add.* Rath   12 con-
cion. V   14 desistant?] *interrogandi signum posuit Po.*   si
add. K^c 16 peremit GR^1 (^{i} *add.*^{c}) V   18 conibentem VK^1
(coniventē^2) conibuentem R^1 (*corr.*^{c}) conhib. G   19 ennii R
   20 Enn. *var.* 17   22 *Sol. fr.* 21   23 memorem K^{1}R^1 merorem
GR^c 26 vinclis K vinculis V^2 27 plene X plane V^{2}ς   in
del. Schue.

domum remigremus aut omni sensu molestiaque careamus; sin autem nihil denuntiabitur, eo tamen simus animo, ut horribilem illum diem aliis nobis faustum putemus nihilque in malis ducamus, quod sit vel a
5 diis inmortalibus vel a natura parente omnium constitutum. non enim temere nec fortuito sati et creati sumus, sed profecto fuit quaedam vis, quae generi consuleret humano nec id gigneret aut aleret, quod cum exanclavisset omnes labores, tum incideret in
10 mortis malum sempiternum: portum potius paratum nobis et perfugium putemus. quo utinam velis passis 119 pervehi liceat! sin reflantibus ventis reiciemur, tamen eodem paulo tardius referamur necesse est. quod autem omnibus necesse est, idne miserum esse uni
15 potest? Habes epilogum, ne quid praetermissum aut relictum putes.

Ego vero, et quidem fecit etiam iste me epilogus firmiorem.

Optime, inquam. sed nunc quidem valetudini tri-
20 buamus aliquid, cras autem et quot dies erimus in Tusculano, agamus haec et ea potissimum, quae levationem habeant aegritudinum formidinum cupiditatum, qui omnis philosophiae est fructus uberrimus.

---

2 si//mus V   4 sit//uel R (*eras.* u) V   5 imm. G   a *supra v. add.* R   6 nec] ne K^1 fuito V^1 8 quod . . . 10 sempiternum *Non. 107,24*   11 pa$\overset{s}{s}$is K^1 (expansis ss.^{2}) V^1 12 sinereflantibus X   *sed prius* e *eras. in* V (sine refl. *dist. in* G *et postea in* KR)   13 eodem *ex* eadem K^{1}R^1 14 misterium *in* miserum *corr.* K^2 17 et qui idem GR^1 (*in hoc alterum* i *linea deletum, tum iterum punctis ornatum ab* R^2, *qui etiam* ª *supra et scripsit; voluit ut v.* atqui idem)   19 valitudini KR^c

20 quot ք quos X   23 omni philosophia X (phil$\overset{so}{o}$phia V^1) omnis philosophiae V$^{2\,aut\,c}$ ex omni ph. K^2

M. TULLI CICERONIS
TUSCULANARUM DISPUTATIONUM
LIBRI QUINQUE

LIBER SECUNDUS

1
1 Neoptolemus quidem apud Ennium philosophari
sibi ait necesse esse, sed paucis; nam omnino haud
placere: ego autem, Brute, necesse mihi quidem esse
arbitror philosophari — nam quid possum, praesertim nihil agens, agere melius? -- sed non paucis, ut 5
ille. difficile est enim in philosophia pauca esse ei
nota, cui non sint aut pleraque aut omnia. nam nec
pauca nisi e multis eligi possunt nec, qui pauca perceperit, non idem reliqua eodem studio persequetur.
2 sed tamen in vita occupata atque, ut Neoptolemi tum 10
erat, militari pauca ipsa multum saepe prosunt et
ferunt fructus, si non tantos quanti ex universa philosophia percipi possunt, tamen eos quibus aliqua ex
parte interdum aut cupiditate aut aegritudine aut
metu liberemur. velut ex ea disputatione, quae mihi 15
nuper habita est in Tusculano, magna videbatur mortis effecta contemptio, quae non minimum valet ad
animum metu liberandum. nam qui id quod vitari
non potest metuit, is vivere animo quieto nullo modo

---

1 Neoptolemus ... 10 occupata H

1 *Enn. fr. sc. 376*   2 esse] est **H**   haut **KV**   5 nil **G¹H**
6 in **V²P²ς** *om.* **X**   9 persequatur **R¹** (*corr.*ᶜ)   10 ut *add.* **G²**
12 si// **V** sed *rell.*   15 liberemur **ς** liberentur (*cf. 281,19*)
16 videba//tur **V**   18 qui̇/id **R** quid **KV** (*ss.* **K²V²**)

potest; sed qui non modo quia necesse est mori, verum etiam quia nihil habet mors quod sit horrendum, mortem non timet, magnum is sibi praesidium ad beatam vitam comparavit. Quamquam non sumus ignari multos studiose contra esse dicturos; quod vitare nullo modo potuimus, nisi nihil omnino scriberemus. etenim si orationes, quas nos multitudinis iudicio probari volebamus (popularis est enim illa facultas, et effectus eloquentiae est audientium adprobatio) — sed si reperiebantur non nulli, qui nihil laudarent nisi quod se imitari posse confiderent, quemque sperandi sibi, eundem bene dicendi finem proponerent, et cum obruerentur copia sententiarum atque verborum, ieiunitatem et famem se malle quam ubertatem et copiam dicerent, unde erat exortum genus Atticorum is ipsis, qui id sequi se profitebantur, ignotum, qui iam conticuerunt paene ab ipso foro inrisi: quid futurum putamus, cum adiutore populo, quo utebamur antea, nunc minime nos uti posse videamus? est enim philosophia paucis contenta iudicibus, multitudinem consulto ipsa fugiens eique ipsi et suspecta et invisa, ut, vel si quis universam velit vituperare, secundo id populo facere possit, vel si in eam quam nos maxime sequimur conetur invadere, magna habere possit auxilia e reliquorum philosophorum disciplinis. Nos autem universae philosophiae vituperatoribus respondimus in Hortensio, pro Academia autem quae dicenda essent, satis accurate in

---

20 est itaque philosophia ... 26 disciplinis H

4 comparavit *Man.* ($\pi\alpha\varrho\varepsilon\sigma\varkappa\varepsilon\acute{v}\alpha\sigma\tau\alpha\iota$) comparabit, *sed* bit *in r.*² V comparat X (conp. G) 9 app. KV^c 10 repper. K 13 obruerentur] ru *in r.* G¹ obruēntur K¹ 15 exortus GK exortus R¹V¹ ⁻*supra* u *posuit* R¹?V² 16 quid G¹? 19 utebamur *ex* -ntur G¹ 20 est philosophia ... 21 fugiens *Lact. inst.* 3, 25, 2 23 in V² *in r.* 25 e *add.* V²ς *om.* X a ς

Academicis quattuor libris explicata arbitramur; sed tamen tantum abest ut scribi contra nos nolimus, ut id etiam maxime optemus. in ipsa enim Graecia philosophia tanto in honore numquam fuisset, nisi doctissimorum contentionibus dissensionibusque viguisset.

5 Quam ob rem hortor omnis, qui facere id possunt, ut huius quoque generis laudem iam languenti Graeciae eripiant et transferant in hanc urbem, sicut reliquas omnis, quae quidem erant expetendae, studio atque industria sua maiores nostri transtulerunt. atque oratorum quidem laus ita ducta ab humili venit ad summum, ut iam, quod natura fert in omnibus fere rebus, senescat brevique tempore ad nihilum ventura videatur, philosophia nascatur Latinis quidem litteris ex his temporibus, eamque nos adiuvemus nosque ipsos redargui refellique patiamur. quod i ferunt animo iniquo, qui certis quibusdam destinatisque sententiis quasi addicti et consecrati sunt eaque necessitate constricti, ut etiam, quae non probare soleant, ea cogantur constantiae causa defendere: nos, qui sequimur probabilia nec ultra [quam] id quod veri simile occurrit progredi possumus, et refellere sine pertinacia et refelli sine iracundia parati sumus.

---

15 Philosophia ... 283, 23 consectantur H

1 sed ... 11 transtulerunt *et* 21 nos, qui ... 24 sumus *Boeth. in top. Cic.* 372,31   2 nolimus *ex* nolumus R¹ *ex* uolumus G¹
    ⸲crevisset
3 ipsa enim Graeciae philosophia tantum *Boeth.*   5 viguisset V (ss.²) *cf. praef.* crevisset *Boeth.*   8 eius *Boeth.* graecia G (graeciaerip.) RV¹ graeciae V² *Boeth.* grętiae K   9 praeferant X (pref. V) transferant V² *Boeth.*   11 transtulerunt X *Boeth.* ⸲ transtulere V²   14 senescat rebus X *trp.* ς   16 adiuvemur V¹
    17 redarguiref. V¹ (*prius* i *in e mut.* V²)   18 qui ... 19 consecrati sunt *Non. 69,12*   21 qui *add.* G¹   22 propabilia R¹V¹ *del.* ς (*cf. p.380,14 div. 1, 24 al.*) ultra quam quod *Boeth.* ultra quam ad id quod *We.*   23 refelli ... 24 refellere *Boeth. sed cf. ac. 1,44*   24 pertinatia RVH

Quodsi haec studia traducta erunt ad nostros, ne 6
bibliothecis quidem Graecis egebimus, in quibus multitudo infinita librorum propter eorum est multitudinem, qui scripserunt. eadem enim dicuntur a multis,
ex quo libris omnia referserunt. quod accidet etiam nostris, si ad haec studia plures confluxerint. sed eos, si possumus, excitemus, qui liberaliter eruditi adhibita etiam disserendi elegantia ratione et via philosophantur. est enim quoddam genus eorum qui se philosophos appellari volunt, quorum dicuntur esse Latini sane multi libri; quos non contemno equidem, quippe quos numquam legerim; sed quia profitentur ipsi illi, qui eos scribunt, se neque distincte neque distribute neque eleganter neque ornate scribere, lectionem sine ulla delectatione neglego. quid enim dicant et quid sentiant i qui sunt ab ea disciplina, nemo ⟨ne⟩ mediocriter quidem doctus ignorat. quam ob rem, quoniam quem ad modum dicant ipsi non laborant, cur legendi sint nisi ipsi inter se qui idem sentiunt, non intellego. nam, ut Platonem reliquosque 8 Socraticos et deinceps eos, qui ab his profecti sunt, legunt omnes, etiam qui illa aut non adprobant aut non studiosissime consectantur, Epicurum autem et Metrodorum non fere praeter suos quisquam in manus sumit, sic hos Latinos i soli legunt, qui illa recte dici putant. nobis autem videtur, quicquid litteris mandetur, id commendari omnium eruditorum lectioni decere; nec, si id ipsi minus consequi possumus, id-

---

26 nobis ... 28 decere H

5 ex quibus verbis etiam omnia referserunt *Prisc. GL II p. 539,6*
6 confluxerunt GR¹V¹H -int K *et e corr.* R¹⁷V¹⁷   8 philosophentur *Sauppe*   9 se *add.* K²   10 apellari VG¹   14 eliganter V¹R²⁷H   15 neglėgo R¹   17 *add. ed. Lb. in mg.*   19 qui idem R quidem GKV¹H   20 intelligo KRᶜ⁷   22 appr. KVᶜRᶜ (ad|adp. R¹)   23 consecrantur R¹V¹ (*corr.* RᶜVᶜ)   27 lectione K id si G¹   28 id *post* si *del.* Ba.; *cf. comm.*

9 circo minus id ita faciendum esse sentimus. Itaque mihi semper Peripateticorum Academiaeque consuetudo de omnibus rebus in contrarias partis disserendi non ob eam causam solum placuit, quod aliter non posset, quid in quaque re veri simile esset, inveniri, sed etiam quod esset ea maxuma dicendi exercitatio. qua princeps usus est Aristoteles, deinde eum qui secuti sunt. nostra autem memoria Philo, quem nos frequenter audivimus, instituit alio tempore rhetorum praecepta tradere, alio philosophorum: ad quam nos consuetudinem a familiaribus nostris adducti in Tusculano, quod datum est temporis nobis, in eo consumpsimus. itaque cum ante meridiem dictioni operam dedissemus, sicut pridie feceramus, post meridiem in Academiam descendimus. in qua disputationem habitam non quasi narrantes exponimus, sed eisdem fere verbis, ut actum disputatumque est.

4
10 Est igitur ambulantibus ad hunc modum sermo ille nobis institutus et a tali quodam ductus exordio:

Dici non potest, quam sim hesterna disputatione tua delectatus vel potius adiutus. etsi enim mihi sum conscius numquam me nimis vitae cupidum fuisse, tamen interdum obiciebatur animo metus quidam et dolor cogitanti fore aliquando finem huius lucis et amissionem omnium vitae commodorum. hoc genere molestiae sic, mihi crede, sum liberatus, ut nihil minus curandum putem.

11 Minime mirum id quidem; nam efficit hoc philo-

---

28 nam...285,18 melius   285,18 sunt enim aliqui ex eadem professione pecuniae cupidi, nonnulli gloriam quaerentes, multi lib. servi, ut ... 285,28 in vita H

3 partes $K^1R^{1?e corr.}$ 5 re *add. in mg.* K^2 invenire GK^1 (-l$^{2 aut c}$) RV^1 (i V^{rec})   7 qu//a G   14 meridie X (-die V meridiēin ach. G) meridiē $K^2R^{O?}$ *cf. de orat.* 2, 367 *et Usener, Jahrb. f. Phil.* 117 *p.* 79   16 exponemus V^2 ex eisdem K (*exp. 2 aut 1*)   18 mundum V^1 19 et ali V^1 et tali V^c ductus *Crat.* inductus *cf.* R. *Brut.* 21   22 meinimis X me//nimis V me|nimis K^2 meminus R^{rec} 24 cogitanti// V cogitantis GKR   26 nihil// V

sophia: medetur animis, inanes sollicitudines detrahit, cupiditatibus liberat, pellit timores. sed haec eius vis non idem potest apud omnis: tum valet multum, cum est idoneam complexa naturam. fortis enim non modo fortuna adiuvat, ut est in vetere proverbio, sed multo magis ratio, quae quibusdam quasi praeceptis confirmat vim fortitudinis. te natura excelsum quendam videlicet et altum et humana despicientem genuit; itaque facile in animo forti contra mortem habita insedit oratio. sed haec eadem num censes apud eos ipsos valere nisi admodum paucos, a quibus inventa disputata conscripta sunt? quotus enim quisque philosophorum invenitur, qui sit ita moratus, ita animo ac vita constitutus, ut ratio postulat? qui disciplinam suam non ostentationem scientiae, sed legem vitae putet? qui obtemperet ipse sibi et decretis suis pareat? videre licet alios tanta levitate et iactatione, ut iis 12 fuerit non didicisse melius, alios pecuniae cupidos, gloriae non nullos, multos libidinum servos, ut cum eorum vita mirabiliter pugnet oratio. quod quidem mihi videtur esse turpissimum. ut enim si grammaticum se professus quispiam barbare loquatur, aut si absurde canat is qui se haberi velit musicum, hoc turpior sit, quod in eo ipso peccet, cuius profitetur scientiam, sic philosophus in vitae ratione peccans hoc turpior est, quod in officio, cuius magister esse vult, labitur artemque vitae professus delinquit in vita.

Nonne verendum est igitur, si est ita, ut dicis, ne 5

---

4 idonea (*ex*-am) .. natura H conpl. G fortes²V *Otto, Sprichw.* 703   5 set G²   12 quotusquisque...20 oratio *Lact. inst. 3, 15, 9*
14 ac *in* r. V^c   15 suam *om. Lact.*   sua *(del. ipse)* scientiae K¹
16 ipsi// G ipsi KRV ipse ς (H?) *Lact.*   pareat suis *Lact.*
17 ut iis G utiis KR (^h K²R^c) ut his V (h *et* s *in* r. V^c) *Lact. codd. plur.* ut is H   18 alios V ⸱multos³   19 gloriae non nullos] alios gloriae *Lact.*   21 gramat. KR   23 habere X *(corr.* V²K²R²)
24 profiteatur V² *Ern. fort. recte.*

philosophiam falsa gloria exornes? quod est enim
maius argumentum nihil eam prodesse, quam quosdam perfectos philosophos turpiter vivere?
13 Nullum vero id quidem argumentum est. nam ut
agri non omnes frugiferi sunt qui coluntur, falsumque illud Acci:
'Probae étsi in segetem súnt deteriorém datae
Frugés, tamen ipsae suápte natura énitent',
sic animi non omnes culti fructum ferunt. atque, ut
in eodem simili verser, ut ager quamvis fertilis sine
cultura fructuosus esse non potest, sic sine doctrina
animus; ita est utraque res sine altera debilis. cultura
autem animi philosophia est; haec extrahit vitia radicitus et praeparat animos ad satus accipiendos eaque
mandat is et, ut ita dicam, serit, quae adulta fructus
uberrimos ferant. Agamus igitur, ut coepimus. dic,
si vis, de quo disputari velis.
14   Dolorem existimo maxumum malorum omnium.
Etiamne maius quam dedecus?
Non audeo id dicere equidem, et me pudet tam cito
de sententia esse deiectum.
Magis esset pudendum, si in sententia permaneres.
quid enim minus est dignum quam tibi peius quicquam videri dedecore flagitio turpitudine? quae ut
effugias, quis est non modo recusandus, sed non ultro
adpetendus subeundus excipiendus dolor?

---

4 nam ... 16 ferant H

1 est *add.* G¹   2 magis K¹   6 *Accius Atr. 234*   Accii Probae *Mur.* acimprobe RK (aci,pbe) acinprobe GV falsumque ...
probae *om.* H   8 ipse KR   natura] *alt.* a *in r.* G¹ nature nitent K¹   9 cultum fructi R¹   ut *add.* G¹   14 properat K¹
15 mandat ʂ mundat X   20 decus X *corr.* K²Rᶜ Vᶜ
21 equidem *Ha.* quidem (id quidem dicere *We.*)   23 esse X
corr. K²Rᶜ?Vᶜ   24 minus est indignum K¹ minus te dignum
V (te *in r.* Vᶜ)   26 non ultro ... 287, 1 existimo *Char. GL.
I 211, 24* (sed sub. et exc. d. est) non *om.* V¹ *add.*²   27 app.
KV²†

Ita prorsus existimo. quare ne sit sane summum malum dolor, malum certe est.

Videsne igitur, quantum breviter admonitus de doloris terrore deieceris?

Video plane, sed plus desidero.

Experiar equidem; sed magna res est, animoque mihi opus est non repugnante.

Habebis id quidem. ut enim heri feci, sic nunc rationem, quo ea me cumque ducet, sequar.

Primum igitur de inbecillitate multorum et de variis disciplinis philosophorum loquar. quorum princeps et auctoritate et antiquitate Socraticus Aristippus non dubitavit summum malum dolorem dicere. deinde ad hanc enervatam muliebremque sententiam satis docilem se Epicurus praebuit. hunc post Rhodius Hieronymus dolore vacare summum bonum dixit: tantum in dolore duxit mali. ceteri praeter Zenonem, Aristonem, Pyrrhonem idem fere quod modo tu: malum illud quidem, sed alia peiora. ergo id quod natura ipsa et quaedam generosa virtus statim respuit, ne scilicet dolorem summum malum diceres oppositoque dedecore sententia depellerere, in eo magistra vitae philosophia tot saecula permanet. quod huic officium, quae laus, quod decus erit tanti, quod adipisci cum dolore corporis velit, qui dolorem summum malum sibi esse persuaserit? quam porro quis ignominiam, quam turpitudinem non pertulerit, ut effugiat

---

1 sane *om.* K 4 deiceris V¹ deieceris K *sed alt. e del.*²
8 et heri feci *Char. GL. I 200,12* 10 imb. R 12 aristiphus
X *corr.* V^c 15 p̄// K (^{ost} *ss.*²) hieronimus X 16 va¢care
''dolore R¹ va//care V 17 dixit K (^v*man. c.?*) 18 pyrronem X
(p̄^hyrr. K¹) quod modo *edd.* quomodo 19 id *add.* K¹
21 scilicet *Bentl.* (sc. ς?) se X *exp.* V^c doloremne K¹ diceres
V² (*sec. Ströbel ex* diceret) dicere X oppositoque] opposito
quin? (*dixit illud quidem p. 286,18, sed non ita dixit ut non statim depelleretur; cf. 294,8*) 22 depellerere *edd.* depellere
23 permanent *ex* -et V¹

dolorem, si id summum malum esse decreverit? quis
autem non miser non modo tunc, cum premetur summis doloribus, si in his est summum malum, sed
etiam cum sciet id sibi posse evenire? et quis est, cui
non possit? ita fit, ut omnino nemo esse possit beatus. Metrodorus quidem perfecte eum beatum putat,
cui corpus bene constitutum sit et exploratum ita semper fore. quis autem est iste, cui id exploratum possit
esse? Epicurus vero ea dicit, ut mihi quidem risus
captare videatur. adfirmat enim quodam loco, si uratur sapiens, si crucietur — expectas fortasse, dum
dicat: 'patietur, perferet, non succumbet'; magna mehercule laus et eo ipso, per quem iuravi, Hercule, digna; sed Epicuro, homini aspero et duro, non est hoc
satis: in Phalaridis tauro si erit, dicet: 'quam suave
est, quam hoc non curo!' suave etiam? an parum est,
si non amarum? at id quidem illi ipsi, qui dolorem
malum esse negant, non solent dicere, cuiquam suave
esse cruciari: asperum, difficile, odiosum, contra naturam dicunt, nec tamen malum. hic, qui solum hoc
malum dicit et malorum omnium extremum, sapientem censet id suave dicturum. ego a te non postulo,
ut dolorem eisdem verbis adficias quibus voluptatem
Epicurus, homo, ut scis, voluptarius. ille dixerit sane
idem in Phalaridis tauro, quod, si esset in lectulo;
ego tantam vim non tribuo sapientiae contra dolorem. si fortis est in perferendo, officio satis est; ut
laetetur etiam, non postulo. tristis enim res est sine

---

4 et ⸗ V^{rec} *(recte in altera syllogismi propositione)* etsi X
5 ut *add.* V^1 6 *Metr. fr.* 5 perfecit *habuisse vid.* V^1 7 bene
add. V^2 9 *Ep. fr. 601*   10 aff. KR^2 13 laus *add.* K^1
15 sqq. *cf. Lact. inst. 3, 27, 5*   suave N *(= enim)* K^1 *(corr.^{2})*   17 at
K^2⸗ ad X (atqui idem *ex* ad id quidem V^{rec})   21 dicit *add.*
K^c 22 ego /// *(eras. fort.* w = autem; non *in mg. add.^{2})* a
te postulo K a//te G   23 //isdem V eisdem *ex* hisdem *ut v.*
K^1 voluptatem ut Epicurus *Po.* Epicurus voluptatem Ω voluptatem *del. Bentl.*   24 sis G   27 fortis est *Ha.* forte

§ 16—20 TUSCULANAE DISPUTATIONES

dubio, aspera, amara, inimica naturae, ad patiendum
tolerandumque difficilis.

Aspice Philoctetam, cui concedendum est gementi; 19
ipsum enim Herculem viderat in Oeta magnitudine
dolorum eiulantem. nihil igitur hunc virum sagittae,
quas ab Hercule acceperat, tum consolabantur, cum

   E víperino mórsu venae víscerum
   Venéno inbutae taétros cruciatús cient.

itaque exclamat auxilium expetens, mori cupiens:

   'Heu, quí salsis fluctíbus mandet
   Me ex súblimo vertíce saxi!
   Iam iam ábsumor; confícit animam
   Vis vólneris, ulceris aéstus.'

difficile dictu videtur eum non in malo esse, et magno 8
quidem, qui ita clamare cogatur. Sed videamus Her- 20
culem ipsum, qui tum dolore frangebatur, cum inmortalitatem ipsa morte quaerebat: quas hic voces
apud Sophoclem in Trachiniis edit! cui cum Deianira
sanguine Centauri tinctam tunicam induisset inhae-
sissetque ea visceribus, ait ille:

1046 'O múlta dictu grávia, perpessu áspera,
   Quae córpore exancláta atque animo pértuli!
   Nec mihi Iunonis térror inplacábilis
   Nec tántum invexit trístis Eurystheús mali,
1050 Quantum úna vaecors Oénei partu édita.
   Haec me inretivit véste furiali inscium,
   Quae látere inhaerens mórsu lacerat víscera
   Urgénsque graviter púlmonum haurit spiritus:

---

3 philote//tam V   5 heiulantem (ḥ R$^{c?}$ h *in r.* G)   6 consolantur *Bentl.*   7. 10 *Accius Philoct.* 553. 562   8 imb. KR
9 expeçtens R   expe//tens G (c *eras.*) KV   10 qui// (s *eras.*) G
11 sublimo R^1 (-i^2) V sublim//o (i *eras.*) G sublime K sublimi
P ς   15 ita *in r.* G^1 16 imm. R   18 trachinis X   19 inhesiset V   20 ait ς at X   22 exanclato K^2 24 euristeus X
(*ex* erusteus G^1)   25 vecors X (*sed* R *primo scripserat:* unave corsoenei)   28 urguensque KR   pulmonum] ł-em K^2 aurit
GK^{27}(ḥ) R^1 (h *add.*^{c}) V

Iam décolorem sánguinem omnem exórbuit.
Sic córpus clade horríbili absumptum éxtabuit,
Ipse inligatus péste interimor téxtili.
Hos nón hostilis déxtra, non Terra édita
Molés Gigantum, nón biformato ímpetu   5
Centaúrus ictus córpori inflixit meo,
1060 Non Gráia vis, non bárbara ulla inmánitas,
Non saéva terris géns relegata últimis,
Quas péragrans undique ómnem ecferitatem éxpuli,
Sed féminae vir féminea interimór manu.   10
9   O náte, vere hoc nómen usurpá patri,
Ne me óccidentem mátris superet cáritas.
Huc árripe ad me mánibus abstractám piis;
Iam cérnam, mene an íllam potiorém putes.
21 1070 Perge, aúde, nate! inlácrima patris péstibus,   15
Miserére: gentes nóstras flebunt míserias.
Heu, vírginalem me óre ploratum édere,
Quem vídit nemo ulli íngemescentém malo!
Ecféminata vírtus adflicta óccidit.
Accéde, nate, adsíste, miserandum áspice   20
Evísceratum córpus lacerati patris!
1080 Vidéte, cuncti, túque, caelestúm sator,
Iace, óbsecro, in me vim coruscam fúlminis!
Nunc, núnc dolorum anxíferi torquent vértices,
1090 Nunc sérpit ardor. o ánte victricés manus,   25
22 O péctora, o terga, ó lacertorúm tori,
Vestróne pressu quóndam Nemeaeús leo

---

1 iam . . . exorbuit *Char. GL. I 198,2* sanguinem omnem sorbui *Diom. GL. I 366,28* exsorbuit R^c   2 si^c G clade// V   3 interi morte textili R²   5 gigantium X   6 infixit X inflixit V²   7 inm. KP imm. G (im man.) RV   9 icferitatem GR¹ hicfer. KR^cP effer. (*sed* ef. *in r.* V^c) V   expulit GKRP (*sed* ṭ) expuli// V   10 feminae vir *We. (Bentl.)* femina vir X (viṛ G^rec ł vi P²) interemor G^rec (m *ex* n) R¹ (i *ss.* R^c) V   15 illacrima R^c   16 gentis K¹   18 ingemiscentem KR^c   malum V¹   19 ecfeminata *Kl.* sic fem. X (sic effem. ς)   21 lacerati// V (*ex* -um) laceratum   22 caelestem *in* -um *corr.* R¹   23 choruscam G   24 dolorem V^c   auxiferi *ut v.* R^rec   27 nemaeus GRVK² (nom.¹)

§ 20—23 TUSCULANAE DISPUTATIONES 291

    Frendéns efflavit gráviter extremum hálitum?
    Haec déxtra Lernam taétra mactata éxcetra
    Pacávit? haec bicórporem adflixít manum?
    Erymánthiam haec vastíficam abiecit béluam?
5   Haec é Tartarea ténebrica abstractúm plaga
    Tricípitem eduxit Hýdra generatúm canem?
    Haec ínteremit tórtu multiplicábili
1100 Dracónem auriferam optútu adservantem árborem?
    Multa ália victrix nóstra lustravít manus,
10 Nec quísquam e nostris spólia cepit laúdibus.'
Possumusne nos contemnere dolorem, cum ipsum 10
Herculem tam intoleranter dolere videamus? Veniat 23
Aeschylus, non poëta solum, sed etiam Pythagoreus;
sic enim accepimus. quo modo fert apud eum Prome-
15 theus dolorem, quem excipit ob furtum Lemnium,
    Unde ígnis cluet mortálibus clam
    Divísus; eum doctús Prometheus
    Clepsísse dolo poenásque Iovi
    Fato éxpendisse suprémo?
20 has igitur poenas pendens adfixus ad Caucasum dicit
haec:
    'Titánum suboles, sócia nostri sánguinis,
    Generáta Caelo, aspícite religatum ásperis

---

1 ^{h}alitum K^1 (h *exp.* R^2)   2 taetram KRV taetra// G mactata/// V   3 pacavit *Turn.* placavit K *et* e$_e$*corr.* G^{1}R^{1}V^2 placuit R^{1}V^1 plauit G^1 5 e *add.* K^1 tartaria// K^1 6 canum K^1
8 optutū RV (-um) K^1 *ut v.* (-ù) obtutum G   10 coepit X
11 possumus neno cont. ... 12 videamus *Char. GL. I,* 222, 9
12 intolleranter GV^1 dole///re R -ere *ex* ore V^1 13 escylus X
(y *ex* u K^2)   16 *Accius Philoct.* 533 clucet X (//lucet KRP)
clu¢et V *(transf. m.1 aut 2)* 17 dictus ς 18 *ad* clepsisse *glossam* furasse *adscr.* R^{vet} poenasquę GRV^1(ę)   19 fa//to G
(c *eras.*) furti *Bentl.* 20 pendens *om.* V 22 *Aeschyli* Προμηθ. λυόμ. *fr. 193. ut ex* § 26 *apparet, Cicero ipse locum vertit. aut igitur Nonius cum verba* 'sublime ... sanguinem' *p. 292, 12. 3 ex Acci Prometheo affert errat aut Cic. pauca Acciana suis immiscet*
soboles GKR^1 (v ss.^{c}) V (le *ex* lo^1) o *ante* soboles *add.* V^1

7*

Vinctúmque saxis, návem ut horrisonó freto
Noctém paventes tímidi adnectunt návitae.
Satúrnius me sic infixit Iúppiter,
Iovísque numen Múlciberi adscivit manus.
Hos ílle cuneos fábrica crudeli inserens   5
Perrúpit artus; quá miser sollértia
Transvérberatus cástrum hoc Furiarum íncolo.
Iam tértio me quóque funestó die
Tristi ádvolatu adúncis lacerans únguibus
Iovís satelles pástu dilaniát fero.   10
Tum iécore opimo fárta et satiata ádfatim
Clangórem fundit vástum et sublime ávolans
Pinnáta cauda nóstrum adulat sánguinem.
Cum véro adesum inflátu renovatúmst iecur,
Tum rúrsum taetros ávida se ad pastús refert.   15
Sic hánc custodem maésti cruciatús alo,
Quae mé perenni vívum foedat míseria.
Namque, út videtis, vínclis constrictús Iovis
Arcére nequeo díram volucrem a péctore.
Sic me ipse viduus péstes excipio ánxias   20
Amóre mortis términum anquiréns mali;
Sed lónge a leto númine aspellór Iovis,
Atque haéc vetusta, saéclis glomerata hórridis,
Luctífica clades nóstro infixa est córpori;

---

1 victumque GK¹V¹ vinctumque R¹ (γictūmque *corr.*³) K²V²
3 Iupiter K   4 mulcebri X (mulcibri K²)   6 solertia G
(¹*add.*¹) K   7 incolo in r. G incolo R *(nulla nota, in mg.
tamen 2 litt. erasae)*   11 tum ... satiata *Prisc. GL. II*, 542, 24
iecor GR¹ (º *add.*²) lecur̂ᵗᵉK (ss.²) iecur̂ᵉV (e ss. et u in o *mut.*²⁷)
iecore *Prisc.* aff. KR¹ᵉᶜᵒʳʳ·   12 *Non. 17, 18:* Accius Prometheo
'sublime avolans' (? *codd.* tui mei volans) ... 13 sanguinem
  avolans *Turn.* advolans   nostrum ... sanguinem *Arus.
GL. VII, 457, 6*   14 adhesum V   renovatum est X   16. 17 hanc
... quae *Bentl.* (cf. satelles ... farta ... avida) hunc ... qui
  maesti// G   19 voluere G voluerē R¹ (e in c *corr. manus
vet. quae etiam in mg. adscr.* volucrē) V¹ (*corr.*¹) volucrē
vol|uere K¹   20 ipse R *sed coeperat* ipso ipsiuidi ius G
(*corr.*¹, *in mg.* ł viduus¹) vidiuis V¹   22 lēto V¹ leto K

E quó liquatae sólis ardore éxcidunt
Guttaé, quae saxa adsídue instillant Caúcasi.'
vix igitur posse videmur ita adfectum non miserum
dicere et, si hunc miserum, certe dolorem malum.

Tu quidem adhuc meam causam agis, sed hoc mox videro; interea, unde isti versus? non enim adgnosco.

Dicam hercle; etenim recte requiris. videsne abundare me otio?

Quid tum?

Fuisti saepe, credo, cum Athenis esses, in scholis philosophorum.

Vero, ac libenter quidem.

Animadvertebas igitur, etsi tum nemo erat admodum copiosus, verum tamen versus ab is admisceri orationi.

Ac multos quidem a Dionysio Stoico.

Probe dicis. sed is quasi dictata, nullo dilectu, nulla elegantia: Philo et †proprium nrt et lecta poëmata et loco adiungebat. itaque postquam adamavi hanc quasi senilem declamationem, studiose equidem utor nostris poëtis; sed sicubi illi defecerunt — verti enim multa de Graecis, ne quo ornamento in hoc genere disputationis careret Latina oratio.

Sed videsne, poëtae quid mali adferant? lamentantis inducunt fortissimos viros, molliunt animos nostros, ita sunt deinde dulces, ut non legantur modo, sed etiam ediscantur. sic ad malam domesticam disciplinam vitamque umbratilem et delicatam cum accesserunt etiam poëtae, nervos omnis virtutis elidunt.

---

2 ass. K   6 adgnosco KR¹ (d exp.²) V¹ (d eras.) aḡn. G¹   12 eg⁰ ante vero V^{rec}   16 ac] hac G dyonisio X   17 delectu K nulla elegantia] a e in r. V^c   18 eligantia KR^c   sic G et proprium nrt V (exp.¹) et proprium noster R et pū nr̄ K (͜ add.¹ ᵃᵘᵗ ², propriŭ ss.²) et proprio numero Sey. et pro⟨nuntiabat⟩ numero (cf. div. 2, 117) Po.   21 enim exp. V^{ret} etiam Ha.   29 elidunt] 1 ex a K^c

recte igitur a Platone eiciuntur ex ea civitate, quam
finxit ille, cum optimos mores et optimum rei p. statum exquireret. at vero nos, docti scilicet a Graecia,
haec [et] a pueritia legimus ediscimus, hanc eruditionem liberalem et doctrinam putamus.
Sed quid poëtis irascimur? virtutis magistri, philosophi, inventi sunt, qui summum malum dolorem dicerent. at tu, adulescens, cum id tibi paulo ante dixis-
ses videri, rogatus a me, etiamne maius quam dedecus,
verbo de sententia destitisti. roga hoc idem Epicurum: maius dicet esse malum mediocrem dolorem
quam maxumum dedecus; in ipso enim dedecore mali
nihil esse, nisi sequantur dolores. quis igitur Epicurum sequitur dolor, cum hoc ipsum dicit, summum
malum esse dolorem? quo dedecus maius a philosopho nullum expecto. quare satis mihi dedisti, cum
respondisti maius tibi videri malum dedecus quam dolorem. hoc ipsum enim si tenebis, intelleges quam sit
obsistendum dolori; nec tam quaerendum est, dolor
malumne sit, quam firmandus animus ad dolorem
ferendum.

Concludunt ratiunculas Stoici, cur non sit malum;
quasi de verbo, non de re laboretur. quid me decipis,
Zeno? nam cum id, quod mihi horribile videtur, tu
omnino malum negas esse, capior et scire cupio, quo
modo id, quod ego miserrimum existimem, ne malum
quidem sit. 'nihil est' inquit 'malum nisi quod turpe
atque vitiosum est.' ad ineptias redis; illud enim, quod
me angebat, non eximis. scio dolorem non esse nequi-

---

1 *Rep. 398a* eiciuntur ç dicuntur V dicuntur G¹R¹ ducuntur K
cf. Min. Fel. 24, 2 al. 2 fixit G¹V¹(ⁿG¹V²) 4 et a puer. leg. et
discimus X *corr. Sey. (cf. p. 317, 11)* 8 ad *in* at *corr.* V¹ 10 rogo
X roga V¹ᵃᵘᵗ² *cf. ac. fr. 20* Idem *ex* quidem R¹? 12 quamaxu-
mum X 15 quod G¹ 19 dolori... est do *scr.* Vᶜ *partim
in r. partim in mg.* (n&tā) 23 decepis GRV¹ *(corr.¹)*
24 nam cum *bis* V 27 inquid G¹*(corr.¹)* K 27 *sqq. St. fr. 1,
185* 28 viciosum *ex* vit- V¹ re//dis V

tiam; desine id me docere: hoc doce, doleam necne doleam, nihil interesse. 'numquam quicquam' inquit ad beate quidem vivendum, quod est in una virtute positum; sed est tamen reiciendum.' cur? 'asperum est, contra naturam, difficile perpessu, triste, durum.' haec est copia verborum, quod omnes uno verbo malum appellamus, id tot modis posse dicere. definis tu mihi, non tollis dolorem, cum dicis asperum, contra naturam, vix quod ferri tolerarique possit; nec mentiris; sed re succumbere non oportebat verbis gloriantem. 'dum nihil bonum nisi quod honestum, nihil malum nisi quod turpe —' optare hoc quidem est, non docere; illud et melius et verius, omnia quae natura aspernetur in malis esse, quae adsciscat, in bonis. hoc posito et verborum concertatione sublata tantum tamen excellet illud quod recte amplexantur isti, quod honestum, quod rectum, quod decorum appellamus, quod idem interdum virtutis nomine amplectimur, ut omnia praeterea, quae bona corporis et fortunae putantur, perexigua et minuta videantur, ⟨igitur⟩ ne malum quidem ullum, nec si in unum locum conlata omnia sint, cum turpitudinis malo comparanda. quare si, ut initio concessisti, turpitudo peius est quam dolor, nihil est plane dolor. nam dum tibi turpe nec dignum viro videbitur gemere, eiulare, lamentari, frangi, de-

---

13 nihil melius aut verius dici queunt quam omnia quae... 20 videantur H

1 hīc $^{o^2}$ K   necne ... 2 interesse *in r.* G^1 5 perpessō $^{\iota u^2}$ K (-u *in r.* G^1)   9 tollerarique G(|) R V   11 du3 *in r.* V^{rec} *del. Lb.* si quod ... malum *add.* V^c 12 docere] oce *in r.* V^1 13 aspernetur V^2 aspernatur X   15 concertatione// V (m *eras.*)   16 rite H   19 fortunae V^c furtunae X   20 *add. Se.* (nec malum ullum, ne si in unum quidem locum *Ba.*)   21 quidem// V *(1 litt. er.)* illum G^1 22 sin t͞s sunt si ut *ex* sicut G^{1}K^2 // // ut si V *(trp. m. rec.)*   23 nihil...24 dolor *add.* G^1 25 ^{h}ad eiul. *add.* R^c *(sed iterum eras.)* K^2 lamentare G R^{1}V^1 *(corr.* R^c V^{rec}*)*

bilitari dolore, dum honestas, dum dignitas, dum decus aderit, tuque in ea intuens te continebis, cedet profecto virtuti dolor et animi inductione languescet.

Aut enim nulla virtus est aut contemnendus omnis dolor. prudentiamne vis esse, sine qua ne intellegi quidem ulla virtus potest? quid ergo? ea patieturne te quicquam facere nihil proficientem et ⟨frustra⟩ laborantem? an temperantia sinet te inmoderate facere quicquam? an coli iustitia poterit ab homine propter vim doloris enuntiante commissa, prodente conscios, multa officia relinquente? quid? fortitudini comitibusque eius, magnitudini animi, gravitati, patientiae, rerum humanarum despicientiae, quo modo respondebis? adflictusne et iacens et lamentabili voce deplorans audieris: 'o virum fortem!'? te vero ita adfectum ne virum quidem quisquam dixerit. amittenda igitur fortitudo est aut sepeliendus dolor. Ecquid scis igitur, si quid de Corinthiis tuis amiseris, posse habere te reliquam supellectilem salvam, virtutem autem si unam amiseris — etsi amitti non potest virtus, sed si unam confessus eris te non habere, nullam esse te habiturum? num igitur fortem virum, num magno animo, num patientem, num gravem, num humana contemnentem potes dicere aut Philoctetam illum —? a te enim malo discedere, sed ille certe non fortis, qui iacet

---

4 aut ... 17 dolor H

1 dolere GKR (*ex* delere) dum *(ter)* B tum X   2 intueris X intuens V¹ *e corr.* R² ("intuens "te R^rec)   5 dolor est H ne *om.* H neç K   7 *add. Lb. cf. p. 351, 3; 356, 17*   8 sinet^te V (t *in r. et*^te V^c) inmo̊r̊ate V¹ imm. KRH   11 relinquentem K¹R¹V¹H relinquente⁻ *(sign. interr.)* G   12 magnitudini// G   gravitate X *corr.* K²R^cV¹   14 audieris Gr audiens X *(de mendo cf. l. 2)* audies ⲋ *cf. Lebreton, Et. sur la langue et la grammaire de Cicéron p. 201*   16 nec K   17 est *om.* H   equid V¹   18 quid V^rec ⲋ   quis GR¹V¹ quē R^cK   19 supplectilem R¹   21 fueris GK (ł eris²) R (fu¹?)   24 philŏtetă G¹V¹ (te//t)   atenim K¹   25 discere X discedere *(cf. ac. 2, 115) Bentl.*

in tecto úmido,
Quod éiulatu, quéstu, gemitu, frémitibus
Resonándo mutum flébilis vocés refert.
non ego dolorem dolorem esse nego — cur enim fortitudo desideraretur? — sed eum opprimi dico patientia,
si modo est aliqua patientia; si nulla est, quid exor-
namus philosophiam aut quid eius nomine gloriosi
sumus? pungit dolor, vel fodiat sane: si nudus es,
da iugulum; sin tectus Volcaniis armis, id est fortitudine, resiste; haec enim te, nisi ita facies, custos
dignitatis relinquet et deseret.

Cretum quidem leges, quas ⟨sive Iuppiter⟩ sive Mi- 34
nos sanxit de Iovis quidem sententia, ut poëtae ferunt,
itemque Lycurgi laboribus erudiunt iuventutem, ve-
nando currendo, esuriendo sitiendo, algendo aestu-
ando. Spartae vero pueri ad aram sic verberibus ac-
cipiuntur, 'ut multus e visceribus sanguis exeat,' non
numquam etiam, ut, cum ibi essem, audiebam, ad
necem; quorum non modo nemo exclamavit umquam,
sed ne ingemuit quidem. quid ergo? hoc pueri possunt, viri non poterunt? et mos valet, ratio non valebit? Interest aliquid inter laborem et dolorem. sunt 15
finitima omnino, sed tamen differt aliquid. labor est 35
functio quaedam vel animi vel corporis gravioris operis et muneris, dolor autem motus asper in corpore
alienus a sensibus. haec duo Graeci illi, quorum co-
piosior est lingua quam nostra, uno nomine appellant.
itaque industrios homines illi studiosos vel potius

---

1 *Accius Phil. 550* tecto Bouhier lecto umido X (G¹ *in r.*)
ʰ *add.* K²⁾V²Rᶜ *(sed postea deletum)* 3 mutum *fin. 2, 94* multum 5 oprimi R¹V¹ 6 modo ... quid exornamur philosophia? *Non. 105, 27* exorna//us G¹ *(fuit* t) 8 pungit dolor
scr. Vᶜ pungat Vʳᵉᶜ 9 volcaniis] -iis *in r.* Vᶜ 12 Cretum
legis *Char. GL. I 124, 12* *add.* ϛ minos R *(ss. al. m.)* 14 Lygurgi X 16 spartiatae V² 17 *Trag. inc. 209* exeat// V
19 non *in r.* Vᶜ uno X 23 differt] ert *in r.* G¹ 28 studio-
s//os R *(er.* i)

amantis doloris appellant, nos commodius laboriosos: aliud est enim laborare, aliud dolere. o verborum inops interdum, quibus abundare te semper putas, Graecia! aliud, inquam, est dolere, aliud laborare. cum varices secabantur C. Mario, dolebat; cum aestu magno ducebat agmen, laborabat. est inter haec quaedam tamen similitudo: consuetudo enim laborum perpessionem dolorum efficit faciliorem. itaque illi, qui Graeciae formam rerum publicarum dederunt, corpora iuvenum firmari labore voluerunt; quod Spartiatae etiam in feminas transtulerunt, quae ceteris in urbibus mollissimo cultu 'parietum umbris occulúntúr'. illi autem voluerunt nihil horum simile esse
      ápud Lacaenas vírgines,
 Quibus mágis palaestra Euróta sol pulvís labor
 Militia in studio est quám fertilitas bárbara.
ergo his laboriosis exercitationibus et dolor intercurrit non numquam, inpelluntur feriuntur abiciuntur cadunt, et ipse labor quasi callum quoddam obducit dolori.

16 Militiam vero — nostram dico, non Spartiatarum, quorum procedit ad modum ⟨acies⟩ ac tibiam, nec adhibetur ulla sine anapaestis pedibus hortatio —, nostri exercitus primum unde nomen habeant, vides; deinde qui labor, quantus agminis: ferre plus dimidiati mensis cibaria, ferre, si quid ad usum velint, ferre vallum (nam scutum gladium galeam in onere

---

1 laboriosos K (*exp.*²); *item v. 17*   2. 4 dolōre K (4 dolore V¹)   3 habund. G¹   5 C.] ł g K²   8 dolorem X *corr.* K²R² efficiat X (ạ R¹?)   qui R^{rec} V^{rec}   quae X (que K¹ ę²)
12. 14 *Trag. inc. 205 sqq.*   15 palestra G¹ *e corr.* V   seurota R eurotas ς   16 in *del.* Lb. (ς?)   18 imp. K ip. *ex* inp. R¹   19 ipse ... obducit *Char. GL. I 72,1* (quodam callo) ipse labor callum obduxit *Auct. de dub. nom. GL. V 575,3*   21 *sqq. cf. Val. Max. 2, 6, 2*   22 *add.* Po.   ac] ad GKR et *in r.* V¹   tibiam V(*exp.*^{rec}) pr. agmen ad tibiam *Tr.* pr. acies ad tibiam *We.*   23 anapestis GKV   25 et quantus *male* Dav.   27 s//cut//um (*ex* sicut eum?) G   onere *in r.* G¹

nostri milites non plus numerant quam umeros lacertos manus: arma enim membra militis esse dicunt; quae quidem ita geruntur apte, ut, si usus fuerit, abiectis oneribus expeditis armis ut membris pugnare possint).
quid? exercitatio legionum, quid? ille cursus concursus clamor quanti laboris est! ex hoc ille animus in proeliis paratus ad volnera. adduc pari animo inexercitatum militem: mulier videbitur. cur tantum interest inter novum et veterem exercitum, quantum experti sumus? aetas tironum plerumque melior, sed ferre laborem, contemnere volnus consuetudo docet. quin etiam videmus ex acie efferri saepe saucios, et quidem rudem illum et inexercitatum quamvis levi ictu ploratus turpissimos edere: at vero ille exercitatus et vetus ob eamque rem fortior medicum modo requirens, a quo obligetur:

'O Pátricoles' inquit, 'ad vós adveniens aúxilium et
             vestrás manus
Petó, prius quam oppetó malam pestem mándatam
             hostilí manu,
       * * *

Neque sánguis ullo pótis est pacto prófluens con-
             sistere,
Si quí sapientiá magis vestra mórs devitarí potest.
Namque Aésculapi líberorum saúcii opplent pórticus;
Non pótest accedi. —
  Cérte Eurypylus híc quidem est. hominem
             exércitum!'

---

1 umeros X (ʰ *add.* K²Rᶜ V²) laceratos G¹ 3 fuerlt *Bentl.* foret X ⸸ flat *ss.* V² ferat *Lb.* 9 nutum K¹ (novum²) 10 tyronum X 13 et *add.* K² 14 exercitus K¹ 17 *Enn. Hect. lytra 161* inquid K¹ -t *in r.* G¹ *Post* 19 (*et* 20) *versum excidisse statuit Ribb.* 23 qui^dem V (*ss.* Vʳᵉᶜ) 24 esculapi K aesculapii GRV 25 potis *Bothe* 26 certe ... exercitum! *vel* hominem exercitum! *Ciceroni dant alii.* eyrypylus GRV (-pilus)

17
39 ⟨non minus autem exercitatum⟩: ubi tantum luctus continuatur, vide quam non flebiliter respondeat, rationem etiam adferat cur aequo animo sibi ferendum sit:

'Qui álteri exitiúm parat,
Eum scíre oportet síbi parátum, péstem ut participét parem.'

abducet Patriooles, credo, ut conlocet in cubili, ut volnus obliget. siquidem homo esset; sed nihil vidi minus. quaerit enim, quid actum sit:

'Elóquere eloquere, rés Argivum proélio ut se sústinet. —
Non pótest ecfari tántum dictis, quántum factis súppetit Labóris.'

quiesce igitur et volnus alliga. etiamsi Eurypylus posset, non posset Aesopus:

'Ubi fortuna Hectóris nostram acrem áciem inclinatám . .'

et cetera explicat in dolore; sic est enim intemperans militaris in forti viro gloria. ergo haec veteranus miles facere poterit, doctus vir sapiensque non poterit? ille vero melius, ac non paulo quidem. Sed adhuc de consuetudine exercitationis loquor, nondum de ratione et sapientia. aniculae saepe inediam biduum aut triduum ferunt; subduc cibum unum diem athle-

---

1 *talia fere supplet Po. cum ap. Ennium* exercitum *sit idem ac* 'vexatum'. tantum luctum continuatus GKR tantus ⁄⁄⁄ ∽ luctus continuatus V *sed* s ∽ *et alt.* s *in r.* V$^{c\,aut\,1}$ tantum luctus continuatur ς   3 adferat X -at V^{vet} quur G aquo G^1 5 qui V exitum G^{1}V^1 (*corr.* G^{1}V^2)   6 paratum *Bentl.* paratam   8 abducit V^2 cubiculi X (*sed* cubiçuli K^2)   9 non obliget K (.^{2}) vidiminus V^c vidimus X   11 eloquere eloquere R$^{rec\,ut\,v.}$ 13 potis *Dav.* ecfari V hecfari K haecfari GR (h *del.*$^{1\,?}$) ↓ ob   16 alliga (ss.^{2}) V   18 haectoris X (^{h}aectoris R)   19 dedit *in fine add. Bergk*   24 exercitationis . . . 25 ratione *in mg. add.* G^1 26 tridium G   athletae Iov.] hletae 1 *in r.* G^1

tae: Iovem, Iovem Olympium, eum ipsum, cui se exercebit, inplorabit, ferre non posse clamabit. consuetudinis magna vis est: pernoctant venatores in nive in montibus; uri se patiuntur Indi; pugiles caestibus contusi ne ingemescunt quidem. sed quid hos, quibus Olympiorum victoria consulatus ille antiquus videtur? gladiatores, aut perditi homines aut barbari, quas plagas perferunt! quo modo illi, qui bene instituti sunt, accipere plagam malunt quam turpiter vitare! quam saepe apparet nihil eos malle quam vel domino satis facere vel populo! mittunt etiam volneribus confecti ad dominos, qui quaerunt quid velint: si satis is factum sit, se velle decumbere. quis mediocris gladiator ingemuit, quis vultum mutavit umquam? quis non modo stetit, verum etiam decubuit turpiter? quis, cum decubuisset, ferrum recipere iussus collum contraxit? tantum exercitatio meditatio consuetudo valet. ergo hoc poterit 'Samnis, spurcus homo, vita illa dignus locoque'; vir natus ad gloriam ullam partem animi tam mollem habebit, quam non meditatione et ratione conroboret? crudele gladiatorum spectaculum et inhumanum non nullis videri solet, et haud scio an ita sit, ut nunc fit; cum vero sontes ferro depugnabant, auribus fortasse multae, oculis quidem nulla poterat esse fortior contra dolorem et mortem disciplina.

De exercitatione et consuetudine et commentatione

---

1 *alt.* iovem *exp.* R¹?Vᵛᵘˡ *om.* K¹ *add.*² olimpium V (iu in r.ᶜ) exercebjt V¹ 2 impl. RK² ferre *ex* facere(?) K² se *post* ferre *add.* V¹ᵃⁿᵗᶜ *ft. recte (cf. p. 346,7)* 4 patiuntur. Inde Ω *corr. Dav. cf. p. 439,25 (locum fort. ante l. II scriptum. Comm. p. 26)* pernoctant venatores in nive, in montibus uri se patiuntur. Inde (*del. hoc Lb. vide Sey.*) pugiles *eqs. alii (Se. Jb. d. ph. V. 24 p. 246)* 5 ingemescunt] *alt.* e *in* i *corr.* G¹ quibus *add.* G¹ 6 consolatus X (ᵛ ss. Rʳᵉᶜ) 9 plaga G 13 decömbere R⁴ 14 gradiator X (*corr.* R¹?K²Vʳᵉᶜ) 16 decubisset R¹ 18 poterit/// V *Lucil. 150* 22 haud V (ha *in r. et* d *ex* c¹ᵃⁿᵗᶜ) adhuc (adhoc K)X 25 poterit G¹

dixi. age sis, nunc de ratione videamus, nisi quid vis ad haec.

Egone ut te interpellem? ne hoc quidem vellem: ita me ad credendum tua ducit oratio.

Sitne igitur malum dolere necne, Stoici viderint, qui contortulis quibusdam et minutis conclusiunculis nec ad sensus permanantibus effici volunt non esse malum dolorem. ego illud, quicquid sit, tantum esse, quantum videatur, non puto, falsaque eius visione et specie moveri homines dico vehementius, doloremque [eius] omnem esse tolerabilem.

Unde igitur ordiar? an eadem breviter attingam, quae modo dixi, quo facilius oratio progredi possit longius? inter omnis igitur hoc constat, nec doctos homines solum sed etiam indoctos, virorum esse fortium et magnanimorum et patientium et humana vincentium toleranter dolorem pati; nec vero quisquam fuit, qui eum, qui ita pateretur, non laudandum putaret. quod ergo et postulatur a fortibus et laudatur, cum fit, id aut extimescere veniens aut non ferre praesens nonne turpe est? atqui vide ne, cum omnes rectae animi adfectiones virtutes appellentur, non sit hoc proprium nomen omnium, sed ab ea quae una ceteris excellebat omnes nominatae sint. appellata est enim ex viro virtus; viri autem propria maxime est

---

21 sed cum omnes ... 303, 6 profitetur H

1 sis V (*exp.* ᵛᵉᵗ) age//sis K (s *eras.*)   3 ut te] uite V¹ hoc] *defendi potest ita ut ablatiuus sit* (hiscere *Po. in comm.*)

5 dolere *ex* -ore K²V²   6 cǒntortulis *(mut. al. m., vix¹)* R *(in mg.* c̄tortulis Rᶜ) conclusiuinculis V¹   7 permanentibus X (ᵃ̃ V²)   8 sitantum V¹ sit//tant. G   11 *del. Ern.* (eis *Man.*) tollerabilem X (toll. GR¹ tǒl K¹)   12 adt. G¹   13 quo *ex* quod G²   16 magna animorum X *(corr.* K²R²Vʳᵉᶜ)   17 tolleranter X (toll R¹)   19 ᵃ̃et f. V *(corr.²)*   21 noⁿᵉ R *(ss.²)* atqui K (ᵗ ⁿ *ss.²*) atquiⁿ R¹ atquin GV   22 aff. VᶜH   23 uana G¹ 24 excellit H   sunt G   25 ex] a V²

fortitudo, cuius munera duo sunt maxima: mortis dolorisque contemptio. utendum est igitur his, si virtutis compotes vel potius si viri volumus esse, quoniam a viris virtus nomen est mutuata.

Quaeres fortasse, quo modo, et recte: talem enim medicinam philosophia profitetur. venit Epicurus, homo minime malus vel potius vir optimus; tantum monet, quantum intellegit. 'neglege' inquit 'dolorem.' quis hoc dicit? idem, qui dolorem summum malum? vix satis constanter. audiamus. 'si summus dolor est' inquit, 'brevem necesse est esse.' 'iteradum eadem ista mihi!' non enim satis intellego, quid summum dicas esse, quid breve. 'summum, quo nihil sit superius, breve, quo nihil brevius. contemno magnitudinem doloris, a qua me brevitas temporis vindicabit ante paene quam venerit.' sed si est tantus dolor, quantus Philoctetae? 'bene plane magnus mihi quidem videtur, sed tamen non summus; nihil enim dolet nisi pes: possunt oculi, potest caput latera pulmones, possunt omnia; longe igitur abest a summo dolore. ergo' inquit 'dolor diuturnus habet laetitiae plus quam molestiae.' nunc ego non possum tantum hominem nihil sapere dicere, sed nos ab eo derideri puto. ego summum dolorem — summum autem dico, etiamsi decem atomis est maior alius — non continuo esse dico brevem multosque possum bonos viros nominare, qui complures annos doloribus podagrae cru-

---

3 *prius si om.* H conp. V   4 nomen est] nomine H   5 quaerentes G¹   quo modo *in* commodo *corr.* H¹   6 venit ... 8 intellegit *Char. GL. I 206,19   Epic. fr. 446*   7 minime] mini *in r.* V^c monet ẹt G   8 negglege G *(corr.²)*   8. 10. 21 inquid G¹ (10 V¹)   9 viẋ V   10 constanter verum V   11 nec. est brevem e. K R Iteradum ... 12 mihi *Pacuv. Iliona 202* iteradum *ac. 2, 88.* Iterandum X (-dũm R^c)   12 quod V¹   13 brevi GR¹V   si *ante* summum *add.* V³   14 quod G¹   18 summis G¹   22 ego *ex* ergo V   27 cumplures G V

cientur maximis. sed homo catus numquam terminat nec magnitudinis nec diuturnitatis modum, ut sciam, quid summum dicat in dolore, quid breve in tempore. omittamus hunc igitur nihil prorsus dicentem cogamusque confiteri non esse ab eo doloris remedia quaerenda, qui dolorem malorum omnium maxumum dixerit, quamvis idem forticulum se in torminibus et in stranguria sua praebeat. aliunde igitur est quaerenda medicina, et maxime quidem, si, quid maxime consentaneum sit, quaerimus, ab is quibus, quod honestum sit, summum bonum, quod turpe, summum videtur malum. his tu praesentibus gemere et iactare te non audebis profecto; loquetur enim eorum voce Virtus ipsa tecum: 'tune, cum pueros Lacedaemone, adulescentis Olympiae, barbaros in harena videris excipientis gravissimas plagas et ferentis silentio, si te forte dolor aliquis pervellerit, exclamabis ut mulier, non constanter et sedate feres?' 'fieri non potest; natura non patitur.' audio. pueri ferunt gloria ducti, ferunt pudore alii, multi metu, et tamen veremur, ut hoc, quod a tam multis et quod tot locis perferatur, natura patiatur? illa vero non modo patitur, verum etiam postulat: nihil enim habet praestantius, nihil quod magis expetat quam honestatem, quam

---

23 nihil enim ... 305, 9 indignius H

1 sed ... 2 modum *Non. 92, 20 propter* catus (castus *L C⁴ D'⁴*) catus ς *Non.* cautus *cf. Progr. 21*¹   3 sciat G¹   brevem X m *del.* R¹ᵉᵗ²K²   5 que *om.* G¹   7 maxsumum duxerit G¹ quamvis ... 8 praebeat *Non. 32, 12 Epic. fr. 122*   11 sit] est *Hei.*   14 *ubi Virtus loqui desinat, C. non significat cf. ac. 2, 93 al.* lacedemone KV (-nę)   15 adulescentes V² olymphiae GKR harena] h *exp.* K³   16 excipientès R¹   17 dolor *add.* Vᶜ exclamabis...18 feres *Char. GL. I 220, 17*   18 non c.] nec c. *Char.*

et sedate] sed ate G¹   19 *supra* gloria *scr.* ψ ᵒˡ *et in mg.* ᵛ⁾graeculi fer. barbari fer. Vᶜ   21 atatam multis X (*corr.* K²RV²)   23 nihil enim habet natura pr. ... 305, 1 pluribus *Char. GL. I 223, 31*   24 expe//tat V honestatem quam decus. his ergo *Char.*

laudem, quam dignitatem, quam decus. hisce ego pluribus nominibus unam rem declarari volo, sed utor, ut quam maxime significem, pluribus. volo autem dicere illud homini longe optumum esse, quod ipsum sit optandum per se, a virtute profectum vel in ipsa virtute situm, sua sponte laudabile, quod idem citius dixerim solum quam non summum bonum. atque ut haec de honesto, sic de turpi contraria: nihil tam taetrum, nihil tam aspernandum, nihil homine indignius.

Quod si tibi persuasum est — principio enim dixisti plus in dedecore mali tibi videri quam in dolore —, reliquum est, ut tute tibi imperes. quamquam hoc nescio quo modo dicatur. quasi duo simus, ut alter imperet, alter pareat! non inscite tamen dicitur. est enim animus in partis tributus duas, quarum altera rationis est particeps, altera expers. cum igitur praecipitur, ut nobismet ipsis imperemus, hoc praecipitur, ut ratio coërceat temeritatem. est in animis omnium fere natura molle quiddam, demissum, humile, enervatum quodam modo et languidum. si nihil esset aliud, nihil esset homine deformius. sed praesto est domina omnium et regina ratio, quae conixa per se et progressa longius fit perfecta virtus. haec ut imperet illi parti animi, quae oboedire debet, id videndum est viro. 'quonam modo?' inquies. vel ut do-

---

22 sed ... 306, 1 filio **H**

2 utor ς (**P** *sec. Doug.*) utar **X** (r *in r.* **G** ⸯ ita **V**ʳᵉᶜ) *Char.*
3 volo ... 6 laudabile *Char. GL. I 204, 10*   4 homine **X** *corr.*
V¹   5 pfectum **G**¹   9 tetrum **GK**   nil tam asp. **GH** (*etiam* nil hom.) **R**¹ *e corr.*   11 sit **V**ᵛᵉᵗ   12 dedecore . ali **G**¹ videre **R**¹   13 utute **G**¹**R**¹**V**¹ t *post* ut *ss.* **G**²**R**ᶜ**V**² ut. tu. te (tute *ci*²) **K**   14 dicitur *Ba.* duossimus **G**¹**R**¹**V**¹   15 insite **G**¹
16 partes **R**²   19 est in] *in r.* **V**ᶜ   20 dimissum **V**ᶜ ⁷   21 si nihil esset aliud **V** (*sed* hil esset *scr.* **V**ᶜ *in r.*) senile sed aliud **GKR**¹ (senile; sed si aliud non esset²)   23 conixa ς conexa **X** (conn. **G**)   25 obedire **GK**¹   26 quonam] n *in r.* **V**ᶜ

minus servo vel ut imperator militi vel ut parens filio. si turpissime se illa pars animi geret, quam dixi esse mollem, si se lamentis muliebriter lacrimisque dedet, vinciatur et constringatur amicorum propinquorumque custodiis; saepe enim videmus fractos pudore, qui ratione nulla vincerentur. ergo hos quidem ut famulos vinclis prope ac custodia, qui autem erunt firmiores nec tamen robustissimi, hos admonitu oportebit ut bonos milites revocatos dignitatem tueri. non nimis in Niptris ille sapientissimus Graeciae saucius lamentatur vel modice potius: 'pedetemptim,' inquit,'ite
  et sedató nisu
Ne súccussu arripiát maior
Dolor'
49 (Pacuvius hoc melius quam Sophocles; apud illum enim perquam flebiliter Ulixes lamentatur in volnere); tamen huic leviter gementi illi ipsi, qui ferunt saucium, personae gravitatem intuentes non dubitant dicere:
  'Tu quóque, Ulixes, quamquám graviter
  Cernímus ictum, nimis paéne animo es
  Mollí, qui consuetús in armis
  Aevom ágere ....'
intellegit poëta prudens ferendi doloris consuetudinem
50 esse non contemnendam magistram. atque ille non inmoderate magno in dolore:

---

1 velud imp. R   3 si . . . lacrimisque dedecoret *Char. GL. I 206, 17*   6 qui ratione *add.* K^2 7 vinčlis V^1 acad custodia KV (ad *exp. m. vet.*) G^2 (adac^1) ac ad custodiam R atque c. *Halm (sed cf. Th. l. l. II, 1049)*   10 in niptris R^1 in niptris^2
11 lamentator X *Pacuv. 256 Soph. p. 230* pedetemptim ac sedato nisu
Char. GL. I 214, 10 peditemptim K (° *ss.*^{2}) peditemtim R^1 (pedetemptim^c) V^1 (pedetemtim *corr.*^{1}) peditentẽ *in -ī corr.* G^{27} *cf. p. 345, 1*   inquid G^1K ite, *quod Cic. ipse addidit, del. Dav.*
12 nisi G^1 -su ne suc *in r.* V   17 fuerunt G^1 (*non* R)   18 dubitant ς dubitarunt X   21 ictu X (¯ *add.* V^1R^2)   22 consuetu's *Wo.*   23 aevŏm R^1K^2 ferrendi GR *(corr.*^{1} *et*^{2})

'Retinéte, tenete! opprímit ulcus;
Nudáte! heu miserum me: éxcrucior.'
incipit labi, deinde ilico desinit:
'Operíte, abscedite iám iam!
5 Mittíte! nam attrectatu ét quassu
Saevum ámplificatis dolórem.'
videsne, ut obmutuerit non sedatus corporis, sed
castigatus animi dolor? itaque in extremis Niptris
alios quoque obiurgat, idque moriens:
10 'Cónqueri fortúnam adversam, nón lamentarí decet:
Id viri est offícium, fletus múliebri ingenio ádditus.'
Huius animi pars illa mollior rationi sic paruit ut 22
severo imperatori miles pudens. in quo vero erit per- 51
fecta sapientia — quem adhuc nos quidem vidimus
15 neminem; sed philosophorum sententiis, qualis hic
futurus sit, si modo aliquando fuerit, exponitur —,
is igitur sive ea ratio, quae erit in eo perfecta atque
absoluta, sic illi parti imperabit inferiori ut iustus
parens probis filiis; nutu, quod volet, conficiet, nullo
20 labore, nulla molestia; eriget ipse se, suscitabit, in-
struet, armabit, ut tamquam hosti sic obsistat dolori.
quae sunt ista arma? contentio confirmatio sermoque
intumus, cum ipse secum: 'cave turpe quicquam, lan- 52
guidum, non virile.' obversentur species honestae ani-
25 mo: Zeno proponatur Eleates, qui perpessus est omnia potius quam conscios delendae tyrannidis indi-
caret; de Anaxarcho Democritio cogitetur, qui cum

---

1 retinetene oppr. G¹ opprimit *Vossius* opprimite   3 ⁱlico
G² desiṅt G²   4 iam iam] iam tandem *Mue.*   5 atrectatu X
(*corr.* R²)   7 ut *ex* et G² ommut. KR¹V   12 mollor K¹V¹
13 pudens X prudens G²RᶜK² vero *Bentl.* viro   14 vidimus ς
videmus X *cf. orat. 19. 100. Lael. 18 al.*   16 futuris G¹K¹ *ut v.*
20 suscitabit ς suscitabitur X   21 ut aquam V¹   22 coten-
tio K¹R   24 obversentur ς obversetur GRK² observetur K¹V
(s *in r.*ᵐ·ᵛᵉᵗ)   honeste X(*alt. e transf.* Vᵛᵉᵗ)   animo (a͞o) ς ûo V¹
(*exp.*²ᵃᵘᵗᶜ) uero GKR viro *Tr.*   26 conscius X (consscius G¹)
corr. Vʳᵉᶜς   27 de anaxarcho V² denax. X

Cypri in manus Timocreontis regis incidisset, nullum genus supplicii deprecatus est neque recusavit. Callanus Indus, indoctus ac barbarus, in radicibus Caucasi natus, sua voluntate vivus combustus est; nos, si pes condoluit, si dens [sed fac totum dolere corpus], ferre non possumus. opinio est enim quaedam effeminata ac levis — nec in dolore magis quam eadem in voluptate —, qua cum liquescimus fluimusque mollitia, apis aculeum sine clamore ferre non possumus.

53 at vero C. Marius, rusticanus vir, sed plane vir, cum secaretur, ut supra dixi, principio vetuit se alligari, nec quisquam ante Marium solutus dicitur esse sectus. cur ergo postea alii? valuit auctoritas. videsne igitur opinionis esse, non naturae malum? et tamen fuisse acrem morsum doloris idem Marius ostendit; crus enim alterum non praebuit. ita et tulit dolorem ut vir et ut homo maiorem ferre sine causa necessaria noluit.

Totum igitur in eo est, ut tibi imperes. ostendi autem, quod esset imperandi genus; atque haec cogitatio, quid patientia, quid fortitudine, quid magnitudine animi dignissimum sit, non solum animum comprimit, 23 sed ipsum etiam dolorem nescio quo pacto mitiorem 54 facit. ut enim fit in proelio, ut ignavus miles ac timidus, simul ac viderit hostem, abiecto scuto fugiat quantum possit, ob eamque causam pereat non numquam etiam integro corpore, cum ei qui steterit nihil

---

1 cypri V (p e *corr.*¹) cyrri GKR(r¹) Timocreontis X Nicocreontis ς 2 supplici¹ V¹ Callanus Ω *cf. Th. l. l.* 4 nobis V² 5 fac totum V factotum R facto tum G factottum K¹ dolere *om.* V dolore K¹G¹ (*corr.* K²G²) si tactum dolore corpus ς We. (*addito*) est) sed ... corpus *del.* Bai. 8 qua// V liquiscimus R¹ flu¹musque V (¹m Vᶜ) 10 G. Marius, rust. vir, cum secaretur, principio ... alligari *Char. GL. I 215,17* C.] G. X 11 supra *p.298,5* 12 nequisquam KV¹ esse sectus *et* postea alii V (*signa app.*³) 26 que *om.* X (*add.* K²R³V²)

tale evenerit, sic qui doloris speciem ferre non possunt, abiciunt se atque ita adflicti et exanimati iacent; qui autem restiterunt, discedunt saepissime superiores. sunt enim quaedam animi similitudines cum corpore. ut onera contentis corporibus facilius feruntur, remissis opprimunt, simillime animus intentione sua depellit pressum omnem ponderum, remissione autem sic urgetur, ut se nequeat extollere. et si verum quaerimus, in omnibus officiis persequendis animi est adhibenda contentio; ea est sola officii tamquam custodia. sed hoc idem in dolore maxume est providendum, ne quid abiecte, ne quid timide, ne quid ignave, ne quid serviliter muliebriterve faciamus, in primisque refutetur ac reiciatur Philocteteus ille clamor. Ingemescere non numquam viro concessum est, idque raro, eiulatus ne mulieri quidem; et hic nimirum est 'lessus', quem duodecim tabulae in funeribus adhiberi vetuerunt. nec vero umquam ne ingemescit quidem vir fortis ac sapiens, nisi forte ut se intendat ad firmitatem, ut in stadio cursores exclamant quam maxime possunt. faciunt idem, cum exercentur, athletae; pugiles vero, etiam cum feriunt adversarium, in iactandis caestibus ingemescunt, non quod doleant animove succumbant, sed quia profundenda voce omne corpus intenditur venitque plaga vehementior. quid? qui volunt exclamare maius, num satis habent latera

---

1 si^c quid V^1 (d *del.*$^{\text{ret.}}$) 2 se *om.* G^1 examinati iacent G
5 ut ... 6 obprimunt *Non. 258, 29* (pessimis obprimuntur)
7 praessum GKR (pra/// ess.) remissio G^1 9 persequentis X
11 maximi G^1 providendum est ne ... 13 faciamus *Char. GL. I 203, 7* 12 ve] ne G 14. 18. 23 ingemisc. K^{1}R^c
16 ^{h}eiulatus K^1 (eiu *in r.*) 17 lessus *Mur. cf. leg. 2, 59. 64* fletus Ω ł pessus *in mg.* V^c *cf. Progr. p. 30* tabulae/// V 18 ne] nec X *corr.* V^{ret} 20 in stadio ... 21 athletae *Char. GL. I 216, 19* 21 atlę-
tae RV atlete K^1 adlaetae G 22 ferunt K^1 23 -scent X
-scunt K^{2}R^{c}V^3 24 profunda G^1 cum *ante* omne V^2

fauces linguam intendere, e quibus elici vocem et
fundi videmus? toto corpore atque omnibus ungulis,
ut dicitur, contentioni vocis adserviunt. genu mehercule M. Antonium vidi, cum contente pro se ipse lege
Varia diceret, terram tangere. ut enim ballistae lapidum et reliqua tormenta telorum eo graviores emissiones habent, quo sunt contenta atque adducta vehementius, sic vox, sic cursus, sic plaga hoc gravior,
quo est missa contentius. cuius contentionis cum tanta
vis sit, si gemitus in dolore ad confirmandum animum valebit, utemur; sin erit ille gemitus elamentabilis, si inbecillus, si abiectus, si flebilis, ei qui se
dederit, vix eum virum dixerim. qui quidem gemitus
si levationis aliquid adferret, tamen videremus, quid
esset fortis et animosi viri; cum vero nihil imminuat
doloris, cur frustra turpes esse volumus? quid est
enim fletu muliebri viro turpius? atque hoc praeceptum, quod de dolore datur, patet latius: omnibus
enim rebus, non solum dolori, simili contentione
animi resistendum est. ira exardescit, libido concitatur: in eandem arcem confugiendum est, eadem
sunt arma sumenda. sed quoniam de dolore loquimur, illa omittamus.

Ad ferendum igitur dolorem placide atque sedate
plurimum proficit toto pectore, ut dicitur, cogitare,
quam id honestum sit. sumus enim natura, ut ante
dixi — dicendum est enim saepius —, studiosissimi
adpetentissimique honestatis, cuius si quasi lumen

---

18 omnibus rebus . . . 311, 6 demoveri (*om*. 22 sed . . . 26 sit) H

1 elici *cf. Pl. ad nat. deor.* 2, 151   2 *Otto, Sprichw.* 1828
4 contente (n *in r.*) K contempte R le^{ge} G^2 5 ballistae
GK$^{2(1?)}$R$^{2(1?)}$ 9 quo (*ante* est) ȿ cum X   12 imb. R imbecillis K^1
13 quae q. X *corr.* K$^{1(?)}$R^{c}V^2 14 adferrent KRV adferent G
16 turpe X *corr.* K^{2}V^c 21 eadem G   22 de *add.* G^{2}V^c
loquimur V^1 23 omittam; (= -us) R opm. G^1 25 *Otto,
Sprichw.* 1368   26 ante *p.* 304, 24 ss.   27 enim *om.* H

aliquod aspeximus, nihil est quod, ut eo potiamur, non parati simus et ferre et perpeti. ex hoc cursu atque impetu animorum ad veram laudem atque honestatem illa pericula adeuntur in proeliis, non sentiunt viri fortes in acie volnera, vel sentiunt, sed mori malunt quam tantum modo de dignitatis gradu demoveri. fulgentis gladios hostium videbant Decii, cum in aciem eorum inruebant. his levabat omnem volnerum metum nobilitas mortis et gloria. num tum ingemuisse Epaminondam putas, cum una cum sanguine vitam effluere sentiret? imperantem enim patriam Lacedaemoniis relinquebat, quam acceperat servientem. haec sunt solacia, haec fomenta summorum dolorum. Dices: quid in pace, quid domi, quid in lectulo? ad philosophos me revocas, qui in aciem non saepe prodeunt. e quibus homo sane levis, Heracleotes Dionysius, cum a Zenone fortis esse didicisset, a dolore dedoctus est. nam cum ex renibus laboraret, ipso in eiulatu clamitabat falsa esse illa, quae antea de dolore ipse sensisset. quem cum Cleanthes condiscipulus rogaret, quaenam ratio eum de sententia deduxisset, respondit: 'quia, ⟨si⟩, cum tantulum operae philosophiae dedissem, dolorem tamen ferre non possem, satis esset argumenti malum esse dolorem. plurimos autem annos in philosophia consumpsi nec ferre possum. malum est igitur dolor.' tum Cleanthem, cum pede terram percussisset, versum ex Epigonis ferunt dixisse:

---

2 sumus G¹V paratissimus K¹ 3 at v. l. adque G¹ 4 illa *om.* H 5 uulnera K¹R¹ *e corr.* H (*in* 8 uuln. V) 6 tantulum V² *fort. recte cf. We.* 11 lacedemoniis GK (lis *in r.*²) 16 *St. fr. 1, 432* dionisius X 17 dolẽre R¹ 18 deductus X *corr. Bentl.* 19 hei. K² 20 tum X ṭum R¹? cleantes X¹ 22 quicum X quia cum ç si *add. Mdv. ad fin.* 5, 94 (*post* dedissem *Se.)* tanto opere X (operam V^rec) tantum operae ç tantulum operae *Po.*
25 ferre ṇǫṇ possum V 26 dolor] or *in r.*V^c tunc G cleantem K clehantem G 27 *Tr. gr. fr. adesp. 3* epigoneis X

'audisne haec, Amphiaráe sub terram ábdite?'
Zenonem significabat, a quo illum degenerare dolebat. at non noster Posidonius; quem et ipse saepe vidi et id dicam, quod solebat narrare Pompeius, se, cum Rhodum venisset decedens ex Syria, audire voluisse Posidonium; sed cum audisset eum graviter esse aegrum, quod vehementer eius artus laborarent, voluisse tamen nobilissimum philosophum visere: quem ut vidisset et salutavisset honorificisque verbis prosecutus esset molesteque se dixisset ferre, quod eum non posset audire, at ille: 'tu vero' inquit 'potes, nec committam, ut dolor corporis efficiat, ut frustra tantus vir ad me venerit.' itaque narrabat eum graviter et copiose de hoc ipso, nihil esse bonum nisi quod esset honestum, cubantem disputavisse, cumque quasi faces ei doloris admoverentur, saepe dixisse: 'nihil agis, dolor! quamvis sis molestus, numquam te esse confitebor malum.' Omninoque omnes clari et nobilitati labores continuo fiunt etiam tolerabiles. videmusne [ut], apud quos eorum ludorum, qui gymnici nominantur, magnus honos sit, nullum ab is, qui in id certamen descendant, devitari dolorem? apud quos autem venandi et equitandi laus viget, qui hanc petessunt, nullum fugiunt dolorem. quid de nostris ambitionibus, quid de cupiditate honorum loquar? quae flamma est, per quam non cu-

---

1 amphiare X   2 quo// V   3. 6 possidon. X   4 secum X (ipse cum R^C)   5 ex yria K   8 philosophϕrum R   9 et add. V^c 10. 17 dixs. G   12 necomitam G (' ss.^{2}) KR (nec$_i'$om. K^{2}R$^\lambda$) ne commitam V nec commitam ς 14 nihil esse] nihile G^1 16 admoverentur] -rentur in r. V^c 19 omnis K^1 nobilitati] diffamati ss. V^{rec} continuo Kl. (cf. p. 303, 25 S. Rosc. 94 al. ac de re pag. 311, 8 his . . . 9 gloria) contempno GK^{1}R (c̄ contempno R^2) P^1 contem$\overset{ne}{n}$do V (ss.^{1} ut v.) contemptu K^{2}BGr. contendendo Bentl.
ficunt G   20 videmus ne R ($\cup$.^{2})   ut X om. ς vel Se.
21 ludorum ex dolorum K^c magnos X (corr. K^{c}R^{c}V^{rec})
22 qui//in V   24 pote$\overset{te}{|}$sunt G^1 pes///sunt K^1 26 cucurrerint ς -runt X

currerint i qui haec olim punctis singulis colligebant? itaque semper Africanus Socraticum Xenophontem in manibus habebat, cuius in primis laudabat illud, quod diceret eosdem labores non esse aeque gravis imperatori et militi, quod ipse honos laborem leviorem faceret imperatorium. sed tamen hoc evenit, ut in vulgus insipientium opinio valeat honestatis, cum ipsam videre non possint. itaque fama et multitudinis iudicio moventur, cum id honestum putent, quod a plerisque laudetur. te autem, si in oculis sis multitudinis, tamen eius iudicio stare nolim nec, quod illa putet, idem putare pulcherrimum. tuo tibi iudicio est utendum; tibi si recta probanti placebis, tum non modo tete viceris, quod paulo ante praecipiebam, sed omnis et omnia. hoc igitur tibi propone: amplitudinem animi et quasi quandam exaggerationem quam altissimam animi, quae maxime eminet contemnendis et despiciendis doloribus, unam esse omnium rem pulcherrimam, eoque pulchriorem, si vacet populo neque plausum captans se tamen ipsa delectet. quin etiam mihi quidem laudabiliora videntur omnia, quae sine venditatione et sine populo teste fiunt, non quo fugiendus sit — omnia enim bene facta in luce se conlocari volunt —, sed tamen nullum theatrum virtuti conscientia maius est.

Atque in primis meditemur illud, ut haec patientia

---

23 omnia ... 315, 1 contemnamus (*sine* 314, 11 Graeci ... 314, 15 morbo *et* 314, 22 quae ... 314, 25 occupabit) H

1 qui ad haec G¹ quiec K 1 singulis ... 2 socraticum *add.* Kᶜ *in mg.* 4 *Cyr. 1, 6, 25* non esse aeque gravis esse X (*prius esse del.* R²Vʳᵉᶜ *edd. multae, alt.* K²ς) 7 insipientum G¹ (*corr.*¹ᵉᵗ²) valet G¹ 8 videri X (*corr.* R²Vʳᵉᶜ) 9 movetur V¹ 14 teceviseris K¹ tĕte V¹? 15 propono K¹ 16 animi *del. Bai.* 18 dolorem G¹ 20 seḍ G¹ tamen] tantum *edd. vett.* 21 quin ... 22 fiunt *Non. 189, 12* 23 ⁱˢsit V¹ omnia recte facta ... 24 volunt *Aug. civ. 14, 18* 25 virtuti// V

dolorum, quam saepe iam animi intentione dixi esse firmandam, in omni genere se aequabilem praebeat. saepe enim multi, qui aut propter victoriae cupiditatem aut propter gloriae aut etiam, ut ius suum et libertatem tenerent, volnera exceperunt fortiter et tulerunt, idem omissa contentione dolorem morbi ferre non possunt; neque enim illum, quem facile tulerant, ratione aut sapientia tulerant, sed studio potius et gloria. itaque barbari quidam et inmanes ferro decertare acerrume possunt, aegrotare viriliter non queunt. Graeci autem homines, non satis animosi, prudentes, ut est captus hominum, satis, hostem aspicere non possunt: eidem morbos toleranter atque humane ferunt. at Cimbri et Celtiberi in proeliis exultant, lamentantur in morbo. nihil enim potest esse **66** aequabile, quod non a certa ratione proficiscatur. sed cum videas eos, qui aut studio aut opinione ducantur, in eo persequendo atque adipiscendo dolore non frangi, debes existimare aut non esse malum dolorem aut, etiamsi, quicquid asperum alienumque natura sit, id appellari placeat malum, tantulum tamen esse, ut a virtute ita obruatur, ut nusquam appareat. quae meditare quaeso dies et noctes. latius enim manabit haec ratio et aliquanto maiorem locum quam de uno dolore occupabit. nam si omnia fugiendae turpitudinis adipiscendaeque honestatis causa faciemus, non modo stimulos doloris, sed etiam fulmina fortunae

---

1 dixisse G   3 quia H   4 iussum V^1 7 illum *add.* V^2
8 ratione// V   10 non queunt] nequeunt H₅   11 gretia G^1K^1
13 idem ... 14 ferunt *Char. GL. I 222,8*   13 E//idem K (Ei *ex* Eii) Eidem V *(puncta pos. m. vet.)*   14 *cf. Val. Max. 2, 6, 11*
17 eos qui ... ducantur] quo quisque *(in ras.)* ... ducatur V^2 *male*   19 debes V^{ret}₅ *(cf. Planc. 77 Lael. 6 al.)* debeas X *(quod vix defenditur locis quales sunt nat. deor. 1, 43; natum videtur esse ex videas 17)*   20 etiam siç G(.²) ᵃnatura $V^1$₅
fort. recte cf. p. 448, 18   22 ut//nusquam V uhusquam G
27 flumina K^1

contemnamus licebit, praesertim cum paratum sit illud ex hesterna disputatione perfugium. ut enim si 67 cui naviganti, praedones ⟨si⟩ insequantur, deus qui dixerit: 'eice te navi; praesto est qui excipiat: vel delphinus, ut Arionem Methymnaeum, vel equi Pelopis illi Neptunii, qui per undas currus suspensos rapuisse dicuntur, excipient te et quo velis perferent', omnem omittat timorem, sic urguentibus asperis et odiosis doloribus, si tanti sint, ut ferendi non sint, quo sit confugiendum, tu vides.

Haec fere hoc tempore putavi esse dicenda. sed tu fortasse in sententia permanes.

Minime vero, meque biduo duarum rerum, quas maxime timebam, spero liberatum metu.

Cras ergo ad clepsydram; sic enim diximus, et tibi hoc video non posse deberi.

Ita prorsus; et illud quidem ante meridiem, hoc eodem tempore.

Sic faciemus tuisque optumis studiis obsequemur.

---

1 contempnêmus V (ss.^{rec}) 2 si *add. Wopkens (post* naviganti *Kü.*) 4 e *vel* de navi ς 5 metymnaeum X (-eum K V) 6 ille X *corr.* V^1 neptuni V *poetae tragici verba subesse videntur. Trag. inc. 196* cursus G^1 7 excipiant V 8 omittas X (omitas G ł omittamus K^2) *corr.* V^x omittat is *Mue.* urgentibus K R$^{c?}$ 9 si tanti non sint ut ferendi sint X *corr. Man. (et sic Vind. 222 Oxon. D'Orville 85 sec. Doug.)* quo sint X (*corr.* G$^{2?}$V^{vet}) 10 tu ς ut X (*exp.* V^{vet} *om* ς) 11 fe//re V 15 ḗgo K duximus G R V^1 (*corr.*$^{1ut v.}$) et *Turn. (cf. leg. 2, 7)* sed

M. TULLI CICERONIS
TUSCULANARUM DISPUTATIONUM
LIBRI QUINQUE

LIBER TERTIUS

1
1 Quidnam esse, Brute, causae putem, cur, cum constemus ex animo et corpore, corporis curandi tuendique causa quaesita sit ars atque eius utilitas deorum inmortalium inventioni consecrata, animi autem medicina nec tam desiderata sit, ante quam inventa, nec tam culta, posteaquam cognita est, nec tam multis grata et probata, pluribus etiam suspecta et invisa? an quod corporis gravitatem et dolorem animo iudicamus, animi morbum corpore non sentimus? ita fit ut animus de se ipse tum iudicet, cum id ipsum, quo
2 iudicatur, aegrotet. Quodsi talis nos natura genuisset, ut eam ipsam intueri et perspicere eademque optima duce cursum vitae conficere possemus, haut erat sane quod quisquam rationem ac doctrinam requireret. nunc parvulos nobis dedit igniculos, quos celeriter malis moribus opinionibusque depravati sic restinguimus, ut nusquam naturae lumen appareat. sunt enim ingeniis

---

1 Cur igitur cum constemus . . . 319,4 philosophia H

1 Quidnam-Brute *om.* RK *cf. praef.* cur *om.* K   3 ars eius atque X (areius atque K¹, *cf. praef.*) *corr. Man.* de eorum inm. R¹V¹   5 desidera GRV (¹ᵃ *add.* V¹?)   10 tum] *ex* cum *corr.* K²   13 haut V² aut GK¹RV¹ haud K²Bϛ   14 rationem ac doctrinam ϛ ratione ac doctrina X (ratione͂ V² hac *pro* ac G¹ et Gr.?) requiret G¹   16 depravati V¹? *e corr.* Bϛ depravatis X

nostris semina innata virtutum, quae si adolescere liceret, ipsa nos ad beatam vitam natura perduceret. nunc autem, simul atque editi in lucem et suscepti sumus, in omni continuo pravitate et in summa opinionum perversitate versamur, ut paene cum lacte nutricis errorem suxisse videamur. cum vero parentibus redditi, dein magistris traditi sumus, tum ita variis imbuimur erroribus, ut vanitati veritas et opinioni confirmatae natura 2 ipsa cedat. accedunt etiam poëtae, qui cum magnam 3 speciem doctrinae sapientiaeque prae se tulerunt, audiuntur leguntur ediscuntur et inhaerescunt penitus in mentibus. cum vero eodem quasi maxumus quidam magister populus accessit atque omnis undique ad vitia consentiens multitudo, tum plane inficimur opinionum pravitate a naturaque desciscimus, ut nobis optime naturae vim vidisse videantur, qui nihil melius homini, nihil magis expetendum, nihil praestantius honoribus, imperiis, populari gloria iudicaverunt. ad quam fertur optumus quisque veramque illam honestatem expetens, quam unam natura maxime anquirit, in summa inanitate versatur consectaturque nullam eminentem effigiem virtutis, sed adumbratam imaginem gloriae. est enim gloria solida quaedam res et expressa, non adumbrata; ea est consentiens laus bonorum, incorrupta vox bene iudicantium de excellenti virtute, ea virtuti reso-

---

1 semita G   adholescere G¹ adol. *sed* o *in r.* V¹   licet *in* liceret *corr.* Rᶜ licet̹ret G¹   6 reddit idem G reddit·idemr R (∪ *et* r = require^{al. m.}) redditidē V¹ (redditi dein V² *sec. Str.*) redditi idem HK (ł demŭ *ss.*²) redditi demum Gr.(?)B   7 tum ... 9 cedat *Non. 416,32* inb. KR   8 opinio G¹   confirmatae ς *Non.* confirmata X   naturae K   12 quidem K¹R¹H   13 accessit Vᶜ (*cf. rep. 4,9*) *om.* X (accedit *ante* eodem *add. multi* ς)

15 dessciscimus KR¹   naturae vim vidisse *Mdv. ad fin. 3,62* naturam invidisse   18 ad} *at* K   19 expe//tens V   20 unam ς una   anquirit *Mos.* inquirit   22 virtutis *del. Bentl.* gloriae (*ex* gloria V²) *del. Bai.*   24 et *ante* incorrupta *add.* Vᶜ   25 excellenti *ex* -te V¹ excellente *rell.* (ft. recte cf. de orat. 2, 85 fr. ap. Char. GL. I p. 138, 13)

nat tamquam imago; quae quia recte factorum plerumque comes est, non est bonis viris repudianda. illa autem, quae se eius imitatricem esse volt, temeraria atque inconsiderata et plerumque peccatorum vitiorumque laudatrix, fama popularis, simulatione honestatis formam eius pulchritudinemque corrumpit. qua caecitate homines, cum quaedam etiam praeclara cuperent eaque nescirent nec ubi nec qualia essent, funditus alii everterunt suas civitates, alii ipsi occiderunt. atque hi quidem optuma petentes non tam voluntate quam cursus errore falluntur. quid? qui pecuniae cupiditate, qui voluptatum libidine feruntur, quorumque ita perturbantur animi, ut non multum absint ab insania, quod insipientibus contingit omnibus, is nullane est adhibenda curatio? utrum quod minus noceant animi aegrotationes quam corporis, an quod corpora curari possint, animorum medicina nulla sit? at et morbi perniciosiores pluresque sunt animi quam corporis; hi enim ipsi odiosi sunt, quod ad animum pertinent eumque sollicitant, 'animusque aeger', ut ait Ennius, 'semper errat neque pati neque perpeti potest, cupere numquam desinit.' quibus duobus morbis, ut omittam alios, aegritudine et cupiditate, qui tandem possunt in corpore esse graviores? qui vero probari potest ut sibi mederi animus non possit, cum ipsam medicinam corporis animus invenerit, cumque ad corporum sanationem multum ipsa corpora et natura valeat

---

1 gloriae *post* imago *add.* X *exp.* V¹ 2 non est] ea H est *in r.* Vᶜ repudienda *in* -anda *corr.* K¹V¹ 3 uult R *e corr.* H
6 forme G¹ 8 que *om.* H 9 everterent X *corr.* K²RᶜV¹⁷
11 quid ... 12 feruntur *om.* H quid qui] KᶜR²V¹⁷ *e corr.* quidque GR¹V¹ quiqui K¹ 13 quod ... 14 omnibus *del. Ba.*
14 contigit G¹ is H his *rell.* ne *om.* G¹ 16 an ... 18 corporis *add.* G² *in mg.* 17 morbi *ex* moribus K¹ 18 hi ...
19 ipsi] hoc .. ipso *Ba. male:* 'ipsi corporis morbi animi morbos efficere possunt eorumque numerum augent' (plures!) *cf. p.* 405, 14 19 pertinent V 20 solicitant G¹R¹V¹ *Enn. sc.* 392 21 pati] poti *Ribb. sed cf. Va.* 23 cupididatē R¹

nec omnes, qui curari se passi sint, continuo etiam convalescant, animi autem, qui se sanari voluerint praeceptisque sapientium paruerint, sine ulla dubitatione sanentur? est profecto animi medicina, philosophia; cuius auxilium non ut in corporis morbis petendum est foris, omnibusque opibus viribus, ut nosmet ipsi nobis mederi possimus, elaborandum est.

Quamquam de universa philosophia, quanto opere et expetenda esset et colenda, satis, ut arbitror, dictum est in Hortensio. de maxumis autem rebus nihil fere intermisimus postea nec disputare nec scribere. his autem libris exposita sunt ea quae a nobis cum familiaribus nostris in Tusculano erant disputata. sed quoniam duobus superioribus de morte et de dolore dictum est, tertius dies disputationis hoc tertium volumen efficiet. ut enim in Academiam nostram descendimus inclinato iam in postmeridianum tempus die, poposci eorum aliquem, qui aderant, causam disserendi. tum res acta sic est:

Videtur mihi cadere in sapientem aegritudo.
Num reliquae quoque perturbationes animi, formidines libidines iracundiae? haec enim fere sunt eius modi, quae Graeci πάθη appellant; ego poteram 'morbos', et id verbum esset e verbo, sed in consuetudinem nostram non caderet. nam misereri, invidere, gestire, laetari, haec omnia morbos Graeci appellant, motus animi rationi non obtemperantis, nos autem hos eosdem motus concitati animi recte, ut opinor, perturbationes dixerimus, morbos autem non satis usitate, nisi quid aliud tibi videtur.

---

21 relique ... 29 usitate *(libere)* H

1 omnis X *corr.* V² sint *Tregd.* sunt   2 convalescunt G¹
6 et *ante* viribus *add.* V^c ς viribus *om.* Gr.   10 ortensio G
12 eaque G¹ a *om.* K¹   18 aliquid quid adherant G¹   22 libidines *add.* G² eiusmodi V *(ss.^{c})*   23 pathe X   29 uisit. G¹
(sic etiam 322, 10; 325, 16)

8 Mihi vero isto modo.
Haecine igitur cadere in sapientem putas?
Prorsus existimo.
Ne ista gloriosa sapientia non magno aestimanda est, siquidem non multum differt ab insania.
Quid? tibi omnisne animi commotio videtur insania?
Non mihi quidem soli, sed, id quod admirari saepe soleo, maioribus quoque nostris hoc ita visum intellego multis saeculis ante Socratem, a quo haec omnis, quae est de vita et de moribus, philosophia manavit.
Quonam tandem modo?
Quia nomen insaniae significat mentis aegrotationem et morbum, id est insanitatem et aegrotum animum, quam appellarunt insaniam. (omnis autem perturbationes animi morbos philosophi appellant negantque stultum quemquam his morbis vacare. qui autem in morbo sunt, sani non sunt; et omnium insipientium animi in morbo sunt: omnes insipientes igitur insaniunt). sanitatem enim animorum positam in tranquillitate quadam constantiaque censebant; his rebus mentem vacuam appellarunt insaniam, propterea quod in perturbato animo sicut in corpore sanitas esse non posset. nec minus illud acute, quod animi adfectionem lumine mentis carentem nominaverunt amentiam eandemque dementiam. ex quo intellegendum est eos qui haec rebus nomina posuerunt sensisse hoc idem,

---

14 omnis... 25 dementiam H

2 haeccine R² 6 quid tibi *in r.* V² tibiṇẹ̈ G (*exp.²*) 7 amirari G¹(āmirari²) R¹V 9 socrantë G¹ (n *del.²*) socraten KR 11 quoniam G (i *del.¹⁷*) 13 id est ... 14 insaniam (*quae C. addidit quia eius aequalibus nomen insaniae non insanum animi habitum sed furorem significabat*) *del. Bentl.* 14 omnis ... 18 insaniunt *del. Ba. (post* sanos 321, 2 *ponit Margrander Trans. and proc. of the American phil. ass. XXX p. 34). verum non mirus nescio qui glossator sed Cicero ipse haec postea addidisse videtur, cum intellegeret se illud* 'omnisne animi commotio videtur insania?' *in argumentatione neglexisse.* 19 enim *om.* Hς
23 posset *Ern.* possit ille G¹ 26 senisse G R¹V¹

quod a Socrate acceptum diligenter Stoici retinuerunt, omnis insipientes esse non sanos. qui est enim animus in aliquo morbo — morbos autem hos perturbatos motus, ut modo dixi, philosophi appellant —, non magis est sanus quam id corpus quod in morbo est. ita fit ut sapientia sanitas sit animi, insipientia autem quasi insanitas quaedam, quae est insania eademque dementia; multoque melius haec notata sunt verbis Latinis quam Graecis. quod aliis quoque multis locis reperietur; sed id alias, nunc, quod instat. totum igitur id quod quaerimus quid et quale sit, verbi vis ipsa declarat. eos enim sanos quoniam intellegi necesse est, quorum mens motu quasi morbo perturbabta nullo sit, qui contra adfecti sint, hos insanos appellari necesse est. itaque nihil melius, quam quod est in consuetudine sermonis Latini, cum exisse ex potestate dicimus eos, qui ecfrenati feruntur aut libidine aut iracundia — quamquam ipsa iracundia libidinis est pars; sic enim definitur: iracundia ulciscendi libido —; qui igitur exisse ex potestate dicuntur, idcirco dicuntur, quia non sint in potestate mentis, cui regnum totius animi a natura tributum est. Graeci autem μανίαν unde appellent, non facile dixerim; eam tamen ipsam distinguimus nos melius quam illi. hanc enim insaniam, quae iuncta stultitiae patet latius, a furore disiungimus. Graeci volunt illi quidem, sed parum valent verbo:

---

3 morbos ... 4 motus (*sine* hos)   10 totum ... 322, 3 moveatur H

2 quis X (qus G¹) *sed* s *in* R *fort. postea additum*   5 corpus quod *punctis not.* G²   6 insipientia ... 7 dementia (*sine quaedam*) *Non. 122, 24*   9 reperitur G¹   10 *alt.* id *om.* H ς   11 sit] fit V   13 nulla X *corr.* V¹ʔ   quia K¹   14 affecti G R² insani G¹   16 dicimus ... 20 ex potestate *om.* H   17 hecfrenati G (h *del.*²) hęc fr. V   effr. R ʳᵉᶜ V ʳᵒᶜ   19 ulciscendi libido *cf. Aug. civ. 14, 15* quiṣ V¹   22 manian X (man *in* r. V¹) appellant X   23 ipsa K G H (ipsā R, *sed⁻ vix m. 1*)   25 stultitiae K²Vᶜ B Gr.(?) stultitia X   nos *post* latius *add.* Vᶜ   distinguimus R

quem nos furorem, μελαγχολίαν illi vocant; quasi vero
atra bili solum mens ac non saepe vel iracundia graviore vel timore vel dolore moveatur; quo genere Atha-
mantem Alcmaeonem Aiacem Orestem furere dicimus.
qui ita sit adfectus, eum dominum esse rerum suarum 5
vetant duodecim tabulae; itaque non est scriptum 'si
insanus', sed 'si furiosus escit'. stultitiam enim censuerunt constantia, id est sanitate, vacantem posse
tamen tueri mediocritatem officiorum et vitae communem cultum atque usitatum; furorem autem esse rati 10
sunt mentis ad omnia caecitatem. quod cum maius
esse videatur quam insania, tamen eius modi est, ut
furor in sapientem cadere possit, non possit insania.
sed haec alia quaestio est; nos ad propositum reverta-
mur. 15

12 Cadere, opinor, in sapientem aegritudinem tibi
dixisti videri.

Et vero ita existimo.

Humanum id quidem, quod ita existumas. non enim
silice nati sumus, sed est naturale in animis tenerum 20
quiddam atque molle, quod aegritudine quasi tempestate quatiatur, nec absurde Crantor ille, qui in

---

7 itaque stultitia censuerunt . . . 13 insania   19 sed humanum . . . 22 quatiatur H

1 melancholian **G V** -iam **K R H**   2 atribili **V¹K** (-bi//li) atra-
bili **G R** non *add.* **R**ᶜ   3 vel timore *add.* **G²**   4 alomeonem
K¹ alc//meonem **V** (on *in r.* **V**ᶜ)   6 duodecem **R¹V** *tab. 5, 7.
Ciceronis locus obversatur Horatio s. 2, 3, 217*   6 itaque . . . 13
cadere possit, insania non *Non. 443, 2*   7 insanus et fur. *Non.*
escit *Bouhier* esse incipit **Ω** esset *Non.*   7 stultiặm **V** (*ss*ʳᵉᶜ)
stultiā **K** (- 2) stultitia **G R¹** (-ă²) **H**   8 inconstantiam **K R** *(etiam
m a m. 1 ut v.)* **V¹** *(sed* in et m *exp.¹)* **H** inconstantia **G** insaniam enim censuerunt constantiam, id est sanitatem, tamen
posse tueri *Non.*   10 autem *om. Non.*   11 magis **R¹**   20 e
ante silice *add.* **V**ᶜ *non male* naturabile **X** *sed* bi *exp.* **V¹**
(cf. animabili *codd. nat. deor. 2, 91)* natura *Lb.*   21 quidam
R¹V¹ *(corr.¹)* -ddā *in r.* **G²** quod] quā **G¹**   22 in *om.* **X**.
add. ς **V**ʳᵉᵉ

nostra Academia vel in primis fuit nobilis, 'minime' inquit 'adsentior is qui istam nescio quam indolentiam magno opere laudant, quae nec potest ulla esse nec debet. ne aegrotus sim; si' inquit 'fuero, sensus adsit, sive secetur quid sive avellatur a corpore. nam istuc nihil dolere non sine magna mercede contingit inmanitatis in animo, stuporis in corpore.' sed videamus ne haec oratio sit hominum adsentantium nostrae inbecillitati et indulgentium mollitudini; nos autem audeamus non solum ramos amputare miseriarum, sed omnis radicum fibras evellere. tamen aliquid relinquetur fortasse; ita sunt altae stirpes stultitiae; sed relinquetur id solum quod erit necessarium. Illud quidem sic habeto, nisi sanatus animus sit, quod sine philosophia fieri non potest, finem miseriarum nullum fore. quam ob rem, quoniam coepimus, tradamus nos ei curandos: sanabimur, si volemus. et progrediar quidem longius: non enim de aegritudine solum, quamquam id quidem primum, sed de omni animi, ut ego posui, perturbatione, morbo, ut Graeci volunt, explicabo. et primo, si placet, Stoicorum more agamus, qui breviter astringere solent argumenta; deinde nostro instituto vagabimur.

---

7 sed ... 15 fore   21 primo iam si ... 325, 6 vacabit H

2 inquid G¹   3 quae V²B qui X   ulle G¹   4 debet nec aegrotassem. Si X (a *apertum post* t *in* V) c *exp.* V²? ne aegrotus sim ϛ si inquit (inquid G¹P *cf.* 2) fuerat X (t fuat V² si *exp. et* s. is qui ss. V^rec) *corr. Sey. cf. Ps. Plut. Cons. ad Ap. 102c, qui primum* οὐ γὰρ συμφέρομαι — ἔξω καὶ τοῦ δυνατοῦ καὶ τοῦ συμφέροντος οὖσαν *ut sua profert, paulo post addit:* ʽμὴ γὰρ νοσοῖμενʼ, φησὶν ὁ ἀκαδημαικὸς Κράντωρ, ʽνοσήσασι δὲ παρείη τις αἴσθησιςʼ κτλ. inquit *ut* 303, 21 ergo, inquit *al.* sin quid fuerit *Vict.*   5 adsit] d *in* r. G² absit V^c
6 non sine ... 7 corpore *Aug. civ.* 14, 9   6 dolere *ex* dolore K¹R¹ *ex* dobere (b = lo) V¹ contigit G¹   11 fybras X   12 alta GKV (*corr.*²?) H   19 quidem *in mg. add.* R^c

9*

7 Qui fortis est, idem est fidens (quoniam confidens mala consuetudine loquendi in vitio ponitur, ductum verbum a confidendo, quod laudis est). qui autem est fidens, is profecto non extimescit; discrepat enim a timendo confidere. atqui, in quem cadit aegritudo, in eundem timor; quarum enim rerum praesentia sumus in aegritudine, easdem inpendentes et venientes timemus. ita fit ut fortitudini aegritudo repugnet. veri simile est igitur, in quem cadat aegritudo, cadere in eundem timorem et infractionem quidem animi et demissionem. quae in quem cadunt, in eundem cadit, ut serviat, ut victum, si quando, se esse fateatur. quae qui recipit, recipiat idem necesse est timiditatem et ignaviam. non cadunt autem haec in virum fortem: igitur ne aegritudo quidem. at nemo sapiens nisi fortis: **15** non cadet ergo in sapientem aegritudo. Praeterea necesse est, qui fortis sit, eundem esse magni animi; qui magni animi sit, invictum; qui invictus sit, eum res humanas despicere atque infra se positas arbitrari. despicere autem nemo potest eas res, propter quas aegritudine adfici potest; ex quo efficitur fortem virum aegritudine numquam adfici. omnes autem sapientes fortes: non cadit igitur in sapientem aegritudo. Et quem ad modum oculus conturbatus non est probe adfectus ad suum munus fungendum, et reliquae partes totumve corpus statu cum est motum, deest officio suo et mu-

---

1 sqq. *St. fr. 3, 570* 1 qui ... 4 a timendo fidens (fidere *Quich.*) *Non. 443, 9* 2 loquendum *Non.* L¹ 3 a *add.* V² in *ante* laudis *add.* V² 4 confidens *Non.* 5 atqui R² *(cf. We.)* atque 7 inpendentis .. venientis *e corr.* V¹ᵃᵘᵗ ² 8 ita ... repugnet *del. Hei.* 9 in quem ... 10 animi *Non. 122, 28* cadit G 10 eundem] eum *Non.* quidem] quandam *ut v. in mg.* Rʳᵉᶜ infractionem V *(exp.*ʳᵉᶜ*)* demisionem GKR¹ dimiŝionem V¹ 12 si quando] aliquando (ali *in r.*²) V 16 cadit V²H cadat K 17 qui magni animi BK² *om.* X qui autem magni animi Vᶜ *(ft. rectius cf. 326, 11 Str. Phil. 49 p. 60)* 18 eum *om.* H 20 eas res nemo potest H 21 *post* potest *add.* nisi fortis Vᶜ 24 turbatus H 25 fugendum K¹V¹

neri, sic conturbatus animus non est aptus ad exequendum munus suum. munus autem animi est ratione bene uti; et sapientis animus ita semper adfectus est, ut ratione optime utatur; numquam igitur est perturbatus. at aegritudo perturbatio est animi: semper igitur ea sapiens vacabit.

Veri etiam simile illud est, qui sit temperans — quem Graeci σώφρονα appellant eamque virtutem σωφροσύνην vocant, quam soleo equidem tum temperantiam, tum moderationem appellare, non numquam etiam modestiam; sed haud scio an recte ea virtus frugalitas appellari possit, quod angustius apud Graecos valet, qui frugi homines χρησίμους appellant, id est tantum modo utilis; at illud est latius; omnis enim abstinentia, omnis innocentia (quae apud Graecos usitatum nomen nullum habet, sed habere potest ἀβλάβειαν; nam est innocentia adfectio talis animi quae noceat nemini) — reliquas etiam virtutes frugalitas continet. quae nisi tanta esset, et si is angustiis, quibus plerique putant, teneretur, numquam esset L. Pisonis cognomen tanto opere laudatum. sed quia, nec qui propter metum praesidium reliquit, quod est ignaviae, nec qui propter avaritiam clam depositum non reddidit, quod est iniustitiae, nec qui propter temeritatem male rem gessit, quod est stultitiae, frugi appellari solet, eo tris virtutes, fortitudinem iustitiam prudentiam, frugalitas complexa est (etsi hoc quidem commune est virtutum; omnes enim inter se nexae

---

14 omnis abst. ... 19 continet   21 sed ... 326, 13 sapientis H

1 siconturbatus G¹K¹ adxequendum V¹ ad ex seq. G   5 ad G¹ (14 G¹K¹)   7 illi G¹   11 -d haut in r. K¹   16 potest om. H   17 ἀBΛἀBEI in r. V¹ ABΔABEIAN fere K¹RG² (in litt. evan. aut eras.) abdabeian H ἀBΛἀBEIἀN V¹ sed praeter ἀN in r. affectio KRH   18 etiam om. H   22 relinquit (-id G¹) X corr. V¹ aut ²   23 depositi G   27 hoc quidem est commune ... 326, 1 sunt (sine nexae et) Non. 47, 7   28 omnis X

et iugatae sunt): reliqua igitur et quarta virtus sit ipsa frugalitas. eius enim videtur esse proprium motus animi adpetentis regere et sedare semperque adversantem libidini moderatam in omni re servare constantiam. cui contrarium vitium nequitia dicitur. frugalitas, ut opinor, a fruge, qua nihil melius e terra, nequitia ab eo (etsi erit hoc fortasse durius, sed temptemus: lusisse putemur, si nihil sit) ab eo, quod nequicquam est in tali homine, ex quo idem 'nihili' dicitur. — qui sit frugi igitur vel, si mavis, moderatus et temperans, eum necesse est esse constantem; qui autem constans, quietum; qui quietus, perturbatione omni vacuum, ergo etiam aegritudine. et sunt illa sapientis: aberit igitur a sapiente aegritudo.

Itaque non inscite Heracleotes Dionysius ad ea disputat, quae apud Homerum Achilles queritur hoc, ut opinor, modo:

'Corque meum penitus turgescit tristibus iris,
Cum decore atque omni me orbatum laude recordor.'

num manus adfecta recte est, cum in tumore est, aut num aliud quodpiam membrum tumidum ac turgidum non vitiose se habet? sic igitur inflatus et tumens animus in vitio est. sapientis autem animus semper vacat vitio, numquam turgescit, numquam tumet; at irati animus eius modi est: numquam igitur sapiens irascitur. nam si irascitur, etiam concupiscit; proprium

---

23 sapientis ... 24 timet (*pro* tumet) 21 num ... 23 est 24 at ... 327, 6 cadit (*hoc ordine*) H

1 sit] ut sit X *sed* ut *exp.* V² reliqua igitur est, quarta v. ut sit, ipsa fr. *Mdv.*   3 semper quae X *corr.* R^c   aversantem X *corr.* V^cR²   6 ⟨est⟩ e *We.*   7 lu//sisse V (l *m.*²⁷) lusisse R¹ iussisse GKR²H   8 putatos V (ato *in r.*² *ut v.; voluitne* putato?) nil GR^c (*totum verbum del.* R²)   9 *St. fr. 3, 570* nihill V² nihil///dic. G (*2 litt. erasae*) nihil KRV¹   11 esse *add.* G³   15 *St.fr.1, 434* dyonisius KR dionisius V   18 *I 646*   21 aliud quodpiam *Turn. ex* ς aliquod (*ex* aliquid K¹) quippiam X alia quippiam H   25 irati V *e corr.* iratus X *cf. 23* sapientis

est enim irati cupere, a quo laesus videatur, ei quam
maxumum dolorem inurere. qui autem id concupierit,
eum necesse est, si id consecutus sit, magno opere
laetari. ex quo fit, ut alieno malo gaudeat; quod
quoniam non cadit in sapientem, ne ut irascatur quidem cadit. sin autem caderet in sapientem aegritudo,
caderet etiam iracundia; qua quoniam vacat, aegritudine etiam vacabit. Etenim si sapiens in aegritu- 20
dinem incidere posset, posset etiam in misericordiam,
posset in invidentiam (non dixi 'invidiam', quae tum
est, cum invidetur; ab invidendo autem invidentia
recte dici potest, ut effugiamus ambiguum nomen invidiae. quod verbum ductum est a nimis intuendo fortunam alterius, ut est in Melanippo: 'quisnam florem
liberum invidit meum?' male Latine videtur, sed praeclare Accius; ut enim 'videre', sic 'invidere florem'
rectius quam 'flori'. nos consuetudine prohibemur; 10
poëta ius suum tenuit et dixit audacius) — cadit igitur 21
in eundem et misereri et invidere. nam qui dolet rebus
alicuius adversis, idem alicuius etiam secundis dolet,
ut Theophrastus interitum deplorans Callisthenis so-
dalis sui, rebus Alexandri prosperis angitur, itaque
dicit Callisthenem incidisse in hominem summa poten-
tia summaque fortuna, sed ignarum quem ad modum
rebus secundis uti conveniret. atqui, quem ad modum

---

18 non cadit . . . 19 invidere   25 atqui . . . 328, 3 invidere   328, 3 omne . . . 330, 4 incitat **H**

3 si id] sit **G**¹ magnopere **K H** (magnọ opere **R**) 6 sin, *non
si (ut dicit Ha.)* **R**   8 aegritudinem] -ne **G**   9 posset (posse *codd.*)
etiam . . . 12 invidiae *Non. 443,15* (10 in invidiam. non dixi
in invidentia 11 invidia) posset *semel* **R**¹   10 tum (cum **G**)]
etiam *Bouh., alii aliter, Ciceronem corrigentes* 12 ut et fug.
Non.   13 dictum **G**¹**K**¹ *(cf. Isidor. 10,134)*   14 Acc. fr. 424
(unde aut quis mortalis fl. *Non. 500,13* num quis non mortalis
fl. *Ri. num quisnam poetae sit, dubium)* quasnam **G**¹   16 flore
X florē **K**²**R**^c?   20 olet **V** ᵈ*add.*¹ᵃᵘᵗ² solet **GK**¹ (*corr.*²) **R**¹
(ᵗ dolet *m. ant.*)

misericordia aegritudo est ex alterius rebus adversis, sic invidentia aegritudo est ex alterius rebus secundis. in quem igitur cadit misereri, in eundem etiam invidere; non cadit autem invidere in sapientem: ergo ne misereri quidem. quodsi aegre ferre sapiens soleret, misereri etiam soleret. abest ergo a sapiente aegritudo.

22 Haec sic dicuntur a Stoicis concluduntúrque contortius. sed latius aliquando dicenda sunt et diffusius; sententiis tamen utendum eorum potissimum, qui maxime forti et, ut ita dicam, virili utuntur ratione atque sententia. nam Peripatetici, familiares nostri, quibus nihil est uberius, nihil eruditius, nihil gravius, mediocritates vel perturbationum vel morborum animi mihi non sane probant. omne enim malum, etiam mediocre, malum est; nos autem id agimus, ut id in sapiente nullum sit omnino. nam ut corpus, etiamsi mediocriter aegrum est, sanum non est, sic in animo ista mediocritas caret sanitate. itaque praeclare nostri, ut alia multa, molestiam sollicitudinem angorem propter similitudinem corporum aegrorum aegritudinem

23 nominaverunt. hoc propemodum verbo Graeci omnem animi perturbationem appellant; vocant enim πάθος, id est morbum, quicumque est motus in animo turbidus. nos melius: aegris enim corporibus simillima animi est aegritudo, at non similis aegrotationis est libido, non inmoderata laetitia, quae est voluptas animi elata et gestiens. ipse etiam metus non est morbi admodum similis, quamquam aegritudini est finitimus, sed proprie, ut aegrotatio in corpore, sic aegri-

---

4 non] nunc K[1] 5 aegre ferre ς V[rec] haec referre X 6 a add. V[c] 8 sic R[c?] V[c] si X 9 aliquando cf. 323, 22 aliquanto ς male, cf. de orat. 1, 133 opt. gen. 23 10 qui ex quā ut v. G[2] 16 mediocre] locre in r. G[2] malum Bouh. magnum ait. id om. Hς 21 aegritudinem cf. Aug. civ. 14, 17 ext.
23 πάϿΟΣ G[1] patos H 26 at ex aut G[2] aegrotationes X
28 genstiens hic et 331, 21 G[1] 29 aegritudine X corr. V[17]B[1]
30 sed . . . 329, 1 nomen habet (nominavet L[1]) Non, 443, 23

tudo in animo nomen habet non seiunctum a dolore. doloris huius igitur origo nobis explicanda est, id est causa efficiens aegritudinem in animo tamquam aegrotationem in corpore. nam ut medici causa morbi inventa curationem esse inventam putant, sic nos causa aegritudinis reperta medendi facultatem reperiemus.

Est igitur causa omnis in opinione, nec vero aegritudinis solum, sed etiam reliquarum omnium perturbationum, quae sunt genere quattuor, partibus plures. nam cum omnis perturbatio sit animi motus vel rationis expers vel rationem aspernans vel rationi non oboediens, isque motus aut boni aut mali opinione citetur bifariam, quattuor perturbationes aequaliter distributae sunt. nam duae sunt ex opinione boni; quarum altera, voluptas gestiens, id est praeter modum elata laetitia, opinione praesentis magni alicuius boni, altera, cupiditas, quae recte vel libido dici potest, quae est inmoderata adpetitio opinati magni boni rationi non obtemperans, — ergo haec duo genera, voluptas gestiens et libido, bonorum opinione turbantur, ut duo reliqua, metus et aegritudo, malorum. nam et metus opinio magni mali inpendentis et aegritudo est opinio magni mali praesentis, et quidem recens opinio talis mali, ut in eo rectum

---

4 nam ... 5 putant *Non. 493, 20* morbi] verborum *Non.* inventa *om. Non. del.* R^c 6 repertäedendi G^1 *corr.*^{2} repertā medendi R *(⁻ postea add.)* reperiemur V 7 *St. fr. 3, 385* 16 aelata G^{1}R^1 19 *post* obtemperans *add.* vel cupiditas recte vel libido dici potest X *quae retinent sec. Dav. edd., in v. 17. 8 verba* cupiditas — potest *delentes. sed ut voluptatis sic cupiditatis nomen appositionis locum tenere debebat. de cupiditate autem praedicandum erat* 'opinione futuri boni turbatur'; *quod cum iam in enuntiato relativo expressum esset, anacoluthon natum est. ad* boni 17 V^c *in mg. adscr.: et quidem magis significat nomen libidinis magnitudinem erroris. itaque in ea cupiditate quae flagrantissima est proprie plerumque nomen hoc ponitur si omnis appetitio opinati boni* haec] ut H 21 ut *in* at *corr.* V^2 et *om.* H ς 22 est *post* metus *add.* V$^c\varsigma$ *non male.* inpendentes G^{1}R^{1}V^1 *(corr.* G^{2}R^{1}V^1) 24 recte H

videatur esse angi, id autem est, ut is qui doleat
oportere opinetur se dolere. his autem perturbationibus, quas in vitam hominum stultitia quasi quasdam
Furias inmittit atque incitat, omnibus viribus atque
opibus repugnandum est, si volumus hoc, quod datum
est vitae, tranquille placideque traducere.

Sed cetera alias; nunc aegritudinem, si possumus, depellamus. id enim sit propositum, quandoquidem eam
tu videri tibi in sapientem cadere dixisti, quod ego nullo modo existimo; taetra enim res est, misera, detestabilis, omni contentione, velis, ut ita dicam, remisque
fugienda. qualis enim tibi ille videtur
    'Tántalo prognátus, Pelope nátus, qui quondam á
                  socru
    Oénomao rege Híppodameam ráptis nanctus
         núptiis —'?
Iovis iste quidem pronepos. tamne ergo abiectus tamque fractus?
    'Nolíte' inquit 'hospités ad me adíre, ilico ístic,
    Ne cóntagió mea bonís umbrave óbsit.
    Tanta vis scéleris in córpore haéret.'
tu te, Thyesta, damnabis orbabisque luce propter vim
sceleris alieni? quid? illum filium Solis nonne patris
ipsius luce indignum putas?
    'Refúgere oculi, córpus macie extábuit,
    Lacrimaé peredere úmore exanguís genas,

---

1 ut *om.* G¹ 2 dolore V 3 quas in] quasi in G K H quas//in R
vitam *Lb.* vita *(cf. off. 3, 34)* homini H 8 sit (siᵗ V¹)] est *Bouh.
sed cf. fin. 4, 25* 11 omne G R V *(corr.* R¹V¹) 13 *Enn. Thy.
sc. 357* 14 socru *Bentl. coll. Non. 223, 30 al.* socero 15 hippodamiam R² nactus K Rᶜ nactust *Bentl. sed haec ab ipso
Thyeste proferri videri Va. monet* 17 Iovis ... pronepos *poetae trib. Bentl.* 19 *Enn. Thy. 349* illic oG¹KV¹ (l *exp.*³) istic]
istinc *vel* isti ҁ *sed cf. Plaut. Merc. 912* 21 ante tanta *ins.*
meo *Bentl.* stetis *La.* 22 tu te] tune R² 25 *Trag. inc. 189*
extabunt R¹V¹G² extabant G¹ 26 umorem R V¹Kᶜ humorem G V²K² utmorem K¹

Situm inter oris bárba paedore hórrida atque
Intónsa infuscat péctus inluvié scabrum.'
haec mala, o stultissime Aeeta, ipse tibi addidisti;
non inerant in is quae tibi casus invexerat, et qui-
5 dem inveterato malo, cum tumor animi resedisset — est
autem aegritudo, ut docebo, in opinione mali recentis —; sed maeres videlicet regni desiderio, non filiae.
illam enim oderas, et iure fortasse; regno non aequo
animo carebas. est autem inpudens luctus maerore se
10 conficientis, quod imperare non liceat liberis. Diony- 27
sius quidem tyrannus Syracusis expulsus Corinthi pueros docebat: usque eo imperio carere non poterat. Tarquinio vero quid impudentius, qui bellum gereret cum
is qui eius non tulerant superbiam? is cum restitui
15 in regnum nec Veientium nec Latinorum armis potuisset, Cumas contulisse se dicitur inque ea urbe
senio et aegritudine esse confectus. Hoc tu igitur 13
censes sapienti accidere posse, ut aegritudine oppri-
matur, id est miseria? nam cum omnis perturbatio mi-
20 seria est, tum carnificina est aegritudo. habet ardorem
libido, levitatem laetitia gestiens, humilitatem metus,
sed aegritudo maiora quaedam, tabem cruciatum ad-
flictationem foeditatem, lacerat exest animum plane-
que conficit. hanc nisi exuimus sic ut abiciamus, miseria
25 carere non possumus.

Atque hoc quidem perspicuum est, tum aegritudi- 28
nem existere, cum quid ita visum sit, ut magnum quod-

---

5 est etiam aegr. . . . . 6 recentis H

1 situm inter oris *La. ad Lucr. 2, 118* situ nitoris GKRV¹
sitụ nitoris *corr.* V²⁷ *praeterea* nidoris V^rec *ut v.* situ nigroris
Va. op. ac. 1, 56 al. alii pedore *hic* X *(cf. p. 348, 25)* atque (adque G¹) *del. Bothe sed cf. La. ad Lucr. 2, 118* 2 inluviae
GK (ill.) R¹ 3 aeota G eota KRV¹ (aeọta V²) 6 recenti
*Ba. sed cf. 5 inveterato, p. 355, 8, Rabbow, Antike Schr. über
Seelenheilung S. 153* 9 impud. GKR *e corr.* seḍ G 10 dionisius KRV 14 tullerant G¹ tulerat V¹ 15 vegentium KR¹ -len-
tium *in r.* G² latiorum X *corr.* V^rec 26 tum *add.* G³

dam malum adesse et urgere videatur. Epicuro autem placet opinionem mali aegritudinem esse natura, ut, quicumque intueatur in aliquod maius malum, si id sibi accidisse opinetur, sit continuo in aegritudine. Cyrenaici non omni malo aegritudinem effici censent, sed insperato et necopinato malo. est id quidem non mediocre ad aegritudinem augendam: videntur enim omnia repentina graviora. ex hoc et illa iure laudantur:

'Égo cum genui, túm morituros scívi et ei rei
    sústuli.
Praéterea ad Troiám cum misi ob défendendam
    Graéciam,
Scíbam me in mortíferum bellum, nón in epulas
    míttere.'

haec igitur praemeditatio futurorum malorum lenit eorum adventum, quae venientia longe ante videris. itaque apud Euripiden a Theseo dicta laudantur; licet enim, ut saepe facimus, in Latinum illa convertere:

'Nam qui haéc audita a dócto meminissém viro,
Futúras mecum cómmentabar míserias:
Aut mórtem acerbam aut éxili maestám fugam
Aut sémper aliquam mólem meditabár mali,
Ut, sí qua invecta díritas casú foret,
Ne me ínparatum cúra laceraret repens.'

quod autem Theseus a docto se audisse dicit, id de se ipso loquitur Euripides. fuerat enim auditor Anaxagorae, quem ferunt nuntiata morte filii dixisse: 'sciebam me genuisse mortalem.' quae vox declarat is esse

---

2 ea *ante* esse *add.* V² esse, ea natura Usen. Ep. fr. 444 (*sed cf.* 334,14 necesse esse eqs.) ex opinione *pro* opinionem Sey. efficere *pro* esse Bai. *cf. quae dixi Herm. XLI 323* 4 aegritudinem X 5 malo] modo R¹ aegritudine GK¹ 9 Enn. Telam. sc. 312. cf. Hier. epist. 60,5 moriturum et huic rei Sen. ad Pol. 11, 2 11 praeterea] ae *in* r. Vᶜ 13 scibam Fronto p. 217 sciebam 17 Eurip. fr. 964 euripidě K thesseo GKR¹ 21 alt. aut add. G² exilii X 24 lacerare trepens G¹R¹ 25. 6 de ipso K¹ (*ex* dese ipse) V¹ (se *add.*¹) Anax. A 33

haec acerba, quibus non fuerint cogitata. ergo id quidem non dubium, quin omnia, quae mala putentur, sint inprovisa graviora. itaque quamquam non haec una res efficit maximam aegritudinem, tamen, quoniam
5 multum potest provisio animi et praeparatio ad minuendum dolorem, sint semper omnia homini humana meditata. et nimirum haec est illa praestans et divina sapientia, et perceptas penitus et pertractatas res humanas habere, nihil admirari, cum acciderit, nihil,
10 ante quam evenerit, non evenire posse arbitrari.

'Quam ob rem ómnis, cum secúndae res sunt
    máxume, tum máxume
Meditári secum opórtet, quo pacto ádversam ae-
    rumnám ferant.
15 Perícla, damna péregre rediens sémper secum
    cógitet,
Aut fíli peccatum aút uxoris mórtem aut morbum
    fíliae,
Commúnia esse haec, né quid horum umquam
20   áccidat animó novum;
Quicquíd praeter spem evéniat, omne id députare
    esse ín lucro.'

ergo hoc Terentius a philosophia sumptum cum tam
commode dixerit, nos, e quorum fontibus id haustum
25 est, non et dicemus hoc melius et constantius sentiemus? hic est enim ille voltus semper idem, quem dicitur Xanthippe praedicare solita in viro suo fuisse So-

---

1 ergo ... 22 lucro H

7 et *ex* e V^c 9 ammirari GR¹V 11 ... 22 *Ter. Phormio*
241—6 12 tum maxume *add.* K^c maxime *alt. loco* GRV *bis*
H 13 adversum KRH 14 fuerant H ferat K¹ 15 pericula
X pericla damna exilia peregre rediens semper cogitet *Ter.
codd.* 17 filii p. X 19 c. e. haec, fieri posse, ut ne quid
animo sit novom *Ter.* 21 praeter] propter K 23 hoc *ex*
haec G² 27 et in G (*exp.*²) socrate V³B *e corr.* M socratem
KRV¹ socratä̃m G (*ss.*²) *del.* Ba. *def.* Va. *opp. 2 p. 130*

crate: eodem semper se vidisse exeuntem illum domo
et revertentem. Nec vero ea frons erat, quae M. Crassi
illius veteris, quem semel ait in omni vita risisse Lucilius, sed tranquilla et serena; sic enim accepimus.
iure autem erat semper idem voltus, cum mentis, a
qua is fingitur, nulla fieret mutatio. quare accipio
equidem a Cyrenaicis haec arma contra casus et eventus, quibus eorum advenientes impetus diuturna prae-
meditatione frangantur, simulque iudico malum illud
opinionis esse, non naturae; si enim in re esset, cur
fierent provisa leviora?

32 Sed est, isdem de rebus quod dici possit subtilius,
si prius Epicuri sententiam viderimus. qui censet
necesse esse omnis in aegritudine esse, qui se in malis
esse arbitrentur, sive illa ante provisa et expectata
sint sive inveteraverint. nam neque vetustate minui
mala nec fieri praemeditata leviora, stultamque etiam
esse meditationem futuri mali aut fortasse ne futuri
quidem: satis esse odiosum malum omne, cum venisset; qui autem semper cogitavisset accidere posse
aliquid adversi, ei fieri illud sempiternum malum; si
vero ne futurum quidem sit, frustra suscipi miseriam
voluntariam; ita semper angi aut accipiendo aut cogi-
33 tando malo. Levationem autem aegritudinis in duabus
rebus ponit, avocatione a cogitanda molestia et revo-
catione ad contemplandas voluptates. parere enim
censet animum rationi posse et, quo illa ducat, sequi.
vetat igitur ratio intueri molestias, abstrahit ab acer-

---

28 vetat ... 335, 4 voluptates H

1 et *ante* exeuntem *add.* V^c 2 quem crassi V^1 que crassi
G^1 3 riesisse R^1 risisse, *sed prius* i *in r.* GV *Luc. fr. 1300*
6 fierēt R ($^!_:$ R^{c7}) fieret// V (t *a m.* 2) fieri G^{1}K   7 quidem G^1
9 frangatur R^1 10 esset ς We. essent   13 *Epic. fr. 444*
19 cum venisset *ex conv.* K^2 22 sit *ex* si V^c 23 voluntariam *add.* G^2 *in fine pag.*   25 revocationem GKV^1
26 pareri GR^1 *(corr.^{1})* V^1 *(corr.^{2})*

bis cogitationibus, hebetem aciem ad miserias contemplandas facit; a quibus cum cecinit receptui, inpellit rursum et incitat ad conspiciendas totaque mente contrectandas varias voluptates, quibus ille et
5 praeteritarum memoria et spe consequentium sapientis vitam refertam putat. Haec nostro more nos diximus, Epicurii dicunt suo; sed quae dicant, videamus, quo modo, neglegamus.

Principio male reprehendunt praemeditationem re-
10 rum futurarum. nihil est enim quod tam optundat elevetque aegritudinem quam perpetua in omni vita cogitatio nihil esse quod non accidere possit, quam meditatio condicionis humanae, quam vitae lex commentatioque parendi, quae non hoc adfert, ut semper
15 maereamus, sed ut numquam. neque enim, qui rerum naturam, qui vitae varietatem, qui inbecillitatem generis humani cogitat, maeret, cum haec cogitat, sed tum vel maxime sapientiae fungitur munere: utrumque enim consequitur, ut et considerandis rebus hu-
20 manis proprio philosophiae fruatur officio et adversis casibus triplici consolatione sanetur, primum quod ⟨nihil ei accidit nisi quod⟩ posse accidere diu cogitaverit, quae cogitatio una maxime molestias omnis extenuat et diluit, deinde quod humana humane fe-
25 renda intellegit, postremo quod videt malum nullum

16
34

---

10 nihil ... 336, 2 evenerit H

1 habetem V¹   2 facit *add.* Vᶜ *(ante* aciem We. *ft. rectius cf.* docere *220, 13 sed cf. off. 1, 12 extr. al.) om. cett.*   cecidit X *corr.*
5 receptuimpellit VHKᶜ (receptaimp. K¹)G² (receptum pellit¹) receptū impellit R   4 contractandas K *(ex* -tes¹) H   6 refert amputat G¹R¹V¹   7 epicurei RᶜK²   quae *ex* qui V²   10 optundat V (at *in r.*) Rᶜ optundet GR¹ obtundet HK¹ (-at²)
13 condicionis X   16 imb. KRᶜH   18 vel *om.* H   20 ad proprio *in mg. adscr.* non Vʳᵉᶜ   fruatur] fungatur *Man. (sed phil. off. est* 'id quod homini praestare potest ac debet philosophia')   21 sanentur X *corr.* K²R²V²   22 *suppl. Po.* cogitavit *pro* -erit *Dav.*   24 humana humane] humane KV¹ (humana *add.*²) H humana G humanae R *(del.ᶜ) cf. Ps. Plut. cons. ad Ap. 118 c* φέρειν τὰ ἀνθρώπινα ἀνθρωπίνως

esse nisi culpam, culpam autem nullam esse, cum id,
quod ab homine non potuerit praestari, evenerit.
35 Nam revocatio illa, quam adfert, cum a contuendis
nos malis avocat, nulla est. non est enim in nostra
potestate fodicantibus is rebus, quas malas esse opi-
nemur, dissimulatio vel oblivio: lacerant, vexant, stimulos admovent, ignis adhibent, respirare non sinunt,
et tu oblivisci iubes, quod contra naturam est, qui,
⟨quod⟩ a natura datum est, auxilium extorqueas in-
veterati doloris? est enim tarda illa quidem medicina,
sed tamen magna, quam adfert longinquitas et dies.
Iubes me bona cogitare, oblivisci malorum. diceres
aliquid, et magno quidem philosopho dignum, si ea
bona esse sentires, quae essent homine dignissima.
17 Pythagoras mihi si diceret aut Socrates aut Plato:
36 'quid iaces aut quid maeres aut cur succumbis cedis-
que fortunae? quae pervellere te forsitan potuerit et
pungere, non potuit certe vires frangere. magna vis
est in virtutibus; eas excita, si forte dormiunt. iam
tibi aderit princeps fortitudo, quae te animo tanto
esse coget, ut omnia, quae possint homini evenire,
contemnas et pro nihilo putes. aderit temperantia,
quae est eadem moderatio, a me quidem paulo ante
appellata frugalitas, quae te turpiter et nequiter facere
nihil patietur. quid est autem nequius aut turpius
ecfeminato viro? ne iustitia quidem sinet te ista
facere, cui minimum esse videtur in hac causa loci;
quae tamen ita dicet dupliciter esse te iniustum, cum
et alienum adpetas, qui mortalis natus condicionem
postules inmortalium et graviter feras te, quod uten-

---

2 praestari] vel praecaveri R^{vet} sed cf. (etiam ad ea quae
hic antecedunt) epist. 6,1,4 (et 9,16,5) 3 avocatio V^2 3. 11 ad-
fret G^{1}K^1 4 non ... 6 oblivio Non. 66, 15 5 his Ω eis Non.
opinemur] -mur in r. G^2 -ur in r. V$^{1?}$ 9 add. Tr. quia natura X
10 quidam V^1 17 quae om. G^1 25 patiatur X (cf. coget 21
dicet 28) 26 eff. G^1 e corr. R^{2}V^{rec} 27 loqui X corr. V$^{c?}$
29 appetas V^2 conditionem GKV

dum acceperis, reddidisse. prudentiae vero quid re- 37
spondebis docenti virtutem sese esse contentam, quo
modo ad bene vivendum, sic etiam ad beate? quae
si extrinsecus religata pendeat et non et oriatur a se
et rursus ad se revertatur et omnia sua complexa
nihil quaerat aliunde, non intellego, cur aut verbis
tam vehementer ornanda aut re tantopere expetenda
videatur' — ad haec bona me si revocas, Epicure,
pareo, sequor, utor te ipso duce, obliviscor etiam malorum, ut iubes, eoque facilius, quod ea ne in malis
quidem ponenda censeo. sed traducis cogitationes
meas ad voluptates. quas? corporis, credo, aut quae
propter corpus vel recordatione vel spe cogitentur.
num quid est aliud? rectene interpretor sententiam
tuam? solent enim isti negare nos intellegere, quid
dicat Epicurus. hoc dicit, et hoc ille acriculus me au- 38
diente Athenis senex Zeno, istorum acutissimus, contendere et magna voce dicere solebat: eum esse beatum, qui praesentibus voluptatibus frueretur confide-
retque se fruiturum aut in omni aut in magna parte
vitae dolore non interveniente, aut si interveniret, si
summus foret, futurum brevem, sin productior, plus
habiturum iucundi quam mali; haec cogitantem fore
beatum, praesertim cum et ante perceptis bonis contentus esset ⟨et⟩ nec mortem nec deos extimesceret.
habes formam Epicuri vitae beatae verbis Zenonis ex-
pressam, nihil ut possit negari.

Quid ergo? huiusne vitae propositio et cogitatio 18
aut Thyestem levare poterit aut Aeetam, de quo paulo 39
ante dixi, aut Telamonem pulsum patria exulantem
atque egentem? in quo haec admiratio fiebat:

---

1 quod R¹ 4 et *ante* oriatur *om.* KR   8 ///me V (*eras.* si)
14 interprecor K¹V   16 agriculus X *corr.* Vᶜ   18 *Epic. fr.
446*   24 cum *add.* Vᶜ si ϛR² (*ft. rectius, sed cf. fin. 1, 41* ad ea
cum accedit) *om.* X   25 *add. Hei.*   29 aetam X (*ex* aetem
K¹) oetam K²Rᶜ⁷ *cf. p. 331,3*

'Hícine est ille Télamon, modo quem glória ad
　　　　　caelum éxtulit,
Quem áspectabant, cuíus ob os Grai óra obverte-
　　　　　bánt sua?'
40 quodsi cui, ut ait idem, 'simul animus cum re con-
cidit', a gravibus illis antiquis philosophis petenda
medicina est, non ab his voluptariis. quam enim isti
bonorum copiam dicunt? fac sane esse summum bonum non dolere — quamquam id non vocatur voluptas, sed non necesse est nunc omnia —: idne est, quo
traducti luctum levemus? sit sane summum malum
dolere: in eo igitur qui non est, si malo careat, conti-
41 nuone fruitur summo bono? Quid tergiversamur,
Epicure, nec fatemur eam nos dicere voluptatem,
quam tu idem, cum os perfricuisti, soles dicere? sunt
haec tua verba necne? in eo quidem libro, qui continet omnem disciplinam tuam, — fungar enim iam
interpretis munere, ne quis me putet fingere — dicis
haec: 'nec equidem habeo, quod intellegam bonum
illud, detrahens eas voluptates quae sapore percipiuntur, detrahens eas quae rebus percipiuntur veneriis, detrahens eas quae auditu e cantibus, detrahens
eas etiam quae ex formis percipiuntur oculis suavis
motiones, sive quae aliae voluptates in toto homine
gignuntur quolibet sensu. nec vero ita dici potest, mentis laetitiam solam esse in bonis. laetantem enim mentem ita novi: spe eorum omnium, quae supra dixi, fore
42 ut natura is potiens dolore careat.' atque haec quidem
his verbis, quivis ut intellegat, quam voluptatem norit

1—4 *Trag. inc. 93* hicine B R² haecine X   Telamo *Turn. sed cf.
Str. p. 64*   3 Graii ϛ Graj *La. Lucr. 3, 374. cf. epist. 9, 26*
5 animus rem condidit X *corr.* V^c ϛ   7 est//non V est si non
X   9. 12 dolore *in* dolere *corr.* G²K²V²   16 *Epic. π. τέλους
fr. 67 p. 119, 16*   21 eas quae rebus percipiuntur venereis detrahens *add. in mg.* V^c *om. rell. cf. praef. et locos ab Usenero
ad fr. 67 congestos*   22 e Sor. et (*cf.* 23 ex formis)   23 detrahens eas *supra* oculis *add.* K²   25 quelibet V¹ quodlibet K¹
27 forte G¹K¹   28 natura is] naturalis X natura iis ϛ

Epicurus. deinde paulo infra: 'saepe quaesivi' inquit 'ex is qui appellabantur sapientes, quid haberent quod in bonis relinquerent, si illa detraxissent, nisi si vellent voces inanis fundere: nihil ab is potui cognoscere. qui si virtutes ebullire volent et sapientias, nihil aliud dicent nisi eam viam, qua efficiantur eae voluptates quas supra dixi.' quae secuntur, in eadem sententia sunt, totusque liber, qui est de summo bono, refertus est et verbis et sententiis talibus. ad hancine igitur vitam Telamonem illum revocabis, ut leves aegritudinem, et si quem tuorum adflictum maerore videris, huic acipenserem potius quam aliquem Socraticum libellum dabis? hydrauli hortabere ut audiat voces potius quam Platonis? expones, quae spectet, florida et varia? fasciculum ad naris admovebis? incendes odores et sertis redimiri iubebis et rosa? si vero aliquid etiam —, tum plane luctum omnem absterseris. haec Epicuro confitenda sunt aut ea, quae modo expressa ad verbum dixi, tollenda de libro vel totus liber potius abiciundus; est enim confertus voluptatibus. Quaerendum igitur, quem ad modum aegritudine privemus eum qui ita dicat:

'Pol mihi fortuna mágis nunc defit quám genus.
Námque regnum súppetebat mi, út scias, quanto é loco,
Quántis opibus, quibus de rebus lápsa fortuna áccidat.'

---

1 *Epic. ib. fr. 69*   2 quid in boni **GV** (quod **V²**) **R¹** (in exp.¹) quidboni **K¹** quid in bonis **K²B** quod in bono Gr. 4 qui si ... 7 dixi *Non. 26, 19*   5 sapientiam **V²**   6 vi//am **K** viam V *(exp.²)* vim quae fiant ureae vol. *Non.* quaẹ **G** eae] haec **K**   7 sequuntur **GR**   8 *alt.* est *om.* **X** add. **V²**   10 et si ... 12 dabis *Non. 550, 18*   11 videbis **R¹** ut huic **V** tu huic *Str. p. 58 (non male, sed v. 10 ut pro et Non. C⁴D⁴)* accipenserem **X** *(cf. fat. fr. 5)* accipienserem *Non.* **V²** (pen̄) *(acup. fin. 2, 91 cf. 24. 5)*   13 hYΔPAΛI *fere* **X** hydraulis **V²**   14 exponens **X** corr. **V²** spectat **K**   21 privemur **X** corr. **K²R²V³**   23 *Enn. Thyest. sc. 354* quam] quod **G¹**   24 namque] neque **K** mihi **X** corr. *Grotius*   25 occidat *Ribb. sed cf. Th. l. l. I p. 290*

quid? huic calix mulsi impingendus est, ut plorare desinat, aut aliquid eius modi? ecce tibi ex altera parte ab eodem poëta: 'ex opibus summis opis egens, Hector, tuae' — huic subvenire debemus; quaerit enim auxilium:

'Quíd petam praésidi aut éxequar quóve nunc
Aúxilio éxili aút fugae fréta sim?
Árce et urbe órba sum. quo áccidam? quo ápplicem?
Cuí nec arae pátriae domi stant, fráctae et dis-
                iectaé iacent,
Fána flamma déflagrata, tósti alti stant párietes
Déformati atque ábiete crispa —'
scitis quae sequantur, et illa in primis:
'O páter, o patria, o Príami domus,
Saeptum áltisono cardíne templum!
Vidi égo te adstante ope bárbarica
Tectís caelatis láqueatis,
Auro ébore instructam régifice.'

45 o poëtam egregium! quamquam ab his cantoribus Euphorionis contemnitur. sentit omnia repentina et necopinata esse graviora; exaggeratis igitur regiis opibus, quae videbantur sempiternae fore, quid adiungit?

'Haec ómnia vidi inflámmari,
Priamó vi vitam evítari,
Iovis áram sanguine túrpari.'

46 praeclarum carmen! est enim et rebus et verbis et modis lugubre. Eripiamus huic aegritudinem. quo mo-

---

1 quid? ... plorare se desinat *Non. 545,20*   3. 6 **Ennius** *Andr. sc. 85.6*   haector X   6 praesidii X   7 exilii X (exillii K¹) *de hiatu cf. Plaut. Aul. 142 al. (Jacobsohn, Quaest. Plaut. Gött. 1904 p.21)*   fugae ϛ *Bentl.* fuga   8 accedam X (accedam' K) *corr.* ϛ   11 alii X *corr.* M²ϛ   13 illum primis X *corr. Tr.* illud in primis V^{c}ϛ *cf. p. 260,26*   14. 23 Enn. *ib. 92.97 cf. p. 260,22 sqq.*   16 adstantem X *(def. Va.) sed* m *eras. in* V astante *p. 260,22*   18 regificem X *sed* m *exp.* K¹B   20 Euphorioneis V ei *in* r.¹$^{aut\,c}$ 21 regis X *corr.* ϛ   25 Iovis ... turpari *Non. 181,1*   sanguine KR^c *Non.* sanguinem GR¹V   27 eripiamus ... 341,1 a^r 'ucamus *Non. 542,17*

do? conlocemus in culcita plumea, psaltriam adducamus, demus hedycrum, ⟨odorum⟩ incendamus scutellam, dulciculae potionis aliquid videamus et cibi? haec tandem bona sunt, quibus aegritudines gravis
5 sumae detrahantur? tu enim paulo ante ne intellegere quidem te alia ulla dicebas. revocari igitur oportere a maerore ad cogitationem bonorum conveniret mihi cum Epicuro, si, quid esset bonum, conveniret.

Dicet aliquis: quid ergo? tu Epicurum existimas 20
10 ista voluisse, aut libidinosas eius fuisse sententias? ego vero minime; video enim ab eo dici multa severe, multa praeclare. itaque, ut saepe dixi, de acumine agitur eius, non de moribus; quamvis spernat voluptates eas quas modo laudavit, ego tamen meminero
15 quod videatur ei summum bonum. non enim verbo solum posuit voluptatem, sed explanavit quid diceret: 'saporem' inquit 'et corporum complexum et ludos atque cantus et formas eas quibus oculi iucunde moveantur.' num fingo, num mentior? cupio refelli. quid
20 enim laboro nisi ut veritas in omni quaestione explicetur? 'at idem ait non crescere voluptatem dolore 47 detracto, summamque esse voluptatem nihil dolere.' paucis verbis tria magna peccata: unum, quod secum ipse pugnat. modo enim ne suspicari quidem se

---

1—5 *interrogandi signa pos. Po. cf.* § *43. 4*   1 aducamus G¹R¹V¹ (*corr.* G²R^cV²)   2 damus X *°supra a scr.* V^caut1 hedrycrum K R^c V^1aut^c hedrycum R¹V¹ aedricrum G *od. add. Po.* psaltriam adducamus, hedychri incendamus scut. *Mdv., sed hedychrum unguentum est non suffimentum, Diosc, 1. 58 al. nihil add. Se neque G. Dittmann qui litteris ad me datis scutellam idem esse statuit atque scutram Plaut. Persa 89 Cato agr. 157,11; sed cf. p.339,15; 431,27*   3 dulciculae . . . videamus *Prisc. GL. II p. 105, 21 Anon. Class. auct. ed. Mai 8, 165*
6 te quidem Ω *corr.* Lb. We. *cl. v. 24, ac. 2, 140. fin. 2, 7. 20. 30. nat. deor. 1, 111*   ulla V²ς multa X oportere a ς oportet ea X (o. eum a V³)   9 *Epic. fr. 440* existimas ς existimabas   13 spernant X (sperant G¹) *corr.* V^caut1   15 quid G
17 *Epic. fr. 67*   21 *fr. 419*   at] ad V   22 detractos G¹V¹ esse V^cς *om.* X   dolore V¹

quicquam bonum, nisi sensus quasi titillarentur voluptate; nunc autem summam voluptatem esse dolore carere: potestne magis secum ipse pugnare? alterum peccatum, quod, cum in natura tria sint, unum gaudere, alterum dolere, tertium nec gaudere nec dolere, hic primum et tertium putat idem esse nec distinguit a non dolendo voluptatem. tertium peccatum commune cum quibusdam, quod, cum virtus maxime expetatur eiusque adipiscendae causa philosophia quaesita 48 sit, ille a virtute summum bonum separavit. 'at laudat saepe virtutem'. et quidem C. Gracchus, cum largitiones maximas fecisset et effudisset aerarium, verbis tamen defendebat aerarium. quid verba audiam, cum facta videam? L. Piso ille Frugi semper contra legem frumentariam dixerat. is lege lata consularis ad frumentum accipiundum venerat. animum advertit Gracchus in contione Pisonem stantem; quaerit audiente p. R., qui sibi constet, cum ea lege frumentum petat, quam dissuaserit. 'nolim' inquit 'mea bona, Gracche, tibi viritim dividere libeat, sed, si facias, partem petam.' parumne declaravit vir gravis et sapiens lege Sempronia patrimonium publicum dissupari? lege orationes 49 Gracchi, patronum aerarii esse dices. negat Epicurus iucunde posse vivi, nisi cum virtute vivatur, negat ullam in sapientem vim esse fortunae, tenuem victum antefert copioso, negat ullum esse tempus, quo sapiens non beatus sit. omnia philosopho digna, sed cum voluptate pugnantia. 'non istam dicit voluptatem'. dicat quamlibet; nempe eam dicit, in qua virtutis nulla pars insit. age, si voluptatem non intellegimus, ne dolorem

---

1 titilarentur R¹VG² (*ex* titul.)   4 sunt G¹   5 *prius* gaudere *om.* K¹   8 maxime expetatur *in r.* V^c   10 a *om.* G¹   at] ac R¹ *Epic. fr. 507*   11 sqq. grachus G¹ (gracchi 23) K
12 effundisset X *corr.* K¹V¹   14 L. *add.* V^c *om.* X (*ut p. 223, 13 M. ante* Crassum) *cf. Verr. 4, 195*   16 accipiendum G¹K animam X *corr.* R¹⁷K²   19 dissuas serat G¹   20 facies K
21 parumne] ł satis *ss.* V²   23 sqq. *Epic. fr. 506. 584. 459*

quidem? nego igitur eius esse, qui dolore summum malum metiatur, mentionem facere virtutis.

Et queruntur quidam Epicurei, viri optimi — nam nullum genus est minus malitiosum —, me studiose dicere contra Epicurum. ita credo, de honore aut de dignitate contendimus. mihi summum in animo bonum videtur, illi autem in corpore, mihi in virtute, illi in voluptate. et illi pugnant, et quidem vicinorum fidem implorant — multi autem sunt, qui statim convolent —; ego sum is qui dicam me non laborare, actum habiturum, quod egerint. quid enim? de bello Punico agitur? de quo ipso cum aliud M. Catoni, aliud L. Lentulo videretur, nulla inter eos concertatio umquam fuit. hi nimis iracunde agunt, praesertim cum ab is non sane animosa defendatur sententia, pro qua non in senatu, non in contione, non apud exercitum neque ad censores dicere audeant. sed cum istis alias, et eo quidem animo, nullum ut certamen instituam, verum dicentibus facile cedam; tantum admonebo, si maxime verum sit ad corpus omnia referre sapientem sive, ut honestius dicam, nihil facere nisi quod expediat, sive omnia referre ad utilitatem suam, quoniam haec plausibilia non sunt, ut in sinu gaudeant, gloriose loqui desinant.

Cyrenaicorum restat sententia; qui tum aegritudinem censent existere, si necopinato quid evenerit. est id quidem magnum, ut supra dixi; etiam Chrysippo ita videri scio, quod provisum ante non sit, id ferire vehementius; sed non sunt in hoc omnia. quamquam hostium repens adventus magis aliquanto conturbat

---

1 eius *om.* R¹   quid X d *del. in* RV   dolorem X *corr.* ҕ autem illi
7 videtur in corp. K¹   13 concertatio] er *in r.* V concertio K
16 contentione R¹   ad] apud V²   23 in sinu] insignum *vel* in signum RG¹K¹ in sinum K¹ e corr. G²V   Otto, *Sprichw. 1656*
26 supra *p. 332,6*   *Chrys. fr. eth. 417*   crysippo X   27 ferire] fieri X *corr.* V ᶜᵃᵘᵗ¹   28 hịc in hoc G *(exp.²)*   29 et *ante* hostium *add.* V² *non male*   advetus G¹R¹V¹   aliquando X *corr.* V ᶜᵃᵘᵗ¹

quam expectatus, et maris subita tempestas quam ante
provisa terret navigantes vehementius, et eius modi
sunt pleraque. sed cum diligenter necopinatorum naturam consideres, nihil aliud reperias nisi omnia videri
subita maiora, et quidem ob duas causas, primum quod,
quanta sint quae accidunt, considerandi spatium non
datur, deinde, cum videtur praecaveri potuisse, si provisum esset, quasi culpa contractum malum aegritudinem acriorem facit. Quod ita esse dies declarat, quae
procedens ita mitigat, ut isdem malis manentibus non
modo leniatur aegritudo, sed in plerisque tollatur. Karthaginienses multi Romae servierunt, Macedones rege
Perse capto; vidi etiam in Peloponneso, cum essem
adulescens, quosdam Corinthios. hi poterant omnes
eadem illa de Andromacha deplorare: 'haec omnia
vidi ....', sed iam decantaverant fortasse. eo enim
erant voltu, oratione, omni reliquo motu et statu, ut
eos Argivos aut Sicyonios diceres, magisque me mo-
verant Corinthi subito aspectae parietinae quam ipsos
Corinthios, quorum animis diuturna cogitatio callum
vetustatis obduxerat. legimus librum Clitomachi, quem
ille eversa Karthagine misit consolandi causa ad capti-
vos, cives suos; in eo est disputatio scripta Carneadis,
quam se ait in commentarium rettulisse. cum ita positum esset, videri fore in aegritudine sapientem patria
capta, quae Carneades contra dixerit, scripta sunt. tanta igitur calamitatis praesentis adhibetur a philosopho
medicina, quanta inveteratae ne desideratur quidem,
nec, si aliquot annis post idem ille liber captivis missus
esset, volneribus mederetur, sed cicatricibus. sensim

---

2 provisitaret K¹   4 repperias G R¹ V   6 *post* accidunt Vᶜ
in mg. add.: et qualia, cum repente accidunt *(non inepte cf. p.
345, 21)*   7 cum] tum G   11 Kartag. X (22 G¹V Kartȟag K¹)   15 an-
tromacha X *(ex* anthr. K¹) *cf. p. 340, 23*   16 iam] etiam K R   18 si-
cionios K¹R   dicere X *corr.* Vᶜ   19 aspecta X *corr.* V²   parietina
Rᶜ   24 retulisse G¹K *(ex* retullisse¹*)* V   25 vidi G¹   28 inveterata X *corr.* ς (in inveterata *al.*) desideraretur V²   29 aliquod G

enim et pedetemptim progrediens extenuatur dolor, non quo ipsa res immutari soleat aut possit, sed id, quod ratio debuerat, usus docet, minora esse ea quae sint visa maiora.

Quid ergo opus est, dicet aliquis, omnino ratione aut consolatione illa, qua solemus uti, cum levare dolorem maerentium volumus? hoc enim fere tum habemus in promptu, nihil oportere inopinatum videri. aut qui tolerabilius feret incommodum, qui cognoverit necesse esse homini tale aliquid accidere? haec enim oratio de ipsa summa mali nihil detrahit, tantum modo adfert, nihil evenisse quod non opinandum fuisset. neque tamen genus id orationis in consolando non valet, sed id haud sciam an plurimum. * ergo ista necopinata non habent tantam vim, ut aegritudo ex is omnis oriatur; feriunt enim fortasse gravius, non id efficiunt, ut ea, quae accidant maiora videantur: quia recentia sunt, maiora videntur, non quia repentina. * Duplex est igitur ratio veri reperiendi non in is solum, quae mala, sed in is etiam, quae bona videntur. nam aut ipsius rei natura qualis et quanta sit, quaerimus, ut de paupertate non numquam, cuius onus disputando levamus docentes,

---

18 Duplex igitur ratio est ... 346, 16 laudatur (*sine* 346, 5 cum ... 346, 7 posse) H

5 ratione aut omnino consolatione ulla X illa ς (*idem mendum p. 353, 29 al.*) omnino ratione aut *Po.*   8 promtu G R aut R,*sed* u *del.* R^c 9 cognoverint X *corr.* R^{2}V^c 17. 8 *sic* V B M ς videantur ψ non quia G^{1}R^1, *in mg. eodem signo addito* quia recentia sunt, maiora videntur G^2 quia recentia sunt R$^{vet\,(c\,?)}$ quia recentia sunt *in textu habet* K^1 maiora videntur *add.* K^2 (*item* P)   14 Ergo ... 18 repentina] *verba ipsa sana sunt (cf. Herm. XLI p. 324), sed non suo loco posita. a Cicerone ipso, ut argumentationem §§ 52—54 concluderent, in chirographo postea adscripta, ab Attici librariis autem falso loco inserta esse videntur.* (nam id efficiunt ... videantur, sed maiora videntur, quia recentia sunt, non quia repentina *We*. ut ea quae accidant, mala videantur ... non quia repentina, ⟨mala⟩ *Se, Jb. d. ph. V. 24 p. 244*)   19 non his (G^1 is) solum X in *add.* K^{2}R^{c}V$^{c\,aut\,1}$ 20 aut] ut X *corr.* B^1

quam parva et quam pauca sint quae natura desideret,
aut a disputandi subtilitate orationem ad exempla traducimus. hic Socrates commemoratur, hic Diogenes,
hic Caecilianum illud: 'saepe est etiam sub palliolo
sordido sapientia.' cum enim paupertatis una eademque sit vis, quidnam dici potest, quam ob rem C. Fabricio tolerabilis ea fuerit, alii negent se ferre posse?
57 huic igitur alteri generi similis est ea ratio consolandi,
quae docet humana esse quae acciderint. non enim id
solum continet ea disputatio, ut cognitionem adferat
generis humani, sed significat tolerabilia esse, quae et
24 tulerint et ferant ceteri. de paupertate agitur: multi
patientes pauperes commemorantur; de contemnendo
honore: multi inhonorati proferuntur, et quidem propter id ipsum beatiores, eorumque, qui privatum otium
negotiis publicis antetulerunt, nominatim vita laudatur,
nec siletur illud potentissimi regis anapaestum, qui
laudat senem et fortunatum esse dicit, quod inglorius
sit atque ignobilis ad supremum diem perventurus;
58 similiter commemorandis exemplis orbitates quoque
liberum praedicantur, eorumque, qui gravius ferunt,
luctus aliorum exemplis leniuntur. sic perpessio ceterorum facit, ut ea quae acciderint multo minora quam
quanta sint existimata, videantur. ita fit, sensim cogitantibus ut, quantum sit ementita opinio, appareat.
atque hoc idem et Telamo ille declarat: 'ego cum genui.....' et Theseus: 'futuras mecum commentabar miserias' et Anaxagoras: 'sciebam me genuisse mortalem.' hi enim omnes diu cogitantes de rebus humanis

---

3 hic Socrates ... 4 Caecilianum *om.* H   4 cecil. X   *fr. inc.
266*   10 cogitationem G¹   11 tollerabilia G K R V tolerabiliora
H   12 agitur] igitur H   15 eorumquae qui p. R¹V eorumquae
p. G¹K¹H   16 nominati G K V¹ (- *add.*ᶜ) H   17 *Eurip. Iph.
Aul. 16*   18 inglorious G *(exp.²)* inglori//us V ingloriosus K¹R
   21 liberorum Vᶜ   eorumq́úòque K¹   23 maiora *ex* minora
Vᶜ   26—28 *cf. p. 332, 9 sqq.*   27 tum morituros scivi et ei rei
sustuli *add.* R², moriturum scivi V³

§ 56—60 TUSCULANAE DISPUTATIONES

intellegebant eas nequaquam pro opinione volgi esse extimescendas. et mihi quidem videtur idem fere accidere is qui ante meditantur, quod is quibus medetur dies, nisi quod ratio quaedam sanat illos, hos ipsa natura intellecto eo quod rem continet, illud malum, quod opinatum sit esse maxumum, nequaquam esse tantum, ut vitam beatam possit evertere. hoc igitur efficitur, ut ex illo necopinato plaga maior sit, non, ut illi putant, ut, cum duobus pares casus evenerint, is modo aegritudine adficiatur, cui ille necopinato casus evenerit.

Itaque dicuntur non nulli in maerore, cum de hac communi hominum condicione audivissent, ea lege esse nos natos, ut nemo in perpetuum esse posset expers mali, gravius etiam tulisse. quocirca Carneades, ut video nostrum scribere Antiochum, reprendere Chrysippum solebat laudantem Euripideum carmen illud:

'Mortális nemo est quém non attingát dolor
Morbúsque; multis súnt humandi líberi,
Rursúm creandi, mórsque est finita ómnibus.
Quae géneri humano angórem nequicquam ádferunt:
Reddénda terrae est térra, tum vita ómnibus
Meténda ut fruges. sic iubet Necéssitas.'

negabat genus hoc orationis quicquam omnino ad levandam aegritudinem pertinere. id enim ipsum dolendum esse dicebat, quod in tam crudelem necessitatem incidissemus; nam illam quidem orationem ex commemoratione alienorum malorum ad malivolos conso-

---

2 extimescendas KR¹ existimescendas R^{c}G¹ existimiscendas G¹ *e corr.* V   4 ratio/// V ratione GKR (*unde in hoc* quaẹ̑dam²⁷)   5 illud continet X *trp.* B   10 aff. KR   15 anthiochum KR reprehendere KV^c crysippum X *Chr. fr. eth. 487*
16 *Eurip. Hypsip. fr. 757 (S. Eur. ed. Arn. p. 62)*   17 non *om.* X *add.* K²V^c attingit Ω (attigit K) *vix recte, cf. Mue. in Seyfferti Laelio p. 143*   18 multis *Lb.* multi   19 mors quae GK (morsqụẹ) R¹V (s *in r.*^{c})   20 genere X *corr.* V³ adferant V²   21 tum] tam *Sey.* nam *Küh.*   26 ex commemoratione V *(sed* com *in r.*^{c}*)* K² ex quo memoratione K¹R ex quo nemo ratione G   27 *cf. Sen. ad Marc. 12, 5*

landos esse accommodatam. Mihi vero longe videtur
secus. nam et necessitas ferendae condicionis humanae quasi cum deo pugnare prohibet admonetque esse
hominem, quae cogitatio magno opere luctum levat,
et enumeratio exemplorum, non ut animum malivolo-
rum oblectet, adfertur, sed ut ille qui maeret ferundum sibi id censeat, quod videat multos moderate et
tranquille tulisse.

61 Omnibus enim modis fulciendi sunt, qui ruunt nec
cohaerere possunt propter magnitudinem aegritudinis.
ex quo ipsam aegritudinem $\lambda\acute{v}\pi\eta\nu$ Chrysippus quasi
solutionem totius hominis appellatam putat. Quae tota
poterit evelli explicata, ut principio dixi, causa aegritudinis; est enim nulla alia nisi opinio et iudicium magni
praesentis atque urgentis mali. itaque et dolor corporis, cuius est morsus acerrumus, perferetur spe proposita boni, et acta aetas honeste ac splendide tantam adfert consolationem, ut eos qui ita vixerint aut non
attingat aegritudo aut perleviter pungat animi dolor.

26 Sed ad hanc opinionem magni mali cum illa etiam
opinio accessit oportere, rectum esse, ad officium pertinere ferre illud aegre quod acciderit, tum denique
62 efficitur illa gravis aegritudinis perturbatio. ex hac
opinione sunt illa varia et detestabilia genera lugendi:
paedores, muliebres lacerationes genarum, pectoris fe-
minum capitis percussiones; hinc ille Agamemno Ho-
mericus et idem Accianus 'scindens dolore identidem
intonsam comam'; in quo facetum illud Bionis, perinde

---

9 omnibus modis ... 12 appellat   14 est ... 15 mali
20 sed ... 26 percussiones H

3 quohibet *in* cohibet *corr.* K¹R^c cohibet GV¹ prohibet V²
11 ἀΎΠΗΝ *fere* X (Λ *ex* A V) *Chrys. fr. eth.* 485   12 appellat
amputat KR¹V *(cf. H et praef.)*   13 ut] aut V¹   dixi *cf. p.*
329, 2sqq.   16 perferetur X *(cf. Po. comm. ad 1, 29)* perfertur V^c
19 aegritudo *del. Dav.*   21 rectū esse] ⁻esse *scr.* V^c
22 perferre V *(sed* per *in* r.^{r.c})   tum ... 23 perturbatio *om.* H
24 genere KR¹H   25 pedores KH *cf. p. 331,1*   26 K 15
27 *Accius fr. inc.* 672

stultissimum regem in luctu capillum sibi evellere, quasi calvitio maeror levaretur. Sed haec omnia faciunt opinantes ita fieri oportere. itaque et Aeschines in Demosthenem invehitur, quod is septimo die post filiae mortem hostias immolavisset. at quam rhetorice, quam copiose! quas sententias colligit, quae verba contorquet! ut licere quidvis rhetori intellegas. quae nemo probaret, nisi insitum illud in animis haberemus, omnis bonos interitu suorum quam gravissime maerere oportere. ex hoc evenit, ut in animi doloribus alii solitudines captent, ut ait Homerus de Bellerophonte:

'Qui miser in campis maerens errabat Aleis
Ipse suum cor edens, hominum vestigia vitans;'

et Nioba fingitur lapidea propter aeternum, credo, in luctu silentium, Hecubam autem putant propter animi acerbitatem quandam et rabiem fingi in canem esse conversam. sunt autem alii, quos in luctu cum ipsa solitudine loqui saepe delectat, ut illa apud Ennium nutrix:

'Cupído cepit míseram nunc me próloqui
Caelo átque terrae Médeai míserias.'

haec omnia recta vera debita putantes faciunt in dolore, maximeque declaratur hoc quasi officii iudicio fieri, quod, si qui forte, cum se in luctu esse vellent, aliquid fecerunt humanius aut si hilarius locuti sunt, revocant se rursus ad maestitiam peccatique se insimulant, quod dolere intermiserint. pueros vero matres et magistri castigare etiam solent, nec verbis solum, sed etiam verberibus, si quid in domestico luctu

---

3 aescinnes X *corr.* V^c *de cor.* 77   4 demostenem X (demonstenem K)   5 quam excopiose X (ex *del.* V^{1 aut c}) quam et copiose ϛ (et *in r.* B)   7 quodvis V^1   12 Z 201 Aleis *Beroaldus* alienis (*unde* V^c errat, *tum* errat maerens V^{rec})
13 edens V^2M evidens X vitas X *corr.* V^c   14. 5 *cf. Hier. epist.* 60, 14 (*qui Cic. consolationem sequitur*)   15 haecubam X (h$\underline{ec}$ubam V)   17 quos V^{1 aut c}R^2 quo X   18 *Enn. Med. sc.* 257
21 Medeai *Turn.* Medeae   23 declaratur hoc *sana cf. Mue.* (*off. I, 61*)   27 dolore K^1V^1

hilarius ab is factum est aut dictum, plorare cogunt.
Quid? ipsa remissio luctus cum est consecuta intellectumque est nihil profici maerendo, nonne res declarat
65 fuisse totum illud voluntarium? Quid ille Terentianus
'ipse se poeniens', id est ἑαυτὸν τιμωρούμενος?
  'Decrévi tantispér me minus iniúriae,
  Chremés, meo gnato fácere, dum fiám miser.'
hic decernit, ut miser sit. num quis igitur quicquam
decernit invitus? 'malo quidem me quovis dignum deputem—' malo se dignum deputat, nisi miser sit. vides
ergo opinionis esse, non naturae malum. Quid, quos res
ipsa lugere prohibet? ut apud Homerum cotidianae
neces interitusque multorum sedationem maerendi adferunt, apud quem ita dicitur:
  'Namque nimis multos atque omni luce cadentis
  Cernimus, ut nemo possit maerore vacare.
  Quo magis est aequum tumulis mandare peremptos
  Firmo animo et luctum lacrimis finire diurnis.'
66 Ergo in potestate est abicere dolorem, cum velis,
tempori servientem. an est ullum tempus, quoniam
quidem res in nostra potestate est, cui non ponendae
curae ⟨et⟩ aegritudinis causa serviamus? constabat eos,
qui concidentem volneribus Cn. Pompeium vidissent,
cum in illo ipso acerbissimo miserrimoque spectaculo
sibi timerent, quod se classe hostium circumfusos viderent, nihil aliud tum egisse, nisi ut remiges hortarentur et ut salutem adipiscerentur fuga; posteaquam Tyrum venissent, tum adflictari lamentarique
coepisse. timor igitur ab his aegritudinem potuit re-

---

10 vides . . . 22 serviamus   29 si timor aliquoties ab aegritudine potest repellere . . . 351, 6 est H

2 intellectaque X *corr.* V^c 3 est *om.* K^1 4 terentianus K^2
mg. V^{rec} terentianus X   5 poenitens (pen. K)X ἑΑΥΤΟΝ
ΤΕΙΜΩΡΟΥΜΕΝΟC *fere* X   6—10 Ter. 147. 8. 135   6 decrevi//tant. V (*prius* t V^c)   me . . . 7 Chreme]s V^c *in r.* (s *scr.* V^1)
11 quid quod res H   15 T 226   cadentis (πίπτουσιν) Man.
carentis   21 cui] cum V   22 *add.* Dav. *ex* ς. *aut* aegritudinis
aut curae *del. alii (iam in* V curae *sec.* Str. *ut vid.)*   23 GN. X

pellere, ratio ab sapienti viro non poterit? Quid est 28
autem quod plus valeat ad ponendum dolorem, quam
cum est intellectum nil profici et frustra esse susceptum? si igitur deponi potest, etiam non suscipi potest;
voluntate igitur et iudicio suscipi aegritudinem confitendum est. Idque indicatur eorum patientia, qui cum 67
multa sint saepe perpessi, facilius ferunt quicquid accidit, obduruisseque iam sese contra fortunam arbitrantur, ut ille apud Euripidem:
'Si mihi nunc tristis prímum inluxissét dies
Nec tam aérumnoso návigavissém salo,
Essét dolendi caúsa, ut iniecto éculei
Frenó repente táctu exagitantúr novo;
Sed iám subactus miseriis optórpui.'
defetigatio igitur miseriarum aegritudines cum faciat
leniores, intellegi necesse est non rem ipsam causam
atque fontem esse maeroris. Philosophi summi ne- 68
quedum tamen sapientiam consecuti nonne intellegunt
in summo se malo esse? sunt enim insipientes, neque
insipientia ullum maius malum est. neque tamen lugent. quid ita? quia huic generi malorum non adfingitur illa opinio, rectum esse et aequum et ad officium
pertinere aegre ferre, quod sapiens non sis, quod idem
adfingimus huic aegritudini, in qua luctus inest, quae
omnium maxuma est. itaque Aristoteles veteres philo- 69
sophos accusans, qui existumavissent philosophiam
suis ingeniis esse perfectam, ait eos aut stultissimos aut

---

1 ab sapienti viro *Bentl.* ac sapientia vera *(def. Linde Eranos XII p. 175)* 3 nihil K H   6 idque] itaque K¹   7 ferant X *cf. praef.*   8 obduruisseque iam *Tr.* obduruisse qűam X (e *ex* am *corr.* V³) ṣese V   9 *Eur. Phrix. fr. 821 (Chrys. fr. eth. 482)*   11 navigassem X   14 subiactus GV¹ (i *del.*²) subiectus KRP obt. KR^c   16 ipsam atque causam Ω *trp. Er.*
17 fontem] fon *in r.* V^c   neque nondum X *corr.* V³   21 non affingitur V (non af *in r.* V^c n *ante* g *del.* idem) nodfingitur R¹   25 *Arist. fr. 53* Aristoteles . . . 352, 3 fore *libere redd. Lact. inst. 3, 28, 20*

gloriosissimos fuisse; sed se videre, quod paucis annis
magna accessio facta esset, brevi tempore philosophiam plane absolutam fore. Theophrastus autem moriens accusasse naturam dicitur, quod cervis et cornicibus vitam diuturnam, quorum id nihil interesset, ho- 5
minibus, quorum maxime interfuisset, tam exiguam vitam dedisset; quorum si aetas potuisset esse longin-
quior, futurum fuisse ut omnibus perfectis artibus omni
doctrina hominum vita erudiretur. querebatur igitur se
tum, cum illa videre coepisset, extingui. quid? ex cete- 10
ris philosophis nonne optumus et gravissumus quisque
confitetur multa se ignorare et multa sibi etiam atque
70 etiam esse discenda? neque tamen, cum se in media
stultitia, qua nihil est peius, haerere intellegant, aegritudine premuntur; nulla enim admiscetur opinio of- 15
ficiosi doloris. Quid, qui non putant lugendum viris?
qualis fuit Q. Maxumus efferens filium consularem,
qualis L. Paulus duobus paucis diebus amissis filiis,
qualis M. Cato praetore designato mortuo filio, quales
71 reliqui, quos in Consolatione conlegimus. quid hos 20
aliud placavit nisi quod luctum et maerorem esse non
putabant viri? ergo id, quod alii rectum opinantes
aegritudini se solent dedere, id hi turpe putantes aegritudinem reppulerunt. ex quo intellegitur non in natura,
sed in opinione esse aegritudinem. 25
29 Contra dicuntur haec: quis tam demens, ut sua voluntate maereat? natura adfert dolorem, cui quidem
Crantor, inquiunt, vester cedendum putat; premit enim
atque instat, nec resisti potest. itaque Oileus ille apud

---

1 sed] si V   6 tamen KR¹   9 quaerebatur VK² quaerebat
GK¹ (quer-) R   12 multa V²ς multi   14 quia n. G¹   16 sqq.
cf. Hier. epist. 60, 5   16 lungendum GV¹ (prius n eras.) iungen-
dum KR   17 fuitque maxumus G² (quae G¹) KV (Q. ss. m. 3)
ac fortasse R¹ (Q post fuit in r. m. al.)   efferrens GR¹V
18 lucius et marcus X   paullus RG¹ e corr. V¹ (l eras.) cf. p.
263, 17; 274, 19; 457, 7   18 amisis G¹R¹V¹   20 consolationem
G -ne/// V   29 ///oileus V

Sophoclem, qui Telamonem antea de Aiacis morte consolatus esset, is cum audivisset de suo, fractus est. de cuius commutata mente sic dicitur:
'Nec véro tanta praéditus sapiéntia
Quisquám est, qui aliorum aerúmnam dictis ádlevans
Non ídem, cum fortúna mutata ímpetum
Convértat, clade súbita frangatúr sua,
Ut ílla ad alios dícta et praecepta éxcidant.'
haec cum disputant, hoc student efficere, naturae obsisti nullo modo posse; idem tamen fatentur graviores aegritudines suscipi, quam natura cogat. quae est igitur amentia—? ut nos quoque idem ab illis requiramus. Sed plures sunt causae suscipiendi doloris: primum illa opinio mali, quo viso atque persuaso aegritudo insequitur necessario. deinde etiam gratum mortuis se facere, si graviter eos lugeant, arbitrantur. accedit superstitio muliebris quaedam; existumant enim diis inmortalibus se facilius satis facturos, si eorum plaga perculsi adflictos se et stratos esse fateantur. sed haec inter se quam repugnent, plerique non vident. laudant enim eos, qui aequo animo moriantur; qui alterius mortem aequo animo ferant, eos putant vituperandos. quasi fieri ullo modo possit, quod in amatorio sermone dici solet, ut quisquam plus alterum diligat quam se. praeclarum illud est et, si quaeris, rectum quoque et verum, ut eos, qui nobis carissimi esse debeant, aeque ac nosmet ipsos amemus; ut vero plus, fieri nullo pacto potest. ne optandum quidem est in amicitia, ut me ille plus quam se, ego illum plus quam me; perturbatio vitae, si ita sit, atque officiorum om-

---

13 sed ... 16 arbitrantur H   20 sed ... 354,1 alias. nunc H

1 morte/// V   2 audisset K   4 Soph. fr. 666   5 quisquamst edd.
7 convertit Sey. clade ut subita X corr. ς   8 ех̂т p. G²   10 iidem Ern. (idem tamen Phil. 2, 91 al.) hi (= 1 cf. praef.) Ω et Sey.
12 illis Urs. ex ς aliis   14 aegritudo add. V^c   25 seipsū G
27 ut ς at X (ad K)   29 ullum V

30 nium consequatur. sed de hoc alias; nunc illud satis est, non attribuere ad amissionem amicorum miseriam nostram, ne illos plus quam ipsi velint, si sentiant, plus certe quam nosmet ipsos diligamus. Nam quod aiunt plerosque consolationibus nihil levari adiunguntque consolatores ipsos confiteri se miseros, cum ad eos impetum suum fortuna converterit, utrumque dissolvitur. sunt enim ista non naturae vitia, sed culpae. stultitiam autem accusare quamvis copiose licet. nam et qui non levantur, ipsi ⟨se⟩ ad miseriam invitant, et qui suos casus aliter ferunt atque ut auctores aliis ipsi fuerunt, non sunt vitiosiores quam fere plerique, qui avari avaros, gloriae cupidos gloriosi reprehendunt. est enim proprium stultitiae aliorum vitia cernere, ob-
74 livisci suorum. Sed nimirum hoc maxume est exprimendum, cum constet aegritudinem vetustate tolli, hanc vim non esse in die positam, sed in cogitatione diuturna. nam si et eadem res est et idem est homo, qui potest quicquam de dolore mutari, si neque de eo, propter quod dolet, quicquam est mutatum neque de eo, qui dolet? cogitatio igitur diuturna nihil esse in re mali dolori medetur, non ipsa diuturnitas.
31 Hic mihi adferunt mediocritates. quae si naturales sunt, quid opus est consolatione? natura enim ipsa terminabit modum; sin opinabiles, opinio tota tollatur.
Satis dictum esse arbitror aegritudinem esse opinio-

---

26 satis arbitror dictum esse ... 355, 1 praesentis H

2 atribuere G¹R¹V¹   3 ipse K   7 fortuna *add.* V² *om.* X
8 stultitia X *corr.* V²   10 *add. Dav.*   11 ut] ad G¹   12 sunt]
solum G¹   15 maxumum X ł me *ss.* B   exprimendum X *(confessio adversariis exprimenda est cf. Verr. 4, 112 Liv. 21, 18, 5 Lucan. 6, 599 manibus exprime verum)* experimentum *(et antea maxumum) edd. (sed hoc verbum Tullianum non est, illudque hanc—diuturna ratione conclusum, non ex experientia sumptum)*
16 aegritudinem V -ne GKR   tollit X sed ult. t eras. V
17 diē V   18. 21 diurna X *corr.* B¹ϛ   qui] quod G¹   23 at hae mihi afferentur med. ... 24 consolatione *Non.* 29, 27   mediocritas X -tates Vᶜ *Non.*

nem mali praesentis, in qua opinione illud insit, ut aegritudinem suscipere oporteat. additur ad hanc definitionem a Zenone recte, ut illa opinio praesentis mali sit recens. hoc autem verbum sic interpretantur, ut non tantum illud recens esse velint, quod paulo ante acciderit, sed quam diu in illo opinato malo vis quaedam insit, ut vigeat et habeat quandam viriditatem, tam diu appelletur recens. ut Artemisia illa, Mausoli Cariae regis uxor, quae nobile illud Halicarnasi fecit sepulcrum, quam diu vixit, vixit in luctu eodemque etiam confecta contabuit. huic erat illa opinio cotidie recens; quae tum denique non appellatur recens, cum vetustate exaruit.

Haec igitur officia sunt consolantium, tollere aegritudinem funditus aut sedare aut detrahere quam plurumum aut supprimere nec pati manare longius aut ad alia traducere. sunt qui unum officium consolantis putent malum illud omnino non esse, ut Cleanthi placet; sunt qui non magnum malum, ut Peripatetici; sunt qui abducant a malis ad bona, ut Epicurus; sunt qui satis putent ostendere nihil inopinati accidisse, ⟨ut Cyrenaici.....⟩ nihil mali. Chrysippus autem caput esse censet in consolando detrahere illam opinionem maerentis, qua se officio fungi putet iusto atque

---

7 ut ς et X 8 appellatur K 9 alicarnasi X 12 appellabatur X *corr.* V² ł et 15 aut detr. V (ss.²) 17 consŏlantis R¹ consulantis G K¹ V¹ 18 putent ⟨docere⟩ *Lb. Cleanthes fr.* 576
20 abducunt...21 putant...356,2 colligunt X 356,2 colligant V² abducant *et* putent *Ern. (obloq. Küh. Sey. cf. tamen nat. deor. 2, 82 al.). inconcinnitatem modorum def. Gaffiot cf. ad p. 226, 23*
21 satis *om.* G¹ inopinanti GRV¹ (n *exp.*ᶜ) opinanti K
22 *lac. stat. Po.* ut Cyrenaici *pro* nihil mali (nihil ą mali V¹) *Dav. cogitari potest:* ⟨ut Cyr. atque hi quoque, si verum quaeris, efficere student ut non multum adesse videatur aut⟩ nihil mali. Chr. *cf.* § 52—59. 61 *extr. Chrys. fr. eth.* 486 23 detra *in r.* Vᶜ 24 maerentis se X (mer. KR) qđ *add.* V² maerentis si *vel* maerenti si ς *(sed sec. Chr. omnes qui maerent in illa opinione sunt; non recte p. 275, 19 confert Va. Op. 1, 70)* qua *Po.*

debito. sunt etiam qui haec omnia genera consolandi
colligant — alius enim alio modo movetur —, ut fere
nos in Consolatione omnia in consolationem unam con-
iecimus; erat enim in tumore animus, et omnis in eo
temptabatur curatio. sed sumendum tempus est non
minus in animorum morbis quam in corporum; ut Prometheus ille Aeschyli, cui cum dictum esset:
 'Atquí, Prometheu, te hóc tenere exístimo,
 Medéri posse rátionem iracúndiae,'
respondit:
 'Siquidém qui tempestívam medicinam ádmovens
 Non ádgravescens vólnus inlidát manu.'
Erit igitur in consolationibus prima medicina docere
aut nullum malum esse aut admodum parvum, altera
et de communi condicione vitae et proprie, si quid sit
de ipsius qui maereat disputandum, tertia summam
esse stultitiam frustra confici maerore, cum intellegas
nihil posse profici. nam Cleanthes quidem sapientem
consolatur, qui consolatione non eget. nihil enim esse
malum, quod turpe non sit, si lugenti persuaseris, non
tu illi luctum, sed stultitiam detraxeris; alienum autem
tempus docendi. et tamen non satis mihi videtur vidisse hoc Cleanthes, suscipi aliquando aegritudinem
posse ex eo ipso, quod esse summum malum Cleanthes ipse fateatur. quid enim dicemus, cum Socrates
Alcibiadi persuasisset, ut accepimus, eum nihil ho-

---

13 erit ... 21 detraxeris (sine 18 nam ... 19 eget) H

3 omnia *bis scripsit, prius erasit* G omnia *exp. et in mg.
scr.* fecimus. omne genus consolandi V^c   9 *v.* 377 ratione
ratione G¹RV¹ (*alterum exp.* G²V¹ ratione rationem K¹ (ratione *del.* K²) orationem *Stephanus (ft. recte cf.* λόγοι)   11 qui]^et
ss. V^c   12 adgr.] ⁱⁱⁿ ss. V^c   manus X s *exp.* V   15 *prius* et
om. G¹   propriae G¹KVH (*sim.* 358, 6)   16 tertiam H   18 nil
G   cleantes X (24 GK¹) *Cl. fr.* 577   19 enim *om.* G¹
23 suscipi ... 24 Cleanthes *om.* K   24 Cleanthes *del. Ba. sed
cf. Va. Op.* 2, 130. 409   25 *Aisch. Socr. fr. 10 D. Aug. civ.* 14, 8

minis esse nec quicquam inter Alcibiadem summo loco
natum et quemvis baiolum interesse, cum se Alcibiades
adflictaret lacrimansque Socrati supplex esset, ut sibi
virtutem traderet turpitudinemque depelleret, — quid dicemus, Cleanthe? tum in illa re, quae aegritudine Alcibiadem adficiebat, mali nihil fuisse? quid? illa Ly-
conis qualia sunt? qui aegritudinem extenuans parvis
ait eam rebus moveri, fortunae et corporis incommo-
dis, non animi malis. quid ergo? illud, quod Alcibiades
dolebat, non ex animi malis vitiisque constabat? ad
Epicuri consolationem satis est ante dictum. ne illa
quidem firmissima consolatio est, quamquam et usi-
tata est et saepe prodest: 'non tibi hoc soli.' prodest
haec quidem, ut dixi, sed nec semper nec omnibus;
sunt enim qui respuant; sed refert, quo modo adhibeatur. ut enim tulerit quisque eorum qui sapienter
tulerunt, non quo quisque incommodo adfectus sit,
praedicandum est. Chrysippi ad veritatem firmissima
est, ad tempus aegritudinis difficilis. magnum opus
est probare maerenti illum suo iudicio et, quod se ita
putet oportere facere, maerere. Nimirum igitur, ut in
causis non semper utimur eodem statu — sic enim
appellamus controversiarum genera—, sed ad tempus,
ad controversiae naturam, ad personam accommoda-
mus, sic in aegritudine lenienda, quam quisque curationem recipere possit, videndum est.

Sed nescio quo pacto ab eo, quod erat a te propositum, aberravit oratio. tu enim de sapiente quae-
sieras, cui aut malum videri nullum potest, quod vacet

---

21 nimirum ... 26 est H

4 illam *ante* dep. *add.* V²   5 ạcleanthe V (356, 23 cl. *in r.*
V³) o cleanthe Str. *p. 58*   tum (*cf.* 356, 23 aliquando)] num *edd.*
aegritudinem X *corr.* K¹R^cV¹   7 quia GRV¹ (a *eras.*)
9 mali X *corr.* V²   11 ne] nŏnne K (*ss.*²)   12 quamquam]
quidquam K¹   14 dixi *p.* 345, 13   16 enim *om.* G¹   18 crys.
KR chris. G   19 opus ϛ onus X   20 sc *exp.* V²   25 lenienda.
nam quam X nam *del.* ϛ   27 a te] ante K

turpitudine, aut ita parvum malum, ut id obruatur sapientia vixque appareat, qui nihil opinione adfingat adsumatque ad aegritudinem nec id putet esse rectum, se quam maxume excruciari luctuque confici, quo pravius nihil esse possit. edocuit tamen ratio, ut mihi quidem videtur, cum hoc ipsum proprie non quaereretur hoc tempore, num quod esset malum nisi quod idem dici turpe posset, tamen ut videremus, quicquid esset in aegritudine mali, id non naturale esse, sed voluntario iudicio et opinionis errore contractum.

Tractatum est autem a nobis id genus aegritudinis, quod unum est omnium maxumum, ut eo sublato reliquorum remedia ne magnopere quaerenda arbitraremur. sunt enim certa, quae de paupertate certa, quae de vita inhonorata et ingloria dici soleant; separatim certae scholae sunt de exilio, de interitu patriae, de servitute, de debilitate, de caecitate, de omni casu, in quo nomen poni solet calamitatis. haec Graeci in singulas scholas et in singulos libros dispertiunt; opus enim quaerunt (quamquam plenae disputationes delectationis sunt); et tamen, ut medici toto corpore curando minimae etiam parti, si condoluit, medentur, sic philosophia cum universam aegritudinem sustulit, ⟨sustulit⟩ etiam, si quis error alicunde extitit, si paupertas momordit, si ignominia pupugit, si quid tenebrarum obfudit exilium, aut eorum quae modo dixi si quid extitit. etsi singularum rerum sunt propriae consolatio-

---

2 qui *add.* V² 3 tum *post* rectum *add.* Vᶜ 7 num Vᶜ nunc X num quid *We. sed cf. Mue.* 8 viderimus V¹ 11 tractum GV¹ 17 dibilitate R¹V¹ 18 calamitatis] tatis Vᶜ *in r.* 20 planae disputationis Ω *corr. Turn.* delectationis summae. Tamen V (mae T *atque ultima hasta litterae* m *antecedentis in r.*²) 21 uti//medici K (*er.* n) 23 aegritudinem sustulit tamen si X (sustullit G¹V¹ condoluit tamen si K¹ medenturaegr. sustulit *add.*ᶜ) *corr. Keil, Quaest. Tull. p. XVIII* 24 alicunde *Ern.* aliunde 25 pupigit G¹R¹V¹ 26 exsilium GV¹ quaeque (quaequę G) modo X *corr.* ṣ si quid] sicut K

nes, de quibus audies tu quidem, cum voles. sed ad
eundem fontem revertendum est, aegritudinem omnem
procul abesse a sapiente, quod inanis sit, quod frustra
suscipiatur, quod non natura exoriatur, sed iudicio,
5 sed opinione, sed quadam invitatione ad dolendum,
cum id decreverimus ita fieri oportere. Hoc detracto, 83
quod totum est voluntarium, aegritudo erit sublata
illa maerens, morsus tamen et contractiuncula quaedam animi relinquetur. hanc dicant sane naturalem,
10 dum aegritudinis nomen absit grave taetrum funes-
tum, quod cum sapientia esse atque, ut ita dicam, habitare nullo modo possit. At quae stirpes sunt aegritudinis, quam multae, quam amarae! quae ipso trunco
everso omnes eligendae sunt et, si necesse erit, singulis
15 disputationibus. superest enim nobis hoc, cuicuimodi
est, otium. sed ratio una omnium est aegritudinum,
plura nomina. nam et invidere aegritudinis est et
aemulari et obtrectare et misereri et angi, lugere, maerere, aerumna adfici, lamentari, sollicitari, dolere, in
20 molestia esse, adflictari, desperare. Haec omnia defi- 84
niunt Stoici, eaque verba quae dixi singularum rerum
sunt, non, ut videntur, easdem res significant, sed aliquid differunt; quod alio loco fortasse tractabimus.
haec sunt illae fibrae stirpium, quas initio dixi, perse-
25 quendae et omnes eligendae, ne umquam ulla possit
existere. magnum opus et difficile, quis negat? quid

---

16 denique ratio una ... 360, 3 recipiamus H

6 hoc ... 9 relinquentur *Non. 92, 24*   8 illa] ita **G**¹ tamen]
tantum *Bentl. sed cf. p. 323, 11 quo Cic. hic respicit* contractiun-
cuculae quaedam (quadam G quandam **V**¹) relinquentur *Ω Non.*
(relincuntur) *corr. Bentl. cf. 9* hanc *et Sen. ad Marc. 7, 1*
12 at quae *Bentl.* atque   13 ipso *om.* V   14 *et* 25 eligendae X *(cf. Colum. 4, 5 Varro rust. 1, 47)* eliciendae **V**ᶜ eliden-
dae **R**²   15 cuicuimodi] cuiusmodi **V**³   17 sed plura H
19 sollicitari *add.* **G**ᶻ dolore V   21 *St. fr. 3, 419*   23 alio
loco *cf. IV, 16*   24 hae **V**ᶻ

autem praeclarum non idem arduum? sed tamen id se effecturam philosophia profitetur, nos modo curationem eius recipiamus.

Verum haec quidem hactenus, cetera, quotienscumque voletis, et hoc loco et aliis parata vobis erunt.

---

4 verum quidem haec Ω *corr. We.* actenus K^1R^1

M. TULLI CICERONIS
TUSCULANARUM DISPUTATIONUM
LIBRI QUINQUE

LIBER QUARTUS

Cum multis locis nostrorum hominum ingenia virtutesque, Brute, soleo mirari, tum maxime in is studiis, quae sero admodum expetita in hanc civitatem e Graecia transtulerunt. nam cum a primo urbis ortu regiis institutis, partim etiam legibus auspicia, caerimoniae, comitia, provocationes, patrum consilium, equitum peditumque discriptio, tota res militaris divinitus esset constituta, tum progressio admirabilis incredibilisque cursus ad omnem excellentiam factus est dominatu regio re p. liberata. nec vero hic locus est, ut de moribus institutisque maiorum et disciplina ac temperatione civitatis loquamur; aliis haec locis satis accurate a nobis dicta sunt maximeque in is sex libris, quos de re publica scripsimus. hoc autem loco consideranti mihi studia doctrinae multa sane occurrunt, cur ea quoque arcessita aliunde neque solum expetita, sed etiam conservata et culta videantur. erat enim illis paene in conspectu praestanti sapientia et nobilitate Pythagoras, qui fuit in Italia temporibus isdem quibus

---

1 cum multis locis *om.* R¹ *spatio rubricatori relicto (add.* R²), *pallidiore atramento add.* K¹? *cf. praef.*   3 ᵃᵈmodum V¹⁽?⁾
5 graegiis R¹   6 consiliu̇ᵃm V¹   8 esse K R¹   10 res p. X
15 sanae G K sane̲ R V

L. Brutus patriam liberavit, praeclarus auctor nobilitatis tuae. Pythagorae autem doctrina cum longe lateque flueret, permanavisse mihi videtur in hanc civitatem, idque cum coniectura probabile est, tum quibusdam etiam vestigiis indicatur. quis enim est qui putet, cum floreret in Italia Graecia potentissumis et maximis urbibus, ea quae magna dicta est, in isque primum ipsius Pythagorae, deinde postea Pythagoreorum tantum nomen esset, nostrorum hominum ad eorum doctissimas voces aures clausas fuisse? quin etiam arbitror propter Pythagoreorum admirationem Numam quoque regem Pythagoreum a posterioribus existimatum. nam cum Pythagorae disciplinam et instituta cognoscerent regisque eius aequitatem et sapientiam a maioribus suis accepissent, aetates autem et tempora ignorarent propter vetustatem, eum, qui sapientia excelleret, Pythagorae auditorem crediderunt fuisse. et de coniectura quidem hactenus. vestigia autem Pythagoreorum quamquam multa colligi possunt, paucis tamen utemur, quoniam non id agitur hoc tempore. nam cum carminibus soliti illi esse dicantur [et] praecepta quaedam occultius tradere et mentes suas a cogitationum intentione cantu fidibusque ad tranquillitatem traducere, gravissumus auctor in Originibus dixit Cato morem apud maiores hunc epularum fuisse, ut deinceps, qui accubarent, canerent ad tibiam clarorum virorum laudes atque virtutes; ex quo perspicuum est et cantus tum fuisse discriptos vocum sonis et carmina. quamquam id quidem etiam duodecim tabulae decla-

---

6 graeciae X et *s. v. add.* V[1?]   8 pythagorae deinde postea *add.* V[c] *in mg.* dein K[1] pytagoraeeorum G (e *del.*[2]) pythagoraeorum *ex* -reorum *ter* V[c]   12 pythagoreorum K[1] pythagoreum/// V   13 instituta ς constituta X   14 et *s. v. add.* V[1]   15 aetas R[1]   21 *del. Dav.*[2] *(opponuntur inter se carmina et cantus ut 28 cf. de orat. 3, 197)*   23 fidelibusque K *(corr.* nornis[2] *in* fidibusque[2]*)*   24 *fr.* 118 *cf.* 218, 17   28 rescriptos G K R rescripto suo cum *s.* V (de V[2]) discriptos *Sey.*   29 *tab.* 8, 1 *Br.*

rant, condi iam tum solitum esse carmen; quod ne liceret fieri ad alterius iniuriam, lege sanxerunt. nec vero illud non eruditorum temporum argumentum est, quod et deorum pulvinaribus et epulis magistratuum fides praecinunt, quod proprium eius fuit, de qua loquor, disciplinae. mihi quidem etiam Appii Caeci carmen, quod valde Panaetius laudat epistola quadam, quae est ad Q. Tuberonem, Pythagoreum videtur. multa etiam sunt in nostris institutis ducta ab illis; quae praetereo, ne ea, quae repperisse ipsi putamur, aliunde didicisse videamur. Sed ut ad propositum redeat oratio, quam brevi tempore quot et quanti poëtae, qui autem oratores extiterunt! facile ut appareat nostros omnia consequi potuisse, simul ut velle coepissent.

Sed de ceteris studiis alio loco et dicemus, si usus fuerit, et saepe diximus. sapientiae studium vetus id quidem in nostris, sed tamen ante Laelii aetatem et Scipionis non reperio quos appellare possim nominatim. quibus adulescentibus Stoicum Diogenen et Academicum Carneadem video ad senatum ab Atheniensibus missos esse legatos, qui cum rei publicae nullam umquam partem attigissent essetque eorum alter Cyrenaeus alter Babylonius, numquam profecto scholis essent excitati neque ad illud munus electi, nisi in quibusdam principibus temporibus illis fuissent studia doctrinae. qui cum cetera litteris mandarent, alii ius civile, alii orationes suas, alii monumenta maiorum, hanc amplissimam omnium artium, bene vivendi disci-

---

2 ad X in V² iniuriam] ł infamiam *add.* V² *(sed C. non ut rep. 4, 12 ipsa legis verba affert)* legem V¹ (m. *del.²*) longe K 6 appii⁺ tuberonem K¹ *(etiam⁺), reliqua in mg. add.* K^c 8 ad Q. V^{rec} ꞅ atque X pythagoreorum X *corr.* V²ᵗ multae GR¹ *(corr.¹)* V¹ *(corr.²ᵗ)* 9 <u>ductis</u> ducta K¹ ᵃᵘᵗ ᶜ 10 perperisse X peperisse K²ꞅ repperisse *Dav. (cf. nat. deor. 2, 16)* aliunde didicisse videamur *post* 13 nostros *habet* X. *suo loco posuit* V^c 11 positum G¹ 14 ut] ł et V² 22 esseque V¹ cyreneus GKR (cyrẹn.) 24 munus] legationis ss. V^{rec} 27 monumenta GR¹ *(corr.¹)* V

6 plinam, vita magis quam litteris persecuti sunt. itaque illius verae elegantisque philosophiae, quae ducta a Socrate in Peripateticis adhuc permansit et idem alio modo dicentibus Stoicis, cum Academici eorum controversias disceptarent, nulla fere sunt aut pauca admodum Latina monumenta sive propter magnitudinem rerum occupationemque hominum, sive etiam quod imperitis ea probari posse non arbitrabantur, cum interim illis silentibus C. Amafinius extitit dicens, cuius libris editis commota multitudo contulit se ad eam potissimum disciplinam, sive quod erat cognitu perfacilis, sive quod invitabantur inlecebris blandis voluptatis, sive etiam, quia nihil erat prolatum melius,
7 illud quod erat tenebant. post Amafinium autem multi eiusdem aemuli rationis multa cum scripsissent, Italiam totam occupaverunt, quodque maximum argumentum est non dici illa subtiliter, quod et tam facile ediscantur et ab indoctis probentur, id illi firmamentum esse disciplinae putant.

4 Sed defendat, quod quisque sentit; sunt enim iudicia libera: nos institutum tenebimus nullisque unius disciplinae legibus adstricti, quibus in philosophia necessario pareamus, quid sit in quaque re maxime probabile, semper requiremus. quod cum saepe alias, tum nuper in Tusculano studiose egimus. itaque expositis tridui disputationibus quartus dies hoc libro concluditur. ut enim in inferiorem ambulationem descendimus, quod feceramus idem superioribus diebus, acta res est sic:

---

5 disceptare R^1 aut ς ac X 7 hominum ς omnium X
8 arbitra^{ba}ntur G^1 9 amifinius X (corr. R^1?) 11 eam ex eandem K^2 eadem R^1 ("add.^{2}) 12 invitabantur ς invitabatur X
cf. fin. 1, 25 14 eraⁿt R^1 tenebat V^1 ammafinius K^1 (alt. m eras.) 17 sumtiliter GV^1 et tam Dav. etiam X 20 quod ς V^{rec} quo X 21 nullusque Bentl. sed cf. 441, 25 24 requiremus cf. nat. deor. 2, 96 26 discipulationibus G^1

Dicat, si quis volt, qua de re disputari velit.

Non mihi videtur omni animi perturbatione posse sapiens vacare.

Aegritudine quidem hesterna disputatione videbatur, nisi forte temporis causa nobis adsentiebare.

Minime vero; nam mihi egregie probata est oratio tua.

Non igitur existumas cadere in sapientem aegritudinem?

Prorsus non arbitror.

Atqui, si ista perturbare animum sapientis non potest, nulla poterit. quid enim? metusne conturbet? at earum rerum est absentium metus, quarum praesentium est aegritudo; sublata igitur aegritudine sublatus est metus. restant duae perturbationes, laetitia gestiens et libido; quae si non cadent in sapientem, semper mens erit tranquilla sapientis.

Sic prorsus intellego.

Utrum igitur mavis? statimne nos vela facere an quasi e portu egredientis paululum remigare?

Quidnam est istuc? non enim intellego.

Quia Chrysippus et Stoici cum de animi perturbationibus disputant, magnam partem in his partiendis et definiendis occupati sunt, illa eorum perexigua oratio est, qua medeantur animis nec eos turbulentos esse patiantur, Peripatetici autem ad placandos animos multa adferunt, spinas partiendi et definiendi praetermittunt. quaerebam igitur, utrum panderem vela orationis statim an eam ante paululum dialecticorum remis propellerem.

---

2 omnia X *corr.* K²R¹V (//) 4 aegritudine// V 5 nobis ₷ novis Gr. novi X (p̄ovi V^rec) absenti abare G (.*et*‿²) asentiabare R¹ (*ass.*²¹) asentiabaere V¹ assentiebare KV^rec 6 aegregiae X (agr- V¹ -ie G) 13 at ₷ et X 14 et sublatus KR 17 semper K^c *ex* sip 19 vela *add.* G³ 20 aegridientis V¹ 22 St. *fr. 3, 483* 23 his] is? 29 vela orationis V^c (vela or *in r.*) ₷ velorationis GKR (⅜ R²) 30 propellerem] ⸆ propalarem K²

Isto modo vero; erit enim hoc totum, quod quaero, ex utroque perfectius.

Est id quidem rectius; sed post requires, si quid fuerit obscurius.

Faciam equidem; tu tamen, ut soles, dices ista ipsa obscura planius quam dicuntur a Graecis.

Enitar equidem, sed intento opus est animo, ne omnia dilabantur, si unum aliquid effugerit. Quoniam, quae Graeci πάθη vocant, nobis perturbationes appellari magis placet quam morbos, in his explicandis veterem illam equidem Pythagorae primum, dein Platonis discriptionem sequar, qui animum in duas partes dividunt: alteram rationis participem faciunt, alteram expertem; in participe rationis ponunt tranquillitatem, id est placidam quietamque constantiam, in illa altera motus turbidos cum irae tum cupiditatis, contrarios inimicosque rationi. sit igitur hic fons; utamur tamen in his perturbationibus describendis Stoicorum definitionibus et partitionibus, qui mihi videntur in hac quaestione versari acutissime.

Est igitur Zenonis haec definitio, ut perturbatio sit, quod πάθος ille dicit, aversa a recta ratione contra naturam animi commotio. quidam brevius perturbationem esse adpetitum vehementiorem, sed vehementiorem eum volunt esse, qui longius discesserit a naturae constantia. partes autem perturbationum volunt ex duobus opinatis bonis nasci et ex duobus opinatis malis; ita esse quattuor, ex bonis libidinem et laetitiam,

---

17 sit ... 372, 8 perturbat (*sine* 23 quidam ... 26 constantia *et* 368, 10 itaque ... 368, 12 potestate) H

7 ne] nemo K¹   9 pathe X   perturbationes *cf. Aug. civ. 14, 5*
13 fiunt K¹   14 ponunt V^{rec} ς ponant X   16 cum We. tum
17 ṩic K¹   18 discrib. *Mue. sed cf. Th. l. l. 5, 663*   19 participationibus R¹ particionibus GVH   21 *Zeno fr. 205*
22 πατος K patos R (π *ex* p ᶜ) ΠΑΤΩC H   a *om.* V¹ *(add.ᶜ)*
24. 367, 24 app. K R²? (H 367, 24)

ut sit laetitia praesentium bonorum, libido futurorum, ex
malis **metum** et **aegritudinem** nasci censent, metum futuris, aegritudinem praesentibus; quae enim venientia metuuntur, eadem adficiunt aegritudine instantia. laetitia autem et libido in bonorum opinione versan- 12
tur, cum libido ad id, quod videtur bonum, inlecta et
inflammata rapiatur, laetitia ut adepta iam aliquid concupitum ecferatur et gestiat. natura enim omnes ea,
quae bona videntur, secuntur fugiuntque contraria;
quam ob rem simul obiecta species est cuiuspiam, quod
bonum videatur, ad id adipiscendum impellit ipsa natura. id cum constanter prudenterque fit, eius modi
adpetitionem Stoici βούλησιν appellant, nos appellemus **voluntatem**, eam illi putant in solo esse sapiente; quam sic definiunt: voluntas est, quae quid cum
ratione desiderat. quae autem ratione adversante incita-
ta est vehementius, ea libido est vel cupiditas effrenata,
quae in omnibus stultis invenitur. itemque cum ita mo- 13
vemur, ut in bono simus aliquo, dupliciter id contingit.
nam cum ratione animus movetur placide atque constanter, tum illud **gaudium** dicitur; cum autem inani-
ter et effuse animus exultat, tum illa laetitia gestiens vel
nimia dici potest, quam ita definiunt: sine ratione animi elationem. quoniamque, ut bona natura adpetimus,
sic a malis natura declinamus, quae declinatio [si] cum
ratione fiet, **cautio** appelletur, eaque intellegatur in
solo esse sapiente; quae autem sine ratione et cum
exanimatione humili atque fracta, nominetur metus;

---

4 aegritudinem K *(corr.²)* RH   6 sqq. *cf. Barlaami eth. sec.
Stoicos 2, 11 qui hinc haud pauca adsumpsit.* inlecta ϛ iniecta
X   8 natura ϛ V^{rec} naturae X (-re K)   *Stoic. fr. 3, 438*   10 speciei
est H speci est KR (^{es}add.^c) speciest GV   13 ΒΟΥΛΗCΙΝ KR
boΥΛΗCin G boΥâΗCin V   appellemus *We.* appellamus X
(apell. G) *cf. v. 26, fin. 3, 20*   14 eam] iam V   16 adversante *Po.*
(*cf. p. 368, 6; 326, 3; St. fr. 3, 462* ἀπειϑῶς τῷ λόγῳ ὠϑούμενον ἐπὶ
πλεῖον) adversa X (d *del.* H¹) a ratione aversa *Or.*   18 ita *om.*
H   20 curatione K¹ (ū²)   24 quoniam quae X *praeter* K¹
(quae *del.* V^{rec})   25 *del. Bentl.*   26 appellatur K¹V^{rec} ϛ

14 est igitur metus ⟨a⟩ ratione aversa cautio. praesentis autem mali sapientis adfectio nulla est, stultorum aegritudo est, eaque adficiuntur in malis opinatis animosque demittunt et contrahunt rationi non obtemperantes. itaque haec prima definitio est, ut aegritudo sit animi adversante ratione contractio. sic quattuor perturbationes sunt, tres constantiae, quoniam aegritudini nulla constantia opponitur.

7 Sed omnes perturbationes iudicio censent fieri et opinione. itaque eas definiunt pressius, ut intellegatur, non modo quam vitiosae, sed etiam quam in nostra sint potestate. est ergo a e g r i t u d o opinio recens mali praesentis, in quo demitti contrahique animo rectum esse videatur, l a e t i t i a opinio recens boni praesentis, in quo ecferri rectum esse videatur, m e t u s opinio impendentis mali, quod intolerabile esse videatur, l i b i d o opinio venturi boni, quod sit ex usu iam 15 praesens esse atque adesse. sed quae iudicia quasque opiniones perturbationum esse dixi, non in eis perturbationes solum positas esse dicunt, verum illa etiam quae efficiuntur perturbationibus, ut aegritudo quasi morsum aliquem doloris efficiat, metus recessum quendam animi et fugam, laetitia profusam hilaritatem, libido effrenatam adpetentiam. opinationem autem, quam in omnis definitiones superiores inclusimus, volunt esse inbecillam adsensionem.

16 Sed singulis perturbationibus partes eiusdem generis plures subiciuntur, ut a e g r i t u d i n i invidentia —

---

1 a Gr.(?) ⊆ om. X cautio] *Cic. dicere debebat:* declinatio 2 stultorum *Dav.* stulta autem 3 eaque *Ba.* ea qua X (ea quae M¹) 5 itaque ... 6 contractio *Non. 93, 1* difin. V
7 *cf. Aug. civ. 14, 8* 9 *St. fr. 3, 380 et 393* 11 vitiose GKR
12 ergo] igitur H⊆ aegritudo *om.* G¹ *add.*¹ *et*³ 14 laetitia...
15 videatur *om.* G¹, *add.* G² *in mg. inf. (lemmata* laetitia metus *adscr.*¹ *cf. praef.)* 15 ecferri] haec ferri VK^c (eff. K²)
16 intollerabile V 17 lubido K, *in* lib. *corr.* G¹ (libido *etiam in mg.*) R¹ 20 etiam illa H 24 lubido K^c li//bido R effrenata X *corr.* K²R^c 27 in singulis G *(exp.²)* 28 ut ...
369, 3 invidetur *Non. 443, 19*

§ 13—17   TUSCULANAE DISPUTATIONES   369

utendum est enim docendi causa verbo minus usitato,
quoniam invidia non in eo qui invidet solum dicitur,
sed etiam in eo cui invidetur—, aemulatio, obtrectatio,
misericordia, angor, luctus, maeror, aerumna, dolor,
lamentatio, sollicitudo, molestia, adflictatio, desperatio,
et si quae sunt de genere eodem. sub metum autem
subiecta sunt pigritia, pudor, terror, timor, pavor, exanimatio, conturbatio, formido, voluptati malivolentia laetans malo alieno, delectatio, iactatio et similia,
lubidini ira, excandescentia, odium, inimicitia, discordia, indigentia, desiderium et cetera eiusmodi. Haec
autem definiunt hoc modo: invidentiam esse dicunt aegritudinem susceptam propter alterius res secundas,
quae nihil noceant invidenti. (nam si qui doleat eius
rebus secundis a quo ipse laedatur, non recte dicatur
invidere, ut si Hectori Agamemno; qui autem, cui alterius commoda nihil noceant, tamen eum doleat is
frui, is invideat profecto.) aemulatio autem dupliciter
illa quidem dicitur, ut et in laude et in vitio nomen
hoc sit; nam et imitatio virtutis aemulatio dicitur —
sed ea nihil hoc loco utimur; est enim laudis —, et est
aemulatio aegritudo, si eo quod concupierit alius potiatur, ipse careat. obtrectatio autem est, ea quam intellegi ζηλοτυπίαν volo, aegritudo ex eo, quod alter quo-

8
17

---

1 dicendi V¹   5 adflectatio K¹R¹   7 examinatio GK¹
·/· laetitiae suae
8 voluptatis X -ti ϛ voluptatis   V (ss.ʳᵉᶜ) malivolentia...9 similia Non. 16, 24 s. l. lactare (sed in textu laetans)   malev. hic
370, 21 et 395, 6 X   maliv. hic Non. (370, 21 R²)   9 laet. m. al.
addit C., ut appareat cur mal. voluptati subiciatur   laetari H
10 ludisne ira ... inimicitiae discordia Non. 103, 12   libidinis
Vʳᵉᶜ inimicitiae Non.   11 St. fr. 3, 415. 410. 403. 398 cf. omnino fr. 391—416, quae graecas harum definitionum formas
exhibent.   14 qui] quid K¹ (d eras.) RH   16 haectori X (ut ...
Agamemno om. H)   17 comoda GRV¹   18 frui is R ʳᵉᶜ ϛ
frui se GR¹V (se exp.ʳᵉᶜ) K² fuisse K¹   21 et om. G   est aegritudo aemulatio G¹   22 eo] ea H   24 zelotypian GRV (n
ut sequens u in r.) H (i pro y)   zelotypiam K

Cic. 44   12

18 que potiatur eo quod ipse concupiverit. misericordia
est aegritudo ex miseria alterius iniuria laborantis
(nemo enim parricidae aut proditoris supplicio misericordia commovetur); angor aegritudo premens, luctus aegritudo ex eius qui carus fuerit interitu acerbo,
maeror aegritudo flebilis, aerumna aegritudo laboriosa,
dolor aegritudo crucians, lamentatio aegritudo cum
eiulatu, sollicitudo aegritudo cum cogitatione, molestia aegritudo permanens, adflictatio aegritudo cum
vexatione corporis, desperatio aegritudo sine ulla rerum expectatione meliorum. Quae autem subiecta
sunt sub metum, ea sic definiunt: pigritiam metum
19 consequentis laboris,... terrorem metum concutientem,
ex quo fit ut pudorem rubor, terrorem pallor et tremor
et dentium crepitus consequatur, timorem metum mali
adpropinquantis, pavorem metum mentem loco mo-
ventem, ex quo illud Ennius: 'tum pavor sapientiam
omnem mi exanimato expectorat', exanimationem metum subsequentem et quasi comitem pavoris, contur-
bationem metum excutientem cogitata, formidinem metum permanentem. Voluptatis autem partes hoc modo describunt, ut malevolentia sit voluptas ex malo alterius sine emolumento suo, delectatio voluptas suavitate

---

iniustitia[2]
2 iniuria K 3 patricidae G[1]V subpl. KH 9 adflictio V
(G[1] *in lemmate mg.*) 13 laboris; Terrorem metum mali adp. K[1]
Terrorem *in* Timorem *corr. et verba* terrorem ... 15 consequatur *in mg. add.* K[2] pudorem metum dedecoris *add. Sey.*
(αἰσχύνη φόβος ἀδοξίας) pudorem metum sanguinem diffundentem *Bai. (cf. Gell. 19, 6); quae coniungenda videntur:* pudorem metum dedecoris sanguinem diffundentem 15 mali ...

16 metum *add.* G[2] *in mg.* metum̃entem V (" *add.*[rec]) metu
mentem GKRH loquo K[1] 17 ex ... 18 expectorat *om.* H
17 ennius X enni V[rec]Mϛ (*et* We. *coll. nat. deor. 2, 60 fat.* 35
off. 2, 89 al.) Enn. Alcm. 23 18 omne mmihi (*vel* mihi omnem)
exanimato expectorat *fere de orat. 3, 154. 218 Non. 16, 7.* omnem
mihi ex anima expectaret X (expectorat K[2] expectoret B ex-
pelleret V[rec]) 21 descr. *cf. 366, 18* describit K[1] 23 decla-
ratio K[1]

§ 17—22 TUSCULANAE DISPUTATIONES 371

auditus animum deleniens; et qualis est haec aurium,
tales sunt oculorum et tactionum et odorationum et
saporum, quae sunt omnes unius generis ad perfundendum
animum tamquam inliquefactae voluptates.
iactatio est voluptas gestiens et se efferens insolentius.
Quae autem libidini subiecta sunt, ea sic defi- 21
niuntur, ut ira sit libido poeniendi eius qui videatur
laesisse iniuria, excandescentia autem sit ira nascens
et modo existens, quae $\vartheta\acute{v}\mu\omega\sigma\iota\varsigma$ Graece dicitur, odium
ira inveterata, inimicitia ira ulciscendi tempus observans,
discordia ira acerbior intimo animo et corde
concepta, indigentia libido inexplebilis, desiderium
libido eius, qui nondum adsit, videndi. distinguunt
illud etiam, ut libido sit earum rerum, quae
dicuntur de quodam aut quibusdam, quae $\varkappa\alpha\tau\eta\gamma o$-
$\varrho\acute{\eta}\mu\alpha\tau\alpha$ dialectici appellant, ut habere divitias, capere
honores, indigentia rerum ipsarum sit, ut honorum, ut
pecuniae.

Omnium autem perturbationum fontem esse dicunt 22
intemperantiam, quae est [a] tota mente a recta ratione
defectio sic aversa a praescriptione rationis, ut
nullo modo adpetitiones animi nec regi nec contineri
queant. quem ad modum igitur temperantia sedat adpetitiones
et efficit, ut eae rectae rationi pareant, conservatque
considerata iudicia mentis, sic huic inimica

---

1 qualis haec ... 3 saporum *Non. 227,9* 2 sunt toculorum
et actionum *Non. L*[1] sunt et ocul. *B*[4] adorationum K[1] 7 poen.
ex pen. V[2] pun. HV[rec] 8 excandescentia ... 9 existens *Non.
103,14* 9 modo Ω (ὀργὴ ἐναρχομένη) sine modo *Non.* desistens
V[s] ΘΥΜѠϹΙϹ fere X 11 animo *Lb. (cf. Th. l. l. 4, 940)* odio
12 Idigentia K[1] 13 distingunt X 15 ΚΑΤΗΓΟΡΗΜΑΤΑ *fere X*
17 diligentia X indigentia ϛV[s] *quod verum videtur, etsi Cic. non
bene expressit σπάνιν duplici sensu adhiberi (de re cf. St. fr.
3, 91* sit *Man.* est *(def. Küh.)* ut pec.] et pec. H *St. fr. 3, 379*
20 a *in r.* G[2] *del. ab Arnim (cf. fr. 3, 475 al.)* a recta ratione
del. Bentl. et post mente *add.* ϛ 21 a praescriptione] aperte
scriptione V[1] 22 animi reginẹ̃ cont. V (ᶜ *add.*ˢ) 23 app. V[c]
24 aeae K[1] (hae K[c])R recte G[1]VH 25 si V[1]

intemperantia omnem animi statum inflammat conturbat incitat, itaque et aegritudines et metus et reliquae perturbationes omnes gignuntur ex ea.

10
23
Quem ad modum, cum sanguis corruptus est aut pituita redundat aut bilis, in corpore morbi aegrotationesque nascuntur, sic pravarum opinionum conturbatio et ipsarum inter se repugnantia sanitate spoliat animum morbisque perturbat; ex perturbationibus autem primum morbi conficiuntur, quae vocant illi *νοσήματα*, eaque quae sunt eis morbis contraria, quae habent ad res certas vitiosam offensionem atque fastidium, deinde aegrotationes, quae appellantur a Stoicis *ἀρρωστήματα*, isque item oppositae contrariae offensiones. hoc loco nimium operae consumitur a Stoicis, maxime a Chrysippo, dum morbis corporum comparatur morborum animi similitudo; qua oratione praetermissa minime necessaria ea, quae rem 24 continent, pertractemus. intellegatur igitur perturbationem iactantibus se opinionibus inconstanter et turbide in motu esse semper; cum autem hic fervor concitatioque animi inveteraverit et tamquam in venis medullisque insederit, tum existet et morbus et aegrotatio et offensiones eae, quae sunt eis morbis aegrotationibusque contrariae. Haec, quae dico, cogitatione inter se differunt, re quidem copulata sunt, eaque oriuntur ex libidine et ex laetitia. nam cum est concupita pe-

---

18 intellegatur ... 375, 29 velocitas H

2 reliq; (a; per) conturbationes G¹   4 St. fr. 3, 424   8 conturbat V¹
10 nosemata X (nos_emata V)   11 vitiosam offensionem ς
vitiosa offensione X (-sas -es V^rec)   13 ἀρρωϹΤΗΜΑΤΑ GV
ac fere KR (o pro ω, ὰ pro Λ) idem appositae G¹   14 contraria V¹ opere GKV   15 crys. G¹   17 ratione V¹   20 in
motu] immotus GRV (s del.^rec) H immotŏs K (ss.^c)   22 existit
X (exs. G) existet *Küh.* (de fut. cf. p. 378, 14 comm. ad 1, 29 Sen.
epist. 85, 9 al.) inveteravit ... insedit ... existit *Sey.*   25 eaquẹ
GRV (eaq K¹ sed; add.³)

cunia nec adhibita continuo ratio quasi quaedam Socratica medicina, quae sanaret eam cupiditatem, perma-
nat in venas et inhaeret in visceribus illud malum, exi-
stitque morbus et aegrotatio, quae evelli inveterata non
possunt, eique morbo nomen est avaritia; similiterque
ceteri morbi, ut gloriae cupiditas, ut mulierositas,
ut ita appellem eam quae Graece φιλογυνία dicitur,
ceterique similiter morbi aegrotationesque nascuntur.
quae autem sunt his contraria, ea nasci putantur a
metu, ut odium mulierum, quale in μισογύνῳ Atili est,
ut in hominum universum genus, quod accepimus de
Timone qui μισάνθρωπος appellatur, ut inhospitalitas est: quae omnes aegrotationes animi ex quodam
metu nascuntur earum rerum quas fugiunt et oderunt.
definiunt autem animi **aegrotationem** opinionem
vehementem de re non expetenda, tamquam valde expetenda sit, inhaerentem et penitus insitam. quod autem nascitur ex **offensione**, ita definiunt: opinionem
vehementem de re non fugienda inhaerentem et penitus insitam tamquam fugienda; haec autem opinatio
est iudicatio se scire, quod nesciat. aegrotationi autem
talia quaedam subiecta sunt: avaritia, ambitio, mulierositas, pervicacia, ligurritio, vinulentia, cuppedia,
et si qua similia. est autem avaritia opinatio vehemens
de pecunia, quasi valde expetenda sit, inhaerens et penitus insita, similisque est eiusdem generis definitio
reliquarum. offensionum autem definitiones sunt eius

---

2 sanet *Bentl.* permanet K¹ 3 existit (exs. KR) qui m. X
(que V^{rec}ς) 4 evelli *Wopkens* avelli 5 similiter quae GKV
similiterque . . . 7 dicitur *Non. 142, 20* 7 eam ς ea X *Non.*
L ΦΙΛΟΓΥΝΙΑ *fere* X (ΦΥΛ ΚΗ -mιd GV) 10 quale . . . 12
appellatur *om.* H 10 inmisso gyno X (imm. K guno V immissum
K²) *Atil. fr. 1* 11 de Timone] de ti *in r.* V² 12 misane-
ρωιτοcὰ appellantur X (misanερωποc // app. V, π *fort. ex* ιτ)
15 *St. fr. 3, 427* 20 fugienda] expetenda KRH 21 iuditio K¹
(^{ca} *add.*²) 22 ambitio . . . 23 cuppedia *Non. 85, 10* 23 per-
vicatia KV vinulentia *Non.* vinol. X *cf. Mue.* cu//pedia G
27 eiusdem modi G¹

modi, ut inhospitalitas sit opinio vehemens valde fugiendum esse hospitem, eaque inhaerens et penitus insita; similiterque definitur et mulierum odium, ut Hippolyti, et, ut Timonis, generis humani.

12 Atque ut ad valetudinis similitudinem veniamus eaque conlatione utamur aliquando, sed parcius quam solent Stoici: ut sunt alii ad alios morbos procliviores — itaque dicimus gravidinosos quosdam, ⟨quosdam⟩ torminosos, non quia iam sint, sed quia saepe sint —, ⟨sic⟩ alii ad metum, alii ad aliam perturbationem; ex quo in aliis anxietas, unde anxii, in aliis iracundia dicitur. quae ab ira differt, estque aliud iracundum esse, aliud iratum, ut differt anxietas ab angore (neque enim omnes anxii, qui anguntur aliquando, nec, qui anxii, semper anguntur), ut inter ebrietatem ⟨et ebriositatem⟩ interest, aliudque est amatorem esse, aliud amantem. atque haec aliorum ad alios morbos proclivitas late patet; nam pertinet ad omnes pertur-
28 bationes; in multis etiam vitiis apparet, sed nomen res non habet. ergo et invidi et malivoli et libidinosi et timidi et misericordes, quia proclives ad eas perturbationes ⟨sunt⟩, non quia semper feruntur. haec igitur proclivitas ad suum quodque genus a similitudine

---

1 inhospitalis K¹RH 3 hippoliti GH hyppoliti V 5 veniamus ſ (cf. utamur) veniam X 6 consolatione V 7 St. fr. 3, 423 8 itaque ... 9 torminosos Non. 32, 13 et 115, 16 gravidinosos Ω Non. (115, 16 etiam in lemmate) ut Plin. 18, 139 codd. praeter d cf. Catull. 44, 13 Lucil. 820 (gravedo Marx) gravedinosos edd. alt. quosdam om. Ω Non. add. Beroaldus 9 terminosos KRH (Non. L¹ priore loco) non quia] ia in r. V² sed ... 11 quo om. K¹ add.ᶜ saepe sint, sic Gr. Lb. saepe sint X saepe, sic Man. (de iterato sint cf. Sey. ad Lael. 43)
12 aliud ... 17 amantem Non. 444, 1 12 aliud ex illud Vʳᵉᶜ
14 nec ſ haec X nec ... 15 ut om. Non. et ebriositatem om. Ω Non. L¹ hab. Nonii codd. rell. 16 que om. G¹ Non.
19 etiam] enim H ſ 20 libidinosi Po. (cf. p. 389, 26. 28) lividi Ω et lividi del. We. 22 sunt ſ om. X proclives (proclive Bentl.) cum feruntur coni. Mue., sed proclivitas est διάθεσις; in perturbationibus proclivi feruntur (p. 381, 23), ad pert. proclives sunt (cf. v. 7; p. 402, 7; St. fr. 3, 465) ferantur We.

corporis aegrotatio dicatur, dum ea intellegatur ad
aegrotandum proclivitas. sed haec in bonis rebus,
quod alii ad alia bona sunt aptiores, facilitas nominetur, in malis proclivitas, ut significet lapsionem,
in neutris habeat superius nomen. Quomodo autem in
corpore est morbus, est aegrotatio, est vitium, sic in
animo. morbum appellant totius corporis corruptio-
nem, aegrotationem morbum cum imbecillitate, vitium, cum partes corporis inter se dissident, ex quo
pravitas membrorum, distortio, deformitas. itaque illa
duo, morbus et aegrotatio, ex totius valetudinis corporis conquassatione et perturbatione gignuntur, vitium
autem integra valetudine ipsum ex se cernitur. sed
in animo tantum modo cogitatione possumus morbum
ab aegrotatione seiungere, vitiositas autem est habitus
aut adfectio in tota vita inconstans et a se ipsa dissen-
tiens. ita fit, ut in altera corruptione opinionum morbus efficiatur et aegrotatio, in altera inconstantia et
repugnantia. non enim omne vitium paris habet dissensiones, ut eorum, qui non longe a sapientia absunt,
adfectio est illa quidem discrepans sibi ipsa, dum est
insipiens, sed non distorta nec prava. morbi autem et
aegrotationes partes sunt vitiositatis, sed perturbationes sintne eiusdem partes, quaestio est. vitia enim
adfectiones sunt manentes, perturbationes autem mo-
ventes, ut non possint adfectionum manentium partes
esse. Atque ut in malis attingit animi naturam corporis similitudo, sic in bonis. sunt enim in corpore
praecipua, pulchritudo, vires, valetudo, firmitas, velocitas, sunt item in animo. ⟨ut⟩ enim corporis tem-

---

1 dicatur *Bentl.* dicitur   5 *St. fr. 3, 425*   6 est vitium Gr.
et vit. X   8 inb. V   19 paris h. dissensiones *Bentl.* partis h.
dissentientis X (-ent[is] V[c], ent *in r.*). *ceterum totus locus negle-
genter a Cic. scriptus*   23 aegrotationis X (*corr.* K²)   27 *St.
fr. 3. 279*   29 valetudo vires pulchritudo *Sey.* val. pulchr. vires
Ursin. sed cf. Sextus 11, 142 αἱρετά ... ἐν τοῖς περὶ σῶμα κάλλος
ἰσχὺς εὐεξία *al. ac de variato ordine fin. 5, 80*   valitudo K H
30 *add. Camerarius* (est *add.* V[rec])

peratio, cum ea congruunt inter se e quibus constamus, sanitas, sic animi dicitur, cum eius iudicia opinionesque concordant, eaque animi est virtus, quam alii ipsam temperantiam dicunt esse, alii obtemperantem temperantiae praeceptis et eam subsequentem nec habentem ullam speciem suam, sed sive hoc sive illud sit, in solo esse sapiente. est autem quaedam animi sanitas, quae in insipientem etiam cadat, cum curatione et purgatione medicorum conturbatio mentis aufertur. et ut corporis est quaedam apta figura membrorum cum coloris quadam suavitate eaque dicitur pulchritudo, sic in animo opinionum iudiciorumque aequabilitas et constantia cum firmitate quadam et stabilitate virtutem subsequens aut virtutis vim ipsam continens pulchritudo vocatur. itemque viribus corporis et nervis et efficacitati similes similibus quoque verbis animi vires nominantur. velocitas autem corporis celeritas appellatur, quae eadem ingenii etiam laus habetur propter animi multarum rerum brevi tempore percursionem. Illud animorum corporumque dissimile, quod animi valentes morbo temptari non possunt, corpora possunt; sed corporum offensiones sine culpa accidere possunt, animorum non item, quorum omnes morbi et perturbationes ex aspernatione rationis eveniunt. itaque in hominibus solum existunt; nam bestiae simile quiddam faciunt, sed in perturbationes non in-

---

10 sed ut ... 377, 12 tolluntur (sine 377, 1 inter ... 377, 6 immania) H

4 alii *(priore loco)*] aliam G R V¹ *(corr.*ᶜ*)* 5 ea K 8 in insipientem] insipientem *in* in sapientem *mut.* V¹ ᵃᵘᵗ ² (insanitas quae in sapientem *Turn.*) 9 purgatione *Lb.* perturbatione (ℓ gubernatione Vʳᵉᶜ) Ω et perturbatione *del. Victorius* 11 ea quae X dicuntur G¹ 16 similibus quoque *Man.* similibusque 19 propter ... percursiones *Non. 161, 20* (*s. l.* percursionem) percussionem X (*corr.* Vʳᵉᶜ periussionem K¹) 20 *St. fr. 3, 426* 21 temptari [non] possunt ut c. *Bentl.* sed *cf. Galen de Hipp. et Pl. 409, 1 M. al.* 22 corpora autem p. G (*exp.*²) 24 veniunt H 25 in *om.* H 26 quidam G R¹ V¹ (*corr.* R²Vᶜ)

cidunt. inter acutos autem et inter hebetes interest, 32
quod ingeniosi, ut aes Corinthium in aeruginem, sic
illi in morbum et incidunt tardius et recreantur ocius,
hebetes non item. nec vero in omnem morbum ac
perturbationem animus ingeniosi cadit; †non enim
multa ecferata et immania; quaedam autem humanitatis quoque habent primam speciem, ut misericordia
aegritudo metus. Aegrotationes autem morbique animorum difficilius evelli posse putantur quam summa
illa vitia, quae virtutibus sunt contraria. morbis enim
manentibus vitia sublata esse [non] possunt, quia non
tam celeriter sanantur quam illa tolluntur.

Habes ea quae de perturbationibus enucleate dispu- 33
tant Stoici, quae λογικά appellant, quia disseruntur
subtilius. ex quibus quoniam tamquam ex scrupulosis
cotibus enavigavit oratio, reliquae disputationis cursum teneamus, modo satis illa dilucide dixerimus pro
rerum obscuritate.

Prorsus satis; sed si quae diligentius erunt cognoscenda, quaeremus alias, nunc vela, quae modo dicebas, expectamus et cursum.

Quando, ut aliis locis de virtute et diximus et saepe $\overset{15}{34}$
dicendum erit — pleraeque enim quaestiones, quae
ad vitam moresque pertinent, a virtutis fonte ducuntur —, quando igitur virtus est adfectio animi constans
conveniensque, laudabiles efficiens eos, in quibus est,
et ipsa per se sua sponte separata etiam utilitate laudabilis, ex ea proficiscuntur honestae voluntates sen-

---

1 hebetes non item est K¹ *(corr.*ˡᵉᵗᶜ*)*   2 aerugine GRV   5 non
enim in ulla *Bentl.* sunt enim multa *Mdv.* non enim ⟨ad omnia vitia aeque propensa est natura humana: sunt enim⟩ multa
fere desiderat Po. (cf. p. 402, 8)   6 eff. KVᶜ?   8 *St. fr. 3, 430*
11 *del. Lb.* quia] qui *Dav.*   13 habes ... disputant *Non. 60, 7*
14 logica GRV lojca K   15 *cf. Hier. epist. 14, 10 al.* scruplosis R *(sed fort. rasura supra* p*)* K *(ex* -ossis*)* G¹ *(sed* ꞵ¹*)*
scrupulosis VK² *mg.*   20 dicebas *p. 365, 19*   21 expeçtamus
K¹   22 ut *Man. et*   24 forte V¹   dicuntur K¹   25 *St. fr. 3, 198*

tentiae actiones omnisque recta ratio (quamquam ipsa
virtus brevissume recta ratio dici potest). huius igitur virtutis contraria est vitiositas — sic enim malo
quam malitiam appellare eam quam Graeci κακίαν
appellant; nam malitia certi cuiusdam vitii nomen est,
vitiositas omnium —; ex qua concitantur perturbationes, quae sunt, ut paulo ante diximus, turbidi animorum concitatique motus, aversi a ratione et inimicissi-
mi mentis vitaeque tranquillae. inportant enim aegritudines anxias atque acerbas animosque adfligunt et
debilitant metu; idem inflammant adpetitione nimia,
quam tum cupiditatem tum libidinem dicimus, inpotentiam quandam animi a temperantia et moderatione
plurimum dissidentem. quae si quando adepta erit
id quod ei fuerit concupitum, tum ecferetur alacritate,
ut 'nihil ei constet', quod agat, ut ille, qui 'voluptatem
animi nimiam summum esse errorem' arbitratur. eorum igitur malorum in una virtute posita sanatio est.
Quid autem est non miserius solum, sed foedius etiam
et deformius quam aegritudine quis adflictus debi-
litatus iacens? cui miseriae proxumus est is qui ad-
propinquans aliquod malum metuit exanimatusque
pendet animi. quam vim mali significantes poëtae im-
pendere apud inferos saxum Tantalo faciunt 'ob sce-
lera animique inpotentiam et superbiloquentiam.' ea
communis poena stultitiae est. omnibus enim, quorum
mens abhorret a ratione, semper aliqui talis terror

---

2 brevissumme G¹V   3 virtus KR   4 κακιαν X   6 concitantur *Camerar.* cogitantur   7 paulo ante *cf.* § 22   11 item
K²   12 quantum c. GK¹V¹   13 animi a ς V³ anima X
14 adepta erit *Lb.* ea dēptaretur K *(⁻ m.² potius quam¹)* ea-
demptaretur GRV   15 ecferetur *We.* (effertur *Dav.*) fertur Gr.
fert X   16 voluptatem eqs.] *Trabea fr. II eundemque Cic. in
verbis* nihil ei constet *(Com. inc. 37) respicit, cf. fin. 2, 14* ei B
(e corr.) Bentl. est X (·ē· K esse V³) quod ς quid X   21 qui]
q: V (: *in r.* V⁽ᶜ⁾)   22 aliquod ... 23 animi *Non. 498,2*   22 exa-
minatusque K *Non.* pars   24 *Trag. inc. 110* animique ... 25
superbiloquentiam *Non. 175, 31*   27 ratio V¹   aliqui talis *Gron.*
(aliquis talis *Victorius*) *cf. p. 432,7* aliquid aliis Ω

impendet. atque ut haec tabificae mentis perturba- 36
tiones sunt, aegritudinem dico et metum, sic hilariores
illae, cupiditas avide semper aliquid expetens et inanis
alacritas, id est laetitia gestiens, non multum differunt
5 ab amentia. ex quo intellegitur, qualis ille sit, quem
tum moderatum, alias modestum temperantem, alias
constantem continentemque dicimus; non numquam
haec eadem vocabula ad frugalitatis nomen tamquam
ad caput referre volumus. quodnisi eo nomine vir-
10 tutes continerentur, numquam ita pervolgatum illud
esset, ut iam proverbii locum optineret, 'hominem frugi
omnia recte facere'. quod idem cum Stoici de sapiente
dicunt, nimis admirabiliter nimisque magnifice dicere
videntur. Ergo hic, quisquis est, qui moderatione et 17
15 constantia quietus animo est sibique ipse placatus, ut 37
nec tabescat molestiis nec frangatur timore nec si-
tienter quid expetens ardeat desiderio nec alacritate
futtili gestiens deliquescat, is est sapiens quem quaerimus, is est beatus, cui nihil humanarum rerum aut
20 intolerabile ad demittendum animum aut nimis laetabile ad ecferendum videri potest. quid enim videatur
ei magnum in rebus humanis, cui aeternitas omnis
totiusque mundi nota sit magnitudo? nam quid aut
in studiis humanis aut in tam exigua brevitate vitae
25 magnum sapienti videri potest, qui semper animo sic

---

18 is ergo sapiens ... 23 magnitudo H

1 atque ... perturbationis sunt *Non. 179,27* hae *Non.*
3 avidae G *(corr.¹)* R expeçtens K¹ 6 alias *bis add.* V^c *(sec. Buzzi)* modestum, ⟨tum⟩ *Wolf (sed particulae tum ... alias ... tum ... alias duo paria verborum constituerent)* modestum ⟨et⟩ t. ϛ *cf. off. 1, 15. 93. 46; fin. 2, 60 4, 19 Deiot. 26. asyndeton ut div. 2, 10*: *sol, luna quem motum habeat? quem quinque stellae etc. vel p. 383, 17 411, 18 431, 27* 8 hae K¹ 11 obt. V *Otto, Sprichw. 721* 12 recte ϛ recta X 13 nimis ϛV³ animis X 14 hic] his K¹ 16 timore *add.* G² 17 expeçtens X (c *del.* K¹ *ut in v. 3* V expetens Gr.) ardet X ardeat V³ϛ
18 futtuli X (futili V³) 21 ferendum X effer. V³ϛ 23 nam] a *in r.* V^c num *Bentl.* 25 animos X *(corr.* RV^{rec})

excubat, ut ei nihil inprovisum accidere possit, nihil
inopinatum, nihil omnino novum? atque idem ita
acrem in omnis partis aciem intendit, ut semper videat
sedem sibi ac locum sine molestia atque angore vivendi, ut, quemcumque casum fortuna invexerit, hunc
apte et quiete ferat. quod qui faciet, non aegritudine
solum vacabit, sed etiam perturbationibus reliquis omnibus. his autem vacuus animus perfecte atque absolute beatos efficit, idemque concitatus et abstractus
ab integra certaque ratione non constantiam solum
amittit, verum etiam sanitatem.

Quocirca mollis et enervata putanda est Peripateticorum ratio et oratio, qui perturbari animos necesse
dicunt esse, sed adhibent modum quendam, quem ultra
progredi non oporteat. modum tu adhibes vitio? an
vitium nullum est non parere rationi? an ratio parum
praecipit nec bonum illud esse, quod aut cupias ar-
denter aut adeptus ecferas te insolenter, nec porro
malum, quo aut oppressus iaceas aut, ne opprimare,
mente vix constes? eaque omnia aut nimis tristia aut
nimis laeta errore fieri, qui [si] error stultis extenuetur
die, ut, cum res eadem maneat, aliter ferant inveterata aliter recentia, sapientis ne attingat quidem omnino? Etenim quis erit tandem modus iste? quaeramus enim modum aegritudinis, in qua operae plurimum ponitur. aegre tulisse P. Rupilium fratris repulsam consulatus scriptum apud Fannium est. sed
tamen transisse videtur modum, quippe qui ob eam
causam a vita recesserit; moderatius igitur ferre debuit.
quid, si, cum id ferret modice, mors liberorum acces-

---

2 eidem G R V¹   8 obsolute K¹R   14 adhibeant V (-ant
in r.ᶜ)   18 aut B ꜱ V³ ut X   19 iaceas aut] aut *in r*. V¹
20 tristitia V¹   21 si *del*. Mue. *ad Seyfferti Lael. p*. 253. *an* si
[= sc.] error *secl.?*   22 maneat ... ferant ꜱ maneant ... ferat X (eaedem maneant M ꜱ) *cf. p*. 345, 2   25 quo VB   opere X
26 P. Rupilium *Man. ex Fastis Cap. cf. Lael*. 73   prutilium X
(p *exp. in* RV, *primum* u *in r. in* V)   27 *fr*. 6 (*p*. 88 *P*.)
29 moderatus G¹V¹

sisset? 'nata esset aegritudo nova, sed ea modica'. magna tamen facta esset accessio. quid, si deinde dolores graves corporis, si bonorum amissio, si caecitas, si exilium? si pro singulis malis aegritudines acce-
5 derent, summa ea fieret, quae non sustineretur. Qui modum igitur vitio quaerit, similiter facit, ut si posse putet eum qui se e Leucata praecipitaverit sustinere se, cum velit. ut enim id non potest, sic animus perturbatus et incitatus nec cohibere se potest nec, quo
10 loco vult, insistere. omninoque, quae crescentia perniciosa sunt, eadem sunt vitiosa nascentia; aegritudo autem ceteraeque perturbationes amplificatae certe pestiferae sunt: igitur etiam susceptae continuo in magna pestis parte versantur. etenim ipsae se impel-
15 lunt, ubi semel a ratione discessum est, ipsaque sibi imbecillitas indulget in altumque provehitur imprudens nec reperit locum consistendi. quam ob rem nihil interest, utrum moderatas perturbationes adprobent an moderatam iniustitiam, moderatam ignaviam, modera-
20 tam intemperantiam; qui enim vitiis modum apponit, is partem suscipit vitiorum; quod cum ipsum per se odiosum est, tum eo molestius, quia sunt in lubrico incitataque semel proclivi labuntur sustinerique nullo modo possunt.

25 Quid, quod idem Peripatetici perturbationes istas, quas nos extirpandas putamus, non modo naturalis esse dicunt, sed etiam utiliter a natura datas? quorum est talis oratio: primum multis verbis iracundiam laudant, cotem fortitudinis esse dicunt, multoque et
30 in hostem et in inprobum civem vehementioris ira-

---

1 *dist. Se.*   5 sustineretur] eretur *in r.* V^c 9 neccoloco
K ne͡qoloco G^1 necquiloco R^1 *(corr.²)*   10 omnino quaeque
cr. X (quaequae K) pernitiosa GRV   13 pestiferunt ig. K^1
14 ipse GV   16 inb. G   17 repperit X   23 sustineri quae
X (que V)   26 nos V^c ϛ non X   29 *imit. Lact. inst. 6,14*   30 et
inprobum V (im ss.²) et inprobum GK (imp.) R (imp.) vehementiores V (e *ex* i²)

torum impetus esse, levis autem ratiunculas eorum, qui ita cogitarent: 'proelium rectum est hoc fieri, convenit dimicare pro legibus, pro libertate, pro patria;' haec nullam habent vim, nisi ira excanduit fortitudo. nec vero de bellatoribus solum disputant: imperia severiora nulla esse putant sine aliqua acerbitate iracundiae; oratorem denique non modo accusantem, sed ne defendentem quidem probant sine aculeis iracundiae, quae etiamsi non adsit, tamen verbis atque motu simulandam arbitrantur, ut auditoris iram oratoris incendat actio. virum denique videri negant qui irasci nesciet, eamque, quam lenitatem nos dicimus, vitioso lentitudinis nomine appellant. Nec vero solum hanc libidinem laudant — est enim ira, ut modo definivi, ulciscendi libido —, sed ipsum illud genus vel libidinis vel cupiditatis ad summam utilitatem esse dicunt a natura datum; nihil enim quemquam nisi quod lubeat praeclare facere posse. noctu ambulabat in publico Themistocles, quod somnum capere non posset, quaerentibusque respondebat Miltiadis tropaeis se e somno suscitari. cui non sunt auditae Demosthenis vigiliae? qui dolere se aiebat, si quando opificum antelucana victus esset industria. philosophiae denique ipsius principes numquam in suis studiis tantos progressus sine flagranti cupiditate facere po-

---

3 demicare K¹ 4 habent] *Peripateticorum argumentationem recta oratione C. referre pergit ut mox v. 13* noctu eqs. (*cf. p. 447, 26 fin. 3, 62. 64 al.*) 12 nesciet Ω (nesciat *edd. plur.*) ὅστις οὐδέποτε ὀργισθήσεται, τοῦτον οὐδ' ἄνδρα δοκεῖν εἶναί φασιν *cf.* ὁ σοφὸς ὀργισθήσεται, *amaturum esse p. 398, 5 vincetur 427, 28 al. Hor. ars 35* eamque ... 13 appellant *Non. 134, 4* vitiosolitudinis K nomine *in mg.* G¹ nevero G¹ 15 modo *cf. p. 371, 7 321, 18 Lact. ira 17, 20* 16 *alt.* vel *om.* KR 18*sqq. Val. Max. 8, 14 ext. 1* 20 posset: *indicatur non externa ambulandi causa, sed ratio qua adductus adulescens inquietus consilium ambulandi ceperit* (cum *pro* quod *Sey.*) militiadis (*alt.* i *del.* V³) trophaeis GR(*corr.* R¹)V militia adstropheis K (tropea miliciadis *Val. Max.*) 21 suscitare X *corr.* V^rec ς 22 demostenis X dolore GR¹V¹ agebat K

tuissent. ultimas terras lustrasse Pythagoran Democritum Platonem accepimus. ubi enim quicquid esset quod disci posset, eo veniendum iudicaverunt. num putamus haec fieri sine summo cupiditatis ardore potuisse? Ipsam aegritudinem, quam nos ut taetram et inmanem beluam fugiendam diximus, non sine magna utilitate a natura dicunt constitutam, ut homines castigationibus reprehensionibus ignominiis adfici se in delicto dolerent. impunitas enim peccatorum data videtur eis qui ignominiam et infamiam ferunt sine dolore; morderi est melius conscientia. ex quo est illud e vita ductum ab Afranio: nam cum dissolutus filius: 'heu me miserum!' tum severus pater: 'dum modo doleat aliquid, doleat quidlubet.' Reliquas quoque partis aegritudinis utilis esse dicunt, misericordiam ad opem ferendam et calamitates hominum indignorum sublevandas; ipsum illud aemulari obtrectare non esse inutile, cum aut se non idem videat consecutum, quod alium, aut alium idem, quod se; metum vero si qui sustulisset, omnem vitae diligentiam sublatam fore, quae summa esset in eis qui leges, qui magistratus, qui paupertatem, qui ignominiam, qui mortem, qui dolorem timerent. Haec tamen ita disputant, ut resecanda esse fateantur, evelli penitus dicant nec posse nec opus esse et in omnibus fere rebus mediocritatem esse optumam existiment. quae cum exponunt, nihilne tibi videntur an aliquid dicere?

Mihi vero dicere aliquid, itaque expecto, quid ad ista.

Reperiam fortasse, sed illud ante: videsne, quanta fuerit apud Academicos verecundia? plane enim di-

---

2 quiquid G¹ esse G¹K 3 dici GR¹V¹ (*corr.* R¹V¹) num] nam R¹ 6 diximus *p. 330, 10* fugienda X (-ā V⁽ᶜ⁾) 7 homines ⸗ omnes X castigationes V¹ 8 adfici se] adficisse X (*corr.* V³) 12 evicta d. V *Afr. fr. 409* 13 eume K 16 calamitates *post* indignorum *rep.* X *del.* V³ 19 quis GV⁽ʳᵉᶜ⁾ 21 esse K qui leges qui magistratus *in r.* V⁽ᶜ⁾ 23 tenerent K 26 existimant ⸗ 28 ista/// (*eras.* m) K

cunt, quod ad rem pertineat: Peripateticis respondetur
a Stoicis; digladientur illi per me licet, cui nihil est
necesse nisi, ubi sit illud, quod veri simillimum videatur, anquirere. quid est igitur quod occurrat in hac
quaestione, e quo possit attingi aliquid veri simile, quo 5
longius mens humana progredi non potest? definitio
perturbationis, qua recte Zenonem usum puto. ita enim
definit, ut perturbatio sit aversa ⟨a⟩ ratione contra naturam animi commotio, vel brevius, ut perturbatio sit
adpetitus vehementior, vehementior autem intellega- 10
tur is qui procul absit a naturae constantia. quid ad
has definitiones possim dicere? atque haec pleraque
sunt prudenter acuteque disserentium, illa quidem ex
rhetorum pompa: 'ardores animorum cotesque virtutum.' an vero vir fortis, nisi stomachari coepit, non 15
potest fortis esse? gladiatorium id quidem. quamquam
in eis ipsis videmus saepe constantiam: 'conlocuntur,
congrediuntur, quaerunt aliquid, postulant,' ut magis
placati quam irati esse videantur, sed in illo genere
sit sane Pacideianus aliquis hoc animo, ut narrat 20
Lucilius:

'Occidam illum equidem et vincam, si id quaeritis'
                           inquit,
'Verum illud credo fore: in os prius accipiam ipse
Quam gladium in stomacho furi ac pulmonibus 25
                           sisto.

---

1 Peripateticis] *haec igitur continent quae Academici (qui verecunde nihil ipsi adfirmant) dicunt Ciceroque ipse ut Academicus amplectitur (cf. p. 364, 4)*   5 e quo B²ϛ aequa X (e qua V^(rec))   7 quae KV¹   Zeno fr. 205   8 a GrB ϛ *om.* X
10 vehementior *semel in* X   12 possint 'Bern.¹' Bentl. *sed (ut p. 387, 20 sqq.) C. ipse definitiones excutit; cf. v. 2—4 et p. 389, 25; 410, 3*   atque *Tregder* atqui   16 id quidem *ex* idem K¹   17 *versus ign.* conloquuntur G(?)   18 quaerunt *Schlenger, Phil. 12, 288* quaeruntur GVR¹ (a *del.*¹) queruntur K
20 *Lucil. 153* pacidianus X (plac. V)   25 furi *Ti.* suria GRV sura K *(def. Roßb. p. 100)* furia *Marx* spurci *Sey.* pulmonibus isto VG¹

Odi hominem, iratus pugno, nec longius quicquam
Nobis, quam dextrae gladium dum accommodet
    alter;
Usque adeo studio atque odio illius ecferor ira';
at sine hac gladiatoria iracundia videmus progre-
dientem apud Homerum Aiacem multa cum hilari-
tate, cum depugnaturus esset cum Hectore; cuius, ut
arma sumpsit, ingressio laetitiam attulit sociis, terrorem
autem hostibus, ut ipsum Hectorem, quem ad modum
est apud Homerum, toto pectore trementem provocasse
ad pugnam paeniteret. atque hi conlocuti inter se,
prius quam manum consererent, leniter et quiete nihil
ne in ipsa quidem pugna iracunde rabioseve fecerunt.
ego ne Torquatum quidem illum, qui hoc cognomen
invenit, iratum existimo Gallo torquem detraxisse, nec
Marcellum apud Clastidium ideo fortem fuisse, quia
fuerit iratus. de Africano quidem, quia notior est
nobis propter recentem memoriam, vel iurare possum
non illum iracundia tum inflammatum fuisse, cum in
acie M. Alliennium Paelignum scuto protexerit gladi-
umque hosti in pectus infixerit. de L. Bruto fortasse
dubitarim, an propter infinitum odium tyranni ecfre-
natius in Arruntem invaserit; video enim utrumque
comminus ictu cecidisse contrario. quid igitur huc ad-
hibetis iram? an fortitudo, nisi insanire coepit, impetus suos non habet? quid? Herculem, quem in caelum ista ipsa, quam vos iracundiam esse vultis, sustulit fortitudo, iratumne censes conflixisse cum Eryman-

---

2 nobis ς vobis X (ṅobis R¹?) accomodet V *(prius* o *in*
r.ᶜ) 4 hęc feror Kᶜ 5 at ς Vʳᵉᶜ ac hac] ac G 6 *H 211*
7. 9 haect. KV (6 G) 8 attollit K 9 autem *add.* G²
11 atqueˀ V 14 cognomen *e corr.* Vʳᵉᶜ B ς cognovit nomen X
20 aciem alliennium KRG (*ex* ali-¹) acie malliennium V
pelignum KV *e corr.* 22 effren. K¹ (hecfren.ᶜ) ĕfren. V¹
23 arrunte X 24 comminus eqs. *Ennii verba latere susp.*
Mue. ạdhuc G¹ 28 ratumne X *corr.* V³ς erymathio X (erim.
V) *corr.* R²

thio apro aut leone Nemeaeo? an etiam Theseus Marathonii tauri cornua conprehendit iratus? vide ne fortitudo minime sit rabiosa sitque iracundia tota levitatis.

23 Neque enim est ulla fortitudo, quae rationis est
51 expers. 'contemnendae res humanae sunt, neglegenda mors est, patibiles et dolores et labores putandi' — haec cum constituta sunt iudicio atque sententia, tum est robusta illa et stabilis fortitudo, nisi forte, quae vehementer acriter animose fiunt, iracunde fieri suspicamur. mihi ne Scipio quidem ille pontufex maxumus, qui hoc Stoicorum verum esse declaravit, numquam privatum esse sapientem, iratus videtur fuisse Ti. Graccho tum, cum consulem languentem reliquit atque ipse privatus, ut si consul esset, qui rem publicam
52 salvam esse vellent, se sequi iussit. nescio, ecquid ipsi nos fortiter in re p. fecerimus: si quid fecimus, certe irati non fecimus. an est quicquam similius insaniae quam ira? quam bene Ennius 'initium' dixit 'insaniae.' color, vox, oculi, spiritus, inpotentia dictorum ac factorum quam partem habent sanitatis? quid Achille Homerico foedius, quid Agamemnone in iurgio? nam Aiacem quidem ira ad furorem mortemque perduxit. non igitur desiderat fortitudo advocatam iracundiam; satis est instructa parata armata per sese. nam isto quidem modo licet dicere utilem vinulentiam ad fortitudinem, utilem etiam dementiam, quod et in-

---

1 aut] ut R¹ *(corr.*ᶜ⁾* K nemaeo X marathonii auri GV¹
*(corr.*ᶜ*)* maratho̱nii auri R¹ marathoniit auri K 2 comp. KR
6 ʿcontemnendae ... 7 putandi' — haec *dist.* Po. *(cf. p.*
307, 23) sunt B sint X 11 mihi ne B mihime X (mīnime V)
12 stoicicorum GV 13 Ti] *ex* tam Kᶜ 14 gracho X
15 consul⫽ḙet K (ěᶜ) 16 salvam ϛ salva X vellent We. vellet hęc quid VKᶜ 18 insaniae ϛ insania X 19 *Enn. fr. inc. 18* 26 isto modo quidem Ω *corr.* We. vinul. ... 27 utilem *om.* V

sani et ebrii multa faciunt saepe vehementius. semper
Aiax fortis, fortissimus tamen in furore; nam
   Fácinus fecit máximum, cum Dánais inclinántibus
   Summám rem perfecít manu.
proelium restituit insaniens: dicamus igitur utilem
insaniam? Tracta definitiones fortitudinis: intelleges
eam stomacho non egere. fortitudo est igitur 'adfectio
animi legi summae in perpetiendis rebus obtemperans'
vel 'conservatio stabilis iudicii in eis rebus quae for-
midolosae videntur subeundis et repellendis' vel
'scientia rerum formidolosarum contrariarumque aut
omnino neglegendarum conservans earum rerum sta-
bile iudicium' vel brevius, ut Chrysippus (nam superiores definitiones erant Sphaeri, hominis in primis
bene definientis, ut putant Stoici; sunt enim omnino
omnes fere similes, sed declarant communis notiones
alia magis alia) — quo modo igitur Chrysippus?
'fortitudo est' inquit 'scientia rerum perferendarum
vel adfectio animi in patiendo ac perferendo summae
legi parens sine timore.' quamvis licet insectemur
istos, ut Carneades solebat, metuo ne soli philosophi
sint. quae enim istarum definitionum non aperit no-
tionem nostram, quam habemus omnes de fortitudine
tectam atque involutam? qua aperta quis est qui aut
bellatori aut imperatori aut oratori quaerat aliquid
neque eos existumet sine rabie quicquam fortiter facere posse? Quid? Stoici, qui omnes insipientes in-

---

2 *Trag. inc. 64* nam *poetae tribuunt alii*   4 perficit ϛ
perficit X   manu *Bentl.* manus Ω manu sua restituit proelium
insaniens *G. Hermann op. 7, 382 sed cf. Plasberg, Festschr. f.
Vahlen 224, qui recte* proel. r. ins. *Ciceroni, non poetae tribuisse
vid.*   6 insaniem KR   7 *Sphaerus St. fr. 1, 628 cf. Chrys.
3, 285*   8 legissumme K (summe V) optemp. G   9 in eis *ex*
meis V^c 11 contrariarumque] *alt.* a *ex* u *eff.* rumque *in r.
scr.* V^c aut] et *Hei.* perferendarum aut ϛ *(sed* omnino neglegenda *est* οὐδέτερα *vel* ἀδιάφορα *cf. fin. 4, 71)*   12 conservens V^1
13. 17 chris. V   14 spheri X   21 soli *add.* K^c 22 quae
ex qui K^1

sanos esse dicunt, nonne ista conligunt? remove perturbationes maxumeque iracundiam: iam videbuntur monstra dicere. nunc autem ita disserunt, sic se dicere omnes stultos insanire, ut male olere omne caenum. 'at non semper.' commove: senties. sic iracundus non 5 semper iratus est; lacesse: iam videbis furentem. Quid? ista bellatrix iracundia, cum domum rediit, qualis est cum uxore, cum liberis, cum familia? an tum quoque est utilis? est igitur aliquid quod perturbata mens melius possit facere quam constans? an quis- 10 quam potest sine perturbatione mentis irasci? bene igitur nostri, cum omnia essent in moribus vitia, quod nullum erat iracundia foedius, iracundos solos morosos nominaverunt. Oratorem vero irasci minime decet, simulare non dedecet. an tibi irasci tum videmur, 15 cum quid in causis acrius et vehementius dicimus? quid? cum iam rebus transactis et praeteritis orationes scribimus, num irati scribimus? 'ecquis hoc animadvertit? vincite!' — num aut egisse umquam iratum Aesopum aut scripsisse existimas iratum Accium? 20 aguntur ista praeclare, et ab oratore quidem melius, si modo est orator, quam ab ullo histrione, sed aguntur leniter et mente tranquilla.

Libidinem vero laudare cuius est libidinis? Themistoclem mihi et Demosthenen profertis, additis Py- 25 thagoran Democritum Platonem. quid? vos studia libidinem vocatis? quae vel optimarum rerum, ut ea

25
55

---

1 colligunt G¹ *(corr.¹)* K^c V^rec *(ex* collg.)   2 maxumeque G¹RV¹ videbantur K   3 mostra R¹ nostra G ita *add.* K^c
4 *St. fr. 3, 665 cf. Aug. soliloq. 1, 11, 19*   9 quod *add.* V¹   12 moribus V^c B ҁ morbus GR¹V¹ morbis KR *e corr.*   13 solus V¹   15 simulare n. dedecet *om.* V   decet X   18 Accius *Atr. 233*   ecquis ҁ etquis X   animadvortet *de orat. 3, 217* M (animum advertit L), *quod hic quoque fort. restituendum*
20 existimamus KR   22 est melius G¹   istrione X (¹str. G¹)   24 lubid. GRK^c   25 demostenen X proferri G¹   27 libidine GK

sunt quae profertis, sedata tamen et tranquilla esse
debent. Iam aegritudinem laudare, unam rem maxime
detestabilem, quorum est tandem philosophorum? at
commode dixit Afranius: 'dum modo doleat aliquid,
doleat quidlibet.' dixit enim de adulescente perdito
ac dissoluto, nos autem de constanti viro ac sapienti
quaerimus. et quidem ipsam illam iram centurio habeat aut signifer vel ceteri, de quibus dici non necesse
est, ne rhetorum aperiamus mysteria. utile est enim
uti motu animi, qui uti ratione non potest. nos autem,
ut testificor saepe, de sapiente quaerimus. At etiam
aemulari utile est, obtrectare, misereri. cur misereare
potius quam feras opem, si id facere possis? an sine
misericordia liberales esse non possumus? non enim
suscipere ipsi aegritudines propter alios debemus, sed
alios, si possumus, levare aegritudine. obtrectare vero
alteri aut illa vitiosa aemulatione, quae rivalitati similis est, aemulari quid habet utilitatis, cum sit aemu-
lantis angi alieno bono quod ipse non habeat, obtrec-
tantis autem angi alieno bono, quod id etiam alius
habeat? qui id adprobari possit, aegritudinem suscipere pro experientia, si quid habere velis? nam solum
habere velle summa dementia est.

Mediocritates autem malorum quis laudare recte
possit? quis enim potest, in quo libido cupiditasve sit,
non libidinosus et cupidus esse? in quo ira, non iracundus? in quo angor, non anxius? in quo timor, non
timidus? libidinosum igitur et iracundum et anxium
et timidum censemus esse sapientem? de cuius ex-
cellentia multa quidem dici quamvis fuse lateque pos-

---

1 et *add.* G² 3 ad KR 4 *fr. 409 cf. p. 383, 13* 5 doleat] lateat
G¹ quidlibet *hic* X 6 sapienti *ex* -e V¹ 10 utinmotu K¹
11 etiam] enim *Sey. sed cf. p. 383,14* quoque *(item post
Afranii versum)* 12 obtrectari X 19 opt. G 21 qui ϛ
quis GK^cRV quid K¹ (quis//id M) app. V^c 22 nam Bϛ non
X 29 excelentia R¹V¹ 30 dici . . . 390,1 esse *in ras. eiusdem spatii* K¹ *(ante ras. ult. verbum fuit* cognitionemque *cf.
p. 390,2)* fuse *om.* V possunt B¹ *e corr.* ϛ possit X

sunt, sed brevissime illo modo, sapientiam esse rerum divinarum et humanarum scientiam cognitionemque, quae cuiusque rei causa sit; ex quo efficitur, ut divina imitetur, humana omnia inferiora virtute ducat. in hanc tu igitur tamquam in mare, quod est ventis subiectum, perturbationem cadere tibi dixisti videri? quid est quod tantam gravitatem constantiamque perturbet? an inprovisum aliquid aut repentinum? quid potest accidere tale ei, cui nihil, quod homini evenire possit, ⟨non praemeditatum sit⟩? nam quod aiunt nimia resecari oportere, naturalia relinqui, quid tandem potest esse naturale, quod idem nimium esse possit? sunt enim omnia ista ex errorum orta radicibus, quae evellenda et extrahenda penitus, non circumcidenda nec amputanda sunt.

27

Sed quoniam suspicor te non tam de sapiente quam de te ipso quaerere — illum enim putas omni perturbatione esse liberum, te vis —, videamus, quanta sint quae ⟨a⟩ philosophia remedia morbis animorum adhibeantur. est enim quaedam medicina certe, nec tam fuit hominum generi infensa atque inimica natura, ut corporibus tot res salutaris, animis nullam invenerit; de quibus hoc etiam est merita melius, quod corporum adiumenta adhibentur extrinsecus, animorum salus inclusa in is ipsis est. sed quo maior est in eis praestantia et divinior, eo maiore indigent diligentia. itaque bene adhibita ratio cernit, quid optumum sit, neglecta multis implicatur erroribus. ad te igitur mihi iam convertenda omnis

---

1 sapientia GV¹ sapientem K¹   6 cadere *om.* R¹ *(add.*²⁷*)*
9 ei *ut v.* K et GRV   10 *add. Bouhier (cf. 3, 34 Phil. 11, 7)*
14 et extrahenda *om.* V   19 sint V³ϛ sit X   a B²M²ϛ *om.* X   23 nulla GKR nullas V *sed* s *fort. postea additum* nullam ϛ est *om.* R¹   27 indigent ϛ indiget X   28 quod K¹ neclecta *hic* X implicabitur K *(def. Roβb. p. 100 ft. recte)* 29 at V¹

oratio est; simulas enim quaerere te de sapiente, quaeris autem fortasse de te.

Earum igitur perturbationum, quas exposui, variae sunt curationes. nam neque omnis aegritudo una ratione sedatur (alia est enim lugenti, alia miseranti aut invidenti adhibenda medicina); est etiam in omnibus quattuor perturbationibus illa distinctio, utrum ad universam perturbationem, quae est aspernatio rationis aut adpetitus vehementior, an ad singulas, ut ad metum lubidinem reliquas melius adhibeatur oratio, et utrum illudne non videatur aegre ferundum, ex quo suscepta sit aegritudo, an omnium rerum tollenda omnino aegritudo, ut, si quis aegre ferat se pauperem esse, idne disputes, paupertatem malum non esse, an hominem aegre ferre nihil oportere. nimirum hoc melius, ne, si forte de paupertate non persuaseris, sit aegritudini concedendum; aegritudine autem sublata propriis rationibus, quibus heri usi sumus, quodam modo etiam paupertatis malum tollitur. sed omnis eius modi perturbatio animi placatione abluatur illa quidem, cum doceas nec bonum illud esse, ex quo laetitia aut libido oriatur, nec malum, ex quo aut metus aut aegritudo; verum tamen haec est certa et propria sanatio, si doceas ipsas perturbationes per se esse vitiosas nec habere quicquam aut naturale aut necessarium, ut ipsam aegritudinem leniri videmus, cum obicimus maerentibus imbecillitatem animi ecfeminati, cumque eorum gravitatem constantiamque laudamus, qui non turbulente humana patiantur. quod quidem solet eis etiam accidere, qui

---

3 eorum ϛ earum X   5 sadatur V   6 adhibenda *add.* G²
9 $^{a^2}$ut V   10 libid. K¹V   reliquas V¹ (que *add.*³) reliquias GKR   12 tollenda ϛ toleranda X   13 omni V¹   16 si *add.* Kᶜ   20 animi] enim V¹   21 nec ϛ V³ et X   22 $^{a^2}$ut V et G¹
26 ut] aut R¹V   ipsa GRV¹   27 obicibus GKR   inbecil̄litatem G   28 gravitate constantiaque GRV¹

illa mala esse censent, ferenda tamen aequo animo
arbitrantur. putat aliquis esse voluptatem bonum,
alius autem pecuniam; tamen et ille ab intemperantia
et hic ab avaritia avocari potest. illa autem altera
ratio et oratio, quae simul et opinionem falsam tollit 5
et aegritudinem detrahit, est ea quidem utilior, sed
raro proficit neque est ad volgus adhibenda. quaedam
autem sunt aegritudines, quas levare illa medicina
nullo modo possit, ut, si quis aegre ferat nihil in se
esse virtutis, nihil animi, nihil officii, nihil honestatis, 10
propter mala is quidem angatur, sed alia quaedam
sit ad eum admovenda curatio, et talis quidem, quae
possit esse omnium etiam de ceteris rebus discrepan-
tium philosophorum. inter omnis enim convenire
oportet commotiones animorum a recta ratione aver- 15
sas esse vitiosas, ut, etiamsi vel mala sint illa, quae
metum aegritudinemve, vel bona, quae cupiditatem
laetitiamve moveant, tamen sit vitiosa ipsa commotio.
constantem enim quendam volumus, sedatum, gravem, humana omnia spernentem illum esse, quem 20
magnanimum et fortem virum dicimus. talis autem
nec maerens nec timens nec cupiens nec gestiens
esse quisquam potest. eorum enim haec sunt, qui
eventus humanos superiores quam suos animos esse
ducunt. 25

---

19 constantem . . . 393, 15 vitae H

1 ferendum K   2 arbitratur GRV¹   puta GRV¹   aliquid K
idem fuit fort. in R (aliqui͛esse)   4 hic abaritia V¹   5 et oratio
om. V   falsa GRV¹   6 et om. K¹   aegritudine GRV¹   8 ulla
V^rec   11 is ex si G²   agatur G¹   16 vitiosas om. V   vel . . .
17 vel Bentl. nec . . . nec   16 quae] ex quem V³   20 spernentem Anon. ap. Lb.   prementem (praem. GKH)X (vix Cice-
ronianum, licet Sen. de ira 3, 6, 1 dicat: animus quietus semper, . . . omnia infra se premens cf. Tusc. p. 405, 20 omnia
subter se habet) praemeditantem Se.   21 virum add. G³
23 quae ventus G¹ (corr.¹) V¹ (corr.³)   25 ducunt ς dicunt X

Quare omnium philosophorum, ut ante dixi, una ratio est medendi, ut nihil, quale sit illud quod perturbet animum, sed de ipsa sit perturbatione dicendum. itaque primum in ipsa cupiditate, cum id solum agitur ut ea tollatur, non est quaerendum, bonum illud necne sit quod lubidinem moveat, sed lubido ipsa tollenda est, ut, sive, quod honestum est, id sit summum bonum sive voluptas sive horum utrumque coniunctum sive tria illa genera bonorum, tamen, etiamsi virtutis ipsius vehementior adpetitus sit, eadem sit omnibus ad deterrendum adhibenda oratio. continet autem omnem sedationem animi humana in conspectu posita natura; quae quo facilius expressa cernatur, explicanda est oratione communis condicio lexque vitae. itaque non sine causa, cum Orestem fabulam doceret Euripides, primos tris versus revocasse dicitur Socrates:

'Neque tám terribilis úlla fando orátio est,
Nec fórs nec ira caélitum invectúm malum,
    Quod nón natura humána patiendo écferat.'

est autem utilis ad persuadendum ea quae acciderint ferri et posse et oportere enumeratio eorum qui tulerunt. etsi aegritudinis sedatio et hesterna disputatione explicata est et in Consolationis libro, quem in medio — non enim sapientes eramus — maerore et dolore conscripsimus; quodque vetat Chrysippus, ad

---

1 *St. fr. 3, 488 cf. 474* aut V *(exp.³)*   3 sit *add.* G²   6 lib. H *(bis)* K¹ *priore loco*   7 sive *ex* sine V³   10 etiamsi] si H virtus KRH   11 sit *add.* G¹   15 non . . . 16 Euripides *Prisc. GL. 2, 246, 2*   16 doceret ς *Prisc.* diceret X   18 neque . . . 20 ferat *Prisc. GL. 3, 426, 7*   18 oratio ς (ἔπος) ratio X *Prisc.*   19 fors X (sor G¹ fors G²) *Prisc. (audacter dictum pro eo quod fors fert, ut saepe fortuna; sed vix spernendum cf.* Forsdeus *Att. 4, 10* forte-divinitus *Liv. 1, 4, Ov. trist. 5, 3, 13, Vell. 2, 66 al.)* sors *vulgo* (πάθος *Eur.*) invectum *edd.* inventum X invictum *Prisc.*   20 non *add.* G²   22 oportere//// V eorum *bis* V¹   23 tullerunt GR *(corr.ᶜ)* V *(corr.³)*   26 vertat V¹ *St. fr. 3, 484*

recentis quasi tumores animi remedium adhibere, id
nos fecimus naturaeque vim attulimus, ut magnitudini
medicinae doloris magnitudo concederet. Sed aegritudini, de qua satis est disputatum, finitimus est metus, de quo pauca dicenda sunt. est enim metus, ut
aegritudo praesentis, sic ille futuri mali. itaque non
nulli aegritudinis partem quandam metum esse dicebant, alii autem metum praemolestiam appellabant,
quod esset quasi dux consequentis molestiae. quibus
igitur rationibus instantia feruntur, eisdem contemnuntur sequentia. nam videndum est in utrisque, ne quid
humile summissum molle ecfeminatum fractum abiectumque faciamus. sed quamquam de ipsius metus inconstantia inbecillitate levitate dicendum est, tamen
multum prodest ea, quae metuuntur, ipsa contemnere.
itaque sive casu accidit sive consilio, percommode factum est, quod eis de rebus quae maxime metuuntur,
de morte et de dolore, primo et proxumo die disputatum est. quae si probata sunt, metu magna ex
parte liberati sumus.

Ac de malorum opinione hactenus; videamus nunc
de bonorum, id est de laetitia et de cupiditate. mihi
quidem in tota ratione ea, quae pertinet ad animi perturbationem, una res videtur causam continere, omnis
eas esse in nostra potestate, omnis iudicio susceptas,
omnis voluntarias. hic igitur error est eripiendus, haec
detrahenda opinio atque ut in malis opinatis tolerabilia, sic in bonis sedatiora sunt efficienda ea quae mag-

---

3 sed ... 13 faciamus H

2 attullimus X (adt. V)   cum *in* vim *corr.* V³   ut cum
magnitudine ... 3 concederet *Non. 270, 11*   5 //ut V¹   6 illi
X *corr.* V³ς   8 praemolestia X *corr.* V^{rec} ς   9 esset *Bentl.*
est   16 casu] causa V   18 disputandum K   disputata sunt
G (-a sunt *e corr.*)   23 eaque KR   pertinet ς pertinent X
26 haec detrahenda opinio ne consererent Gr   27 tollerabilia
X *(corr.* R^{c?})*

na et laetabilia ducuntur. atque hoc quidem commune malorum et bonorum, ut, si iam difficile sit persuadere nihil earum rerum, quae perturbent animum, aut in bonis aut in malis esse habendum, tamen alia ad alium motum curatio sit adhibenda aliaque ratione malevolus, alia amator, alia rursus anxius, alia timidus corrigendus. atque erat facile sequentem eam rationem, 66 quae maxume probatur de bonis et malis, negare umquam laetitia adfici posse insipientem, quod nihil umquam haberet boni; sed loquimur nunc more communi. sint sane ista bona, quae putantur, honores divitiae voluptates cetera, tamen in eis ipsis potiundis exultans gestiensque laetitia turpis est, ut, si ridere concessum sit, vituperetur tamen cachinnatio. eodem enim vitio est ecfusio animi in laetitia quo in dolore contractio, eademque levitate cupiditas est in appetendo qua laetitia in fruendo, et ut nimis adflicti molestia, sic nimis elati laetitia iure iudicantur leves; et, cum invidere aegritudinis sit, malis autem alienis voluptatem capere laetitiae, utrumque immanitate et feritate quadam proponenda castigari solet; atque ut cavere decet, timere non decet, sic gaudere decet, laetari non decet, quoniam docendi causa a gaudio laetitiam distingui- 67 mus; illud iam supra diximus, contractionem animi recte fieri numquam posse, elationem posse. aliter enim Naevianus ille gaudet Hector:
'Laétus sum laudári me abs te, páter, a laudató viro',
aliter ille apud Trabeam:

---

1 dicuntur Ω corr. Wo. 2 bónorum et málorum G¹
3 perturbant K¹ 8 maxime VK¹ (-mae) probatur] -obatur in r. V° 11 sunt V honore K¹ 12 potiundus G¹ 17 adflicti ς adflictio X 18 nimis ς animis X (animi V³) dicantur V 21 atque ... 22 timere non decet Non. 444, 7 cavere Dav. e p. 367, 26 confidere Ω Non. (interpolatum ex p. 324, 1 sqq.) providere Tr. 24 supra cf. p. 368, 2 contractione X corr. V³ς 26 Hect. profic. 15 haector GK hĕctor V(° ˣ) 28 Trab. fr. 1

'Léna delenita argento nútum observabít meum,
Quíd velim, quid stúdeam. adveniens dígito impellam
    iánuam,
Fóres patebunt. de inproviso Chrýsis ubi me aspé-
    xerit,
Álacris ob viám mihi veniet cómplexum exoptáns
    meum,
Mihi se dedet.'
quam haec pulchra putet, ipse iam dicet:
'Fórtunam ipsam anteíbo fortunís meis'.
haec laetitia quam turpis sit, satis est diligenter attendentem penitus videre.

Et ut turpes sunt, qui ecferunt se laetitia tum cum fruuntur Veneriis voluptatibus, sic flagitiosi, qui eas inflammato animo concupiscunt. totus vero iste, qui volgo appellatur amor — nec hercule invenio, quo nomine alio possit appellari —, tantae levitatis est, ut nihil videam quod putem conferendum. quem Caecilius 'deum qui non summum putet, aut stultum aut rerum esse imperitum' existumat,

'Cui ín manu sit, quem ésse dementém velit,
Quem sápere, quem sanári, quem in morbum ínici,

. . . .

Quem cóntra amari, quem éxpeti, quem arcéssier.'
o praeclaram emendatricem vitae poëticam, quae amorem flagitii et levitatis auctorem in concilio deorum

---

1 argento *ex* -tum V   3 genuam K   8 se dedit K sedet V   11 haec . . . 13 effe *om.* V¹, *add.* V^rec *in mg.*, runt se *eadem m. in r.*   13 hecferunt K haec ferunt G qui///efferunt R (1 *et* ef *m. rec.*)   14 quiaesinflammato K¹ inflamato GRV   16 appellantur V¹   nec *ex* ne V^c   18 *fr. 259*   20 existumat ς existumet X   21 cul *Ciceroni trib. Mue.* cuii *Ribb.*   demente GRV¹   22 sanari *Man.* insanare K¹ insanire GRVK^c   24 *hunc fere versum excidisse statuit Bentl.:* quem odio esse, quem contemni, quem excludi foras   arcessier *Bentl.* arcessiri (arcescirl V¹)X   25 amore X *(in K s in fine eras.)*

conlocandum putet! de comoedia loquor, quae, si haec
flagitia non probaremus, nulla esset omnino; quid ait
ex tragoedia princeps ille Argonautarum?
'Tú me amoris mágis quam honoris sérvavisti grátia.'
quid ergo? hic amor Medeae quanta miseriarum excitavit incendia! atque ea tamen apud alium poëtam patri
dicere audet se 'coniugem' habuisse 'illum, Amor quem
dederat, qui plus pollet potiorque est patre.' Sed poëtas
ludere sinamus, quorum fabulis in hoc flagitio versari ipsum videmus Iovem: ad magistros virtutis philosophos veniamus, qui amorem negant stupri esse
et in eo litigant cum Epicuro non multum, ut opinio
mea fert, mentiente. quis est enim iste amor amicitiae?
cur neque deformem adulescentem quisquam amat neque formosum senem? mihi quidem haec in Graecorum gymnasiis nata consuetudo videtur, in quibus isti
liberi et concessi sunt amores. bene ergo Ennius:
'Flágiti princípium est nudare ínter civis córpora.'
qui ut sint, quod fieri posse video, pudici, solliciti
tamen et anxii sunt, eoque magis, quod se ipsi continent
et coërcent. atque, ut muliebris amores omittam, quibus maiorem licentiam natura concessit, quis aut de
Ganymedi raptu dubitat, quid poëtae velint, aut non intellegit, quid apud Euripidem et loquatur et cupiat
Laius? quid denique homines doctissimi et summi poëtae de se ipsis et carminibus edunt et cantibus? fortis
vir in sua re p. cognitus quae de iuvenum amore scribit
Alcaeus! nam Anacreontis quidem tota poësis est amatoria. maxume vero omnium flagrasse amore Reginum

---

1 conlocari dum G¹ 2 non ϛ nos X *(cf. p. 381, 26)* nos ⟨non⟩
Roßb. p. 103 3 argonautarū V (rū *in r.* Vᶜ) 4 *Ennius Med.
exul 278* tumamoris K tum ea moris R servavisti *Crat.* ser-
vasti 7 se ϛ V³ sed X *Trag. inc. 174* 8 hāēç̧ G (*exp.¹ est ss.²*)
10 at G¹ 11 *St. fr. 3, 653 Epic. 483* quimorem quā orem K¹ -i
amorem *in r.* G² 13 ista K¹ 17 *Ennius sc. 395* 18 flagitii X
cives G(?) Rʳᵉᶜ 23 ganumedi K nymedi G¹ ganymedis Vʳᵉᶜ
24 *Eurip. Chrysippo p. 632 N.* 26 edunt *Lb.* edant *cf. praef.*

34 Ibycum apparet ex scriptis. Atque horum omnium lubidinosos esse amores videmus: philosophi sumus exorti, et auctore quidem nostro Platone, quem non iniuria Dicaearchus accusat, qui amori auctoritatem tribueremus. Stoici vero et sapientem amaturum esse dicunt et amorem ipsum 'conatum amicitiae faciendae ex pulchritudinis specie' definiunt. qui si quis est in rerum natura sine sollicitudine, sine desiderio, sine cura, sine suspirio, sit sane; vacat enim omni libidine; haec autem de libidine oratio est. sin autem est aliquis amor, ut est certe, qui nihil absit aut non multum ab insania, qualis in Leucadia est: 'si quidem sit quisquam deus, cui ego sim curae' — at id erat deis omnibus curandum, quem ad modum hic frueretur voluptate amatoria! 'heu me infelicem!' — nihil verius. probe et ille: 'sanusne es, qui temere lamentare?' sic insanus videtur etiam suis. at quas tragoedias efficit!

'Te, Apóllo sancte, fér opem, teque, amnipotens
                                                                        Neptune, ínvoco,
  Vosque ádeo, Ventí!'
mundum totum se ad amorem suum sublevandum conversurum putat, Venerem unam excludit ut iniquam: 'nam quid ego te appellem, Venus?' eam prae lubidine negat curare quicquam: quasi vero ipse non propter lubidinem tanta flagitia et faciat et dicat. — sic igitur adfecto haec adhibenda curatio est, ut et illud quod cupiat ostendatur quam leve, quam contemnendum, quam nihili sit omnino, quam facile vel aliunde vel alio modo perfici vel omnino neglegi

---

3 et] ex G¹   5 St. fr. 3, 652   7 qui si] quin V   12 Turpil. 115   13 cuii Ribb. ad V   dehis X (de//is V)   16 sanun es Wo. sic] hic Mdv. (at cf. ita div. 2, 82)   17 at] ad KR effecit KRG (tragoediasɼeffecit) Vʳᵉᶜ (affecit V¹) efficit ϛ   18 te ϛ et X   tequea omnipotens GR tequeaomnipotens K teque//omnipotens V amnipotens Wölfflin ap. Ribb. omnip. vulgo   23 quid add. Kᶜ   24, 25 lib. V   27 ostendat Ω ostendatur Dav. ostendas Bouhier   28 nihil V   29 vel aliunde bis K¹ vel//allènde G (1 in r. etᵘ²)

possit; abducendus etiam est non numquam ad alia studia sollicitudines curas negotia, loci denique mutatione tamquam aegroti non convalescentes saepe curandus est; etiam novo quidam amore veterem amorem tamquam clavo clavum eiciendum putant; maxume autem admonendus ⟨est⟩, quantus sit furor amoris. omnibus enim ex animi perturbationibus est profecto nulla vehementior, ut, si iam ipsa illa accusare nolis, stupra dico et corruptelas et adulteria, incesta denique, quorum omnium accusabilis est turpitudo, — sed ut haec omittas, perturbatio ipsa mentis in amore foeda per se est. nam ut illa praeteream, quae sunt furoris, haec ipsa per sese quam habent levitatem, quae videntur esse mediocria,

Iniúriae
Suspiciones inimicitiae indútiae
Bellúm pax rursum! incérta haec si tu póstules
Ratióne certa fácere, nihilo plús agas,
Quam sí des operam, ut cúm ratióne insánias.

haec inconstantia mutabilitasque mentis quem non ipsa pravitate deterreat? est etiam illud, quod in omni perturbatione dicitur, demonstrandum, nullam esse nisi opinabilem, nisi iudicio susceptam, nisi voluntariam. etenim si naturalis amor esset, et amarent omnes et semper amarent et idem amarent, neque alium pudor, alium cogitatio, alium satietas deterreret.

Ira vero, quae quam diu perturbat animum, dubitationem insaniae non habet, cuius inpulsu existit etiam inter fratres tale iurgium:

---

24 etenim ... 26 deterreret H

1 etiam est non *in r.* V^c   4 *Hier. epist. 125, 14*   5 clavo] clava V   6 idmonendus V¹ *add. Bai.*   8. 10 accuss. K
11 omittas *ex* comitas V³   12 futuris K¹ furoris^c   13 sęse V *(exp.³)*   15 *Ter. Eun. 59—63*   16 induciae R V   17 si tu ς sit ut X *(prius* t *exp.* V³*)*   18 plus *add.* G²   21 etiam *Man.* enim   24 amor esset *ex* amorem et K^c   25 et idem amarent *om.* H   26 deterret G¹   27 quae]-ae *in r.* V³   28 imp. K R

'Quis homo te exsuperávit usquam géntium impú-
dentia?'
'Quis aútem malitiá te?' —
nosti, quae secuntur; alternis enim versibus intorquen-
tur inter fratres gravissimae contumeliae, ut facile appareat Atrei filios esse, eius qui meditatur poenam in
fratrem novam:
'Maiór mihi moles, máius miscendúmst malum,
Qui illíus acerbum cór contundam et cómprimam'.
quo igitur haec erumpit moles? audi Thyestem:
'Ipsus hortatúr me frater, út meos malis miser
Mánderem natós —'
eorum viscera apponit. quid est enim quo non pro-
grediatur eodem ira, quo furor? itaque iratos proprie
dicimus exisse de potestate, id est de consilio,
de ratione, de mente; horum enim potestas in totum
animum esse debet. His aut subtrahendi sunt ei, in
quos impetum conantur facere, dum se ipsi conligant,
— quid est autem se ipsum colligere nisi dissupatas
animi partis rursum in suum locum cogere? — aut ro-
gandi orandique sunt, ut, si quam habent ulciscendi
vim, differant in tempus aliud, dum defervescat ira.
defervescere autem certe significat ardorem animi in-
vita ratione excitatum. ex quo illud laudatur Archytae,
qui cum vilico factus esset iratior, 'quo te modo' inquit 'accepissem, nisi iratus essem!'
Ubi sunt ergo isti, qui iracundiam utilem dicunt
— potest utilis esse insania? — aut naturalem? an quic-

---

1 *Enn. Iph. 222* usquam *Bentl.* (ς?) umquam   4 enim]
eum K R   5 gravissime K R V   8. 11 *Acc. Atr. 200. 229*
8 mihi *om.* V   miscendumst *de orat. 3, 219*, *nat. deor. 3, 68*
miscendum *hic* Ω   10 erumpit *Dav.* erunt X erit *Gr.*   11 ipsum Ω ipsus *de orat. 3, 217 lg. 69* (ipsius M ipse L)   12 man-
derem *de orat. 3, 219 ML (cf. Sen. Thy. 779)* mandarem *(con-
ferunt Lucr. 2, 638; sed Saturnus liberos* καταπίνει, *non* κατα-
βιβρώσκει)   13 viscere G K *(bis scr.*[1])R viscerae V   quo// V[1]
(quod[3])   18 se ipsi V[8] ς ipse ipsi X   19 dissipatas *e corr.
in* G *et* R   22 fervescat G[1]   28 an ς hanc X

quam est secundum naturam, quod fit repugnante ratione? quo modo autem, si naturalis esset ira, aut alius alio magis iracundus esset, aut finem haberet prius quam esset ulta, ulciscendi lubido, aut quemquam paeniteret, quod fecisset per iram? ut Alexandrum regem videmus, qui cum interemisset Clitum familiarem suum, vix a se manus abstinuit; tanta vis fuit paenitendi. quibus cognitis quis est qui dubitet quin hic quoque motus animi sit totus opinabilis ac voluntarius? Quis enim dubitarit quin aegrotationes animi, qualis est avaritia, gloriae cupiditas, ex eo, quod magni aestumetur ea res ex qua animus aegrotat, oriantur? unde intellegi debet perturbationem quoque omnem esse in opinione. Et si fidentia, id est firma animi confisio, scientia quaedam est et opinio gravis non temere adsentientis, metus quoque est diffidentia expectati et impendentis mali, et si spes est expectatio boni, mali expectationem esse necesse est metum. ut igitur metus, sic reliquae perturbationes sunt in malo. ergo ut constantia scientiae, sic perturbatio erroris est. Qui autem natura dicuntur iracundi aut misericordes aut invidi aut tale quid, ei sunt constituti quasi mala valetudine animi, sanabiles ta-

---

1 est sec. ς es sec. R esse sec. GKV   2 ira *add.* G²
3 aut finem ... 4 esset *add.* V³   4 ulta *Man.* ulla   5 fecisse V¹   6 clitum] iditum K   8 dubitat K   12 magna V
13 oriantur ς oriatur   14—21 *loco desperato sententia tolerabilis efficiatur, si scribas:* metus quoque ⟨qui⟩ est diffidentia ⟨inbecilla est adsensio (cf. p. 368, 26)⟩ expectati et impendentis mali. *propter haec ultima autem verba proximum enuntiatum et si spes — metum ante et si fidentia — imp. mali ponendum videtur.* ut igitur metus — in malo = ὥστε ἐν τῷ φαύλῳ (*gen. masc. cf.* St. *fr.* 3, 548 p. 147, 9 τὸν σοφὸν ... οὐκ ἀπιστεῖν· τὴν γὰρ ἀπιστίαν εἶναι ψεύδους ὑπόληψιν, τὴν δὲ πίστιν ἀστεῖον ὑπάρχειν, εἶναι γὰρ κατάληψιν ἰσχυράν κτλ.) εἶναι τὸν φόβον, ὡσαύτως δὲ καὶ τὰ λοιπὰ πάθη πάντα? *sed quid Cicero peccaverit quid librarii, incertum.*   16 diffidentia KV³ (itiae V¹) defidentia GR   17 inp. V   19 metum] mecum G¹V¹ reliqui K¹   23 valitudini V   sanabiles ς sanabile est

men, ut Socrates dicitur: cum multa in conventu vitia
conlegisset in eum Zopyrus, qui se naturam cuiusque
ex forma perspicere profitebatur, derisus est a ceteris,
qui illa in Socrate vitia non agnoscerent, ab ipso autem
Socrate sublevatus, cum illa sibi sic nata, sed ratione
a se deiecta diceret. ergo ut optuma quisque valetudine
adfectus potest videri [ut] natura ad aliquem morbum
proclivior, sic animus alius ad alia vitia propensior.
qui autem non natura, sed culpa vitiosi esse dicuntur, eorum vitia constant e falsis opinionibus rerum bonarum et malarum, ut sit alius ad alios motus perturbationesque proclivior. inveteratio autem, ut in corporibus, aegrius depellitur quam perturbatio, citiusque
repentinus oculorum tumor sanatur quam diuturna
lippitudo depellitur.

Sed cognita iam causa perturbationum, quae omnes
oriuntur ex iudiciis opinionum et voluntatibus, sit iam
huius disputationis modus. scire autem nos oportet
cognitis, quoad possunt ab homine cognosci, bonorum et malorum finibus nihil a philosophia posse aut
maius aut utilius optari quam haec, quae a nobis hoc
quadriduo disputata sunt. morte enim contempta et
dolore ad patiendum levato adiunximus sedationem
aegritudinis, qua nullum homini malum maius est. etsi
enim omnis animi perturbatio gravis est nec multum
differt ab amentia, tamen [ita] ceteros, cum sunt in
aliqua perturbatione aut metus aut laetitiae aut cupiditatis, commotos modo et perturbatos dicere solemus,

---

2 zopirus GK   5 sic **nata** *Po* **signa** (insita *vel* innata *Bentl.*
Dav. quod potius de eis rebus dicitur quas etiamnunc habemus) *cf. fin.* 2, 33 ut bacillum aliud est inflexum de industria,
aliud ita natum *fat.* 9 *al.*   6 adse R¹   deiec///ta di//ceret K
valitudine R   7 aff. KR *del. Tr.*   13 perturbatione K¹
14 tumor *add.* Vᶜ *mg.* tuorum K¹   15 depellitur *del. Dav. sed
cf. Mue.*   18 nos ϛ vos X   19 quoad R¹Vʳᵉᶜ ϛ quod ad GKR²V¹
cognosci ab homine R¹ *(corr.*ᶜ⁷*)* K   20 a *om.* K   26 *del. Lb.*
tamen ita *ut ditt. verbi* amentia *del. Nissen fort. rectius*
27 laetitia// V (-aeˢ)   28 commotus V¹

at eos, qui se aegritudini dediderunt, miseros adflictos aerumnosos calamitosos. itaque non fortuito factum videtur, sed a te ratione propositum, ut separatim de aegritudine et de ceteris perturbationibus disputaremus; in ea est enim fons miseriarum et caput. sed et aegritudinis et reliquorum animi morborum una sanatio est, omnis opinabilis esse et voluntarios ea reque suscipi, quod ita rectum esse videatur. hunc errorem quasi radicem malorum omnium stirpitus philosophia se extracturam pollicetur. demus igitur nos huic excolendos patiamurque nos sanari. his enim malis insidentibus non modo beati, sed ne sani quidem esse possumus. aut igitur negemus quicquam ratione confici, cum contra nihil sine ratione recte fieri possit, aut, cum philosophia ex rationum conlatione constet, ab ea, si et boni et beati volumus esse, omnia adiumenta et auxilia petamus bene beateque vivendi.

---

1 qui se] *ex* quis V² quȧs G¹ aegritudinis G¹ *(corr.¹)*K¹ *(corr.*ᶜ*)* V¹ *(s eras.)* affl. KR   5 *alt.* et *om.* V   7 requae GKR (quae ... videatur *in r.* K¹)   9 stirpitus *Statil. Max. ap. Char. GL. 2, 219, 25*   14 ratione V²ς rationi X   15 collatione KR consolatione V

M. TULLI CICERONIS
TUSCULANARUM DISPUTATIONUM
LIBRI QUINQUE

LIBER QUINTUS

1
Quintus hic dies, Brute, finem faciet Tusculanarum disputationum, quo die est a nobis ea de re, quam tu ex omnibus maxime probas, disputatum. placere enim tibi admodum sensi et ex eo libro, quem ad me accuratissime scripsisti, et ex multis sermonibus tuis virtutem ad beate vivendum se ipsa esse contentam. quod etsi difficile est probatu propter tam varia et tam multa tormenta fortunae, tale tamen est, ut elaborandum sit, quo facilius probetur. nihil est enim omnium quae in philosophia tractantur, quod gravius **2** magnificentiusque dicatur. nam cum ea causa impulerit eos qui primi se ad philosophiae studium contulerunt, ut omnibus rebus posthabitis totos se in optumo vitae statu exquirendo conlocarent, profecto spe beate vivendi tantam in eo studio curam operamque posuerunt. quodsi ab is inventa et perfecta virtus

---

5 *(initio libere)* ... 405, 29   est H (9 nihil est ... 405, 8 videantur *et* 405, 18 illa ... 405, 29 est *bis*)

1 Quintus *om.* KR^1 *spatio rubricatori relicto (add.* R^{rec})
3 maxime *add.* G^2 6 ipsam Hς   se ipsa esse *in r.* V^1 contemptam G^{1}H   7 quod ... 8 fortunae *Non. 163, 7*   quod *ex* quo V^2 difficili G^2 (dific. G^1)RV   9 quo *ex* quod G^2 est *add.* K^c 11 ea] aliqua *Bentl. sed cf. Phil. 13, 23:* eam tibi causam belli gerendi proponis, ut senatum funditus deleas
14 profecit K^1 15 totam H *(alt. loco ex* tantam^1) ς

est, et si praesidii ad beate vivendum in virtute satis
est, quis est qui non praeclare et ab illis positam
et a nobis susceptam operam philosophandi arbitretur?
sin autem virtus subiecta sub varios incertosque casus
famula fortunae est nec tantarum virium est, ut se
ipsa tueatur, vereor ne non tam virtutis fiducia nitendum nobis ad spem beate vivendi quam vota facienda
videantur. equidem eos casus, in quibus me fortuna
vehementer exercuit, mecum ipse considerans huic incipio sententiae diffidere interdum et humani generis
imbecillitatem fragilitatemque extimescere. vereor
enim ne natura, cum corpora nobis infirma dedisset
isque et morbos insanabilis et dolores intolerabilis
adiunxisset, animos quoque dederit et corporum doloribus congruentis et separatim suis angoribus et molestiis implicatos. sed in hoc me ipse castigo, quod
ex aliorum et ex nostra fortasse mollitia, non ex ipsa
virtute de virtutis robore existumo. illa enim, si modo
est ulla virtus, quam dubitationem avunculus tuus,
Brute, sustulit, omnia, quae cadere in hominem possunt, subter se habet eaque despiciens casus contemnit
humanos culpaque omni carens praeter se ipsam nihil
censet ad se pertinere. nos autem omnia adversa cum
venientia metu augentes, tum maerore praesentia rerum naturam quam errorem nostrum damnare malumus.

Sed et huius culpae et ceterorum vitiorum peccatorumque nostrorum omnis a philosophia petenda
correctio est. cuius in sinum cum a primis temporibus aetatis nostra voluntas studiumque nos compu-

---

3 philophandi G¹V   5 tantam R¹V¹   8 equidem meos...
9 exercuit *Non. 295, 6*   11 fragillit. K   12 infirma dedisset
om. H   13 intollerabilis X *(praeter H)*   16 sed ... 18 existimo *Non. 251, 31*   18 existumem V²   19 virtus *ex* virtutis G²
20 omnia *ex* omum K^c   homine GRV¹   22 praeter se ipsam *bis* G¹   23 cum *Dav.* tum   24 rerum ... 25 malumus
Non. 277, 15   25 damnare *add.* G²   30 nostram K¹

lisset, his gravissimis casibus in eundem portum, ex quo eramus egressi, magna iactati tempestate confugimus. o vitae philosophia dux, o virtutis indagatrix expultrixque vitiorum! quid non modo nos, sed omnino vita hominum sine te esse potuisset? tu urbis peperisti, tu dissipatos homines in societatem vitae convocasti, tu eos inter se primo domiciliis, deinde coniugiis, tum litterarum et vocum communione iunxisti, tu inventrix legum, tu magistra morum et disciplinae fuisti; ad te confugimus, a te opem petimus, tibi nos, ut antea magna ex parte, sic nunc penitus totosque tradimus. est autem unus dies bene et ex praeceptis tuis actus peccanti inmortalitati anteponendus. cuius igitur potius opibus utamur quam tuis, quae et vitae tranquillitatem largita nobis es et terrorem mortis sustulisti? Ac philosophia quidem tantum abest ut proinde ac de hominum est vita merita laudetur, ut a plerisque neglecta a multis etiam vituperetur. vituperare quisquam vitae parentem et hoc parricidio se inquinare audet et tam impie ingratus esse, ut eam accuset, quam vereri deberet, etiamsi minus percipere potuisset? sed, ut opinor, hic error et haec indoctorum animis offusa caligo est, quod tam longe retro respicere non possunt nec eos, a quibus vita hominium instructa primis sit, fuisse philosophos

---

3 o vitae ... 407, 7 assequebatur H

3 o vitae ... 4 vitiorum *Prisc. GL. 2, 371, 10* o ⟨vitae, *om. codd.*⟩ phil....potuisset *et* tu inventrix...fuisti *Lact. inst. 3, 13, 15 cf. Apul. mund. 1* virtus K R H 4 excultrixque G K R¹V¹H *Apul. plur.* (exculptrixque *PL*) *Lact.* P¹V (ultrixque *H*) expultrixque R^vet V^rec M⸔ *Prisc. Apul.* F² *Lact.* BP² quid] qui V¹ (ᵈ*add.*¹ ᵃᵘᵗ²) *ft. recte cf. Mue.* 8 literarum K 10—12 quid] ad te opem ferimus. est autem H 13 peccandi R¹ imm. G H 15 et *ante* vitae *add.* G² es et] s et *in r.* V¹⁷ 16 terrorem] terrorest K
18 neclecta K R neglecta *ex* necleta V¹ 19 quisquamne vituperare vitae ... 20 ingratus esse *Lact. inst. 3, 14, 8* 20 paricidio K¹V *audeat Lact. codd. praeter B* 25 primi G primissět R (¹Rᶜ) primis est *Ba.*

arbitrantur. Quam rem antiquissimam cum videamus, 3/7
nomen tamen esse confitemur recens. nam sapientiam
quidem ipsam quis negare potest non modo re esse antiquam, verum etiam nomine? quae divinarum humanarumque rerum, tum initiorum causarumque cuiusque
rei cognitione hoc pulcherrimum nomen apud antiquos adsequebatur. itaque et illos septem, qui a Graecis σοφοί, sapientes a nostris et habebantur et nominabantur, et multis ante saeculis Lycurgum, cuius
temporibus Homerus etiam fuisse ante hanc urbem
conditam traditur, et iam heroicis aetatibus Ulixem et
Nestorem accepimus et fuisse et habitos esse sapientis. nec vero Atlans sustinere caelum nec Prometheus 8
adfixus Caucaso nec stellatus Cepheus cum uxore
genero filia traderetur, nisi caelestium divina cognitio nomen eorum ad errorem fabulae traduxisset. a
quibus ducti deinceps omnes, qui in rerum contemplatione studia ponebant, sapientes et habebantur et
nominabantur, idque eorum nomen usque ad Pythagorae manavit aetatem. quem, ut scribit auditor Platonis Ponticus Heraclides, vir doctus in primis, Phliuntem ferunt venisse, eumque cum Leonte, principe
Phliasiorum, docte et copiose disseruisse quaedam.
cuius ingenium et eloquentiam cum admiratus esset
Leon, quaesivisse ex eo, qua maxime arte confideret;
at illum: artem quidem se scire nullam, sed esse philosophum. admiratum Leontem novitatem nominis

---

17 omnesque qui ... 20 aetate H

3 negare non p. K¹ 5 rerum ... causarumque *in mg.* G²
culusque V^c ς culus X (cuiu G¹) 6 cognitionem H 7 qui...
8 nominabantur *del. Sauppe* 8 ϹΟΦΟΙ X habebantur V² ς
habeantur X (et ita h. G) 9 lygurgum X (*ex* lygitur gum K¹)
11 et iam] etiam Ω ulixem] i *e corr.* G ulyxem V 12 *alt.*
et *add.* V^c sapientis *ex* -es R^c 13 atlans K athlans R¹ (h
del.^c) V¹ (n *del.*²) G² (*ex* athalans) 16 traduxisset G¹ (^n ss.¹)
V² ς traduxissent K R V¹ 21 *fr. 78 V.* philuntem X 22 eumque cum] cumque *Dav.* 23 philiasiorum G¹V

quaesivisse, quinam essent philosophi, et quid inter
9 eos et reliquos interesset; Pythagoram autem respondisse similem sibi videri vitam hominum et mercatum eum, qui haberetur maxumo ludorum apparatu totius Graeciae celebritate; nam ut illic alii corporibus exercitatis gloriam et nobilitatem coronae peterent, alii emendi aut vendendi quaestu et lucro ducerentur, esset autem quoddam genus eorum, idque vel maxime ingenuum, qui nec plausum nec lucrum quaererent, sed visendi causa venirent studioseque perspicerent, quid ageretur et quo modo, item nos quasi in mercatus quandam celebritatem ex urbe aliqua sic in hanc vitam ex alia vita et natura profectos alios gloriae servire, alios pecuniae, raros esse quosdam, qui ceteris omnibus pro nihilo habitis rerum naturam studiose intuerentur; hos se appellare sapientiae studiosos — id est enim philosophos —; et ut illic liberalissimum esset spectare nihil sibi adquirentem, sic in vita longe omnibus studiis contemplationem rerum cognitionemque praestare.

4
10 Nec vero Pythagoras nominis solum inventor, sed rerum etiam ipsarum amplificator fuit. qui cum post hunc Phliasium sermonem in Italiam venisset, exornavit eam Graeciam, quae magna dicta est, et privatim et publice praestantissumis et institutis et artibus. cuius de disciplina aliud tempus fuerit fortasse dicendi. sed ab antiqua philosophia usque ad Socratem, qui Archelaum, Anaxagorae discipulum, audierat, numeri motusque tractabantur, et unde omnia orerentur quove reciderent, studioseque ab is siderum magnitudines intervalla cursus anquirebantur et cuncta caelestia.

---

1 esset R^{1}V^1 (^{a}R^{c}V^1)   3 vita X *(corr.* V^{rec}*)*   5 illic ς illi X *(del.* V^2*) cf. Neue 2, 655 (Cael. ap. Cic. epist. 8, 15, 2)*   7 esse V^1
11 item (iter *codd.*) ... 12 aliqua *Non. 431, 19*   12 celebritate X *corr.* V^2 hac K^1 19 cognitionemque V^{c}ς cogitationemque X   22 amplicator G   cum//post *(eras.* q*)* K   29 orarentur K
   recederent X *corr.* V$^{1\,aut\,c}$ς   31 currus G^1 antiquirebantur G *(alt.* 1 *e corr.*^{2}*)*

Socrates autem primus philosophiam devocavit e caelo et in urbibus conlocavit et in domus etiam introduxit et coëgit de vita et moribus rebusque bonis et malis quaerere. cuius multiplex ratio disputandi rerumque 11 varietas et ingenii magnitudo Platonis memoria et litteris consecrata plura genera effecit dissentientium philosophorum, e quibus nos id potissimum consecuti sumus, quo Socratem usum arbitrabamur, ut nostram ipsi sententiam tegeremus, errore alios levaremus et in omni disputatione, quid esset simillimum veri, quaereremus. quem morem cum Carneades acutissime copiosissimeque tenuisset, fecimus et alias saepe et nuper in Tusculano, ut ad eam consuetudinem disputaremus. et quadridui quidem sermonem superioribus ad te perscriptum libris misimus, quinto autem die cum eodem in loco consedissemus, sic est propositum, de quo disputaremus:

Non mihi videtur ad beate vivendum satis $\frac{5}{12}$ posse virtutem.

At hercule Bruto meo videtur, cuius ego iudicium, pace tua dixerim, longe antepono tuo.

Non dubito, nec id nunc agitur, tu illum quantum ames, sed hoc, quod mihi dixi videri, quale sit, de quo a te disputari volo.

Nempe negas ad beate vivendum satis posse virtutem?

Prorsus nego.

Quid? ad recte honeste laudabiliter, postremo ad bene vivendum satisne est praesidi in virtute?

Certe satis.

Potes igitur aut, qui male vivat, non eum miserum

---

2 domos ς *ac fort.* V¹ (u *e corr.*ᶜ) domibus Gr.   6 effecit ς efficit X   7 consecuti] con *del.* V²   8 arbitramur V²ς
11 quaeremus G¹K moverem G²   13 eadem (*del.*ᶜ) R
15 ad] a R missimus G¹K 20 ad V¹ 23 hoc ς de hoc X
29 praesidii K V²

dicere aut, quem bene fateare, eum negare beate vivere?

Quidni possim? nam etiam in tormentis recte honeste laudabiliter et ob eam rem bene vivi potest, dum modo intellegas, quid nunc dicam 'bene.' dico enim constanter graviter sapienter fortiter. haec etiam in eculeum coiciuntur, quo vita non adspirat beata.

Quid igitur? solane beata vita, quaeso, relinquitur extra ostium limenque carceris, cum constantia gravitas fortitudo sapientia reliquaeque virtutes rapiantur ad tortorem nullumque recusent nec supplicium nec dolorem?

Tu, si quid es facturus, nova aliqua conquiras oportet; ista me minime movent, non solum quia pervulgata sunt, sed multo magis, quia, tamquam levia quaedam vina nihil valent in aqua, sic Stoicorum ista magis gustata quam potata delectant. velut iste chorus virtutum in eculeum impositus imagines constituit ante oculos cum amplissima dignitate, ut ad eas cursim perrectura nec eas beata vita a se desertas passura videatur; cum autem animum ab ista pictura imaginibusque virtutum ad rem veritatemque traduxeris, hoc nudum relinquitur, possitne quis beatus esse, quam diu torqueatur. quam ob rem hoc nunc quaeramus; virtutes autem noli vereri ne expostulent et querantur se a beata vita esse relictas. si enim nulla virtus prudentia vacat, prudentia ipsa hoc videt, non omnis bonos esse etiam beatos, multaque de M. Atilio Q. Caepione M'. Aquilio recordatur, beatamque vitam,

---

                    ł tolera
3 possum K   4 laudabiliter V *(ss.²)*   5 num K   7 coitiuntur GKR aspir. V   9 hostium GK   11 *prius* nec *add.* G²   13 facturas G¹   16 istoicorum V   17 corus X *(corr.* V¹⁷*)*   20 perrecturas G¹   25 verereri X   ne] nec K   quaerantur GVKᶜ   26 a *add.* G²   28 dematilio (ti *in r. scr. et* ⁻ *supra* m *add.* Vᶜ io *ex corr.* G²) quinto caepionem (coep. K) aquilo (caepionemaquilo R) X aquilio *e corr.* V¹ᵃᵘᵗᶜ M'. Aquilio *Fabric.*

si imaginibus potius uti quam rebus ipsis placet, conantem ire in eculeum retinet ipsa prudentia negatque ei cum dolore et cruciatu quicquam esse commune.

Facile patior te isto modo agere, etsi iniquum est praescribere mihi te, quem ad modum a me disputari velis. sed quaero, utrum aliquid actum superioribus diebus an nihil arbitremur.

Actum vero, et aliquantum quidem.

Atqui, si ita est, profligata iam haec et paene ad exitum adducta quaestio est.

Quo tandem modo?

Quia motus turbulenti iactationesque animorum incitatae et impetu inconsiderato elatae rationem omnem repellentes vitae beatae nullam partem relinquunt. quis enim potest mortem aut dolorem metuens, quorum alterum saepe adest, alterum semper impendet, esse non miser? quid, si idem, quod plerumque fit, paupertatem ignominiam infamiam timet, si debilitatem caecitatem, si denique, quod non singulis hominibus, sed potentibus populis saepe contigit, servitutem? potest ea timens esse quisquam beatus? quid, qui non modo ea futura timet, verum etiam fert sustinetque praesentia — adde eodem exilia luctus orbitates: qui rebus his fractus aegritudine eliditur, potest tandem esse non miserrimus? quid vero? illum, quem libidinibus inflammatum et furentem videmus, omnia rabide adpetentem cum inexplebili cupiditate, quoque affluentius voluptates undique hauriat, eo gravius ardentius-

---

2 ipsa prudentia *del. Ern. (Dav.²)* 4 ito G¹ agere Vᶜ ₅ egere GRV¹ aegere K 5 pscribere V 9 profligata ... 10 est *Non. 160, 28* 10 deducta *Non.* questio GKV 13 impetuṃ V¹ aelatae G *(exp.²)* aelate KRV omnem *add.* G² 17 quod si K 18 infamia X *(om.* G¹ *add.²) corr.* Vᶜ si *ex* sed R¹ 19 quod ... 20 contigit *Non. 268,10* non modo sing. V² *Non.* 20 potentissimis *Non.* contingit G¹ *Non. B⁴D⁴* 23 adde V atde GKR 23 qui ... 25 esse non miser? *Non. 292, 36* 27 cum ... 412,1 sitientem *Non. 319, 17* 27 quo fluentius voluptates ... hauriret *Non.*

que sitientem, nonne recte miserrimum dixeris? quid? elatus ille levitate inanique laetitia exultans et temere gestiens nonne tanto miserior, quanto sibi videtur beatior? ergo ut hi miseri, sic contra illi beati, quos nulli metus terrent, nullae aegritudines exedunt, nullae libidines incitant, nullae futtiles laetitiae exultantes languidis liquefaciunt voluptatibus. ut maris igitur tranquillitas intellegitur nulla ne minima quidem aura fluctus commovente, sic animi quietus et placatus status cernitur, cum perturbatio nulla est, qua moveri queat. quodsi est qui vim fortunae, qui omnia humana, quae cuique accidere possunt, tolerabilia ducat, ex quo nec timor eum nec angor attingat, idemque si nihil concupiscat, nulla ecferatur animi inani voluptate, quid est cur is non beatus sit? et si haec virtute efficiuntur, quid est cur virtus ipsa per se non efficiat beatos?

Atqui alterum dici non potest, quin i, qui nihil metuant, nihil angantur, nihil concupiscant, nulla impotenti laetitia ecferantur, beati sint, itaque id tibi concedo; alterum autem iam integrum non est. superioribus enim disputationibus effectum est vacare omni animi perturbatione sapientem.

Nimirum igitur confecta res est; videtur enim ad exitum venisse quaestio.

Propemodum id quidem.

Verum tamen mathematicorum iste mos est, non est philosophorum. nam geometrae cum aliquid docere volunt, si quid ad eam rem pertinet eorum quae ante docuerunt, id sumunt pro concesso et probato,

---

2 elevatus KR temere R^c V² timere X   4 ut m̧ihi K¹
6 exultantȩs G¹. 7 matris K¹   11 quae cuique X *(cf. Mue.)* quaecumque ς   12 toļler. G   14 ecfer.] haec feratur K   16 beatus R¹   17 non *add.* G¹   qui nihil metuant . . . 18 nulla inpotentia ecferantur *Non. 129, 7*   18 agantur KV¹ agant *Non.*   19 ecferantur V²ς *Non.* ecferant X (hȩc ferant K^c)   21 vacare V²ς vacari X   22 perturbatione/// V

illud modo explicant, de quo ante nihil scriptum est; philosophi quamcumque rem habent in manibus, in eam quae conveniunt, congerunt omnia, etsi alio loco disputata sunt. quod ni ita esset, cur Stoicus, si esset quaesitum, satisne ad beate vivendum virtus posset, multa diceret? cui satis esset respondere se ante docuisse nihil bonum esse nisi quod honestum esset, hoc probato consequens esse beatam vitam virtute esse contentam, et quo modo hoc sit consequens illi, sic illud huic, ut, si beata vita virtute contenta sit, nisi honestum quod sit, nihil aliud sit bonum. sed tamen 19
non agunt sic; nam et de honesto et de summo bono separatim libri sunt, et cum ex eo efficiatur satis magnam in virtute ad beate vivendum esse vim, nihilo minus hoc agunt separatim. propriis enim et suis argumentis et admonitionibus tractanda quaeque res est, tanta praesertim. cave enim putes ullam in philosophia vocem emissam clariorem ullumve esse philosophiae promissum uberius aut maius. Nam quid profitetur? o dii boni! perfecturam se, qui legibus suis paruisset, ut esset contra fortunam semper armatus, ut omnia praesidia haberet in se bene beateque vivendi, ut esset semper denique beatus. sed videro, quid efficiat; tan- 20
tisper hoc ipsum magni aestumo, quod pollicetur. nam Xerxes quidem refertus omnibus praemiis donisque fortunae, non equitatu, non pedestribus copiis, non navium multitudine, non infinito pondere auri contentus praemium proposuit, qui invenisset novam voluptatem — qua ipsa non fuit contentus; neque enim umquam finem inveniet libido —, nos vellem praemio

---

4 essent V[1] 6 se . . . docuisse ς sed . . . docuisset X si . . . docuisset V[c]ς *non recte* 9. 10 contemptam, -a KR 10 vita V[2]ς *om.* X 11 quod] o *e corr.* K[c] 14 nihilhominus GR nihil ominus K 16 amon. G ammon. V 17 in] a V[c] *(sed cf. 404, 10)* 18 ullumve *ex* ullave G[2] 24 magi G[1]KR 25 *Val. Max. 9,1 ext. 3* 26 non avium GRV[1] 28 qui] *ex* cui R[1]? voluntatem GKV[1] *(corr.* [1 aut c]*)* 29 quia K fuit] fuisset *Bentl.*

elicere possemus, qui nobis aliquid attulisset, quo hoc
firmius crederemus.

Vellem id quidem, sed habeo paulum, quod requi-
ram. ego enim adsentior eorum quae posuisti alterum
alteri consequens esse, ut, quem ad modum, si, quod
honestum sit, id solum sit bonum, sequatur vitam beatam virtute confici, sic, si vita beata in virtute sit,
nihil esse nisi virtutem bonum. sed Brutus tuus auctore
Aristo et Antiocho non sentit hoc; putat enim, etiamsi
sit bonum aliquod praeter virtutem.

Quid igitur? contra Brutumne me dicturum putas?
Tu vero, ut videtur; nam praefinire non est meum.

Quid cuique igitur consentaneum sit, alio loco. nam
ista mihi et cum Antiocho saepe et cum Aristo nuper,
cum Athenis imperator apud eum deversarer, dissensio fuit. mihi enim non videbatur quisquam esse beatus
posse, cum in malis esset; in malis autem sapientem
esse posse, si essent ulla corporis aut fortunae mala.
dicebantur haec, quae scripsit etiam Antiochus locis
pluribus, virtutem ipsam per se beatam vitam efficere
posse neque tamen beatissimam; deinde ex maiore
parte plerasque res nominari, etiamsi quae pars abes-
set, ut vires, ut valetudinem, ut divitias, ut honorem,
ut gloriam, quae genere, non numero cernerentur; item
beatam vitam, etiamsi ex aliqua parte clauderet, tamen
ex multo maiore parte optinere nomen suum. haec

---

1 adtulisset GV^1 (att. V^2) atullisset K   2 firmus G^1K
4 assentior KR   9. 14 aristone X (aristhone 9 G) *sed cf.
fin. 5, 8 Brut. 332 Att. 5, 10, 5*   9 *si post* etiam *om.* G^1
10 *post* virtutem *add.* V^c: tamen ad beate vivendum satis
pose ("*add.*"^{rec}) virtutem *(quae sane propter homoioteleuton
facile excidere poterant; cf. etiam 413, 5)*   11 brutum nec me
X *corr.* $V^{1\,aut\,c}$ 15 diversarer V   17 in mali esset V^1 19
scriptasit V *(corr.*$^{1\,aut\,c}$*)* scripta$\overset{ta\ \bar{s}t}{\text{sit}}$ GRK *(ex* scripsit?*)* scripta
sunt ⱽ   21 posse *add.* R^1 22 patre G^1 abisset K^1 abesse
V^1 23 valetitudinem K   25 claudicaret *ex* clauderet $V^{1\,aut\,c}$
26 obt. K

nunc enucleare non ita necesse est, quamquam non constantissime dici mihi videntur. nam et, qui beatus est, non intellego quid requirat, ut sit beatior — si est enim quod desit, ne beatus quidem est —, et quod ex maiore parte unam quamque rem appellari spectarique dicunt, est ubi id isto modo valeat; cum vero tria genera malorum esse dicant, qui duorum generum malis omnibus urgeatur, ut omnia advorsa sint in fortuna, omnibus oppressum corpus et confectum doloribus, huic paulumne ad beatam vitam deesse dicemus, non modo ad beatissimam?

Hoc illud est, quod Theophrastus sustinere non potuit. nam cum statuisset verbera, tormenta, cruciatus, patriae eversiones, exilia, orbitates magnam vim habere ad male misereque vivendum, non est ausus elate et ample loqui, cum humiliter demisseque sentiret. quam bene, non quaeritur, constanter quidem certe. itaque mihi placere non solet consequentia reprehendere, cum prima concesseris. hic autem elegantissimus omnium philosophorum et eruditissimus non magnopere reprehenditur, cum tria genera dicit bonorum, vexatur autem ab omnibus primum in eo libro quem scripsit de vita beata, in quo multa disputat, quam ob rem is, qui torqueatur qui crucietur, beatus esse non possit. in eo etiam putatur dicere in rotam — id est genus quoddam tormenti apud Graecos — beatam vitam non escendere. non usquam id quidem dicit omnino, sed quae dicit, idem valent. possum igitur,

---

2 videntur Bϛ videtur X   4 quod *(priore loco)*] qui K
5 rem ϛ partem X   appellarique G¹ *(corr.²)*   6 ista tria G *(exp.²)*   8 adversa V   12 teophrastus X *(ex teopharastus K)*
14 eversionis V   15 non ... 16 loqui, humiliter dimisseque sentire *Non. 286, 10*   19 eligantissimmus K   21 dici X corr. V¹   26 id est ... Graecos *del. Er. vix recte.* τροχὸς *ante hunc locum a Romanis non commemoratur. (in R his verbis linea subducta est, sed s. XVII/XVIII demum sec. Stroux)* ///genus R   27 escenderet G R V¹ (t *postea eras.*) ascendere K   non usquam] nusquam V²

cui concesserim in malis esse dolores corporis, in malis
naufragia fortunae, huic suscensere dicenti non omnis
bonos esse beatos, cum in omnis bonos ea, quae
ille in malis numerat, cadere possint? vexatur idem
Theophrastus et libris et scholis omnium philosophorum, quod in Callisthene suo laudarit illam sententiam:
'Vitám regit fortúna, non sapiéntia.'
negant ab ullo philosopho quicquam dictum esse lan-
guidius. recte id quidem, sed nihil intellego dici potuisse constantius. si enim tot sunt in corpore bona, tot
extra corpus in casu atque fortuna, nonne consentaneum est plus fortunam, quae domina rerum sit et ex-
ternarum et ad corpus pertinentium, quam consilium
valere? An malumus Epicurum imitari? qui multa praeclare saepe dicit; quam enim sibi constanter convenien-
terque dicat, non laborat. laudat tenuem victum. philosophi id quidem, sed si Socrates aut Antisthenes diceret, non is qui finem bonorum voluptatem esse dixerit.
negat quemquam iucunde posse vivere, nisi idem honeste sapienter iusteque vivat. nihil gravius, nihil philosophia dignius, nisi idem hoc ipsum 'honeste sapienter iuste' ad voluptatem referret. Quid melius quam:
fortunam exiguam intervenire sapienti? sed hoc isne
dicit, qui, cum dolorem non modo maxumum malum,
sed solum malum etiam dixerit, toto corpore opprimi
possit doloribus acerrumis tum, cum maxîme contra

---

1 cui non cesserim K¹   2 succensere G   5 theofr. V thephr.
G¹ teophar. K   6 calisthene R¹   7 τύχη τὰ θνητῶν πράγματ᾽,
οὐκ εὐβουλία Chaeremon Tr. gr. p. 782   gerit K   15 Epic. p. 89, 7
17 laborant G¹   lauda tenuem GRV (corr. V^c) laudetenuae K
Ep. fr. 459   18 aut ex ant R ant tisthenes K¹ (corr.^c)
19 is] his K   esse add. G²   20 Epic. s. s. V   iŏcunde V¹
21 que om. K   philosophiae K   23 quid V² qui X   24 Epic.
s. s. XVI exiguam] -guā in r. K^c   isne V² hisne X   25 modum
V¹   26 ut ante toto add. V²   27 doloribus] bus in r. V²
Epic. fr. 122

§ 25—29   TUSCULANAE DISPUTATIONES   417

fortunam glorietur? quod idem melioribus etiam verbis Metrodorus: 'occupavi te' inquit, 'Fortuna, atque cepi omnisque aditus tuos interclusi, ut ad me adspirare non posses.' praeclare, si Aristo Chius aut si Stoicus Zenon diceret, qui, nisi quod turpe esset, nihil malum duceret; tu vero, Metrodore, qui omne bonum in visceribus medullisque condideris et definieris summum bonum firma corporis adfectione explorataque ⟨eius⟩ spe contineri, Fortunae aditus interclusisti? quo modo? isto enim bono iam exspoliari potes.

Atqui his capiuntur imperiti, et propter huius modi sententias istorum hominum est multitudo; acute autem disputantis illud est, non quid quisque dicat, sed quid cuique dicendum sit, videre. velut in ea ipsa sententia, quam in hac disputatione suscepimus, omnis bonos semper beatos volumus esse. quos dicam bonos, perspicuum est; omnibus enim virtutibus instructos et ornatos tum sapientis, tum viros bonos dicimus. videamus, qui dicendi sint beati. equidem eos existimo, qui sint in bonis nullo adiuncto malo; neque ulla alia huic verbo, cum beatum dicimus, subiecta notio est nisi secretis malis omnibus cumulata bonorum complexio. hanc assequi virtus, si quicquam praeter ipsam boni est, non potest. aderit enim malorum, si mala illa ducimus, turba quaedam: paupertas, ignobilitas, humilitas, solitudo, amissio suorum, graves dolores corporis, perdita valetudo, debilitas, caecitas, interitus patriae, exilium, servitus denique.

---

1 quod ... 2 occupavit *(sic)* Non. *355, 5*   2 *Metr. fr. 49* occupa vite K^1 3 coepi GRV cępi K^c (cepi¹) que *add.* G^2 asp. G   4 aristocchius KR aristho͡chius G sthoicus G sthoichus K^1 5 zeno V^2 *sed cf. nat. deor. 1, 70*   8 corpori X *corr.* V^2 *add. Lb. (cf. off. 3, 117)*   10 exspoliari potes V^2 exspoliare potest X   11 huius] eius $V^{c?}$ 13 autem *add.* G^2
16 quos V^2 quod X   19 qui *ex* quid V^c 20 eos We. hos quid G^1 23 si] sic V   24 ipsa GRV^1 (· *add.*^{rec}) est] esse K^1 25 dicimus K^1 27 valitudo X   28 interius G^1

in his tot et tantis — atque etiam plura possunt accidere — potest esse sapiens; nam haec casus importat, qui in sapientem potest incurrere. at si ea mala sunt, quis potest praestare semper sapientem beatum fore, cum vel in omnibus is uno tempore esse possit? non igitur facile concedo neque Bruto meo neque communibus magistris nec veteribus illis, Aristoteli Speusippo Xenocrati Polemoni, ut, cum ea quae supra enumeravi in malis numerent, idem dicant semper beatum esse sapientem. quos si titulus hic delectat insignis et pulcher, Pythagora Socrate Platone dignissimus, inducant animum illa, quorum splendore capiuntur, vires valetudinem pulchritudinem divitias honores opes contemnere eaque, quae is contraria sunt, pro nihilo ducere: tum poterunt clarissima voce profiteri se neque fortunae impetu nec multitudinis opinione nec dolore nec paupertate terreri, omniaque sibi in sese esse posita, nec esse quicquam extra suam potestatem, quod ducant in bonis. nunc et haec loqui, quae sunt magni cuiusdam et alti viri, et eadem, quae vulgus, in malis et bonis numerare concedi nullo modo potest. qua gloria commotus Epicurus exoritur; cui etiam, si dis placet, videtur semper sapiens beatus. hic dignitate huius sententiae capitur, sed numquam id diceret, si ipse se audiret. quid est enim quod minus conveniat, quam ut is, qui vel summum vel solum malum dolorem esse dicat, idem censeat 'quam hoc suave est!' tum, cum dolore crucietur, dicturum esse sapientem? non

---

28 non ... 419, 2 constantia H

5 his X *sed cf.* ea   3   6 commonibus GV   10 quos ѕ quod X *cf. 417,16* dilectat X   11 inducant//animum G *(eras.* ī *vel* i) ⁱⁿ *supra* animum *add.* V^c   14 contria G¹R¹V sint X *sed cf.* capiuntur   19 nunc We. nec hunc   22 diis V²   23 semper *add.* G²   25 se *om.* G se audiret *scr.* V^c *in r. et in mg.*   27 idem V^c (m *in r.*) ѕ id est GKR   28 non ... 419,1 spectandi sunt *Non. 402, 22*

igitur ex singulis vocibus philosophi spectandi sunt, sed ex perpetuitate atque constantia.

Adducis me, ut tibi adsentiar. sed tua quoque vide ne desideretur constantia.

Quonam modo?

Quia legi tuum nuper quartum de finibus; in eo mihi videbare contra Catonem disserens hoc velle ostendere — quod mihi quidem probatur — inter Zenonem et Peripateticos nihil praeter verborum novitatem interesse. quod si ita est, quid est causae quin, si Zenonis rationi consentaneum sit satis magnam vim in virtute esse ad beate vivendum, liceat idem Peripateticis dicere? rem enim opinor spectari oportere, non verba.

Tu quidem tabellis obsignatis agis mecum et testificaris, quid dixerim aliquando aut scripserim. cum aliis isto modo, qui legibus impositis disputant: nos in diem vivimus; quodcumque nostros animos probabilitate percussit, id dicimus, itaque soli sumus liberi. verum tamen, quoniam de constantia paulo ante diximus, non ego hoc loco id quaerendum puto, verumne sit, quod Zenoni placuerit quodque eius auditori Aristoni, bonum esse solum, quod honestum esset, sed si ita esset, tum ⟨fueritne consentaneum⟩, ut totum hoc beate vivere in una virtute poneret. quare demus hoc sane Bruto, ut sit beatus semper sapiens — quam sibi conveniat, ipse viderit; gloria quidem huius sententiae quis est illo viro dignior? —, nos tamen teneamus, ut sit idem beatissimus.

---

1 expectandi G^1 *Non. L*   3 adducis . . . 4 constantia *add.* G^2 *in mg.*   aducis R   6 quarum V^1 8 probare KR   10 qui^n G^1 12 peripatercis K^1 13 opinior K   21 verumne scit K^1 verume sit G^1 22 audituri G   24 tum *exp.* $V^{rec\,(C?)}$ *add. Po. sed, ni ita esset, num consentaneum esset, tum ut Se. (sed agitur de Zenonis doctrina cf. v. 29 sqq.), alia alii (ad tum cf. parad. 29 fin. 4, 33 al.)*   27 ipsa X *corr.* V^2

12   Et si Zeno Citieus, advena quidam et ignobilis verborum opifex, insinuasse se in antiquam philosophiam videtur, huius sententiae gravitas a Platonis auctoritate repetatur, apud quem saepe haec oratio usurpata est, ut nihil praeter virtutem diceretur bonum. velut in Gorgia Socrates, cum esset ex eo quaesitum, Archelaum Perdiccae filium, qui tum fortunatissimus haberetur, nonne beatum putaret, 'haud scio' inquit; 'numquam enim cum eo conlocutus sum.— ain tu? an aliter id scire non potes? — nullo modo. — tu igitur ne de Persarum quidem rege magno potes dicere, beatusne sit? — an ego possim, cum ignorem, quam sit doctus, quam vir bonus? — quid? tu in eo sitam vitam beatam putas? — ita prorsus existimo, bonos beatos, improbos miseros. — miser ergo Archelaus? — certe, si iniustus.' videturne omnem hic beatam vitam in una virtute ponere? Quid vero? in Epitaphio quo modo idem? 'nam cui viro' inquit 'ex se ipso apta sunt omnia, quae ad beate vivendum ferunt, nec suspensa aliorum aut bono casu aut contrario pendere ex alterius eventis et errare coguntur, huic optume vivendi ratio comparata est. hic est ille moderatus, hic fortis, hic sapiens, hic et nascentibus et cadentibus cum reliquis commodis, tum maxime liberis parebit et oboediet praecepto illi veteri: neque enim laetabitur umquam nec maerebit nimis, quod semper in se ipso omnem spem reponet sui.' ex hoc igitur Platonis quasi quodam sancto augustoque fonte nostra omnis manabit oratio.

---

1 ticieus R cici eus K¹   1 advena...3 videtur *Non. 457, 25*
2 se *om. Non.*   5 velud K R   6 *Gorg. 470 d*   arcelaum *hic* X
(arcael. G)   9 an tu an aliter X *sed prius* an *in* ain *corr.* V² an
tu aliter ς (τί δέ; συγγενόμενος ἂν γνοίης, ἄλλως δὲ αὐτόθεν οὐ
γιγνώσκεις κτλ.;). *cf. Att. 4,5,1.* ain tu? aliter *Or.*   10 id *om.* G
11 rege] nego V¹   beatus nescit K¹   17 *Menex. 247 e*   18 ex se
ς esse X (e//se V)   23 candentibus G R   24 commodis] cum
modis K¹   tumaxime G R   26 quod] qui Vʳᵉᶜ   ipso Vᶜ ς (διὰ
τὸ αὐτῷ πεποιθέναι) *cf. Lael. 30* ipse X   28 manebit G R V¹

§ 34—39 TUSCULANAE DISPUTATIONES 421

Unde igitur ordiri rectius possumus quam a communi parente natura? quae, quicquid genuit, non modo animal, sed etiam quod ita ortum esset e terra, ut stirpibus suis niteretur, in suo quidque genere perfectum esse voluit. itaque et arbores et vites et ea, quae sunt humiliora neque se tollere a terra altius possunt, alia semper virent, alia hieme nudata verno tempore tepefacta frondescunt, neque est ullum quod non ita vigeat interiore quodam motu et suis in quoque seminibus inclusis, ut aut flores aut fruges fundat aut bacas, omniaque in omnibus, quantum in ipsis sit, nulla vi impediente perfecta sint. facilius vero etiam in bestiis, quod is sensus a natura est datus, vis ipsius naturae perspici potest. namque alias bestias nantis aquarum incolas esse voluit, alias volucres caelo frui libero, serpentis quasdam, quasdam esse gradientis, earum ipsarum partim solivagas, partim congregatas, inmanis alias, quasdam autem cicures, non nullas abditas terraque tectas. atque earum quaeque suum tenens munus, cum in disparis animantis vitam transire non possit, manet in lege naturae. et ut bestiis aliud alii praecipui a natura datum est, quod suum quaeque retinet nec discedit ab eo, sic homini multo quiddam praestantius; etsi praestantia debent ea dici, quae habent aliquam comparationem, humanus autem animus decerptus ex mente divina cum alio nullo nisi cum ipso deo, si hoc fas est dictu, comparari potest. hic igitur si est excultus et si eius acies ita curata est, ut ne caecaretur erroribus, fit perfecta mens, id est absoluta ratio, quod est idem virtus. et si omne beatum est, cui nihil deest,

---

1 ordiri ςV^reo oriri X   9 vigeant X   10 ut ... bacas *Non. 312,41* (fundant)   11 vi K vim GRV   14 nantes ... 15 serpentes ... 16 gradientes R^e?   16 *alt.* quasdam *del.* R^e?   17 partim solivagas ... 19 tectas *Non. 93,3*   18 cicuras *Non.*
21 aliud alii/// V *(ult. i e corr.)* praecipui ⟨quid⟩ Se. sed cf. *inv. 2,3* aliud alii commodi   23 discendit X discedit ς
26 nullo modo nisi G *(exp.²)*   27 si *(priore loco)*] sic K si est *(alt. loco) add.* G²   28 ne] nec K   29 id est] idē G

et quod in suo genere expletum atque cumulatum est,
idque virtutis est proprium, certe omnes virtutis compotes beati sunt.

Et hoc quidem mihi cum Bruto convenit, id est cum
Aristotele Xenocrate Speusippo Polemone. sed mihi
videntur etiam beatissimi. quid enim deest ad beate vivendum ei, qui confidit suis bonis? aut, qui diffidit,
beatus esse qui potest? at diffidat necesse est, qui
bona dividit tripertito. qui enim poterit aut corporis
firmitate aut fortunae stabilitate confidere? atqui nisi
stabili et fixo et permanente bono beatus esse nemo
potest. quid ergo eius modi istorum est? ut mihi Laconis illud dictum in hos cadere videatur, qui glorianti
cuidam mercatori, quod multas navis in omnem oram
maritimam demisisset, 'non sane optabilis quidem ista'
inquit 'rudentibus apta fortuna.' an dubium est quin'
nihil sit habendum in eo genere, quo vita beata compleatur, si id possit amitti? nihil enim interarescere,
nihil extingui, nihil cadere debet eorum, in quibus vita
beata consistit. nam qui timebit ne quid ex is deperdat, beatus esse non poterit. volumus enim eum, qui
beatus sit, tutum esse, inexpugnabilem, saeptum atque
munitum, non ut parvo metu praeditus sit, sed ut nullo.
ut enim innocens is dicitur, non qui leviter nocet, sed
qui nihil nocet, sic sine metu is habendus est, non qui
parva metuit, sed qui omnino metu vacat. quae est
enim alia fortitudo nisi animi adfectio cum in adeundo

---

10 atqui nisi (*alt. loco* nisi enim) ... 12 potest (*bis*) et 18
nihil ... 423, 3 consisteret H

2 omnis X   virtutis est comp. R (*sed* est *postea del.*)
5 pseusippo X (pseups. K)   7. 8 difidit *et* ... -at G   8 at] aut
K¹   9 tripertio G¹ (*ex* tripertito) KRV   10 firmitati GV   stabilitati V³   15 ista quidem *edd. vett.* We. *sed cf. Kueh. ad 1, 6*
17 sit *add.* G²   compleatur *Wopkens* (compleatur *Bentl.*) complectitur   22 septum X   24 sed qui nihil nocet *add.* G²
si(²)
siche G   26 parva *cf. Mdv. ad fin. 5, 91* parum ς parvo metu
est *Ti.*   omni G¹   quae] quid K¹   27 in *add.* Kᶜ

periculo et in labore ac dolore patiens, tum procul ab omni metu? atque haec certe non ita se haberent, nisi omne bonum in una honestate consisteret. qui autem illam maxume optatam et expetitam securitatem — securitatem autem nunc appello vacuitatem aegritudinis, in qua vita beata posita est — habere quisquam potest, cui aut adsit aut adesse possit multitudo malorum? qui autem poterit esse celsus et erectus et ea, quae homini accidere possunt, omnia parva ducens, qualem sapientem esse volumus, nisi omnia sibi in se posita censebit? an Lacedaemonii Philippo minitante per litteras se omnia quae conarentur prohibiturum quaesiverunt, num se esset etiam mori prohibiturus: vir is, quem quaerimus, non multo facilius tali animo reperietur quam civitas universa? quid? ad hanc fortitudinem, de qua loquimur, temperantia adiuncta, quae sit moderatrix omnium commotionum, quid potest ad beate vivendum deesse ei, quem fortitudo ab aegritudine et a metu vindicet, temperantia cum a libidine avocet, tum insolenti alacritate gestire non sinat? haec efficere virtutem ostenderem, nisi superioribus diebus essent explicata. Atque cum perturbationes animi miseriam, sedationes autem vitam efficiant beatam, duplexque ratio perturbationis sit, quod aegritudo et metus in malis opinatis, in bonorum autem errore laetitia gestiens libidoque versetur, quae omnia cum consilio et ratione pugnent, his tu tam gravibus concita-

---

8 qui ... 424,9 honestum (*sine* 11 an ... 15 universa *et* 21 haec ... 22 explicata) H

4 illa G   expetitam *Man.* expeditam   5 apello RV   6 in qua vita] inquinata K   7 adsit ut ad. V¹   11 philosopho V¹ minitante *Bentl.* militanti X minitanti ϛV ʳᵉᶜ *(per anacoluthon def. Wo.)*   13 quesierunt V   14 queris K¹   15 repperietur GR¹V   16 loquimur ϛV³ loquitur X   17 *post* commotionum *add.* addi potest V³   19 cum *Lb.* tum   22 atque cum *edd. vett.* at quicumque X atqui cum V³ϛ   per turbationis *ex* -es R¹   24 quod] quae K   26 quae *Bentl.* cum Ω cum omnia ⟨ea⟩ *Sey.*   27 oratione K

tionibus tamque ipsis inter se dissentientibus atque distractis quem vacuum solutum liberum videris, hunc dubitabis beatum dicere? atqui sapiens semper ita adfectus est; semper igitur sapiens beatus est.

Atque etiam omne bonum laetabile est; quod autem laetabile, id praedicandum et prae se ferendum; quod tale autem, id etiam gloriosum; si vero gloriosum, certe laudabile; quod laudabile autem, profecto etiam honestum; quod bonum igitur, id honestum. at quae isti bona numerant, ne ipsi quidem honesta dicunt; solum igitur bonum, quod honestum; ex quo efficitur honestate una vitam contineri beatam. Non sunt igitur ea bona dicenda nec habenda, quibus abundantem licet esse miserrimum. an dubitas quin praestans valetudine, viribus, forma, acerrumis integerrumisque sensibus, adde etiam, si lubet, pernicitatem et velocitatem, da divitias, honores, imperia, opes, gloriam — si fuerit is, qui haec habet, iniustus, intemperans, timidus, hebeti ingenio atque nullo, dubitabisne eum miserum dicere? qualia igitur ista bona sunt, quae qui habeat miserrimus esse possit? Videamus ne, ut acervus ex sui generis granis, sic beata vita ex sui similibus partibus effici debeat. quod si ita est, ex bonis, quae sola honesta sunt, efficiendum est beatum; ea mixta ex dissimilibus si erunt, honestum ex is effici nihil poterit; quo detracto quid poterit beatum intellegi? Etenim, quicquid est, quod bonum sit, id expetendum est; quod autem expetendum, id certe adprobandum; quod vero

---

11 solum ... 14 miserrimum (... 12 beatam *bis*)   17 da culpiam divitias ... 426,3 concluditur H

1 tamque in ipsis G¹ dissentientibus] dissidentibus H   5 atque sqq. *St. fr. 3, 37 (cf. fin. 3, 27)*   6 et praeferendum Hς   9 atque isti X   12 unam GH *(alt. loco)* continere X *corr.* V^{rec}ς
13 habundantem GKH   14 praestans ... 16 velocitatem *Non. 444, 9*   15 integrumhisque G¹V¹ (^{e} *supra* gr *scr.* G² ^{er} V²) integerumhisque KR integrisque *Non.* 19 hebe$\overset{n}{t}$i G¹   25 nil H   26 quo *ex* quod V^{rec} *St. fr. 3, 37 cf. fin. 3, 27*   27 *prius* quod *om.* Hς

adprobaris, id gratum acceptumque habendum; ergo
etiam dignitas ei tribuenda est. quod si ita est, laudabile sit necesse est; bonum igitur omne laudabile. ex
quo efficitur, ut, quod sit honestum, id sit solum bonum. Quod ni ita tenebimus, multa erunt, quae nobis
bona dicenda sint; omitto divitias — quas cum quivis
quamvis indignus habere possit, in bonis non numero;
quod enim est bonum, id non quivis habere potest —,
omitto nobilitatem famamque popularem stultorum in-
proborumque consensu excitatam: haec, quae sunt minima, tamen bona dicantur necesse est, candiduli den-
tes, venusti oculi, color suavis et ea quae Anticlea
laudat Ulixi pedes abluens:
    'Lénitudo orátionis, móllitudo córporis.'
ea si bona ducemus, quid erit in philosophi gravitate quam in volgi opinione stultorumque turba quod
dicatur aut gravius aut grandius? At enim eadem
Stoici 'praecipua' vel 'producta' dicunt, quae 'bona'
isti. dicunt illi quidem, sed is vitam beatam compleri negant; hi autem sine is esse nullam putant aut,
si sit beata, beatissimam certe negant. nos autem volumus beatissimam, idque nobis Socratica illa con-
clusione confirmatur. sic enim princeps ille philosophiae disserebat: qualis cuiusque animi adfectus
esset, talem esse hominem; qualis autem homo ipse
esset, talem eius esse orationem; orationi autem facta
similia, factis vitam. adfectus autem animi in bono

---

6 bona *add.* G¹ *mg.* sunt GH cum *om.* H   9 impr. KRH
10 excitatem R¹K¹ (exit.)   12 et ea ... 13 abluens *om.* H
12 ea quae] aeque X   Anticlea] *apud Homerum Euryclea pedes abluit, in vasculo s. V exeuntis prope Clusium reperto
(Monum. dell' Inst. IX tab. 42) Antiphata.*   13 laudat ς (*ex*
Y?) *om.* X   14 *Pacuv. Niptra 247* lenitudo ... 15 gravitate
Non. 132,5 (sibi bona ducens) 16 vulgi HR^rec   18 Stoici eadem Hς   19 vita G   20 sine is] si his X   23 *cf. Clem. protr.
123 (cum Stählinii adn.), Plato Rep. 400 d*   princeps eqs. *cf. Anon.
ap. Mai Scr. vet. nov. coll. 2, 608*   25 ipse *om.* H   26 rationem.
Rationis X *sed cf. Sen. epist. 114,1 Quint. inst. 11, 1, 30 al.*

viro laudabilis; et vita igitur laudabilis boni viri; et
honesta ergo, quoniam laudabilis. ex quibus bonorum
beatam vitam esse concluditur. etenim, pro deorum
atque hominum fidem! parumne cognitum est superioribus nostris disputationibus, an delectationis et otii
consumendi causa locuti sumus, sapientem ab omni
concitatione animi, quam perturbationem voco, semper
vacare, semper in animo eius esse placidissimam
pacem? vir igitur temperatus, constans, sine metu,
sine aegritudine, sine alacritate futtili, sine libidine
nonne beatus? at semper sapiens talis; semper igitur
beatus. Iam vero qui potest vir bonus non ad id, quod
laudabile sit, omnia referre, quae agit quaeque sentit?
refert autem omnia ad beate vivendum; beata igitur
vita laudabilis; nec quicquam sine virtute laudabile:
beata igitur vita virtute conficitur. Atque hoc sic etiam
concluditur: nec in misera vita quicquam est praedicabile aut gloriandum nec in ea, quae nec misera
sit nec beata. et est in aliqua vita praedicabile aliquid et gloriandum ac prae se ferendum, ut Epaminondas:
'Consiliis nostris laus est attonsa Laconum,'
ut Africanus:
'A sole exoriente supra Maeotis paludes
  Nemo est qui factis aequiperare queat.'

---

6 dicimus itaque sapientem . . . 9 pacem *et* 14 beata . . .
427, 7 perversius H

4 fidem ς fide X   5 delectacionis K dilectationis GR dilec-
tationibus V   10 futili *Bentl. (cf. 379, 18)* ulla Ω *et Non. 457, 4:*
Alacritatem in malis habendam Cicero Tusculanarum ⟨lib. V⟩
ostendit: vir igitur . . . sine alacritate ulla, lubidine non vexa-
tus   11 a//t V aut GKR   12—427, 7 *St. fr. 3, 59*   15 nequicquam GV   16 sqq. *cf. fin. 3, 28*   17—19 praedicabile aliquid et
gloriandum ac prae se ferendum *(omissis reliquis)* G *(exp. et
ss.²)*   20. 427, 2. 3 praefer. *(sine se) ter* H   20 ut . . . 25
queat *om.* H   21 *Preger l. g. m. p. 127* adtonsi K (t *ex* c K^c)
24 *Ennius fr. var. 21*

quod si ⟨est⟩, beata vita glorianda et praedicanda et 50
prae se ferenda est; nihil est enim aliud quod praedicandum et prae se ferendum sit. quibus positis
intellegis quid sequatur. Et quidem, nisi ea vita beata
est, quae est eadem honesta, sit aliud necesse est
melius vita beata; quod erit enim honestum, certe
fatebuntur esse melius. ita erit beata vita melius
aliquid; quo quid potest dici perversius? Quid? cum
fatentur satis magnam vim esse in vitiis ad miseram
vitam, nonne fatendum est eandem vim ⟨in⟩ virtute
esse ad beatam vitam? contrariorum enim contraria
sunt consequentia.

Quo loco quaero, quam vim habeat libra illa Critolai, 51
qui cum in alteram lancem animi bona imponat, in
alteram corporis et externa, tantum propendere illam
bonorum animi lancem putet, ut terram et maria depri-
mat. quid ergo aut hunc prohibet aut etiam Xenocra- 18
tem illum gravissumum philosophorum, exaggerantem
tantopere virtutem, extenuantem cetera et abicientem,
in virtute non beatam modo vitam, sed etiam beatissimam ponere? quod quidem nisi fit, virtutum interitus 52
consequetur. nam in quem cadit aegritudo, in eundem
metum cadere necesse est (est enim metus futurae
aegritudinis sollicita expectatio); in quem autem metus, in eundem formido timiditas pavor ignavia; ergo,
ut idem vincatur interdum nec putet ad se praeceptum
illud Atrei pertinere:

'Proinde íta parent se in víta, ut vinci nésciant.'
hic autem vincetur, ut dixi, nec modo vincetur, sed

---

1 *add. Lb.*   3 praeferendum **V** *(cf. ad 426, 20)*   6 enim *add.* **G²**
9 invitus ad **V**   10 ᶦⁿvirtute **B¹** virtutem **X** virtutum ς   16 bonorum animi *Lallem. e cod.(?) cf. Va. Opp. 2, 353* boni **X** *(quod
fortasse ita defendas ut per collectionem dictum sit cf. 423,3)
del. Or.* ut] in **K¹**   18 gravissimum **V**   19 tanto opere **V**
24 exspect. **R**   in quem ... 24 ignavia *Non. 444,15*   25 eun-
dem] eum *Non.*   28 *Trag. fr. inc. 112* vici **V¹** (vicini **Vᶜ** ł vinci
V³)   29 autem *del.* **V³**

etiam serviet; at nos [autem] virtutem semper liberam volumus, semper invictam; quae nisi sunt, sublata
53 virtus est. Atque si in virtute satis est praesidii ad bene vivendum, satis est etiam ad beate; satis est enim certe in virtute, ut fortiter vivamus; si fortiter, etiam ut magno animo, et quidem ut nulla re umquam terreamur semperque simus invicti. sequitur, ut nihil paeniteat, nihil desit, nihil obstet; ergo omnia profluenter absolute prospere, igitur beate. satis autem virtus ad fortiter vivendum potest; satis ergo etiam ad beate.
54 Etenim ut stultitia, etsi adepta est quod concupivit, numquam se tamen satis consecutam putat, sic sapientia semper eo contenta est quod adest, neque eam umquam sui paenitet.
19 Similemne putas C. Laelii unum consulatum fuisse, et eum quidem cum repulsa (si, cum sapiens et bonus vir, qualis ille fuit, suffragiis praeteritur, non populus [a bono consule] potius quam ille [a bono populo] repulsam fert) — sed tamen utrum malles te, si potestas esset, semel ut Laelium consulem an ut
55 Cinnam quater? non dubito, tu quid responsurus sis; itaque video, cui committam. non quemvis hoc idem interrogarem; responderet enim alius fortasse se non modo quattuor consulatus uni anteponere, sed unum diem Cinnae multorum et clarorum virorum totis aetatibus. Laelius si digito quem attigisset, poenas dedisset; at Cinna collegae sui consulis Cn. Octavii praecidi caput iussit, P. Crassi L. Caesaris, no-

---

1 at nos autem ... 14 penitet H

1 at nos *vel* nos autem ς 2 quae...3 virtus est *om.* H atque *Bentl.* atqui 4 *prius* est *om.* H 12 consecuta G R V^1 putet V^1
13 contenda K^1 conta G contempta H 15 similene X similemne ς 15. 24 consolat. G R *(in* 24 *corr.*^{c}*)* V fuisse ς V^{rec} fuisset X 16 si] sic V^{rec} 18. 19 *del. Mue.* a vano populo ς a populo *(sine* bono) *Mdv.* 19 *post* fert *iterat* suffragiis praeteritur X maIeste G *(*^{l} *ss.*^{s}*)* 27 GN. X 28 praeciditapud K Iussit, ⟨Iussit⟩ *Sey.* Iussit G *hic et saepius*

bilissimorum hominum, quorum virtus fuerat domi
militiaeque cognita, M. Antonii, omnium eloquentissimi quos ego audierim, C. Caesaris, in quo mihi videtur specimen fuisse humanitatis salis suavitatis leporis. beatusne igitur, qui hos interfecit? mihi contra non solum eo videtur miser, quod ea fecit, sed
etiam quod ita se gessit, ut ea facere ei liceret (etsi
peccare nemini licet; sed sermonis errore labimur; id
enim licere dicimus, quod cuique conceditur). utrum
tandem beatior C. Marius tum, cum Cimbricae victoriae
gloriam cum collega Catulo communicavit, paene altero Laelio — nam hunc illi duco simillimum —, an
cum civili bello victor iratus necessariis Catuli deprecantibus non semel respondit, sed saepe: 'moriatur'? in quo beatior ille, qui huic nefariae voci
paruit, quam is, qui tam scelerate imperavit. nam
cum accipere quam facere praestat iniuriam, tum
morti iam ipsi adventanti paulum procedere ob viam,
quod fecit Catulus, quam quod Marius, talis viri interitu sex suos obruere consulatus et contaminare extremum tempus aetatis.

Duodequadraginta annos tyrannus Syracusanorum
fuit Dionysius, cum quinque et viginti natus annos
dominatum occupavisset. qua pulchritudine urbem,
quibus autem opibus praeditam servitute oppressam
tenuit civitatem! atqui de hoc homine a bonis auctoribus sic scriptum accepimus, summam fuisse eius in
victu temperantiam in rebusque gerundis virum acrem
et industrium, eundem tamen maleficum natura et

---

3 G. X 5 qui hos ⟨V³ quos X interficit V¹ 6 miser eqs.
cf. Aug. civ. 5, 26 7 ea s̨ę f. G (exp.³) 8 peccaret X corr. V¹
errore labimur add. Vᶜ labimus K 9 lic&re V¹ 12 huic X
(unde illum pro illi V³) hunc ⟨ an cum] annum G¹ 16 par//uit
V 18 ipsa K 19 quod quam M. V¹ interitus ex X
22 Totum cap. 20 libere excerpsit Val. Max. 9, 13 ext. 4
23 dionisius KV dyonisius GR 28 in rebus gerundis . . .
29 maleficum natura Non. 241, 8 29 et industrium om. R¹

iniustum; ex quo omnibus bene veritatem intuentibus videri necesse est miserrimum. ea enim ipsa, quae concupierat, ne tum quidem, cum omnia se posse censebat, consequebatur. qui cum esset bonis parentibus atque honesto loco natus — etsi id quidem alius alio modo tradidit — abundaretque et aequalium familiaritatibus et consuetudine propinquorum, haberet etiam more Graeciae quosdam adulescentis amore coniunctos, credebat eorum nemini, sed is quos ex familiis locupletium servos delegerat, quibus nomen servitutis ipse detraxerat, et quibusdam convenis et feris barbaris corporis custodiam committebat. ita propter iniustam dominatus cupiditatem in carcerem quodam modo ipse se incluserat. quin etiam ne tonsori collum committeret, tondere filias suas docuit. ita sordido ancillarique artificio regiae virgines ut tonstriculae tondebant barbam et capillum patris. et tamen ab is ipsis, cum iam essent adultae, ferrum removit instituitque, ut candentibus iuglandium putaminibus barbam sibi et capillum adurerent. cumque duas uxores haberet, Aristomachen civem suam, Doridem autem Locrensem, sic noctu ad eas ventitabat, ut omnia specularetur et perscrutaretur ante. et cum fossam latam cubiculari lecto circumdedisset eiusque fossae transitum ponticulo ligneo coniunxisset, eum ipsum, cum forem cubiculi clauserat, detorquebat. idemque cum in com-

---

1 inuentibus X *corr.* V¹   2 ea] ecce K   3 omni G¹
6 et Bς el X   8 more] amore G¹ graciae K gratiae V¹   9 quos
ςV³ quod X   11 traxerat G¹   convenis et Bς convenisset X
13 dominatus do̱m̱i̱ cup. G¹   15 ista K¹   sordidoque ancillari X *corr.* V³B¹ (*cf. simile mendum in* G *415, 5*) sordido atque ancillari *alii* ς   16 regiae ... 17 patris *Prisc. GL.2, 371, 11*
18 instituitque ... 20 adurerent *Non. 122, 30*   19 candentibus *Non.*   20 haberet uxores V¹   21 aristomachem X
(aristhom. G)   22 nŏtu V¹ notua deas K¹ (*corr.*ᶜ)   23 fossa lata cubicularis X *corr.* ς   25 ipsum] ipse *Scheibe* (cum forem cubiculi extrinsecus a custodibus opertum interiore claustro *ipse* diligenter obserasset Val. Max.)

§ 57—62   TUSCULANAE DISPUTATIONES   431

munibus suggestis consistere non auderet, contionari
ex turri alta solebat. atque is cum pila ludere vellet
— studiose enim id factitabat — tunicamque poneret,
adulescentulo, quem amabat, tradidisse gladium dicitur. hic cum quidam familiaris iocans dixisset: 'huic
quidem certe vitam tuam committis' adrisissetque
adulescens, utrumque iussit interfici, alterum, quia
viam demonstravisset interimendi sui, alterum, quia
dictum id risu adprobavisset. atque eo facto sic do-
luit, nihil ut tulerit gravius in vita; quem enim vehementer amarat, occiderat. sic distrahuntur in contrarias partis impotentium cupiditates. cum huic obsecu-
tus sis, illi est repugnandum. Quamquam hic quidem
tyrannus ipse iudicavit, quam esset beatus. nam cum
quidam ex eius adsentatoribus, Damocles, commemo-
raret in sermone copias eius, opes, maiestatem dominatus, rerum abundantiam, magnificentiam aedium
regiarum negaretque umquam beatiorem quemquam
fuisse, 'visne igitur' inquit, 'o Damocle, quoniam te
haec vita delectat, ipse eam degustare et fortunam
experiri meam?' cum se ille cupere dixisset, conlocari
iussit hominem in aureo lecto strato pulcherrimo textili stragulo, magnificis operibus picto, abacosque
compluris ornavit argento auroque caelato. tum ad
mensam eximia forma pueros delectos iussit consistere eosque nutum illius intuentis diligenter ministrare.
aderant unguenta coronae, incendebantur odores, mensae conquisitissimis epulis extruebantur. fortunatus
sibi Damocles videbatur. in hoc medio apparatu fulgentem gladium e lacunari saeta equina aptum demitti

---

6 quidam V¹   adrisisetque KR adrisisseᵗque V¹   9 factu
V¹   14 cum add. G²   16 sermonem K   19 inquid G¹V
inquit add. R¹   20 eam Ern. eadem (de tota vita agitur cf. p.
433, 4)   21 coll. KR   22 stato K¹   26 que om. G¹   27 ungenta
V   28 aepulis GRV   conquisitissimis] -nquisiti- Vᶜ in r.
29 fulgentem . . . 432, 1 iussit Non. 235, 19   30 lacunariaetae-
quina G¹   equi Non.   dimitti KR Non.

iussit, ut impenderet illius beati cervicibus. itaque nec
pulchros illos ministratores aspiciebat nec plenum artis
argentum nec manum porrigebat in mensam; iam
ipsae defluebant coronae; denique exoravit tyrannum,
ut abire liceret, quod iam beatus nollet esse. satisne
videtur declarasse Dionysius nihil esse ei beatum, cui
semper aliqui terror impendeat? atque ei ne integrum
quidem erat, ut ad iustitiam remigraret, civibus libertatem et iura redderet; is enim se adulescens inpro-
vida aetate inretierat erratis eaque commiserat, ut sal-
vus esse non posset, si sanus esse coepisset. Quan-
topere vero amicitias desideraret, quarum infidelita-
tem extimescebat, declaravit in Pythagoriis duobus
illis, quorum cum alterum vadem mortis accepisset,
alter, ut vadem suum liberaret, praesto fuisset ad
horam mortis destinatam, 'utinam ego' inquit 'tertius
vobis amicus adscriberer!' quam huic erat miserum carere consuetudine amicorum, societate victus, sermone
omnino familiari, homini praesertim docto a puero
et artibus ingenuis erudito, musicorum vero perstu-
dioso; poëtam etiam tragicum — quam bonum, nihil
ad rem; in hoc enim genere nescio quo pacto magis
quam in aliis suum cuique pulchrum est; adhuc neminem cognovi poëtam (et mihi fuit cum Aquinio amicitia), qui sibi non optumus videretur; sic se res habet:
te tua, me delectant mea — sed ut ad Dionysium
redeamus: omni cultu et victu humano carebat; vive-

---

4 ipse G K V   6. 26 dyonis. X (*in* 6 *ex* dion. K^1)   6 cui
miser semper K   7 aliqui terror B ς aliquid 'error X (aliquis
terror V^{rec})   impendĕat V^1 ei *add.* V^1 8 remigaret V^1
10 comiserat G^{1}R   11 coepisset *ex* coepit R^1 13 pythagoris
V   14 vademortis X *corr.* G^{2}V^3 15 alter ut ς alterum X
16 oram V   19 docto] dato V   20 ingeniis K R   misicorum
X (musicum B)   perstudiosum (*propter* poetam) Ω *corr. Dav.*
(*qui etiam* poetae . . . tragico . . . bono) *post* tragicum *add.*
accepimus (*ex* 429, 27) ς *non male*   22—25 *cf.* Att. 14, 20, 3
Atil. fr. 1   23 pulcrum G   24 et *om.* K^1 26 mea] ea K

bat cum fugitivis, cum facinerosis, cum barbaris; neminem, qui aut libertate dignus esset aut vellet omnino liber esse, sibi amicum arbitrabatur.

Non ego iam cum huius vita, qua taetrius miserius detestabilius excogitare nihil possum, Platonis aut Archytae vitam comparabo, doctorum hominum et plane sapientium: ex eadem urbe humilem homunculum a pulvere et radio excitabo, qui multis annis post fuit, Archimedem. cuius ego quaestor ignoratum ab Syracusanis, cum esse omnino negarent, saeptum undique et vestitum vepribus et dumetis indagavi sepulcrum. tenebam enim quosdam senariolos, quos in eius monumento esse inscriptos acceperam, qui declarabant in summo sepulcro sphaeram esse positam cum cylindro. ego autem cum omnia conlustrarem oculis — est enim ad portas Agragantinas magna frequentia sepulcrorum —, animum adverti columellam non multum e dumis eminentem, in qua inerat sphaerae figura et cylindri. atque ego statim Syracusanis — erant autem principes mecum — dixi me illud ipsum arbitrari esse, quod quaererem. inmissi cum falcibus multi purgarunt et aperuerunt locum. quo cum patefactus esset aditus, ad adversam basim accessimus. apparebat epigramma exesis posterioribus partibus versiculorum dimidiatum fere. ita nobilissima Graeciae civitas, quondam vero etiam doctissima, sui civis

---

2 libertatem K 3 arbitrabantur G^1 6 architae V vitae vitam X (vitae del. ςV^3) 10 septum X 11 vestitutum V^1 14 spheram X (18 spherae RV sphaere GK) 15 ego ducem cum... 16 portas gaianas Non. 335, 24 16 ad] a GRV^1 (corr. V^3) agragantinas Camerarius agragianas X gaianas (gafanas L^1) Non. agragentinas Sey. (cf. Th. l. l. I, 1428) 21 inmissi cum ςV^3 inmusicum X (inmuscum K) 22 multi] famuli Lattmann milites olim Sey. patefactum X 23 addit'///adadv. G bassim X (corr. G^1) accessimus R sed -ss- e corr. (fuit fort. accedimus) acces//imus V 24 epygramma KRV 25 dimidiatis X (di prius in r. R^1) corr. Bentl. (dimidiatus de versiculis vel de epigrammate dici poterat, de partibus non poterat cf. Gell. 3, 14)

unius acutissimi monumentum ignorasset, nisi ab homine Arpinate didicisset. sed redeat, unde aberravit oratio: quis est omnium, qui modo cum Musis, id est cum humanitate et cum doctrina, habeat aliquod commercium, qui se non hunc mathematicum malit quam illum tyrannum? si vitae modum actionemque quaerimus, alterius mens rationibus agitandis exquirendisque alebatur cum oblectatione sollertiae, qui est unus suavissimus pastus animorum, alterius in caede et iniuriis cum et diurno et nocturno metu. age confer Democritum Pythagoram, Anaxagoram: quae regna, quas opes studiis eorum et delectationibus antepones?
67 Etenim, quae pars optuma est in homine, in ea situm esse necesse est illud, quod quaeris, optumum. quid est autem in homine sagaci ac bona mente melius? eius bono fruendum est igitur, si beati esse volumus; bonum autem mentis est virtus; ergo hac beatam vitam contineri necesse est. hinc omnia, quae pulchra honesta praeclara sunt, ut supra dixi, sed dicendum idem illud paulo uberius videtur, plena gaudiorum sunt. ex perpetuis autem plenisque gaudiis cum perspicuum sit vitam beatam existere, sequitur ut ea existat ex honestate.

24
68 Sed ne verbis solum attingamus ea quae volumus ostendere, proponenda quaedam quasi moventia sunt, quae nos magis ad cognitionem intellegentiamque convertant. sumatur enim nobis quidam praestans vir optumis artibus, isque animo parumper et cogitatione fingatur. primum ingenio eximio sit necesse est; tar-

---

13 etenim ... 23 honestate H   27 sumatur ... 436, 20 ultimum H *(extrema bis)*

2 Arpinati *We. cl. leg. 1, 4 al.* reddeat X *(corr.* G¹*)*   3 qui] quo V¹   4 humilitate K¹ *ut v.*   9 patus K¹ (ʳ ss.ᶜ)   13 in homine ... 14 necesse est *add.* G² *in mg.*   15 autem] enim H   18 pulcra K   19 ĭdē*//* V   20 illud *om.* ςH   22 ex *om.* V   24 eaque v. KRV¹   28 optumus V   cognitione K

dis enim mentibus virtus non facile comitatur; deinde
ad investigandam veritatem studio incitato. ex quo
triplex ille animi fetus existet, unus in cognitione rerum positus et in explicatione naturae, alter in di-
scriptione expetendarum fugiendarumque rerum ⟨et in
ratione be⟩ne vivendi, tertius in iudicando, quid cuique rei sit consequens quid repugnans, in quo inest
omnis cum subtilitas disserendi, tum veritas iudicandi.
quo tandem igitur gaudio adfici necesse est sapientis 69
animum cum his habitantem pernoctantemque curis!
ut, cum totius mundi motus conversionesque perspexerit sideraque viderit innumerabilia caelo inhae-
rentia cum eius ipsius motu congruere certis infixa
sedibus, septem alia suos quaeque tenere cursus multum inter se aut altitudine aut humilitate distantia,
quorum vagi motus rata tamen et certa sui cursus spatia definiant — horum nimirum aspectus impulit illos
veteres et admonuit, ut plura quaererent; inde est indagatio nata initiorum et tamquam seminum, unde essent
omnia orta generata concreta, quaeque cuiusque generis vel inanimi vel animantis vel muti vel loquentis

---

1 deinde] denique K   2 vestigandam K   3—6 I II III *adscribunt* G¹V¹   3 fetus KR (ę) factus GV   4 aliter K

5 fugiendarumque vererumne vivendi GKV (ve *exp. et* ᵇᶜ
supra ne scr. V⁸) R¹ *ut v.* (fugiendarumque//rerum///////////. *post
vivendi quod in ras. certo dispicitur alia manus adscripserat*
cū ratio//
ue) H¹ (fugiendar+ ///verer+ nevivendi. *Verba* cū ratio *ss. non*
H¹ *sed alia manus eiusdem aetatis sec. Stroux)* ⟨et in ratio⟩ne
We. *bene quod fin.* 5, 15 *certa de causa deest add. Po. cl. ac.
1, 19 fin. 5, 11. 16*   6 in *ante* iud. om. K   iudicando nequid
KRH   7 inest omnis] est H   9 est V esset GK^cRH est et K¹

11 ut, *quod del. Bentl., pendet a verbis* cum — curis *(= so
daß). Ciceronem pergere voluisse* ut, cum ... perspexerit, ...
ipse se adgnoscat coniunctumque cum divina mente se sentiat,
ex quo insatiabili gaudio compleatur *cum similitudo verborum
v. 9—10 et 436,5—9 tum locus gemellus leg. 1, 61 declarant.*
18 est enim G¹   21 inanimi] animi H   animantis] inanimantis
K   loquentes GR¹V¹

origo, quae vita, qui interitus quaeque ex alio in aliud
vicissitudo atque mutatio, unde terra et quibus librata
ponderibus, quibus cavernis maria sustineantur, qua
omnia delata gravitate medium mundi locum semper expetant, qui est idem infimus in rutundo. haec
tractanti animo et noctes et dies cogitanti existit illa
⟨a⟩ deo Delphis praecepta cognitio, ut ipsa se mens
agnoscat coniunctamque cum divina mente se sentiat,
ex quo insatiabili gaudio compleatur. ipsa enim cogitatio de vi et natura deorum studium incendit illius
aeternitatem imitandi, neque se in brevitate vitae conlocatam putat, cum rerum causas alias ex aliis aptas
et necessitate nexas videt, quibus ab aeterno tempore
fluentibus in aeternum ratio tamen mensque moderatur. Haec ille intuens atque suspiciens vel potius omnis partis orasque circumspiciens quanta rursus animi
tranquillitate humana et citeriora considerat! hinc illa
cognitio virtutis existit, efflorescunt genera partesque
virtutum, invenitur, quid sit quod natura spectet extremum in bonis, quid in malis ultumum, quo referenda
sint officia, quae degendae aetatis ratio deligenda. quibus et talibus rebus exquisitis hoc vel maxime efficitur, quod hac disputatione agimus, ut virtus ad beate
vivendum sit se ipsa contenta. Sequitur tertia, quae
per omnis partis sapientiae manat et funditur, quae

---

24 sequitur ... 437, 8 iustitia H

1 quae int. GR¹V¹   3 sustineantur, qua *Dav.* sustineant. In
qua X (sustineantur *vel* sustineat ς)   5 expectant X   rotundo K V^{c7}H   6 tractanti ς V³ tractandi X (-i *ex* -o K¹) cogitandi KV¹ cogitanti// G   7 a ς *om.* X   deó H   9 completur
Bentl.   10 incedit GRV¹   11 aeternitatem *Sey.* aeternitatis
(aeterni status *Mdv. ad fin. 1, 60*) conlocata GRV¹ collocatam H *(bis)* conlocatum ς We.   15 suspiciens V *sed* pic *in
r.*¹ suspiciens K¹   17 tranquillitati K   18. 437, 3 extitit K
(*in* 18 *corr* K^c)   19 expectet G¹ expectetur Gr   21 degente
G¹   diligenda X *corr.* ς   22 et *add.* K^c   23 hac] ac G¹
hic V¹

rem definit, genera dispertit, sequentia adiungit, perfecta concludit, vera et falsa diiudicat, disserendi ratio et scientia. ex qua cum summa utilitas existit ad res ponderandas, tum maxume ingenua delectatio et digna
5 sapientia. Sed haec otii. transeat idem iste sapiens ad rem publicam tuendam. quid eo possit esse praestantius, cum †contineri prudentia utilitatem civium cernat, iustitia nihil in suam domum inde derivet, reliquis utatur tot tam variisque virtutibus? adiunge fruc-
10 tum amicitiarum, in quo doctis positum est cum consilium omnis vitae consentiens et paene conspirans, tum summa iucunditas e cotidiano cultu atque victu. Quid haec tandem vita desiderat, quo sit beatior? cui refertae tot tantisque gaudiis Fortuna ipsa cedat ne-
15 cesse est. quodsi gaudere talibus bonis animi, id est virtutibus, beatum est omnesque sapientes is gaudiis perfruuntur, omnis eos beatos esse confiteri necesse est.

Etiamne in cruciatu atque tormentis?   26
20   An tu me in viola putabas aut in rosa dicere? an   73
Epicuro, qui tantum modo induit personam philosophi et sibi ipse hoc nomen inscripsit, dicere licebit, quod quidem, ut habet se res, me tamen plaudente dicit, nullum sapienti esse tempus, etiamsi uratur torquea-
25 tur secetur, quin possit exclamare: 'quam pro nihilo puto!' cum praesertim omne malum dolore definiat bonum voluptate, haec nostra honesta turpia inrideat

---

1 definivit X (dif. K) corr. ς V³   4 maxime GKH   5 sed haec otii om. H   7 contineri del. Lb. cum ⟨temperantia suas adpetitiones⟩ contineat (vel queat continere), prudentia fere desiderat Po. cl. p. 371, 22 off. 3, 96. 116; 2, 77. rep. 6, 1 (rei publicae rector ... sapiens sit et iustus et temperans eqs.)
8 derivet] -iv- scr. G²   12 e] et V¹ (ex V^{rec})   victu ς V³ victurus GRV¹ victus K cf. Th. l. l. IV, 1333   13 quo] quod GK cui rei refertae tot G cui rei referta etot R cui rei referta et tot V cui rei refertae et tot K corr. Man.   19 etiamne] -ne eras. in R   20 Epic. fr. 604   21 qui G¹ quia G²KRV cf. 438, 19
22 licebit] alt. i in r. V   26 defirmat (vel defirniat) V¹

dicatque nos in vocibus occupatos inanis sonos fundere, neque quicquam ad nos pertinere nisi quod aut leve aut asperum in corpore sentiatur: huic ergo, ut dixi, non multum differenti a iudicio ferarum oblivisci licebit sui et tum fortunam contemnere, cum sit omne et bonum eius et malum in potestate fortunae, tum dicere se beatum in summo cruciatu atque tormentis, cum constituerit non modo summum malum esse dolorem, sed etiam solum? nec vero illa sibi remedia comparavit ad tolerandum dolorem, firmitatem animi, turpitudinis verecundiam, exercitationem consuetudinemque patiendi, praecepta fortitudinis, duritiam virilem, sed una se dicit recordatione adquiescere praeteritarum voluptatum, ut si quis aestuans, cum vim caloris non facile patiatur, recordari velit sese aliquando in Arpinati nostro gelidis fluminibus circumfusum fuisse. non enim video, quo modo sedare possint mala praesentia praeteritae voluptates — sed cum is dicat semper beatum esse sapientem, cui dicere hoc, si sibi constare vellet, non liceret, quidnam faciendum est is qui nihil expetendum, nihil in bonis ducendum, quod honestate careat, existumant? Me quidem auctore etiam Peripatetici veteresque Academici balbuttire aliquando desinant aperteque et clara voce audeant dicere beatam vitam in Phalaridis taurum descensuram. sint enim tria genera bonorum, ut iam a laqueis

---

1 *Epic. fr. 511*   7 se *add.* G²   10 tollerandum X (tollendum G¹)   12 praecepta fortitudinis *del. Sey. sed Cic. l. 2, 34—41 exercitationem consuetudinemque, postea (cf. maxime 51. 53) praecepta fortitudinis animo proposita (p. 313, 15 sqq.) valere ad tolerandum dolorem exponit (cf. p. 285. 6 295, 24 sqq. fin. 2, 94. 95; 4, 31). cf. etiam Plasberg, Festschrift f. Vahlen p. 234 (obloq. Se., Jb. d. ph. V. 29 p. 97)*   14 voluptatum *Bai. cf. Neue 1, 410*   15 non *postea add.* R¹   patiatur] putatur V¹   sese ϛ esse X (se V³)   18 is] his G¹KV¹   20 si *add.* G²   22 existumant] -a- e *corr.* R¹   22 me ... 24 desinant *Non. 80, 13*   auctore *ex* auctoritate Rᶜ

23 balbuttire G R *Non.* balbutᵗire V¹ balbutire K   25 decensuram X *(corr.* V³)   26 ut] aut V

§ 73—78   TUSCULANAE DISPUTATIONES   439

Stoicorum, quibus usum me pluribus quam soleo intellego, recedamus, sint sane illa genera bonorum, dum corporis ⟨et⟩ externa iaceant humi et tantum modo, quia sumenda sint, appellentur bona, animi autem illa divina longe lateque se pandant caelumque contingant; ut, ea qui adeptus sit, cur eum beatum modo et non beatissimum etiam dixerim?

Dolorem vero sapiens extimescet? is enim huic maxime sententiae repugnat. nam contra mortem nostram atque nostrorum contraque aegritudinem et reliquas animi perturbationes satis esse videmur superiorum dierum disputationibus armati et parati; dolor esse videtur acerrumus virtutis adversarius; is ardentis faces intentat, is fortitudinem, magnitudinem animi, patientiam se debilitaturum minatur. huic igitur succumbet virtus, huic beata sapientis et constantis viri vita cedet? quam turpe, o dii boni! pueri Spartiatae non ingemescunt verberum dolore laniati. adulescentium greges Lacedaemone vidimus ipsi incredibili contentione certantis pugnis calcibus unguibus morsu denique, cum exanimarentur prius quam victos se faterentur. quae barbaria India vastior aut agrestior? in ea tamen gente primum ei, qui sapientes habentur, nudi aetatem agunt et Caucasi nives hiemalemque vim perferunt sine dolore, cumque ad flammam se adplicaverunt, sine gemitu aduruntur. mulieres vero in India, cum est cuius earum vir mortuus, in certamen iudiciumque veniunt, quam plurumum ille dilexerit —

---

3 et ϛ *om*. X   4 animi *Jeep (cf. 427,14 443,3 458,6; divini animi bona divina sunt caelumque contingunt)* alii K alia G R V illa *add*. G²   6 ut *del. Lb. sed cf. p. 242, 25*   8 maxime huic G¹   9 nam] non V   11 videmus K   13 virtutis *We*. virtuti istis ard. G   17 caedet R V   18 ingemiscunt K¹Rᶜ B verberum *ex* verborum V¹G²   19 reges V¹   contione X (conditione G¹) *corr.* B¹ϛ   22 quae... agrestior? *Non. 415, 11*   aut... tamen *add*. Vᶜ   23. 25 sqq. *cf. Val. Max. 3, 3, 6 ext. 2, 6, 14*   25 applicaverunt K R V   27 cuiuis V³ communis *Geel (sed tum* plures... nuptae *post* mortuus *legeretur; cf. etiam Se., Jb. d. ph. V. 26 p. 301)*

plures enim singulis solent esse nuptae —; quae est
victrix, ea laeta prosequentibus suis una cum viro in
rogum imponitur, illa victa maesta discedit. numquam
naturam mos vinceret; est enim ea semper invicta;
sed nos umbris deliciis otio languore desidia animum
infecimus, opinionibus maloque more delenitum molli-
vimus. Aegyptiorum morem quis ignorat? quorum inbutae mentes pravitatis erroribus quamvis carnificinam prius subierint quam ibim aut aspidem aut faelem
aut canem aut corcodillum violent, quorum etiamsi
inprudentes quippiam fecerint, poenam nullam recusent. de hominibus loquor; quid? bestiae non frigus,
non famem, non montivagos atque silvestris cursus
lustrationesque patiuntur? non pro suo partu ita pro-
pugnant, ut vulnera excipiant, nullos impetus nullos
ictus reformident? omitto, quae perferant quaeque patiantur ambitiosi honoris causa, laudis studiosi gloriae
gratia, amore incensi cupiditatis. plena vita exemplorum est.
    Sed adhibeat oratio modum et redeat illuc, unde
deflexit. dabit, inquam, se in tormenta vita beata nec
iustitiam temperantiam in primisque fortitudinem,
magnitudinem animi, patientiam prosecuta, cum tor-
toris os viderit, consistet virtutibusque omnibus sine
ullo animi terrore ad cruciatum profectis resistet extra

---

3 numquam . . . 441, 7 sapientis (*om.* 441, 12 omnia . . . 14 potest) H

2 unam V¹   3 ponitur G¹   illa *cf. Quint. inst. 1, 3, 2* quae *Se. non male, cf. Claud. de nupt. Hon. 64* (superatae cum . . . maerore in vita remanent *Val. M.*)   4 vinceret] vincit H   5 delitiis X (deliciis V, *sed* ci *in r. scr., alt.* i *ss.* V²)   langore G
6 delinitum V¹H   mollium KR¹ (*corr.*¹ᵃᵘᵗᶜ) H   7 ignoret K
8 carnifici. nam X   9 felem GV *cf. nat. deor. 1, 82*   10 corcodillum GRV corcodrillum KH *cf. Th. l. l.*   volent V¹
14 sua G¹   15 //ut K   16 omittoque p. G¹V¹   18 plana GRV¹ (*corr.*³)   exemplum G¹   21 dabit, dabit, inquam *edd. vett.*   23 patientia GRVH   25 //extra (*fuit* et) R

fores, ut ante dixi, limenque carceris. quid enim ea foedius, quid deformius sola relicta, ⟨a⟩ comitatu pulcherrimo segregata? quod tamen fieri nullo pacto potest; nec enim virtutes sine beata vita cohaerere possunt nec illa sine virtutibus. itaque eam tergiversari 81 non sinent secumque rapient, ad quemcumque ipsae dolorem cruciatumque ducentur. sapientis est enim proprium nihil quod paenitere possit facere, nihil invitum, splendide constanter graviter honeste omnia, nihil ita expectare quasi certo futurum, nihil, cum acciderit, admirari, ut inopinatum ac novum accidisse videatur, omnia ad suum arbitrium referre, suis stare iudiciis. quo quid sit beatius, mihi certe in mentem venire non potest. Stoicorum quidem facilis conclusio est; qui 82 cum finem bonorum esse senserint congruere naturae cumque ea convenienter vivere, cum id sit in sapientis situm non officio solum, verum etiam potestate, sequatur necesse est, ut, cuius in potestate summum bonum, in eiusdem vita beata sit. ita fit semper vita beata sapientis.

Habes, quae fortissime de beata vita dici putem et, quo modo nunc est, nisi quid tu melius attuleris, etiam verissime.

Melius equidem adferre nihil possum, sed a te impe- 29 trarim lubenter, ut, nisi molestum sit, quoniam te nulla vincula impediunt ullius certae disciplinae libasque ex omnibus, quodcumque te maxime specie veritatis movet, — quod paulo ante Peripateticos veteremque Academiam hortari videbare, ut sine retractatione li-

---

1 ante *cf. p. 410, 8* lumenque G[1] 2 *add. Lb.* pulcherrumo K R
5 itaque ... 6 rapienti *Non. 41, 26* 6 sinent ϛ V[rec] *Non.*
sinenti ipse X 8 possit *add.* G[2] 9 gŕaviter coństanter R
10 exspectare G R H *(alt. loco)* incerto H *(inc. alt. loco)*
11 opinatum R[1] 13 quod G *(exp.[2])* 15 esse *om.* H congruę G[1] 16 sapientis *Lb.* sapiente 17 etiam *om.* H 19 ita] ista V[1] 25 sit] est *Ha.* 26 ullius V[3]B[corr] ϛ illius X 28 paulo ante *438, 22*

bere dicere auderent sapientis esse semper beatissimos, id velim audire, quem ad modum his putes consentaneum esse id dicere. multa enim a te contra istam sententiam dicta sunt et Stoicorum ratione conclusa.
83 Utamur igitur libertate, qua nobis solis in philosophia licet uti, quorum oratio nihil ipsa iudicat, sed habetur in omnis partis, ut ab aliis possit ipsa per sese nullius auctoritate adiuncta iudicari. Et quoniam videris hoc velle, ut, quaecumque dissentientium philosophorum sententia sit de finibus, tamen virtus satis habeat ad vitam beatam praesidii, quod quidem Carneadem disputare solitum accepimus; sed is ut contra Stoicos, quos studiosissime semper refellebat et contra quorum disciplinam ingenium eius exarserat; nos illud quidem cum pace agemus — si enim Stoici finis bonorum recte posiverunt, confecta res est: necesse est semper bea-
84 tum esse sapientem —, sed quaeramus unam quamque reliquorum sententiam, si fieri potest, ut hoc praeclarum quasi decretum beatae vitae possit omnium sententiis et disciplinis convenire.
30 Sunt autem haec de finibus, ut opinor, retentae defensaeque sententiae: primum simplices quattuor, nihil bonum nisi honestum, ut Stoici, nihil bonum nisi voluptatem, ut Epicurus, nihil bonum nisi vacuitatem ⟨doloris⟩, ut Hieronymus, nihil bonum nisi naturae primis bonis

---

5 utamur . . . 8 iudicari   16 si . . . 443, 4 tertia

1 dicerent G *(corr.¹)* RV *(corr.ʳᵉᶜ)*   audirent K   3 multi K¹   11 virtutis G   12 carneadem] -m *in r.* V²   15 exasserat GRV   quidem illud We. *(sed opponitur v. 18: unam eqs.)*   17 possiverunt X (si *exp.* Vʳᵉᶜ) posuerunt H   est *et* est semper *om.* V¹ *(alt.* est *add.* Vʳᵉᶜ semper V²) necesse *scr. in r.* V²
22 defensaque K¹   25 epicurêi H¹   *add. Bentl. cf. fin. 2.16 al.*
26 hieronimus *hic*, 444, 8. 14; 457, 20 GV *itemque* R, *nisi quod* 444, 14 hieronymus *habet,* 444, 8 *ipse restituit.* iheronimus *hic* K¹ *in r.*, hyeronimus *rell. loc.* (ut *p. 457, 20* F)   bonis *cf.* prima naturae commoda *ac 2, 138 fin. 5, 58*

aut omnibus aut maxumis frui, ut Carneades contra
Stoicos disserebat. haec igitur simplicia, illa mixta: tria 85
genera bonorum, maxuma animi, secunda corporis, externa tertia, ut Peripatetici nec multo veteres Academici secus; voluptatem cum honestate Dinomachus et
Callipho copulavit, indolentiam autem honestati Peripateticus Diodorus adiunxit. haec sunt sententiae, quae
stabilitatis aliquid habeant; nam Aristonis Pyrrhonis
Erilli non nullorumque aliorum evanuerunt. hi quid
possint optinere, videamus omissis Stoicis, quorum
satis videor defendisse sententiam.

Et Peripateticorum quidem explicata causa est
praeter Theophrastum et si qui illum secuti imbecillius
horrent dolorem et reformidant; reliquis quidem licet
facere id quod fere faciunt, ut gravitatem dignitatemque virtutis exaggerent. quam cum ad caelum extulerunt, quod facere eloquentes homines copiose solent,
reliqua ex conlatione facile est conterere atque contemnere. nec enim licet is, qui laudem cum dolore petendam esse dicant, negare eos esse beatos, qui illam
adepti sunt. quamquam enim sint in quibusdam malis, tamen hoc nomen beati longe et late patet. nam 31
ut quaestuosa mercatura, fructuosa aratio dicitur, non 86
si altera semper omni damno, altera omni tempestatis
calamitate semper vacat, sed si multo maiore ex parte
exstat in utraque felicitas, sic vita non solum si undique referta bonis est, sed si multo maiore et graviore
ex parte bona propendent, beata recte dici potest. se- 87

---

7 hae sunt . , . 8 habeant   10 omisis . . . 12 est H

1 frui aut V   4 achademicis V¹   7 dodorus K¹ hae
GRV^rec H   8 arrystonis G   pyrroni ferilli GRV¹ (s ex f V¹) pyrroniserilli K (· add.c)   10 omisis KH   12 peripateti quorum
K   13 imbecillius X   16 extulerunt Mdv. extulerint (def. Blase,
Arch. f. l. L. 10, 337)   18 reliqui K   20 dicunt . . . 21 adepti
sint Ba. sed cf. Mue.   21 quamquam ex quantum K^c   22 et
om. V   23 aratio ς ratio X   24 omni (priore loco) cod.
Ursini omnis   26 exstat] s in r. V¹ extat KG   felicitatis K¹

quetur igitur horum ratione vel ad supplicium beata
vita virtutem cumque ea descendet in taurum Aristotele Xenocrate Speusippo Polemone auctoribus nec
eam minis blandimentisve corrupta deseret. Eadem
Calliphontis erit Diodorique sententia, quorum uterque
honestatem sic complectitur, ut omnia, quae sine ea
sint, longe [et] retro ponenda censeat. Reliqui habere
se videntur angustius, enatant tamen, Epicurus Hieronymus et si qui sunt qui desertum illum Carneadeum
⟨finem⟩ curent defendere; nemo est neim eorum quin
bonorum animum putet esse iudicem eumque condoce-
faciat, ut ea, quae bona malave videantur, possit contemnere. nam quae tibi Epicuri videtur, eadem erit
Hieronymi et Carneadis causa et hercule omnium reliquorum. quis enim parum est contra mortem aut
dolorem paratus?

Ordiamur ab eo, si placet, quem mollem, quem vo-
luptarium dicimus. quid? is tibi mortemne videtur aut
dolorem timere, qui eum diem, quo moritur, beatum
appellat maxumisque doloribus adfectus eos ipsos in-
ventorum suorum memoria et recordatione confutat?
nec haec sic agit, ut ex tempore quasi effuttire videatur. de morte enim ita sentit, ut dissoluto animante

---

1 horum ϛ honorum X   4 minis blandimentisve *Po.* (minis
aut blandimentis *Bentl.*) minimis blandimentis Ω minis blandimentis *Kl. (sed asyndeton hic locum non habet, cum aut minis
aut bl. vita corrumpatur),* nimiis blandimentis *Se.*   5 calli-
pontis V callifontis G   diodorisque X (*ex* diodolorisque K^c)
7 *del. We.*   9 illum Carneadeum ⟨finem⟩ *Po. cf. fin. 4, 49 (2, 42)*
illum Carneadeum X (illum Carneadem ϛ V^{rec}) illud Carneadeum
Ba.   10 nemo . . . 12 contemnere *Non. 82, 20*   10 nemo est
enim qui eorum bonorum X nemo est enim qui in eorum bonorum *Non.* (in *om. B^4*) *corr. Ern. sec. Lamb. et Dav.*   12 bona *add.* G^2 13 quae . . . Epicuri ϛ quod . . . Epicurus X
(epyc. G 8. 13 *ut saepe*)   15 morem V^1 17 ordinamur X
(*corr.* V^{rec})   18 aut ϛ (Vind.) an X   20 *Epic. fr. 122* affectus
KR   21 confutat?] *signum interrogandi vulgo non hic sed
post* timere *(v. 19) ponunt.*   22 nec . . . videatur *Non. 103, 21*
effuttire GKR effutire V (K^c *in mg.*) *Non.*   23 ita ϛ ista X
(cf. 441, 19) Epic. sent. sel. 2

sensum extinctum putet, quod autem sensu careat, nihil ad nos id iudicet pertinere. item ⟨in⟩ dolore certa habet quae sequatur, cuius magnitudinem brevitate consolatur, longinquitatem levitate. qui tandem isti grandiloqui contra haec duo, quae maxime angunt, melius se habent quam Epicurus?

An ad cetera, quae mala putantur, non et Epicurus et reliqui philosophi satis parati videntur? quis non paupertatem extimescit? neque tamen quisquam philosophorum. hic vero ipse quam parvo est contentus! nemo de tenui victu plura dixit. etenim, quae res pecuniae cupiditatem adferunt, ut amori, ut ambitioni, ut cotidianis sumptibus copiae suppetant, cum procul ab his omnibus rebus absit, cur pecuniam magnopere desideret vel potius cur curet omnino? an Scythes Anacharsis potuit pro nihilo pecuniam ducere, nostrates philosophi facere non poterunt? illius epistula fertur his verbis: 'Anacharsis Hannoni salutem. Mihi amictui est Scythicum tegimen, calciamentum solorum callum, cubile terra, pulpamentum fames, lacte caseo carne vescor. quare ut ad quietum me licet venias. munera autem ista, quibus es delectatus, vel civibus tuis vel diis inmortalibus dona.' omnes fere philosophi omnium disciplinarum, nisi quos a recta ratione natura vitiosa detorsisset, eodem hoc animo esse potuerunt. Socrates, in pompa cum magna vis auri argentique ferretur, 'quam multa non desidero!' inquit. Xenocrates, cum legati ab Alexandro quinquaginta ei talenta attulissent, quae erat pecunia temporibus illis, Athénis praesertim, maxuma, abduxit lega-

---

2 in *add. Se.* de ς *om.* X 3 cuius *Bentl. (cf. fin. 1, 40)* quorum 4 levitate ς lenitate (laen. KR)X 4 qui ... 5 angunt *Non. 115, 26* 5 haec *post* quae *iterum hab.* V agunt V¹ 6. 7 epicu .. rus epicuru . s R 10 *Epic. fr.* 472 15 cur *om.* V cythes anacahrsis G 17 poterunt ς V³ potuerunt X 18 *Anach. epist.* 5 20 pulpamentum ς V³ palpamentum X 21 ad *et* 22 es *add.* G¹ 23 Imm. GR 27 ferretur *in mg. add.* G²ᵘᵗʳ. 28 sqq. *cf. Val. Max. 4, 3 ext. 3* 30 legata K

tos ad cenam in Academiam; is apposuit tantum,
quod satis esset, nullo apparatu. cum postridie ro-
garent eum, cui numerari iuberet, 'quid? vos hesterna'
inquit 'cenula non intellexistis me pecunia non egere?'
quos cum tristioris vidisset, triginta minas accepit, ne
92 aspernari regis liberalitatem videretur. at vero Diogenes liberius, ut Cynicus, Alexandro roganti, ut diceret, si quid opus esset, 'nunc quidem paululum' inquit 'a sole.' offecerat videlicet apricanti. et hic quidem disputare solebat, quanto regem Persarum vita
fortunaque superaret; sibi nihil deesse, illi nihil satis
umquam fore; se eius voluptates non desiderare, quibus numquam satiari ille posset, suas eum consequi
nullo modo posse.
33
93 Vides, credo, ut Epicurus cupiditatum genera di-
viserit, non nimis fortasse subtiliter, utiliter tamen:
partim esse naturales et necessarias, partim naturales
et non necessarias, partim neutrum; necessarias satiari
posse paene nihilo; divitias enim naturae esse para-
biles; secundum autem genus cupiditatum nec ad po-
tiendum difficile esse censet nec vero ad carendum;
tertias, quod essent plane inanes neque necessitatem
modo, sed ne naturam quidem attingerent, funditus
94 eiciendas putavit. hoc loco multa ab Epicureis dis-
putantur, eaeque voluptates singillatim extenuantur,
quarum genera non contemnunt, ⟨non⟩ quaerunt ta-

---

15 Epicurus ... 24 putavit H

2 esset] est et K¹   3 luberet G   4 intellexisti KR¹
5 quos ꜱR²V³ quod X   8 quid *ex* quis V³   10 disputari KR¹
11 fortuneque V¹   15 *fr. 456*   16 tamen, asserens p. H
17 partim esse ... 18 et *in* r., non necessarias partim *in mg.* Vᶜ
partim naturales et non necessarias *om.* K   20 ad] a K
21 nec] ne G   22 tertia H   plena K¹   23 ne *om.* H
24 *fr. 440*   hec V¹ hodoco K¹   25 eaque V¹   26 *add. Bentl.*
(non *ante* contemnunt *del. Mdv. ad fin. 1, 45). agitur de voluptatibus quae natura adpetuntur, non difficiles tamen ad carendum sunt (cf. v. 447, 5 cum 446, 21). de* copia voluptatum *cf. Hort.
fr. 74 Aug. civ. 19, 14 al. (non valet idem atque* copia facilis*)*

men copiam. nam et obscenas voluptates, de quibus
multa ab illis habetur oratio, facilis communis in
medio sitas esse dicunt, easque si natura requirat,
non genere aut loco aut ordine, sed forma aetate figura metiendas putant, ab isque abstinere minime esse
difficile, si aut valetudo aut officium aut fama postu-
let, omninoque genus hoc voluptatum optabile esse,
si non obsit, prodesse numquam. Totumque hoc de
voluptate sic ille praecipit, ut voluptatem ipsam per se,
quia voluptas sit, semper optandam ⟨et⟩ expetendam
putet, eademque ratione dolorem ob id ipsum, quia
dolor sit, semper esse fugiendum; itaque hac usurum
compensatione sapientem, ⟨ut⟩ et voluptatem fugiat,
si ea maiorem dolorem effectura sit, et dolorem sus-
cipiat maiorem efficientem voluptatem; omniaque
iucunda, quamquam sensu corporis iudicentur, ad animum referri tamen. quocirca corpus gaudere tam diu,
dum praesentem sentiret voluptatem, animum et praesentem percipere pariter cum corpore et prospicere
venientem nec praeteritam praeterfluere sinere. ita per-
petuas et contextas voluptates in sapiente fore semper, cum expectatio speratarum voluptatum ⟨cum⟩
perceptarum memoria iungeretur. Atque his similia
ad victum etiam transferuntur, extenuaturque magni-
ficentia et sumptus epularum, quod parvo cultu natura contenta sit. etenim quis hoc non videt, desideriis
omnia ista condiri? Darius in fuga cum aquam tur-

---

26 etenim ... 27 condiri H

1 una et obscenas ... 2 habet oratio *Non. 357, 11*   1 et
obscenas voluptates] *respondet* v. 24 victum eqs. *(in §§ 95. 6
Cic. longius evehitur)*   4 genere aut] generavit V¹   5 men-
tiendas V¹ -que] -qui V¹ quae K   6 valitudo X   8 *fr. 439*
10 et *add.* ς *cf. p. 423, 4 de orat. 1, 231 al. (asyndeton
ipsum tolerari potest cf.* exsibilatur exploditur *parad. 26)*
13 conpensatione KV   ut et ς ut *om.* X et *om.* B   14 eam
V   16 iocunda G R¹ (ᵘ *ss.*¹) V   21 contestas *ex* contentas K ᶜ
22 expectatioṇe G¹   cum *add.* Lb.   23 *Epic. fr. 459*

bidam et cadaveribus inquinatam bibisset, negavit umquam se bibisse iucundius. numquam videlicet sitiens biberat. nec esuriens Ptolomaeus ederat; cui cum peragranti Aegyptum comitibus non consecutis cibarius in casa panis datus esset, nihil visum est illo pane iucundius. Socraten ferunt, cum usque ad vesperum contentius ambularet quaesitumque esset ex eo, quare id faceret, respondisse se, quo melius cenaret, obsonare ambulando famem. quid? victum Lacedaemoniorum in philitiis nonne videmus? ubi cum tyrannus cenavisset Dionysius, negavit se iure illo nigro, quod cenae caput erat, delectatum. tum is qui illa coxerat: 'minime mirum; condimenta enim defuerunt.' 'quae tandem?' inquit ille. 'labor in venatu, sudor, cursus ad Eurotam, fames, sitis. his enim rebus Lacedaemoniorum epulae condiuntur.' atque hoc non ex hominum more solum, sed etiam ex bestiis intellegi potest, quae, ut quicquid obiectum est, quod modo a natura non sit alienum, eo contentae non quaerunt amplius. civitates quaedam universae more doctae parsimonia delectantur, ut de Lacedaemoniis paulo ante diximus. Persarum a Xenophonte victus exponitur, quos negat ad panem adhibere quicquam praeter nasturcium. quamquam, si quaedam etiam suaviora natura desideret, quam multa ex terra arboribusque gignuntur cum copia facili, tum

---

21 Persarum ... 449, 6 satietate H

2 sitiens *ex* sentiens R¹   3 ptolomeus GRV (pth.) ptolom͞s K cui cum peregrinanti ... 6 iucundius *Non. 93, 12*   3 cum *om.* KR¹   4 secutis *Non.* K¹ *(corr. ipse)* in cibariis K¹ cibariis GRV cibarius ϛ *Non.*   5 est *om. Non.*   6 Socraten ... 7 cur id facere *Non. 264, 17*   6 vesperum] epyrum *Non.*   8 se *add.* G¹   obsanare GR¹V¹   10 philiciis K philitus V   11 dionisius X (dyon. R)   caput erat] capuerat X *(corr.* V³)   12 delectatum ... coxerat *add.* V^rec mg.   14 sodor G R¹V ad eurotam *Bentl.* ab eurota   15 aepulae X *(ut singuli codd. saepe)*   18 quod modo R²V³ quomodo   21 *Cyrup. 1, 2, 8*   22 quos ... 23 nasturcium *Non. 550, 21*   23 *Epic. fr. 459*

suavitate praestanti! adde siccitatem, quae consequitur hanc continentiam in victu, adde integritatem valetudinis; confer sudantis ructantis refertos epulis tamquam opimos boves: tum intelleges, qui voluptatem maxime sequantur, eos minime consequi, iucunditatemque victus esse in desiderio, non in satietate. Timotheum, clarum hominem Athenis et principem civitatis, ferunt, cum cenavisset apud Platonem eoque convivio admodum delectatus esset vidissetque eum postridie, dixisse: 'vestrae quidem cenae non solum in praesentia, sed etiam postero die iucundae sunt.' quid quod ne mente quidem recte uti possumus multo cibo et potione completi? est praeclara epistula Platonis ad Dionis propinquos, in qua scriptum est his fere verbis: 'quo cum venissem, vita illa beata, quae ferebatur, plena Italicarum Syracusiarumque mensarum, nullo modo mihi placuit, bis in die saturum fieri nec umquam pernoctare solum ceteraque, quae comitantur huic vitae, in qua sapiens nemo efficietur umquam, moderatus vero multo minus. quae enim natura tam mirabiliter temperari potest?' quo modo igitur iucunda vita potest esse, a qua absit prudentia, absit moderatio? ex quo Sardanapalli, opulentissimi Syriae regis, error adgnoscitur, qui incidi iussit in busto:

'Haec habeo, quae edi, quaeque exsaturata libido
Hausit; at illa iacent multa et praeclara relicta.'

---

18 cetera quae ... 22 moderatio H

1 praestantia Ω corr. Lb. (facilia ... praestantia Bentl.)
2 valitudinis K   9 vidisseque V   10 posttridie G R V   vestreae quidem G vestrae equidem K R V cf. Hand Turs. 2, 422   11 qui quod X (corr. R^2ϛ)   13 epistola K R^1 (ex -ula) V Plato ep. 7 p. 326 b   15 beataque fer. X   16 syracusyrįarumquạe G^1 mensuram G   18 quae ex qua R^2 22 prudentiae V^1

24 adn̄osc. G^1 agn. R^2 incidi in illa re, Cic. de rep., cum de Sardanapalo diceret, 'ea incidi iussit in busto' Arusian. GL. 7, 487, 16 busto haec. habeo X   25 Arist. fr. 90 (cf. fin. 2, 106) Anth. Pal. 7, 325   26 ausit G R^1 V^1

'quid aliud' inquit Aristoteles 'in bovis, non in regis sepulcro inscriberes? haec habere se mortuum dicit, quae ne vivus quidem diutius habebat quam fruebatur.' Cur igitur divitiae desiderentur, aut ubi paupertas beatos esse non sinit? signis, credo, tabulis studes. si quis est qui his delectetur, nonne melius tenues homines fruuntur quam illi qui is abundant? est enim earum rerum omnium ⟨in⟩ nostra urbe summa in publico copia. quae qui privatim habent, nec tam multa et raro vident, cum in sua rura venerunt; quos tamen pungit aliquid, cum, illa unde habeant, recordantur. dies deficiat, si velim paupertatis causam defendere. aperta enim res est, et cotidie nos ipsa natura admonet, quam paucis, quam parvis rebus egeat, quam vilibus. Num igitur ignobilitas aut humilitas aut etiam popularis offensio sapientem beatum esse prohibebit? vide ne plus commendatio in vulgus et haec, quae expetitur, gloria molestiae habeat quam voluptatis. leviculus sane noster Demosthenes, qui illo susurro delectari se dicebat aquam ferentis mulierculae, ut mos in Graecia est, insusurrantisque alteri: 'hic est ille Demosthenes.' quid hoc levius? at quantus orator! sed apud alios loqui videlicet didicerat, non multum ipse secum. intellegendum est igitur nec gloriam popularem ipsam per sese expetendam nec ignobilitatem extimescendam. 'veni Athenas' inquit Democritus 'neque me quisquam ibi adgnovit.' constantem hominem et gra-

---

4 cur ... 7 habundant   12 dies ... 18 voluptatis   24 intellegendum ... 451, 7 universos H

5 studes *Sey.* ludis (et *ante* tabulis *add. We. sed cf. parad. 49. Verr. 5, 132. Phil. 2, 109*)   6 delectetur *ex* -atur G¹   7 habundant GR^C H   8 in *post* nostra *add.* ς *post* omnium *Wo.* nostrae G¹   9 privati Ω *corr. Lb.* nec *add.* V¹   12 deficiet KRH   13 cottidie K   14 pravis V¹   15 *Epic. fr. 586* 19 demostenes X (*in* 21 KR)   20 aquam ςV³ quam X   22 at] aut KV¹   26 *Democr. B 116*   27 ibi quisquam H   agnovit GR²H

vem, qui glorietur a gloria se afuisse! an tibicines
ique, qui fidibus utuntur, suo, non multitudinis arbitrio cantus numerosque moderantur, vir sapiens multo
arte maiore praeditus non quid verissimum sit, sed
5 quid velit vulgus, exquiret? an quicquam stultius
quam, quos singulos sicut operarios barbarosque contemnas, eos aliquid putare esse universos? ille vero
nostras ambitiones levitatesque contemnet honoresque
populi etiam ultro delatos repudiabit; nos autem eos
10 nescimus, ante quam paenitere coepit, contemnere.
est apud Heraclitum physicum de principe Ephesiorum 105
Hermodoro; universos ait Ephesios esse morte mul-
tandos, quod, cum civitate expellerent Hermodorum,
ita locuti sint: 'nemo de nobis unus excellat; sin quis
15 extiterit, alio in loco et apud alios sit.' an hoc non ita
fit omni in populo? nonne omnem exsuperantiam virtutis oderunt? quid? Aristides — malo enim Graecorum quam nostra proferre — nonne ob eam causam
expulsus est patria, quod praeter modum iustus esset?
20 quantis igitur molestiis vacant, qui nihil omnino cum
populo contrahunt! quid est enim dulcius otio litterato? is dico litteris, quibus infinitatem rerum atque
naturae et in hoc ipso mundo caelum terras maria
cognoscimus.
25 Contempto igitur honore, contempta etiam pecunia 37
quid relinquitur quod extimescendum sit? exilium, 106
credo, quod in maxumis malis ducitur. id si propter
alienam et offensam populi voluntatem malum est,

---

16 nonne ... 453, 1 arbitrabatur (*sine* 17 malo ... 18 proferre) H

1 gloriatur *ex* -etur H   affuisse K   abfuisse R³V³   2 qui
om. V   4 praedictus V¹   nunquid R²   sit *om.* V   11 *Heracl.*
B 121   12 heremodoro G¹   14 sint *ex* sunt G¹   21 litterato
ex literato G²?   22 infinitatem ... 24 cognoscimus *Non. 122, 21*
25 contempto ... 26 sit *in mg.* G *eodem atramento, sed*
*fort.*²

quam sit ea contemnenda, [sicut a] paulo ante dictum
est. sin abesse patria miserum est, plenae miserorum
provinciae sunt, ex quibus admodum pauci in patriam
revertuntur. 'at multantur bonis exules'. quid tum?
parumne multa de toleranda paupertate dicuntur? iam
vero exilium, si rerum naturam, non ignominiam nominis quaerimus, quantum tandem a perpetua pere-
grinatione differt? in qua aetates suas philosophi no-
bilissimi consumpserunt, Xenocrates Crantor Arcesilas Lacydes Aristoteles Theophrastus Zeno Cleanthes Chrysippus Antipater Carneades Clitomachus
Philo Antiochus Panaetius Posidonius, innumerabiles alii, qui semel egressi numquam domum reverte-
runt. 'at enim sine ignominia'. ⟨an potest exilium igno-
minia⟩ adficere sapientem? de sapiente enim haec omnis oratio est, cui iure id accidere non possit; nam iure
exulantem consolari non oportet. postremo ad omnis
casus facillima ratio est eorum, qui ad voluptatem ea
referunt quae secuntur in vita, ut, quocumque haec
loco suppeditetur, ibi beate queant vivere. itaque ad
omnem rationem Teucri vox accommodari potest:
    'Pátria est, ubicumque ést bene'.
Socrates quidem cum rogaretur, cuiatem se esse diceret, 'mundanum' inquit; totius enim mundi se incolam

---

1 sicut a paulo RV¹ sicut a̅p̅o̅l̅l̅o̅ G¹ sicut paulo K sicuti paulo Hs sicut a om. s V³ sicut interpolatum, a fort. ante patria (2) poni debebat (a patria s We.) sapienti, paulo He. 3 provintiae GKH 4 ad V¹ boni V¹ 5 tolleranda GR¹V 7 tandem a Dav. damna X (damna a V³) 9 conte̅m̅pserunt K¹ archesilas X 11 carneades philo antiochus possidonius G¹R¹V¹, post carneades add. panetius clitomachus R^c, panetius (panaetius V^c) clitomachus carneades G¹V^c carneades panetius clitomachus philo (philoa H) antiochus possidonius KH. verum ordinem rest. He. 14 enim add. G²⁽?⁾ sine] si K add. We. 15 omnis oratio] commiseratio H 16 id add. G¹ accidere s V^res acc̅i̅pere X 17 exultantem V 18 eorum add. R^c quia ad V¹ 20 quaeant GKV 22 Trag. inc. 92 23 Socrates ... 24 inquit Non. 93, 6

et civem arbitrabatur. quid? T. Albucius nonne animo
aequissimo Athenis exul philosophabatur? cui tamen
illud ipsum non accidisset, si in re p. quiescens Epicuri legibus paruisset. qui enim beatior Epicurus, quod 109
in patria vivebat, quam, quod Athenis, Metrodorus? aut
Plato Xenocratem vincebat aut Polemo Arcesilam, quo
esset beatior? quanti vero ista civitas aestimanda est,
ex qua boni sapientesque pelluntur? Damaratus quidem, Tarquinii nostri regis pater, tyrannum Cypselum
quod ferre non poterat, fugit Tarquinios Corintho et
ibi suas fortunas constituit ac liberos procreavit. num
stulte anteposuit exilii libertatem domesticae servituti? 38
    Iam vero motus animi, sollicitudines aegritudines- 110
que oblivione leniuntur traductis animis ad voluptatem.
non sine causa igitur Epicurus ausus est dicere semper
in pluribus bonis esse sapientem, quia semper sit in
voluptatibus. ex quo effici putat ille, quod quaerimus,
ut sapiens semper beatus sit. 'etiamne, si sensibus 111
carebit oculorum, si aurium?' etiam; nam ista ipsa
contemnit. primum enim horribilis ista caecitas quibus tandem caret voluptatibus? cum quidam etiam
disputent ceteras voluptates in ipsis habitare sensibus,
quae autem aspectu percipiantur, ea non versari in
oculorum ulla iucunditate, ut ea, quae gustemus olfa-
ciamus tractemus audiamus, in ea ipsa, ubi sentimus,
parte versentur. in oculis tale nil fit; animus accipit,
quae videmus. animo autem multis modis variisque

---

7 quanti ... 8 pelluntur   13 Iam ... 454, 5 adimat H

1 quīt. alb. V (^{d} V^3)   albutius GKV   5 aut ϛV^3 ut X
7 isti^C H   9 tarquii GR^1 *(corr. m. ut v. aeq.)* tarqui V^1 (tar-
qni V^3)   10 tarquinius K *et corr. in* R *m. eadem quae v.* 9
13 *Epic. fr.* 599 aegritudines] *hinc incipiunt codicis* V *fol.* 96.97,
ubi multa iam s. XV *non iam legi poterant (nonnulla suppl.*
V^{rec}*). Ciceronis verba iterum descripsit* V^b *(saec.* XV*). cf. praef.*
    14 -que *add.* G^1 19 aurium K   22 disputarent H disputent
ex -em< G^1 23 non versari V$^{3 et b}$ *ut* X conversari V^1 24 io-
cunditate HV^b gestemus V^1 26 nihil tale Hϛ

delectari licet, etiamsi non adhibeatur aspectus. loquor
enim de docto homine et erudito, cui vivere est cogitare. sapientis autem cogitatio non ferme ad investigandum adhibet oculos advocatos. etenim si nox non
adimit vitam beatam, cur dies nocti similis adimat?
nam illud Antipatri Cyrenaici est quidem paulo obscenius, sed non absurda sententia est; cuius caecitatem
cum mulierculae lamentarentur, 'quid agitis?' inquit,
'an vobis nulla videtur voluptas esse nocturna?' Appium quidem veterem illum, qui caecus annos multos
fuit, et ex magistratibus et ex rebus gestis intellegimus
in illo suo casu nec privato nec publico muneri defuisse. C. Drusi domum compleri a consultoribus solitam accepimus; cum, quorum res esset, sua ipsi non
videbant, caecum adhibebant ducem. pueris nobis Cn.
Aufidius praetorius et in senatu sententiam dicebat
nec amicis deliberantibus deerat et Graecam scribebat
historiam et videbat in litteris. Diodotus Stoicus caecus multos annos nostrae domi vixit. is vero, quod
credibile vix esset, cum in philosophia multo etiam
magis assidue quam antea versaretur et cum fidibus
Pythagoreorum more uteretur cumque ei libri noctes
et dies legerentur, quibus in studiis oculis non egebat,
tum, quod sine oculis fieri posse vix videtur, geometriae munus tuebatur verbis praecipiens discentibus,
unde quo quamque lineam scriberent. Asclepiadem
ferunt, non ignobilem Eretricum philosophum, cum

---

9 Appium ... 15 ducem   18 Diodotus ... 26 scriberent H

1 dilectari GV^1 4 etenim] est enim V^1 6 ⟨id⟩ quidem
Sey. (sed cf. exempla ap. Kühner-Stegmann II, 118, 8. absurda
sent. in v. 7 nominativus est).   7 sed] si V   9 ulla KR   10 multos annos KV^b 12 casu add. K^c 13 G. Drusi ςV^b Gatrusi
GRV Gratusi KH   15 GN. autfidius X (G.N. G) Gn. Aufidius ςV^b 19 domi//i V (fuit domui ut v.)   20 esset] est
et H est Ba.   21 assidue KRH ads. GV   26 asclepiaden K

27 ignobilem eretricum R^1 eretricum exp. et ceterõrum suprascr.
al. m. ($^eR^2$) ignobile meretricum GKV (metricum V^b) philosophum ς philosophorum X

quidam quaereret, quid ei caecitas attulisset, respondisse, puero ut uno esset comitatior. ut enim vel summa paupertas tolerabilis sit, si liceat quod quibusdam Graecis cotidie, sic caecitas ferri facile possit, si non desint subsidia valetudinum. Democritus luminibus amissis alba scilicet discernere et atra non poterat, at vero bona mala, aequa iniqua, honesta turpia, utilia inutilia, magna parva poterat, et sine varietate colorum licebat vivere beate, sine notione rerum non licebat. atque hic vir impediri etiam animi aciem aspectu oculorum arbitrabatur, et cum alii saepe, quod ante pedes esset, non viderent, ille ⟨in⟩ infinitatem omnem peregrinabatur, ut nulla in extremitate consisteret. traditum est etiam Homerum caecum fuisse; at eius picturam, non poësin videmus: quae regio, quae ora, qui locus Graeciae, quae species formaque pugnae, quae acies, quod remigium, qui motus hominum, qui ferarum non ita expictus est, ut, quae ipse non viderit, nos ut videremus, effecerit? quid ergo? aut Homero delectationem animi ac voluptatem aut cuiquam docto defuisse umquam arbitramur? aut, ni ita se res haberet, Anaxagoras aut hic ipse Democritus agros et patrimonia sua reliquissent, huic discendi quaerendique divinae delectationi toto se animo dedissent? itaque augurem Tiresiam, quem sapientem fingunt poëtae, numquam inducunt deplo-

---

5 Democritus ... 456, 23 requiret H

1 quaereret G adt. K respondisset V 3 tollerabilis GV
4 graecis ςR²Vᵇ graeci X cottidie K 5 desinit K valitudinum KR *Dem. A 22* 7 aqua V¹ 8 si X siⁿᵉ H¹ sine ςR²Vᵇ
11 aspectu ςVᵇR² aspectum X (*ex* -us G¹) alii ςR²Vᵇ aliis
X 12 esset ςVᵇ essent X -rent ille — 458,9 iudicare *habet fr. Bodl.* (F) ille FBVʳᵉᶜ ᵉᵗ ᵇ illa X in ς *om.* XF *cf. nat. deor.
1,54* 14 traditum *ex* -us G¹ 16 hora V greciae *in mg. add.*
G²⁽¹⁾ formae quae pugna XF *corr.* ς 19 efficerit KV¹
20 homerŭ K ac FBς aut X 21 aut *ante* culq. *add.* V²
arbitramus V 23 relinquissent GR¹H 24 dicendi V divina V¹

rantem caecitatem suam; at vero Polyphemum Homerus cum inmanem ferumque finxisset, cum ariete etiam conloquentem facit eiusque laudare fortunas, quod, qua vellet, ingredi posset et, quae vellet, attingere. recte hic quidem; nihilo enim erat ipse Cyclops quam aries ille prudentior. In surditate vero quidnam est mali? erat surdaster M. Crassus, sed aliud molestius, quod male audiebat, etiamsi, ut mihi videbatur, iniuria. [Epicurei] nostri Graece fere nesciunt nec Graeci Latine. ergo hi in illorum et illi in horum sermone surdi, omnesque item nos in is linguis quas non intellegimus, quae sunt innumerabiles, surdi profecto sumus. 'at vocem citharoedi non audiunt'. ne stridorem quidem serrae, tum cum acuitur, aut grunditum, cum iugulatur, suis nec, cum quiescere volunt, fremitum murmurantis maris; et si cantus eos forte delectant, primum cogitare debent, ante quam hi sint inventi, multos beate vixisse sapientes, deinde multo maiorem percipi posse legendis his quam audiendis voluptatem. tum, ut paulo ante caecos ad aurium traducebamus voluptatem, sic licet surdos ad oculorum. etenim, qui secum loqui poterit, sermonem alterius non requiret.

Congerantur in unum omnia, ut idem oculis et auribus captus sit, prematur etiam doloribus acerrumis corporis. qui primum per se ipsi plerumque con-

---

2 finxisset (H?)F⊆R *e corr.* V^b fixisset X   3 quod qua] quodq; V^1 4 quae] *c corr.* B^1⊆ quem (quê) XF   attingeret XF *corr.* ⊆ *(de mendo cf. 455,1; 429, 8 al.)* attingere. et recte *Lb.*
6 prudentior ille V^b prudentior *postea add.* R^1 6 in ...
7 Crassus *Non. 176,22*   7 erat ... Crassus *Prisc. GL. 2. 114,16*
sudaster GRV^1 *(corr.^{1})*   9 Epicurei Ω *(etiam F) del. (vel operarii subst.) Dav.*   10 hic V   11 item *Urb. 323 (s. XV) Man.* id X *om.* F⊆ is] his X eis F   13 at FH(?)BR *e corr.* aut X citaroedi GV citharẹdi KH (e) ne] nec K   14 serrae F⊆ fere X   14 aut...15 suis *Non. 114,26* grunditum X *Non.* grunnitum FR^{2}V^b 20 ut *om.* H⊆   21 sic licet] scilicet H
22 qui F⊆ quae X   24 *Epic. fr. 499* congregantur V   26 perficiunt K

ficiunt hominem; sin forte longinquitate producti vehementius tamen torquent, quam ut causa sit cur ferantur, quid est tandem, dii boni, quod laboremus? portus enim praesto est, quoniam mors †ibidem est, aeternum nihil sentiendi receptaculum. Theodorus Lysimacho mortem minitanti 'magnum vero' inquit 'effecisti, si cantharidis vim consecutus es', Paulus 118 Persi deprecanti, ne in triumpho duceretur, 'in tua id quidem potestate est.' multa primo die, cum de ipsa morte quaereremus, non pauca etiam postero, cum ageretur de dolore, sunt dicta de morte, quae qui recordetur, haud sane periculum est ne non mortem aut optandam aut certe non timendam putet. mihi quidem 41 in vita servanda videtur illa lex, quae in Graecorum conviviis optinetur: 'aut bibat' inquit 'aut abeat.' et recte. aut enim fruatur aliquis pariter cum aliis voluptate potandi aut, ne sobrius in violentiam vinolentorum incidat, ante discedat. sic iniurias fortunae, quas ferre nequeas, defugiendo relinquas. Haec eadem, quae Epicurus, totidem verbis dicit Hieronymus.

Quodsi is philosophis, quorum ea sententia est, ut 119 virtus per se ipsa nihil valeat, omneque, quod ho-

---

12 haud ... 458, 8 omnia H

4 mors ⟨ubi est,⟩ ibidem est aet. *Vahlen, Opp. 2, 353, sed desiderantur quae verbis per se ipsi conficiunt opponantur velut* mors, ubi libitum est, adest, aet. *vel sim. (cf. de re Plut. π. εὐθ. 475 F Sen. epist. 12, 10 al. ac de forma nat. deor. 1, 108:* quid, quod simulac mihi collibitum est, praesto est imago?) quoniam — est *male del. Bentl.* ibidem *del. Tr. verba tradita def. Se., Jb. d. ph. V. 26 p. 302* 5 sq. *Val. Max. 6, 2 ext. 3* 7 cantaridi sumi c. V cantháridis F 8 Persi XF Persae ς 9 primo die FV^{roc et b} ς primordie X 12 haud] aut F 13 certa K¹

15 obtin. F habeat G¹V 17 violentiam R (ⁿR²) 18 discedat FςR²V^b decedat KH dicebat GR¹V 21 his philosophis XF ii (vel hi) philosophi *corr.* ςV^b *vulgo; sed anacoluthon (C. pergere volebat:* semper beatus videtur sapiens *cf. p. 418, 23) tolerari potest, si v. 458, 3* ⟨si⟩ i (et X id ut vid. F et We.) *scribitur.* 22 omnesque XF *ut v.* omneque ς

nestum nos et laudabile esse dicamus, id illi cassum
quiddam et inani vocis sono decoratum esse dicant, —
⟨si⟩ i tamen semper beatum censent esse sapientem,
quid tandem a Socrate et Platone profectis philosophis faciendum videtur? quorum alii tantam praestantiam in bonis animi esse dicunt, ut ab is corporis et
externa obruantur, alii autem haec ne bona quidem
120 ducunt, in animo reponunt omnia. quorum controversiam solebat tamquam honorarius arbiter iudicare
Carneades. nam cum, quaecumque bona Peripateticis,
eadem Stoicis commoda viderentur neque tamen Peripatetici plus tribuerent divitiis bonae valetudini ceteris rebus generis eiusdem quam Stoici, cum ea re, non
verbis ponderarentur, causam esse dissidendi negabat.
quare hunc locum ceterarum disciplinarum philosophi
quem ad modum optinere possint, ipsi viderint; mihi
tamen gratum est, quod de sapientium perpetua bene
vivendi facultate dignum quiddam philosophorum voce
profitentur.

121 Sed quoniam mane est eundum, has quinque dierum disputationes memoria comprehendamus. equidem me etiam conscripturum arbitror — ubi enim melius uti possumus hoc, cuicuimodi est, otio? —, ad
Brutumque nostrum hos libros alteros quinque mittemus, a quo non modo inpulsi sumus ad philosophiae

---

1 dicimus ς cassum *ex* casus G¹ casum V   2 inaniṣ F
⟨si⟩ i] *cf. ad p. 457, 21*   4 perfectis KRH *(in V legi non
potest)*   5 uidetur V^b *(ui solum nunc in V dispicitur)* vides
XF iudicas *Sey.*   6 is] his X iis F   7 obruantur F *cf. p. 314, 22
fin. 5, 91* observant X *(observan in V dispicitur* observent R²)
obscurentur ς *(observatur pro* obruatur *Gr. p. 358, 1)* ne] nec K
 10 nam quaecumque]..mque cum V *(initium non dispicitur)*
 14 dissidendi ς desiderandi X   17 sapientiam G¹ *(corr.¹)*
V pertua R¹ bene] bona V   18 quiddam ςV^b quidam X
 21 conpreh. KV   22 melius uti G¹ *in mg.*   23 cui'cui'modi
R *(sed ' ' ²)*   24 libros hos K hos libros quemadmodum quinque de finibus alteros V^b   25 inpulsi ... 459, 1 scriptiones
Non. 174, 20, eadem usque ad 459, 1 lacessiti *134, 2* philosophiae
Non. utroque loco philosophas X (philosophicas R²V^h)

scriptiones, verum etiam lacessiti. in quo quantum ceteris profuturi simus, non facile dixerim, nostris quidem acerbissimis doloribus variisque et undique cir-
4 cumfusis molestiis alia nulla potuit inveniri levatio.

---

2 simus *Beroaldus* sumus   dixerim GV dixerĩm K dixerimus R *(sed* us, *quod fort. ab alia m. additum est, postea expunctum)* ϛ   4 alia . . . levatio *Non. 336, 20* levatio. Finit K

INDICES

I. NOMINA PROPRIA

Academia, gymnasium Atheniense 446 1
— disciplina Platonica 281 27 284 2 323 1 441 29
— gymnasium in Tusculano situm 284 15 319 16
Academici 363 19 364 4 383 30 438 23 443 4
libri Academici *v.* Tullius
Accius, L. 388 20
 Atr. 200 (400 8) 229 (400 11) 233 (388 18) 234 (286 6) Melanipp. 424 (327 14) Philoct. 533 (291 16) 550 (297 1) 553 (289 7) 562 (289 10) 566 (252 10) fr. inc. 664 (271 25) 672 (348 27)
Acheron 221 30 Acherunte *et* Acherunsia templa *in tragoediae locis* 235 17 236 3 242 4
Achilles 271 18 25 326 16 386 22
Aeacus 268 4
Aeetes 331 3 337 29
Aegyptus, Aegyptii 271 9 440 7 448 4
Aelius Paetus Catus, Sex. cos. 198   227 3
Aelius Tubero, Q. (Panaetii auditor) 363 8
Aemilius Lepidus Porcina, M. cos. 137   219 7
Aemilius Paulus, L. cos. 182. 168   352 18 457 17
Aemilius Paulus, M. cos. 219. 216   263 17 274 19
Aeschines or. (de cor. 77) 349 3

(Aeschines Socr. fr. 10) 356 25
Aeschylus 291 13
 Prom. 377 sqq. (356 8) Prom. sol. fr. 193 (291 22 sqq.)
Aesculapius 299 24
Aesopus (histrio) 300 17 388 20
Aetolia 218 22
Afranius, L. com. (fr. 409) 383 12 389 4
Africanus *v.* Cornelius Scipio
Africani duo 274 18
Agamedes 276 16
Agamemno 263 31 (346 17) 348 26 369 16 386 22
portae Agragantinae 433 16
Aiax 268 11 322 4 353 1 385 6 386 23 387 2
Albinus *v.* Postumius
Albucius, T. 453 1
Alcaeus 397 28
Alcibiades 356 26-357 9
Alcidamas 277 17
Alcmaeo 322 4
Alei campi (Z 201) 349 12
Alexander Magnus 327 22 401 5 445 28 446 7
Alliennius, M. 385 20
Amafinius, C. 364 9. 14 *cf. etiam* 219 25 sqq. 283 9 sqq.
(Ambracia) Ambraciota 260 2
Amor 397 7
Amphiaraus 312 1
Anacharsis (epist. 5) 445 15. 18
Anacreon 397 28
Anaxagoras 271 9 408 28 434 11 455 22 — (A 33) 332 26 = 346 28

INDEX

Anaxarchus 307 27
Andromacha v. Ennius
Anticlea 425 12
Antiochus Ascalonita 347 15 414 9. 14. 19 452 12
Antipater philos. Cyrenaicus 454 6
Antipater Tarsensis 452 11
Antisthenes 416 18
Antonius, M. cos. 99 222 4 310 4 429 2
Apollo 226 14 243 15 254 16 276 17. 20 398 18
Appius v. Claudius
Aquilius, M. cos. 101 410 29
Aquinius 432 24
Arcesilas 452 9 453 6 [15
Archelaus Macedonum rex 420 6.
Archelaus philosophus 408 27
Archilochus 218 11
Archimedes 249 3. 9 433 9
Archytas 400 24 433 6
Argivus 240 23 276 5 (Argia sacerdos) 300 11 344 18
Argo 240 23
Argonautae 397 3
Arion 315 5
Aristides (iustus) 451 17
Aristippus 287 12
Aristo Chius 287 17 417 4 419 23 443 8
Aristogiton 278 6
Aristomache 430 21
Aristoteles 220 11 228 15 238 18 250 9 253 1 284 7 418 7 422 5 444 2 452 10 — (552 b 18)266 8 (Probl. 30 1)258 12 (fr. 53)351 25 (fr. 90)449 23
Aristoxenus 227 15 229 23 238 8 243 11
Aristus 414 9. 14
(Arpinum) Arpinas 434 2 438 16
Arruns 385 23
Artemisia 355 8
Asclepiades, phil. Eretricus 454 27

Athamas 322 3
Athenae 278 2 293 10 337 17 414 15 445 30 449 7 450 26 453 2. 5
Athenienses 363 20
Atilius, M. poeta (fr. 1) 373 10
Atilius Calatinus, A. cos. 258. 254 224 6 274 18
Atilius Regulus, M. cos. 267. 256 410 28
Atlans 407 13
Atreus 272 18 400 6 427 27
Attici (oratores Romani) 281 16
Aufidius, Cn. 454 16
Aulis 278 4
Averni lacus 235 27

Babylonius (Diogenes) 363 23
Bellerophon 349 11
Bion 349 28
Bito 276 6
Boeotia 274 16
Brutus v. Iunius

Cadmus 231 24
Caecilius Metellus Macedonicus, Q. cos. 143 260 14. 17 261 23
Statius Caecilius poeta Syneph. 210 (233 9) fr. 259 (396 18) 266 (346 4)
Caelus 291 23
Caepio v. Servilius
Caesar v. Iulius
Calatinus v. Atilius
Callanus Indus 308 2
Callimachus ep. 23 (260, 2) fr. 363 (265 22)
Callipho 443 6 444 5
Callisthenes 327 21. 23 416 6
Calpurnius Piso Frugi, L. cos. 133 325 21 342 14. 17
Camillus v. Furius
Cannae 263 17
porta Capena 224 5
Carbo v. Papirius
Caria 265 2 355 9

Carneades 344 23. 26 347 14 363 20
387 21   409 11   442 12   443 1
444 9. 14 452 11 458 10
Cato *v.* Porcius
Catulus *v.* Lutatius
Caucasus 291 20   293 2   308 3
407 14 439 24
Celtiberi 314 14
Centaurus 289 19 (Nessus) 290 6
(291 3) *cf.* 263 30 (Hippocentaurum)
Cepheus 407 14
Cerberus 221 30 223 5 (291 6)
(Chaeremon, Tr. gr. p. 782) 416 8
Chaldaei 266 21
Charmadas 247 10
Chius (Aristo) 417 4
Chremes 350 7
Chrysippus 452 11
 fr. eth. 285 (387 13) 322 (273 18)
 417 (343 26) 424 (372 15) 482
 (332 17 sqq. 351 9) 483 (365 22)
 484 (393 26) 485 (348 11) 486
 (355 22 357 18) 487 (347 15)
 v. etiam Stoic. vet. fr.
Chrysis 396 4
Cimbri, Cimbricus 314 14 429 10
Cineas 247 9
Cinna *v.* Cornelius
(Citium) Zeno Citieus 420 1
Clastidium 385 16
Claudius Caecus, Ap. cos. 307.
 296   363 6 454 9
Claudius Centho, C. cos. 240
 218 14
Claudius Marcellus, M. cos.
 primum 222   263 18 274 19
 385 16
Claudius Pulcher, Ap. cos. 54
 235 26
Clazomenae 271 11
Cleanthes 311 20. 26 357 5 452
 10 — (fr. 576) 355 18 (577) 356
 18–24
Cleobis 276 6

Cleombrotus *v.* Theombrotus
Clitomachus 344 21 452 11
Clitus 401 6
Cocytus 221 30
Codrus 277 26
Com. pall. inc. fr. 43 (266 1)
 37, *sc.* Trabea (378 16)
Corinthus 228 3   331 11   344 19
 453 10
 Corinthii 344 14. 20
 Corinthia vasa, Corinthium aes
 296 18 377 2
Cornelius Cinna, L. cos. 87-84
 428 21. 25. 27
Cornelius Lentulus Lupus, L.
 cos. 156   343 12
Cornelius Scipio, Cn. cos. 222
 et P. cos. 218 (duo Scipiones)
 263 16 274 18
Cornelius Scipio Africanus
 (maior), P. 274 18 426 23
Cornelius Scipio Africanus (minor), P. 219 15 258 20 274 18
 313 2 363 18 385 17
Cornelius Scipio Nasica Corculum, P. cos. 162. 155   227 2
Cornelius Scipio Nasica Serapio, P. cos. 138   386 11
Crantor 277 8   322 22   352 28
 452 9
Crassus *v.* Licinius
Cresphontes (Euripidis fabula)
 v. Euripides
Cretes 297 12
Critias 267 6
Crito 270 21. 23. 25
Critolaus 427 13
Cumae 331 16
Curius Dentatus, M'. cos. 290
 274 17
Cyclops 456 5
Cynicus 271 4 446 7
Cyprus 308 1
Cypselus 453 9
(Cyrene) Cyrenaeus 270 9 363 22

INDEX

Cyrenaici 332 4 334 7 343 24 sqq. 355 22
Cyrenaicus 259 29 454 6

Damaratus 453 8
Damocles 431 15-432 5
Danai 387 3
Darius (Codomannus) 447 27
Decius Mus, P. pater (cos. 340), filius (cos. 312) nepos (cos. 279) 263 14 311 7
Deianira 289 18
Delphi 276 17 436 7
Democriti 259 12
Democritius (Anaxarchus) 307 27
Democritus 229 4 238 23 383 1 388 26 434 11 455 23 — (A 22)455 5 (A 160)259 12 (B 116)450 26
Demosthenes 222 5 349 4 382 22 388 25 459 19. 21
Deucalion 228 6
Diagoras 275 4. 6. 9
Dicaearchus 229 24 238 8 243 11 398 4 — (Κορινθιακοί) 228 2 (Λεσβιακοί) 256 22
Dinomachus 443 5
Dio 449 14
Diodorus Peripateticus 443 7 444 5
Diodotus Stoicus 454 18
Diogenes Babylonius 363 19
Diogenes Sinopensis 271 3 346 3 446 6
Dionysius, Syracusanorum tyrannus (maior) 448 11
Dionysius, Syracusanorum tyrannus (minor) 331 10 429 22-433 3
Dionysius Heracleotes (St. fr. I 432) 311 16(ib. 434) 326 15
Dionysius Stoicus 293 16
me Dius Fidius 255 6
Doris Dionysii coniunx 430 21
Drusus v. Livius

Eleates Zeno 307 25
Elysius 277 9
Empedocles 227 4 238 7
Endymion 264 27
Ennius, Q. 218 15. 23
 Ann. 24 (231 6) 115 (231 17) 302 (240 25) 331 (227 3) Alcm. 23 (370 17) Andr. aechm. 85 (340 3) 86 (340 6) 92—99 (340 14-25 260 22sqq. 344 15) 100 (271 22) 107 (242 4) Eum. 151 (252 16) Hect. lytr. 161-172 (299 17-300 19) Iph. 222 (400 1) Med. 250 (240 23) 257 (349 20) 278 (397 4) Tel. 312 (332 9 = 346 26) Thyest. 349 (330 19) 354 (339 23) 357. 8 (330 14) 362 sqq. (272 20 sqq.) sc. inc. 376 (280 1) 392 (318 20) 395 (397 17)
 Var. 15 (234 10) 17 (234 14 278 20) 21 (426 24)
 Inc. 18 (386 19)
 Dub. 222 1
Epaminondas 219 4 234 2 274 13 278 7 311 10 426 20
Ephesii 451 11. 12
Epicharmus (fr. 247) 225 8. 16
Epicurus 283 23 287 15 288 9. 14. 24 294 10. 13 303 6 304 7 334 12-343 23 passim 355 20 357 11 418 22 442 25 444 8. 13 445 6 sqq. 453 3. 4. 15 457 20
 Sent. II (444 23) V (416 20) XVI (416 24) — π. τέλους fr. 67 (338 16 341 17) 69 (339 1) ep. ad Herm. fr. 122 (304 7 416 27 444 19) — p. 89 7 (416 15) — fr. 17 (259 12) 419 (341 21) 439(447 8) 440(341 9 446 24) 444(332 1 334 13) 446 (303 6 337 18) 456 (446 15) 459 (342 25 416 17 447 23) 472 (445 10) 483 (397 12) 499 (456 24) 506 (342 23) 507 (342 10) 511 (438 1) 584 (342 24)

586 (450 15) 599 (453 13) 601 (288 9) 604 (437 20)
Epicurei 256 21 335 7 446 24
Epigoni fabula (Tr. gr. fr. ad. 3) 311 27
Epitaphius Platonis *v.* Plato
Erechtheus 277 24
Eretricus (Asclepiades) 454 27
Erillus 443 9
Erymanthius aper (belua) 385 28 291 4
Etrusci 263 15
Euphorionis cantores 340 20
Euripides 332 26
 Iph. Aul. 16 (346 17) Or. 1-3 (393 18) Chrys. p. 632 (397 24) Cresph. fr. 449 (277 2) Hypsip. 757 (347 17) Phrix. 821 (351 10) fr. inc. 964 (332 17-346 27) 1018 (250 4)
Europa 240 25 266 7
Eurotas 298 15 448 14
Eurypylus 299 26 300 16
Eurystheus 289 24
Euthynous 277 14

Fabius Maximus Verrucosus Cunctator, Q. cos. primum 233 274 18 352 17
Fabius Maximus, Q. Allobrogici filius 258 21
Fabius Pictor, C. (a. 304) 218 26
Fabricius Luscinus, C. cos. 282. 278 274 17 346 6
Fannius, C. histor. (fr. 6) 380 27
Fortuna 417 2. 9 437 14
Fulvius Nobilior, M. cos. 189 218 21
Furiae 292 7 330 4
Furius Camillus, M. dict. 396 264 1. 3

Galba *v.* Sulpicius
Gallus 385 15
Ganymedes 249 29 397 23
Geminus *v.* Servilius

Gigantes 290 5
Gorgias *v.* Plato
Gracchi (Ti. et C.) 219 18
 v. etiam Sempronius
Graeci 217 9. 12 218 9. 25 219 2. 19 220 20. 27 222 5 231 19. 25 238 19 252 12 255 1 267 7 274 8 283 2 297 26 314 11 319 23. 26 321 9. 22. 26 323 20 325 8. 13. 15 328 22 358 18 366 6. 9 378 4 397 15 407 7 415 26 451 17 455 4 456 9 457 14
Graecus, Graece 225 11. 12. 17 261 11 (Graeculus) 293 22 371 9 373 7 454 17 456 9
Graecia 218 3. 7 219 4. 7 231 28 232 3 282 3. 8 294 3 298 4. 8 306 10 332 12 361 4 362 6 408 5. 24 430 8 433 25 450 21 455 16
Graecia Magna 236 15
Graius 290 7 338 3

Halicarnasus 355 9
Hanno 445 18
Harmodius 278 6
Hector 271 18-272 1 300 19 340 3 369 16 385 7. 9 395 26
Hecuba 349 15
Hegesias 259 29 — (Ἀποκαρτερῶν) 260 5
Heracleotes Dionysius *v.* Dionysius
Heraclides Ponticus (fr. 78) 407 21
Heraclitus (B 121) 451 11
Hercules 231 20 233 23 288 13 289 4. 6. 15 291 12 385 26
Hermodorus 451 12. 13
Herodotus (1 31) 276 4
Hesiodus 218 11 268 7
Hieronymus Rhodius 287 15 442 26 444 8. 14 457 20
Hippocentaurus *v.* Centaurus
Hippodamea 330 15
Hippolytus 374 3
Hispania 263 17

INDEX

Homerus 218 10 235 25 250 1 257 23 268 7 386 22 407 10 455 14. 20 456 1
Z 201 (349 11) H 211 (385 6) I 646 (326 16) K 15 (348 26) T 226 (350 15) T 232 (235 28)
Hortensius Hortalus, Q. 247 11 (Ciceronis dialogus v. Tullius)
Hydra 291 6
Hypanis 266 7
Hyrcania 273 13

Ibycus 398 1
India, Indi 308 3 439 22. 26
Ino 231 24
Iphigenia 278 4
Isocrates 220 12
Italia (Italicus) 236 15. 22 361 19 362 6 364 15 408 23 449 16
Iulius Caesar Strabo, C. † 87 429 3
Iulius Caesar, L. cos. 90 428 28
Iunius Brutus, L. cos. 509 263 12 362 1 385 21
Iunius Brutus, M., ad quem Cicero Tusculanas scribit 217 3 280 3 316 1 361 2 404 1 405 20 409 20 414 8. 11 418 6 419 26 422 4 458 24
Iuno 289 23
Iuppiter 249 29 291 18 292 3. 4. 10. 18. 22 297 12. 13 301 1 330 17 340 25 397 10
Iuventas 249 27

Karthago, Karthaginienses 344 11. 22

Lacedaemon 304 14 439 19
Lacedaemonius 269 11. 23. 28 278 7 423 11 448 9. 15. 21
Laco, Lacaena 270 4 275 3 298 14 422 12 426 22
Lacydes 452 10
Laelius Sapiens, C. cos. 140

Cic. 44

219 15 274 19 363 17 428 15. 20. 26 429 12
Laius 397 25
Lampsacus 271 10
Laomedon 249 30
Latini 263 14 283 25 331 15
Latinus, Latine 225 11–13 293 23 321 8. 16 327 15 332 18 456 10
Latinae litterae sim. 217 8 219 21. 25 282 15 283 11 364 6
Latmus 265 1
(Lemnos) Lemnius 291 15
Lentulus v. Cornelius
Leon 407 22. 25. 27
Leonidas 269 27 278 7
Lepidus v. Aemilius
Lerna 291 2
Lesbiaci (libri Dicaearchi) 256 25
Leucadia (Turpilii fabula) v. Turpilius
Leucates ($Λευκάτας$) 381 7
$Λευκοθέα$ 231 24
Leuctra, Leuctricus 274 16
Liber 231 21
Libya 240 25
Licinius Crassus, L. cos. 95 222 4
Licinius Crassus, M. triumviri avus 334 2
Licinius Crassus Dives, P. triumviri pater, cos. 97 258 23 428 28
Licinius Crassus Dives, M. triumvir, cos. 70. 55 223 13 224 11. 12. 20. 21 456 7
Litana 263 18
Livius Andronicus 218 13
Livius Drusus, C. iurisconsultus 454 13
(Locri) Locrensis 430 21
Lucani 263 18
Lucilius, C. fr. 150 (301 18) 153 (384 21) 1300 (334 3)
Luna 265 3
Lutatius Catulus, Q. cos. 102 429 11. 13. 19
Lyco 357 6

18

INDEX

Lycurgus 269 15. 29 274 12 297 14 407 9
Lysimachus 270 10 457 6

Maccius Plautus, T. 218 16
Macedones 344 12
Maeotis 426 24
Magi 273 12
Manlius Torquatus, T. cos. primum 347   385 14
Marathonius taurus 386 1
Marcellus *v.* Claudius
Marius C. 298 5   308 10. 12. 15   429 10. 19
Matuta *v.* Ino
Mausolus 355 8
Maximus *v.* Fabius
Medea 349 21 397 5
Melanippus *v.* Accius
Menoeceus 278 2
Menon *v.* Plato
Metelli 224 6
Methymnaeus Arion 315 5
Metrodorus Epicureus 283 24 453 5 — (fr. 5) 288 6 (fr. 49) 417 2
Metrodorus Scepsius 247 10
Midas 276 25
Miltiades 382 20
Minerva 234 18
Minos 222 3 268 4 297 12
Mulciber 292 4
Musae 434 3
Musaeus 268 7
Mytilenae 256 25

Naevius, Cn. 218 16 (Hector prof. 15) 395 26
Nasica *v.* Cornelius
Neapolis, Neapolitani 261 8
Necessitas 347 22
Nemeaeus leo 290 27 386 1
Neoptolemus 280 1. 10
Neptunus, Neptunii equi 274 14 315 6 398 19
Nestor 407 12

Nicocreon *v.* Timocreon
Nioba 349 14
Niptra *v.* Pacuvius
Nobilior *v.* Fulvius
Numa 362 11

Oceanus 231 19 240 25
Octavius, Cn. cos. 87   428 27
Oeneus 289 25
Oenomaus 330 15
Oeta 289 4
Oileus 352 29
Olympia (locus) 275 5 304 15 (ludi) 301 6
Olympionices 375 4. 10
Iuppiter Olympius 301 1
Orcus 242 4
Orestes 322 4
Orestes (Euripidis fabula) *v.* Euripides
Origines *v.* Porcius Cato
Orpheus 268 7

Pacideianus 384 20
Pacuvius, M. Iliona 197 sqq. (272 1-12) 202 (303 11) Niptra 247 (425 14) 256-69 (306 10-307 11)
Paelignus 385 20
Palamedes 268 10
Panaetius 239 2 257 21 258 20 363 7 452 12
Papirius Carbo, C. cos. 120 219 17
Parrhasius 218 28
Patricoles 299 17 300 8
Paulus *v.* Aemilius
Peloponnesus 344 13
Pelops 273 6 315 5 330 13
Perdiccas 420 7
Peripatetici 284 2 328 12 355 19 364 3 365 26 380 12sqq. 381 25 384 1 419 9. 12 438 23 441 28 443 4. 6. 12 458 10. 11
Persae, Perses 270 1 273 10 420 11 446 10 448 21

Perses Macedonum rex 344 13 457 8
Phaedon v. Plato
Phaedrus v. Plato
Phalaridis taurus 288 15. 25 438 25 444 2
Pherecrates 228 5
Pherecydes 236 11
Phidias 234 17
Philippus Macedonum rex 423 11
Philo Larisaeus 284 8 293 18 452 12
Philoctetes, Philocteteus 289 3 296 24 303 17 309 14
Phlius, Phliasius 407 21. 23 408 23
(Phthia) Phthiota 228 6
Piso v. Calpurnius
Plato 227 22. 25 228 16 230 8 236 21 237 6 242 14. 15 245 5 246 19 249 6. 17 252 28 257 21 283 20 336 15 339 13 366 11 383 1 388 26 398 3 407 20 409 5 418 11 420 3. 27 449 8 433 5 453 6 458 4
Plat. Apologia (40 c sqq.) 267 16
Epist. 7 (326 b) 449 14
Epitaphius = Menexenus (247 e) 420 17
Gorgias (470 d) 420 6
Menon (81 e) 246 2
Phaedon 230 9 260 4 —
(67 d) 255 19 (72 e) 246 10
(80 sqq.) 254 3 (80 e) 255 11
(85 b) 254 15 (99, d) 254 22 (115 c-e) 270 21
Phaedrus (245 c) 244 3
Resp. (398 a) 294 1
Timaeus (39) 249 5 (47 a) 249 16
Plautus v. Maccius
Poetarum incertorum versus (v. etiam Trag. et Com.) 222 1 384 17 426 22
Polemo 418 8 422 5 444 3 453 6
Polyclitus 218 28
Polyphemus 456 1

Pompeius Magnus Cn. 223 14 261 7 312 4 350 23
Ponticus v. Heraclides
Pontus Euxinus 240 21 266 7
Porcius Cato Censorius, M. cos. 195 218 17. 20 219 17 274 19 343 12 352 19 362 25
Orig. fr. 83 (269 22) 118 (218 17 362 24)
Porcius Cato Uticensis, M. 255 2. 6 405 19 419 7
Posidonius 312 3. 6 452 12
Postumius Albinus, L. cos. 234. 229 263 18
Priamus 260 15. 19 261 2 265 23 271 26 340 14. 24
Prometheus 291 14. 17 356 6. 8 407 13
Ptolomaeus Lagi f. 259 30
Ptolomaeus (incertum quis Aegyptiorum rex) 448 3
bellum Punicum 343 11
Puteolani 261 9
Pyrrho 287 18 443 8
Pyrrhus 247 9 263 15
Pythagoras, Pythagoreus (adi.) 227 24 236 14. 22 237 2 242 14 248 16 336 15 361 19 362 2-17 363 8 366 11 383 1 388 25 407 19 408 2. 21 418 11 434 11
Pythagorei 236 17. 21 291 13 362 8-18 432 13 454 22
Pythius Apollo 226 14

Regium (Reginus) 397 29
Regulus v. Atilius
Rhadamanthus 222 3 268 4
Rhodus, Rhodius 275 4 312 5
v. etiam Hieronymus Rhodius
Roma 218 11. 13 264 2 344 12
populus Romanus 231 23 342 17
Romulus 218 12 231 17
Rupilius Lupus, P. cos. 132 380 26

Salamis, Salaminius 274 14. 15
Samnis 301 18
Sapientes septem 407 8
Sardanapallus 449 23
Saturnius Iuppiter 292 3
(Scepsis) Scepsius 247 10
Scipiones 224 6
Scipiones duo (Cn. Cornelius Scipio cos. 222 eiusque frater P. cos. 218) 263 16 274 18 *praeterea v.* Cornelius
Scythes, Scythicus 445 15. 19
Semele 231 21
lex Sempronia 342 21
Sempronius Gracchus, C. tr. pl. 123. 22   219 18 342 11-23
Sempronius Gracchus, Ti. tr. pl. 133   219 18 386 13
Sempronius Gracchus. Ti. cos. 215. 213   263 18
Sempronius Tuditanus, M. cos. 240   218 14
Servilii 224 6
Servilius Caepio, Q. cos. 106 410 28
Servilius Geminus, Cn. cos. 217 263 17
Servius Tullius 236 13
(Sicilia) Siculus 225 8
Sicyonii 344 18
Silenus 276 25
Simonides 247 7 269 24 (f. 92)
Sisyphus 222 1 268 13
Socrates 221 4 245 5 253 23 255 5 267 15 269 9 270 17 320 9 321 1 333 27 336 15 346 3 364 3 393 17 402 1. 4. 5 408 27 409 1. 8 416 18 418 11 445 26 448 6 452 23 458 4
Platonis dialogorum persona 244 2 246 3. 8 420 6
Aeschinis persona 356 25 357 3
Socratici, Soeraticus 283 21 287 12 313 2 339 12
Socratica disserendi ratio *sim.* 221 2 373 1 425 22
Sol 330 23

Solon 274 12 278 19 (fr. 21)
Sophocles (Trach. 1046-1102) 289 21-291 10 (Niptra) 306 15 (fr. 666) 353 4
Sparta 269 18. 25 297 16
Spartiatae 270 8 298 10. 21 439 17
Speusippus 418 7 422 5 444 3
Sphaerus (fr. 628) 387 14
Statius *v.* Caecilius
Stoici 227 13 256 27 257 13 294 22 302 5 321 1 323 21 328 8 364 4 365 22 366 18 367 13 372 13. 15 377 14 379 12 384 2 386 12 387 15. 27 410 16 413 4 425 18 439 1 441 13 442 4. 13. 16. 24 443 2. 10 458 11. 13
St. vet. fr. III 37 (424 5. 26) 59 (426 12) 198 (377 25) 279 (375 27) 379 (371 19) 380 (368 9) 385 (329 7 355 3) 393 (368 12) 398 (371 6) 403 (370 21) 410 (370 15) 415 (369 12) 419 (359 21) 423 (374 7) 424 (372 4) 425 (375 5) 426 (376 20) 427 (373 15) 430 (377 8) 438 (367 8) 474 *et* 488 (393 1) 570 (324 1 326 9) 652 (398 5) 653 (397 11) 665 (388 4)
v. etiam Aristo Chrysippus Cleanthes Dionysius Erillus Sphaerus Zeno
Stoicus 227 13 293 16 363 19 417 4
Sulpicius Galba, Ser. cos. 144 219 15
Superbus *v.* Tarquinius
Synephebi *v.* Caecilius
Syracusae, Syracusani 331 11 429 22 433 10. 19
Syracusiae mensae 449 16
Syria 312 5 449 23
(Syrus insula) Syrius 236 11

XII Tabulae   (t. 5 7)   322 6 (8 1) 362 29 (10 4) 309 17
Tantalus 221 31 330 14 378 24

INDEX

Tarquinii 453 10
Tarquinius Priscus, L. 453 9
Tarquinius Superbus, L. 236 14 263 4 331 12
(Tartarus) Tartareus 291 5
Telamo 337 30 338 1 339 9 346 26 353 1
Terentius Afer, P. (Eun. 59—63) 399 15-19 (Heaut. 147. 8. 135) 350 6-9 (Phormio 241-6) 333 11-23
(Terina) Terinaeus 277 9
Terra 290 4
Teucer 452 21
Thebanus 278 7
Themistocles 219 5 234 1 274 13 382 19 388 24
Theodectes 247 8
Theodorus Cyrenaicus 270 9. 12 457 5
Theombrotus (*rectius* Cleombrotus) 260 2
Theophrastus 240 15 352 3 443 13 452 10 — (in Callisthene) 327 21 416 6 — (de vita beata) 415 12. 22
Theramenes 266 27 267 16 269 9
Thermopylae 269 24
Theseus 332 17. 25 346 27 386 1
Thyestes 272 17 330 14. 22 337 29 400 10
Timaeus *v.* Plato
Timocreon (*rectius* Nicocreon) 308 1
Timon μισάνθρωπος 373 12 374 4
Timotheus 449 6
Tiresias 455 25
Titanes 291 22
Torquatus *v.* Manlius
Trabea, Q. fr. I (395 28 sqq.) fr. II (378 16)
Trachiniae (Sophoclis fabula) *v.* Sophocles
Tragic. fr. inc. fr. 64 (387 3) 73 (235 17) 76 (236 1) 92 (452 22) 93 (338 1) 110 (378 24) 111 (221 30) 112 (427 28) 174 (397 7) 189 (330 25) 196 (315 6) 205 sqq. (298 12) 209 (297 17)
Triptolemus 268 4
Troia 268 13 332 11
Troilus 265 23
Trophonius 276 16
Tubero *v.* Aelius
Tuditanus *v.* Sempronius
Tullius Cicero, M.
Ex eius libris respiciuntur libri Academici 282 1
Consolatio 250 11 256 6 259 26 352 20 356 3 393 24
de finibus 419 6 (458 24)
Hortensius 281 27 319 10
de re publica 361 14 — (VI 27) 244 4
Tusculanae disputationes 404 1 458 21
Turpilius (Leucad. 115) 398 12
Tusculanum 220 21 279 21 280 16 284 11 319 13 364 25 409 13
Tusculanae disputationes *v.* Tullius
Tyndaridae 231 22
Tyrus 350 28

Ulixes 268 13 306 10. 16. 20 407 11 425 13

(Varius) lex Varia 310 5
Velentes 331 15
Venti 398 20
Venus (Venerius) 396 14 338 21 398 22. 23
Venusia 263 17
Virtus 304 14
Volcania arma 297 9

Xanthippe 333 27
Xenocrates 418 8 422 5 427 17

444 3 445 28 452 9 453 6 — (fr. 67) 227 22
Xenophon (Cyr. 1 2. 8) 448 21 (Cyr. 1 6. 25) 313 2
Xerxes 413 25

Zeno Citieus 287 17 294 24 311

17 312 2 355 3 417 5 419 8. 10. 22 420 1 452 10
fr. 134 (227 12) 185 (294 27) 205 (366 21 384 7)
Zeno Eleates 307 25
Zeno Epicureus 337 17. 26
Zopyrus 402 2

II. RES MEMORABILES ET VOCABULA MEMORABILIA.

Verba graeca, quae in lemmate posita asterisco notata sunt, non nisi latine reddita leguntur.

Ἀβλάβεια (innocentia) 325 17
adesse (παρεῖναι) 368 18 411 17 al.
  adest et urget malum*) 332 1
adfectio (διάθεσις) 302 22 320 23 325 17 368 2 375 16–26 377 25 387 7 19 422 27
  ("habitio aut adfectio" ἕξις) 375 16
  (κατάστημα Metrodori) 417 8
adfectus animi (ἦθος Plato Rep. 400 d?) 425 24–7
nihil adfirmare (Academicorum) 269 3
adflictatio (ἄση) 398 1
* ἀδιάφορον v. interest
nihil admirari 339 9 441 10
adpetere (in universum = ἐφίεσθαι, διώκειν, ὀρέγεσθαι) 245 26 310 28 326 3 367 24 395 16**)
adpetentia (δίωξις) 368 24
adpetitio (ὄρεξις) 329 18 367 13 378 11
  (ὁρμή) 371 22. 23

adpetitus (ὁρμή) 366 24 384 10 391 9 393 10
adsciscere 295 16
adsensio (συγκατάθεσις) 368 26 401 16
aegritudo λύπη (348 15). de aegritudine lenienda est l. III (div. II 2), § 24–75 κρίσις, 76–83 ἰατρεία — definitio 329 23 368 5. 12 — species 359 17 368 17 369 11–370 11 — iniuria a Peripateticis defenditur 383 5–19 ⌢ 389 11–23 — curatio 391 12 393 23 — cf. etiam 378 20 380 25 403 1
aegrotatio (ἀρρώστημα) 372 12 sqq. 373 15 375 8 377 8
aemulatio (ζῆλος) 369 18 — iniuria a Peripateticis defenditur 383 17 ⌢ 389 12
  Platonis θυμὸν significat 240 5
* ἀήρ aer (regio caeli) 239 8–13
anima (elementum) 227 9–12

---

*) cf. Rabbow, Antike Schriften über Seelenheilung und Seelenleitung Leipzig 1914 p. 149.
**) cf. fin. V 44 et Rob. Fischer, de usu vocabulorum apud Ciceronem et Senecam Graecae philosophiae interpretes. Freiburg 1914 p. 18. 82 (de substantivis ab adpetendo derivatis p. 76 sqq.).

229 22 239 1. 22 247 18. 20 250 9
cf. animalis 237 19 238 23
aerumna (ὀδύνη St. fr. III 412?) 370 6
alacritas *v.* ἡδονή
*αἱρεῖσθαι *v.* expetere (petere 445 19)
*ἀλυπία (Hieronymi) dolore vacare 287 16 — vacuitas doloris 442 25
amentia 320 24 379 5 402 26
amicitia 353 29 398 6 432 12 437 10
amor 396 15-399 26
amor sui 353 27
angor (ἄχθος) 370 4 — distinguitur ab anxietate 374 11 389 27
anima *v.* ἀήρ
= ψυχή 228 10 ("animum vel animam"), 236 1 *et* 289 12 *in poetarum versibus*
animus quid sit sec. varios philosophos 226 27—229 8 *cf.* 237 24-239 4 — immortalis I § 26-35 50-71 77-81. — animorum post mortem sedes ac beata sors I § 36-49 72-76. — divinus I § 52 56—70 *cf.* 436 8. — in capite est 253 7. — animi bestiarum 258 7
tres partes habet sec. Platonem 227 25, duas (λογικὸν et ἄλογον) sec. Pythagoram et Platonem 366 12 et Panaetium 305 16 sqq.
antiquitas 231 2
ἀντίχθων 252 13
*ἀοχλησία *v.* indolentia
*ἀπάθεια = indolentia 323 2 (*saepius* 'vacare perturbatione' *sim.*)
*ἀπαθής perturbatione omni vacuus, vacare sim. 362 12 424 2 365 1 380 7 sqq. 412 10 426 8 al.

*ἀπονία *v.* dolor
*ἀπροσδόκητον necopinatum, inopinatum, insperatum, improvisum, novum 332 6 333 3 343 25-345 18 355 21 380 1 390 8 441 11
*ἀρχή *v.* στοιχεῖον, initium, principium
ἁρμονία, intentio 227 18
harmonia 229 23 238 13-16
ἀρρώστημα 372 13 *cf.* aegrotatio
artes 218 29
aspernari *oppon.* adsciscere 295 16 305 9
aspernari rationem, aspernatio (ἀποστρέφεσθαι) *v.* λόγος
astra, sidera, stellae 239 29 248 27 252 3 sqq. 435 12
*ἄτομοι atomi (*vel* atoma) 229 7 247 17 303 25
corpuscula 229 5
corpora individua 238 21
*αὐτάρκης *v.* contentus
avaritia 373 5. 24 392 4
avocatio a cogitanda molestia (Epicuri) 334 25 336 3
ἀξίωμα, pronuntiatum 224 18

Beatus notio 417 21 — beatus quis sec. Epicureos 288 6 337 18 al., sec. Stoicos 379 19, sec. Peripateticos 443 22 — beatus ἀπαθής 412 4-22 al. — beatus beatior esse non potest 415 2 — beata ∼ beatissima vita 414 20 sqq. 419 29 422 5 425 21 427 20 439 6 442 1 — beata vita in una virtute posita 295 3 420 16 421 1 - 423 11
cf. bonus, virtus
bene ∼ beate vivere 409 29 410 5 *ac passim in l.* V, *velut* 428 4-10
bestiae 421 12-21 448 17 — *opp.* homo 245 27 258 7 440 12 —

in perturbationes non incidunt 376 25
bibliotheca 283 2
bonus = omnibus virtutibus instructus, sapiens 417 17-19 (428 15) — omnes boni beati 417 16 *ac passim usque ad* 439 7 (negaverat auditor 410 27)
bonum nihil nisi quod honestum (virtus), malum nihil nisi quod turpe (vitium, culpa) 295 11 336 1 356 18 357 29 413 7 sqq. 414 5 417 5 419 23 424 5-425 17 (sec. Stoicos), 312 15 (sec. Posidonium), 420 5 (etiam sec. Platonem) — bona omnia quae natura adsciscit, sed cum virtute comparata reliqua perexigua 295 14 sqq. *cf.* 314 22 358 2 458 7 (458 7)
— bona animi 434 17 437 15
— bona animi, corporis, externa (fortunae) 357 8 414 17 416 11 427 14, = tria genera bonorum sec. Peripateticos 393 6 415 6. 21 422 9 438 26 443 3, contra quos disputatur 424 5-425 17 — corporis et externa bona appellantur tantum bona 439 4 *cf.* 458 5. 11 —
summum bonum Epicuri voluptas 338 8 343 12 417 8 al., summum malum dolor *v.* dolor
de summo bono libri philosophorum 413 12, Epicuri 339 8 *cf.* finis
βούλησις, voluntas 367 13

Caecitas 358 17 453 20-456 6
caelum 239 18 247 22
carere 262 2-263 7. 22
cautio, cavere (εὐλάβεια) 367 26 395 21

cerebrum 227 5 229 20 238 7 247 17
χαρά *v. ἡδονή*
χρήσιμος 325 13
cogitatio = excogitatio 250 17
commentatio (μελέτη) 255 12 301 27 335 13 *cf.* 332 20
commoda (*proprie εὔχρηστα, sed fere = προηγμένα*, Fischer p. 56) 458 11
conatus (ἐπιβολή) 398 5
congruere *v. ὁμολογουμένως*
conscientia 313 25 383 11
consensus omnium (gentium) 232 20 234 22 235 7
consentaneus, consequens, conveniens (de constantia doctrinae) 304 10 414 5 415 17. 18 416 12. 16 419 24. 27 442 2 *cf.* 435 7 257 18
consolatio 275 16 335 21 344 22 345 5-348 8 354 5 355 14-357 26
constantia "id est sanitas animi" (*fere ὁμολογία*) 322 8 320 20 326 4 366 15 366 21 = 384 11 (συμμετρία? *cf.* St. fr. III 462) 379 15 380 10-390 7 391 29 401 20
cf. constans 326 12 388 10 389 6 392 19 426 9 439 16 *et v. ὁμολογούμενος*
constantia doctrinae 415 2 416 11. 16 417 16 419 1-29 438 20
constantia, constanter = εὐπάθεια εὐπαθῶς 368 7 367 12. 20
consuetudo = ἐθισμός 298 7 299 11 300 24 301 3. 17. 27 306 24 438 11
= συνήθεια 236 9 273 23 *et* (sermonis) 319 24 321 15 324 2 327 17
contentio (τόνος), se continere 296 2 307 22 310 23 314 6
contentus (αὐτάρκης): virtus ad beate vivendum se ipsa con-

INDEX

tenta *cf.* lib. V (div. II 2) *et* 337 2
contractio, contrahi (συστολή, συστέλλεσθαι) 263 26 368 4. 6. 13 395 15. 24
contractiuncula 359 8
in contrarias partes disserere 284 3
conturbatio (species metus) 370 19
(latiore sensu) 372 6
conveniens *v.* consentaneus *et* ὁμολογούμενος
cor 226 28 229 20 238 6 247 17
corpus *v.* ἄτομοι, στοιχεῖον
corpusculum *v.* ἄτομοι
cupiditas *v.* ἐπιθυμία
cupiditas gloriae (φιλοδοξία) 373 6 401 11 314 4
culpa 336 1 344 8 354 8 402 9

Declamitare, declamatio 220 23
declinatio (ἔκκλισις) 367 25
decorum (= honestum) 295 17
dedecus 286 20 287 22 294 9-17 305 12
delectatio (κήλησις) 370 23
dementia 320 24 321 7 386 27
depravari (διαστρέφεσθαι) 316 16
desiderium (= πόθος) 371 12 275 15 al.
(= cupiditas) 379 17 al.
desperatio (ἀθυμία) 370 10
deus mens soluta et libera 251 2
moderator mundi 251 18 253 3
— deorum vita 249 25 — deos esse omnes consentiunt, quales sint, ratione discendum est 232 12 235 5 243 9 — pravae vulgi de dis sententiae 232 15 — di omnes homines 231 15 233 23, etiam di malorum gentium 232 1 — deorum iudicia de morte 276 3
*διάχυσις profusa hilaritas 368 23, ecfusio 395 15

dialectica 224 15
dialectici 371 16
dies medetur dolori 336 11 344 9- 345 4 347 4 354 17 380 22
diffidentia (ἀπιστία) 401 16
dignitas (ἀξία) 425 2
discordia 371 11
doctrina ap. Romanos 218 7 361 15
dolor a) πόνος (motus asper in corpore alienus a sensibus 297 25) cf. totum libr. II qui est de tolerando dolore (div. II 2) — dist. a labore 297 22 — philosophorum de eo sententiae 287 10 sqq. — contra naturam est, sed minus malum quam dedecus 294 29 - 296 3 — tolerabilis 439 8-440 19 — ratio tolerandi 302 12-315 10 summum malum sec. Aristippum 287 12, summum vel solum malum sec. Epicurum 287 13 294 14 304 6 343 1 416 25 418 26 437 26. — consolatio doloris sec. Epicurum 303 10 sqq. 445 2 456 26
b) animi dolor = aegritudo 329 1 348 19,
dolor corporis — animi 348 15-19
c) aegritudinis species 370 7 dolore carere, non (nihil) dolere = ἀπονία 338 9 341 22 sqq.
*δόξα plerumque = opinio, sed etiam = opinatio, *v.* opinio

Eculeus 410 7. 18 411 2
cf. rota 415 25 et Phalaridis taurus
*ἡδονή a) Epicuri voluptas 288 23 335-342; eius summum bonum 416 19 437 27 442 24 al. — ἡδονὴ καταστηματική 338 9 341 22 sqq. — singulae voluptates 446 25-447 23

b) Stoicorum πάθος: 329 15 voluptas gestiens, id est praeter modum elata laetitia, 328 27 inmoderata laetitia, quae est voluptas animi elata et gestiens
voluptas 369 8 370 21 sqq., v. gestiens 329 15. 20, v. inanis 412 14 (iactatio voluptas gestiens et se efferens insolentius 371 5)
laetitia 366 28 367 5 368 14 372 26 394 22 395 9-396 13 (395 19 malis alienis voluptatem capere laetitiae), laetitia gestiens 365 15 367 8. 22 (vel nimia) 379 4 395 13 423 26 (cf. 412 2 inani laetitia exultans et temere gestiens), l. futtilis 412 6, l. impotens 412 19
inanis alacritas, id est laetitia gestiens 379 4, cf. alacritate ecferetur 378 15, alacritate futtili (insolenti) gestiens 379 17. 423 20, sine alacritate futtili (ulla Ω) 426 10
gestire, gestiens (sine subst.) 319 25 (gestire, laetari) 392 22 voluptatis partes 369 8 370 21-371 6
*χαρά (Stoicorum εὐπάθεια) *est* gaudium 367 21 395 23 (docendi causa a gaudio laetitiam distinguimus), Epicuri χαρά = laetitia mentis 338 25 efferri (ἐπαίρεσθαι ἡδονῇ), elatio 328 28 329 16 367 24 368 15 378 15 379 21 395 18. 25 411 13 412 2. 14. 19 — se efferre 396 13, (de iactatione) 371 5
*εἱμαρμένη 436 12
eloquentia 249 13 281 9
ἔννοια 246 16 *v.* notio
ἐνδελέχεια (*rectius* ἐντελέχεια) 229 1
*ἐπιθυμία

a) Epicuri cupiditatum genera 446 15-24
b) cupiditas ap. Platonem pars animae (∼ ἐπιθυμητικόν) 228 1. 2 240 5 366 16
c) Stoicorum πάθος cupiditas, quae recte vel libido dici potest 329 17 *cf.* 378 12 382 16 389 25, libido vel cupiditas effrenata 367 17 — cupiditas *nominatur* 318 23 373 2 393 4 395 16 431 12 379 3 (c. avide semper aliquid expetens) al. (*inprimis* gloriae, pecuniae cupiditas) *plerumque* libido (*velut* 329, 20 368 17 382 14)
libidinis partes 369 10 371 6-12 — libido dist. ab indigentia 371 13-18 — iniuria a Peripateticis defenditur 382 15 388 24
*ἠθική philosophia quae est de vita et de moribus 320 10 *cf.* 377 24 409 3, ratio bene vivendi 435 5 436 15-25
*εὐλάβεια *v.* cautio
*εὐεμπτωσία *v.* proclivitas
exanimatio 370 18 (367 28)
excandescentia, θύμωσις 371 8
excogitatio (*cf.* cogitatio) 248 13
exempla (in consolatione) 346 2-348 8 393 22
exercitatio 298 17 301 27 438 11
exercitus unde dictus 298 24
*ἐξεστηκέναι *v.* potestas
exhalatio (ἀναθυμίασις) 239 20
exilium 358 15 451 26-453 12
expers rationis *v.* λόγος
expetendum αἱρετόν 373 16. 25 424 27 435 5 438 21 447 10 450 25
expetere, plerumque de recta adpetitione, sed 379 3. 17 de cupiditate dictum (Fischer p. 19)
extremum in bonis 436 19

Facilitas 375 3
fama popularis 274 21 313 8 318 5 425 9
  v. gloria
felicitas (successus, non εὐδαιμονία cf. Fischer p. 37) 443 26
fidens 324 1
fidentia, πίστις 401 14 ,
finis bonorum sec. singulos philosophos 442 22-443 11 444 10, sec. Epicurum 416 19, sec. Stoicos 441 15
fines bonorum et malorum 402 20
Ciceronis liber IV de finibus 419 6 (cf. 458 24)
flabile (ἀεϱῶδες) 250 15
foramen (πόϱος) 241 18
formido 370 20
fortis 324 1-23 392 21
fortitudo 303 1 336 20 et (add. magnitudo animi, patientia) 296 11 439 14 440 22 — definitiones Sphaeri et Chrysippi 387 6-20 cf. 422 27, Peripateticorum 384 14 — ira non eget (ca. Peripateticos) 381 28-382 15 384 15-387 27 — repugnat aegritudini 324 1-23
fortuna 260 17 261 24 274 2 314 27 342 25 354 7 357 8 380 5 413 21 414 18 415 8 416 8-417 10 418 16 422 16 437 14 438 5 457 18
frugi, frugalitas v. σωφϱοσύνη
fugere opp. adpetere 245 26, expetere 435 5 373 19, sequi 367 9
furor dist. ab insania 321 24 sqq. (confunduntur 387 2-6 399 28 et 400 14 al.)

Gaudium (χαϱά) v. ἡδονή
genus v. στοιχεῖον, bonum
geometrae, -tria, -trica 412 27 219 9 454 24 246 4. 7
gestire v. ἡδονή
gladiatores 301 21 384 20 sqq.

gloria virtutis umbra 264 16 274 8 317 25
gloria vera-falsa 274 21 317 18 sqq.
gloria popularis 317 18 450 24 (450 15-451 24)
cupiditas gloriae v. cupiditas

Homo contemplator caeli 252 23 — divina mente praeditus 253 2 421 21 — opp. bestiae v. bestiae
humana condicio lexque vitae sim. 225 2 333 6 335 13 347 11-348 8 356 15 379 19 391 29 393 14 — humana humane ferenda 335 24 346 19 321 29
honestum (καλόν) solum vel summum bonum v. bonum — honesta vita beata 425 23 sqq., inprimis 427 4-8 434 23 443 11-444 7 — libri de honesto 413 12
honestas (re non discernitur ab honesto, Fischer p. 10) legitur inpr. in enumeratione finium 443 5. 6 444 6, cf. honestatem expetere sim. 317 19 310 28 314 26 al.
honor 346 14
humatio 235 11 270 14-273 25

Iactatio 371 5 (v. ἡδονή)
ἰδέα ("species") 246 21 249 25
igniculi (rationis) 316 15
ignis, igneus 227 13 247 18. 20 250 6 237 19 250 15 253 10
ignominia 358 25
sibi imperare 305 13 308 19
impetus (fere = ὁϱμή, Fischer p. 80) 311 2 411 13
inbecillus, inbecillitas (ἀσθενής, -εια) 368 26 375 8 381 16 391 27 394 14 323 9
indigentia (σπάνις) 371 12. 17
individuus v. ἄτομοι
indolentia (ἀπάθεια) 323 2

476 INDEX

(ἀοχλησία Diodori) 443 6
inductio animi 296 3
inferi 221 10 235 9 242 2 sqq.
ingemescere quando liceat 309 14 sqq.
ingeniosus 258 12 377 2-5
inhospitalitas 373 12 374 1
inimicitia (κότος) 371 10
initiorum indagatio 435 19
innocentia (ἀβλάβεια) 325 15
inopinatus, inprovisus, insperatus v. ἀπροσδόκητος
inpotentia 378 12
insania 318 13 320 6. 12 sqq. 321 24 sqq. — dist. a furore v. furor
cf. etiam ira
insanitas 320 13 321 7
insipientes insaniunt 318 14 320 18 321 7 387 27 (sed. cf. 376 8)
insipientia 321 6—summum malum 351 20
intemperantia 371 20 381 20 392 3
intentio animi 309 6. 19 314 1
int. = ἁρμονία 227 17 238 1
nihil interest (ἀδιάφορον) 295 2
interitus 253 20
interpretari-vertere 338 18 293 21
inventio 248 13 253 4
inveteratus (opp. recens) 331 5 336 9 344 28 373 4 380 22 371 10
inveteratio 402 12
invidentia 327 10 328 2 368 28 369 12 395 19
ira a) θυμός Platonis 227 27 366 16
b) Stoicorum πάθος definitur 371 7, brevius (ulciscendi libido) 401 4 321 18 — initium insaniae 386 19 399 28 400 28 — iniuria a Peripateticis defenditur 381 28–382 15 384 15–388 23 400 27–401 10 — voluntaria 401 9 — eius remedia 399 27–401 10

iracundia (ὀργιλότης) et ira distinguuntur 374 11 389 26, confunduntur 321 18 ~ 401 4
cf. 385 19. 25. 27
iudicium (κρίσις) 348 14 349 23 359 4 368 9 376 2. 12 — voluntate et iudicio sim. 351 5 357 20 358 10 399 23 402 17
iustitia 296 6 336 26 437 8

Κακία 378 4
*καθήκει rectum est, oportet, ad officium pertinet 329 24 348 21 352 24 355 24 357 21 358 3 359 6 368 14 sqq. 403 8
*καθῆκον v. officium
*καταλαμβάνειν v. percipere
κατηγόρημα 371 15
κέντρον 237 14
*κίνησις motus 329 10 362 2 al.
motio 229 2 338 24
commotio 366 23 384 9 392 15. 18 423 17

Labor (πόνος) 297 22 sqq. 298 17-19. 25–299 6
laetitia v. ἡδονή (χαρά)
lamentatio 370 7 233 3
laudabilis 377 26. 27 409 28 424 8–426 16 458 1
lenitas (πραότης) 382 12
lentitudo (ἀοργησία?) 382 13
*ληπτά. sumenda 439 4
lessus 309 17
lex vitae (cont. condicio humana) 335 13 393 14 (aliter 285 15)
libra Critolai 427 13
λογικά 377 14
logica pars philosophiae indicatur 435 6 436 24–437 5 (437 2 disserendi ratio = διαλεκτική?)
*λόγος = ratio, oratio, (380 13 392 5) ratio et oratio
*λογικόν—ἄλογον τῆς ψυχῆς =

pars rationis particeps — expers 305 16 366 13

*ἄλογος = rationis expers (de bestiarum animo) 258 8, (de animi motibus) 329 11 386 5
= sine ratione 367 23. 27
= a (recta) ratione aversus 366 21 368 1 384 8 392 15
= adversante ratione 368 6 367 16

*εὔλογος, cum ratione 367 15. 20. 25

*ἀποστρέφεσθαι τὸν λόγον, ἀποστροφὴ τ. λόγου = aspernari rationem 329 11, aspernatio rationis 376 24 391 8

*ἀπειθὴς τῷ λόγῳ = rationi non oboediens, obtemperans 329 11. 19

luctus (πένθος) 349 24 sqq. 351 24 352 16 370 4

λύπη 348 11 v. aegritudo

Maeror 370 6
magnanimus, magni animi (∼ fortis) 302 16 392 21 324 17
magnitudo animi 218 5 253 25 266 17 249 20 et v. fortitudo
malevolentia, ἐπιχαιρεκακία 370 22 369 8
malitia 378 4
malum v. bonum
summum malum dolor sec. Epicurum v. dolor
μανία furorem et insaniam amplectitur 321 22
mathematici 219 10 237 12 412 26 434 5
medici 241 3 329 4 358 21
mediocritates (μεσότητες) Peripateticorum 328 14 sqq. 354 23 383 25 389 24-390 15
mediocritas officiorum 322 9
meditatio (μελέτη) 301 17. 20 —
med. futuri, condicionis humanae (∼ praemeditatio) 337 7 334 18 335 12 347 3

μελαγχολία, melancholicus 322 1 258 12

memoria 245 27-248 11 249 25 250 16 251 14 253 4

mens = ratio (λογικόν vel λόγος) 400 16 253 2 258 3 321 21 421 29 (perfecta mens, id est absoluta ratio) 434 15. 17 436 14 (ratio mensque, de deo cf. 251 2) — de animo hominis 228 20 — vis animi 250 17 — opp. sensibus 236 8 241 10

metus 329 22 368 15; 367 2. 28 (dist. a cautione); 365 12 368 15 373 10. 14 378 22 sqq. 401 16 427 33 — iniuria a Peripateticis defenditur 383 19 — eius species 369 6 370 12-21 (427 25) ∼ sedatio 394 5

μισάνθρωπος 373 12

misericordia · 370 1 327 19 328 1 — iniuria a Peripateticis defenditur 383 15 389 12

μισόγυνος 373 10

moderatio, modestia v. σωφροσύνη

modus adhibetur perturbationibus a Peripateticis 380 14 sqq. — (moderatae perturbationes etc. 381 18)

molestia 370 8
(praemolestia, de metu 394 8)
morbi animi — corporis 318 17 sqq. 356 6 372 15 374 5-375 23 376 3 405 15
v. πάθος
Graeci philosophi omnes perturbationes morbos appellant 320 14 321 3 328 24
= νοσήματα ψυχῆς sec Stoicos 372 9. 22 375 7

morosus 388 14

mors de contemnenda morte est l. I cf. div. II 2 — mors

quid sit 226 21 267 20 sqq. — malum non est, si interitum adfert I § 9-16 82—111, bonum, si animi discessus a corpore est I § 26 81 — perfugium, portus est, aeternum nihil sentiendi receptaculum 457 4 279 10 315 2
ἄωρος θάνατος, ante tempus mori 265 10 sqq.
morsus (δηγμός) doloris sim. 308 15 348 16 359 8 368 22 (conscientiae) 383 11
moventia (προτρεπτικά) 434 25
mulierositas (φιλογυνία) 373 6
multitudinis iudicium 274 19 313 8
v. fama popularis
mundus 251 18 -253 1
mysteria 232 4

Natura omnia in suo genere perfecta creat 421 1-422 3 — naturae cognitio 241 28, explicatio 435 4 — naturae prima bona (Fischer p. 97) 442 26
contra naturam 288 19 295 5.6 336 8 366 22 388 8 — alienum natura 314 20 — secundum naturam 401 1
quinta natura Aristotelis 228 19 238 4 250 9
= φύσις *opp.* ψυχή 245 23
natura rei 345 20
naturae *opp.* opinio 308 6 -14 334 10 352 24 354 24 359 5 — *opp.* ratio 233 6 235 5 -8 316 11 sqq. 347 4 (402 5) — *opp.* voluntas 352 26 353 9
necessitas 347 22 sqq. 436 13
necopinatum *v.* ἀπροσδόκητον
νέκυια 235 26
νεκυομαντεῖα 235 27 (*cf.* psychomantium 277 10)
nequitia (ἀκολασία) 326 5. 6, (= vitium) 294 29

nervi animi, virtutis 376 15 293 29
nomina rebus imposita 248 17
nosce te 243 16 436 7
νόσημα (ψυχῆς) 372 10
notio (ἔννοια) 246 16 387 22 417 22
novus *v.* ἀπροσδόκητος
numerus (ap. Pythagoreos) 227 24 236 20, (ap. Xenocratem) 227 23 238 1

Obtrectatio (ζηλοτυπία) 369 23 — iniuria a Peripateticis defenditur 383 17 389 16
odium (μῆνις) 371 9
mulierum (μισογυνία) 373 10 374 3
generis humani (μισανθρωπία) 374 4
offensio (*opp.* aegrotationi, *cf.* κατὰ προσκοπὴν γινόμενα St. fr. III 421) 372 11. 14. 23
offensio popularis 450 16
officium a) quod profitemur, munus 285 26 324 26 335 20
b) = καθῆκον 287 23 309 9. 10 353 30 436 21 441 17 447 6 al. (*cf.* 392 10)
— ad officium pertinet *v.* καθήκει — mediocritas officiorum 322 9
officia consolantium 355 14
officiosus dolor 352 15
*ὁμολογουμένως τῇ φύσει ζῆν= congruere naturae cumque ea convenienter vivere 441 15
*ὁμολογουμένη διάθεσις = adfectio constans conveniensque 377 25
v. constans, constantia
opinatio *v.* opinio
opinio δόξα 332 2 (Epicuri), 308 6 *ac passim per libr. III. IV.* (sec. Stoicos).
perturbatio aut (sec. Antio-

chum) ex opinione nasci (329 7-21 348 14 352 14 402 17) aut (sec. Chrysippum) ipsa opinio esse dicitur (velut in definitionibus 329 22-24 354 26 355 3 368 12-17 cf. 348 20 sqq. 351 22 401 14 al.).

opinio mentitur *sim.* 346 25 347 1 317 8. 14 358 2. 10, *opp.* natura (*v.* natura) *vel* res 334 10; *at* scientia quaedam et opinio gravis non temere adsentientis 401 15

in definitionibus aegrotationum et offensionum 373 15-374 1 ter opinatio, bis opinio legitur (St. fr. III 421 δόξα, 422 οἴησις). — δόξα in definitione vertitur opinatio 368 24

opinabilis 354 25 399 23 401 9 403 7

opinatum bonum (malum) 329 18 347 6 355 6 366 27 368 3 394 27 423 25

oportet *v.* καθήκει

oratores Romani 219 13 282 12 363 16, 'Attici' 281 15

non irascuntur 388 14

orbitas 346 20

ὁρμή *v.* adpetitus. adpetitio

Πάθος Latine perturbatio, non morbus 319 23 sqq. 320 14 328 22 366 9. 22 *v.* perturbatio

patientia 297 5 313 26 351 6 *et v.* fortitudo

patria 452 22, (patriae eversio) 344 25 358 16

paupertas 345 21 sqq. 358 14 391 14 445 8-450 14

pavor 370 16

percipere (καταλαμβάνειν) 226 18 241 22 333 8 — sensibus perc. 453 23 al.

perfectus 421 4-29 *et v.* ratio, mens

perturbatio *v.* πάθος. lib. III est de aegritudine lenienda, l. IV de reliquis animi perturbationibus (div. II 2)

definitio Zenonis 366 21 384 8 (*cf.* 426 7 concitatio animi, quam perturbationem voco) — eius species 329 9 sqq. 366 26-371 18 — utiles et naturales sunt sec. Peripateticos IV § 43-6, quod refellitur IV § 47-56 — θεραπεία IV § 58-81

sapiens perturbationibus vacat *v.* sapiens

*φαντασία *v.* species

φιλογυνία 373 7

*φιλόπονος 297 28

philosophia sapientiae studium 217 7 363 16 408 16

eius laudes 405 27-406 16 — vitam hominum excoluit 406 5-10 249 15-23 (mater artium 249 16) — magistra vitae 285 27 287 22 363 28 406 9. cultura animi 286 12 — animi medicina 279 23 285 1. 2 303 5 316-319 7 329 4 344 28 358 21 360 2 390 19-25 403 9 — vitam beatam pollicetur 413 20

eius origo 240 14 404 11 435 17 — antiquissima est, sed nomen a Pythagora inventum 407 1-408 20 — historia 364 1 sqq. 408 21-409 6 — ap. Romanos 219 20-220 10 282 15 362 16-364 19

tres partes 435 2-437 5

philosophi plebei (qui a Platone et Socrate et ab ea familia dissident, *cf.* 364 1) 245 4

philosophorum vita discrepat a disciplina 285 10 sqq.

philosophorum libri Latini 219 25 283 10, libri de contemnenda gloria 234 20, de inferis 222 17
physicus 241 2 451 11
physica 232 7 242 4 253 15
pars philosophiae (= explicatio naturae) 435 3–436 15
pigritia (ὄκνος) 371 12
*πιθανόν vertitur a) probabile 226 16 282 22 364 23 419 18
b) veri simile 221 4 226 17 229 9 282 22 284 5 384 3–5 409 10 (cf. 441 27 veritatis specie movet)
*πλεονάζουσα ὁρμή adpetitus vehementior 366 24 367 17 384 10 391 9 393 10
poetae Graecorum 218 9, Romanorum 218 16 363 12
non sine caelesti instinctu 249 13 — corrumpunt, molliunt animos 222 16 235 14 293 24 317 9 396 25 — a Platone e re publica eiciuntur 294 1
ponere (θέσιν) 220 25 344 24
*πόνος et laborem et dolorem significat 297 27 v. labor et dolor
populus mali magister 317 13
popularis facultas eloquentia 281 8
v. fama, gloria, offensio
potestas 400 16 in potestate est (ἐφ' ἡμῖν) 350 19–21 368 12 441 17 (extra pot. est = οὐκ ἐφ' ἡμῖν 418 18) — exisse ex potestate = ἐξεστηκέναι 321 16 400 15
praecipuus 421 21
et v. προηγμένος
praemeditatio (cf. Rabbow 155, Pohlenz G. g. A. 1916 p.553) 332 15 334 6–336 2 390 10
praestans 421 23. 24
praesens malum a) simpliciter = παρόν 329 16. 23 355 3 367 1. 3 368 13. 15 al.
b) = urgens (Antiocho fere = πρόσφατος cf. Rabbow 149, Pohlenz G. g. A. 1916 p. 555) 348 15 344 27
pravitas (διαστροφή) 317 4. 15
principatus (ἡγεμονικόν) 227 16
principium (ἀρχή) 244 10–18 (ἀρχή, στοιχεῖον) 228 18 239 11
probabile v. πιθανόν
proclivitas (εὐεμπτωσία), proclivis 374 7–375 5 402 8. 12
*προηγμένα praecipua vel producta 425 18
v. etiam commoda
pronuntiatum v. ἀξίωμα
prudentia (φρόνησις) 296 5 337 1 410 27–411 2 437 7
pudor (αἰσχύνη) 369 7 370 14
pulchritudo animi 376 11
pulchrum, honestum 434 18

Quinta natura v. natura

Ratio v. λόγος
= λογικόν 305 23, = νοῦς (Platonis) 227 26 — ratio divina 436 14
recta ratio 371 20. 24 378 1 366 22 392 15 — virtus = recta (378 2), absoluta (421 29), perfecta (305 24) ratio
ratio (doctrinaque) opp. natura v. natura — opp. ipsa res 345 2 (354 17) — opp. mos (consuetudo) 297 21 300 24 302 1 — opp. studium 314 8
ratiunculae (conclusiunculae, laquei) Stoicorum 294 22 (cf. 382 1) 302 6 438 26
recens (πρόσφατος)
a) de opinione 329 24 355 4. 11. 12 368 12sqq.
b) de malo (sec. Antiochum,

INDEX 481

cf. Rabbow p. 153) 331 6 355 8 345 17 380 23
recordatio (ἀνάμνησις Platonis) 246 1-247 4
rectus *v.* ratio, καθήκει
regiones (ζῶναι) terrae *v.* terra
reiciendum (*cf.* ἀπεκλέγεσθαι) 295 4
religio 231 11 233 25
remedia morborum animi 390 19sqq.
repens, repentinus 332 8 343 29-345 18 390 8
res *opp.* opinio, ratio *v.* opinio, ratio — *opp.* verba 419 13 458 13
revocatio ad voluptates (Epicuri) 334 25 336 3-341 8
rhetores 275 28 277 23 284 9 349 5-7 384 14 389 9
rota *v.* eculeus

Sanguis 227 5 229 20 238 7 247 17
sanitas animi 320 19 sqq. 322 8 328 19 372 7 376 2. 8 380 11 386 21
sapiens idem qui bonus 417 18 (428 16 al.)
  beatus est sec. Stoicos l. V, § 37—54 68—72 (442 16), sec. Epicurum 288 10 342 26 418 22 437 20-438 22 458 2, sec. Antiochum 419 26, sec. Socraticos 458 4sqq. *cf. praeterea totum l. V*
  vacat aegritudine *cf. l. III,* inprimis p. 324-328, 7, ira 326 15sqq., omnibus perturbationibus *cf. l. IV*, inprimis 379 14-380 11 423 21-424 4 426 7-12
  sec. Stoicos omnia recte facit 379 12 441 8, amaturus est 398 5 — omnia ad corpus refert sec. Epicurum 343 20 —

in furorem incidere potest 322 13 — nondum visus 307 14
sapientes septem 407 7
sapientia definitur 390 1 407 4
= philosophia 436 24
sapientiae studium *v.* philosophia
sapientiae 339 5
securitas (vacuitas aegritudinis) 423 5
semina innata virtutum 317 1
  initiorum et tamquam seminum 435 19
sensus (αἴσθησις τ. ζῴου) 421 13 (αἰσθητήρια) 241 1 sqq. 371 1 453 18 — *opp.* mens 236 8 447 16
sensus nullus in mortuo 229 27 259 10-14 263 6. 21 267 22 272 25-273 22 279 1 445 1 457 5
sepulcra nobilium 224 5, deorum 232 3 — sepulcrorum caerimoniae 231 9
sequi bona (διώκειν) 367 9
servitus 358 17
sidera, stellae *v.* astra
signa tabulae 450 5
similitudo (parentum cum liberis) 257 27-29 258 7-26
sollicitudo 453 13 (= ἀνία), latiore sensu 370 8 al.
somnus imago mortis 265 6 267 22 278 18
soni vocis 248 18. 27 362 28
σοφοί (septem sapientes) 407 8
σωφροσύνη, σώφρων 325 8. 9
= temperantia, temperans 325 7. 9 296 8 336 22 371 23 376 4 378 13 379 6 423 16 426 9 440 22
moderatio, -us 325 10 336 23 378 13 379 6 449 22
modestia, -us 325 11 379 6 *cf.* 249 20

frugalitas, frugi 325 12 326 5 336 24 379 8
reliquas virtutes complectitur 325 27
ea virtus quam alii ipsam temperantiam dicunt esse, alii obtemperantem temperantiae praeceptis 376 4
species a) = ἰδέα 246 21
b) = φαντασία 302 10 307 24 367 10 (veritatis specie 441 27)
spes 401 17
sphaera 249 4. 8 433 14
spirabilis, id est animalis 237 25 238 23 253 10
status (σύστασις ψυχῆς) 372 1 412 9 324 6 — rei publicae 294 2, vitae 404 14
controversiae genus 357 23
*στοιχεῖον quattuor genera principiorum (ἀρχαί), e quibus omnia oriuntur 228 18 cf. 239 11 238 25 239 3 — quintum genus 228 24
quattuor omnia gignentia corpora 237 15
initiorum et tamquam seminum, unde essent omnia orta 435 19
stulti (ἄφρονες) 320 16 367 18 368 2 380 21
stultitia 321 25 322 7 325 25 352 14 354 9-15 428 11
subitus v. repentinus
sumenda (ληπτά) 439 4
surditas 456 6-23
*συγκατάθεσις v. adsensio

Tabulae v. signa
temperantia v. σωφροσύνη
temperatio (κρᾶσις) 228 14 251 22 376 1 (de sonis 248 26) — civitatis 361 11 (cf. 217 15)
terrae situs 237 12 240 29 252 6 436 2

regiones, orae (ζῶναι) 240 29 252 8
terrenum (elementum) 237 16 239 11 247 22 250 14
terror 370 13
θύμωσις (excandescentia) 371 9
timor 370 15, dist. a timiditate 389 27, a cautione 395 22
tranquillitas 320 19 362 23 366 14 406 15 412 7 (γαλήνη) 436 17
tumor animi 326 20 331 5 356 4 394 1, cf. 402 14
turpe (αἰσχρόν) solum vel summum malum v. bonum

Ulciscendi libido v. ira
ultimum in malis 436 19
umbratilis vita 293 28 440 5 cf. 298 12
umidum (ὑδατῶδες) 237 17 239 19 250 15
urgere (de malo. Rabbow p.149) 332 1 348 15

vacare, vacuus saepe ἀ privativum reddit cf. ἀπαθής, ἀλυπία al.
valetudo animi 374 5
vehemens (σφοδρός?) 373 16. 19
vehementior v. πλεονάζουσα ὁρμή
velocitas animi 376 17
verbum-res v. res
veri simile v. πιθανόν
vertere-interpretari v. interpretari
victus tenuis 342 25 416 17 445 11-450 4
vires animi 376 15
virtus ex viro appellata 302 25 — definitur 305 24 (cf. 302 22) 377 25 378 2 421 29 — amitti non potest 296 20 — bonum mentis 434 17 — summum vel solum bonum v. bonum — virtus Epicuri 339 5-343 2

virtus se ipsa contenta ad beate vivendum 337 2, id quod ostenditur libro I. V (div. II 2) sec. Stoicos § 12-82, Platonem § 34-6, reliquos philosophos § 83-120, velut Peripateticos (p. 438 22-439 7 443 12-444 7, contra quos 417 11-418 21 disputatur), Antiochum (414 19-26, refellitur 414 16-18 415 5-11), Epicurum (§ 88-118 73-5, refellitur § 26. 27. 31). non placet hoc Theophrasto 415 12-416 15 — non modo beatam vitam efficit sed etiam beatissimam (419 29 422 5 425 21 427 20 439 6; quod contra Antiochum ostenditur cf. 414 20)

virtutes inter se nexae ($\dot{\alpha}\nu\tau\alpha\kappa o\lambda ov\vartheta i\alpha$) 296 19 325 28 — chorus virtutum 410 17
Virtus loquens inducitur 304 14
vitiositas ($\varkappa\alpha\varkappa i\alpha \sim \dot{\alpha}\nu o\mu o\lambda o\gamma i\alpha$) 375 15 378 3
vitium ($\varkappa\alpha\varkappa i\alpha$) 375 8sqq. 377 10
voluntas et iudicium ($\tau\dot{o}\ \dot{\varepsilon}\varkappa o\acute{v}\sigma\iota o\nu$) 351 5 402 17 308 4 318 10 352 26 405 30 — voluntarius 358 10 359 7 394 26 399 23 401 10 403 7
= $\beta o\acute{v}\lambda\eta\sigma\iota\varsigma$ 367 15 cf. voluntates honestae 377 28
voluptarius 288 23 338 7 444 17
voluptas v. $\dot{\eta}\delta o\nu\acute{\eta}$

$Z\eta\lambda o\tau v\pi i\alpha$ (obtrectatio) 369 24

www.ingramcontent.com/pod-product-compliance
Lightning Source LLC
Chambersburg PA
CBHW070329100426
42812CB00005B/1299